Gabriele Vocke

NEUER GROSSER
ZIMMERPFLANZEN
RATGEBER

**Die 400 schönsten
Zimmerpflanzen von A-Z.
Mit Gärtnertips und
Pflegeanleitungen**

Sonderausgabe

© **1994/95 Trautwein Garten-Edition**
Nachdruck, auch auszugsweise, nur mit
ausdrücklicher Genehmigung des Verlages gestattet.
Alle Angaben wurden sorgfältig erprobt – eine
Haftung kann dennoch nicht übernommen werden.
Fotos: CMA, Bonn/Bad Godesberg; Ned. Work
GmbH, Düsseldorf; © Nova-Photo-Graphik
GmbH/Österreich; Seramis, Verden
Redaktion und Herstellung: Anne Kaspar
Umschlaggestaltung und Symbole: Inga Koch
Satz und Litho: Typostudio S. M. Decker, Gräfelfing
Druck: Wenschow, München
ISBN 3–8174–2112–5
2121121

Ein grünes Zuhause

Immer mehr Menschen verwandeln ihre Wohnung in eine blühende Oase, schaffen sich ein grünes Zuhause. Gärtnereien bieten dazu eine Vielzahl an blühenden oder nicht blühenden Gewächsen an – für jeden Geschmack ist etwas dabei.

Damit Ihnen die Auswahl, die nicht nur für botanische »Anfänger« schwierig ist, leicht fällt, stellt dieses Buch die 400 schönsten Zimmerpflanzen in Portraits von A – Z auf einen Blick vor. Dabei ist auch dem Trend, sich immer mehr Pflanzen von »draußen« nach »drinnen« zu holen, mit der Vorstellung solch »neuer« Zimmerpflanzen entsprochen worden. Dennoch können 400 Pflanzenportraits nur eine Auswahl aus der Gesamtzahl aller Pflanzen präsentieren; deren vollständige Auflistung ist auch nicht das Anliegen des vorliegenden Buchs. Dafür werden als kleines »Extra« aber auch seltene Gewächse vorgestellt, die Ihrer Wohnung einen individuellen Stil verleihen.

Zimmerpflanzen von A – Z informiert nicht nur über die richtige Pflege der Gewächse. Sie lernen auch das Äußere der Pflanze kennen, erfahren, wann die Blütezeit ist und wie die Blüten aussehen.

Damit die grünen Lebewesen in Ihrer Wohnung den richtigen Platz bekommen, wird genaue Auskunft über ihre **Lebensbedingungen** gegeben. Sie können sich die Pflanzen also genau nach den Gegebenheiten Ihrer Wohnung aussuchen. Auch über den **Umgang** mit Zimmerpflanzen, über die ideale Wassermenge zum **Gießen**, die beste **Erde** etc. wird das Notwendige gesagt.
Besonderen Spaß macht es, die Pflanzen selbst zu züchten. Auch über die

Vermehrung gibt dieses Buch detaillierte Auskunft und es enthält wertvolle **Gärtnertips** zum optimalen Gedeihen Ihrer Pflanzen.

Damit Sie sich schnell auch einen optischen Eindruck verschaffen können, sind über 100 der Pflanzenportraits mit farbigen **Fotos** versehen. Das erleichtert nicht nur die Standortwahl in der Wohnung, sondern natürlich auch den Einkauf.

Ausführliche, allgemeine **Pflegetips** bieten Ihnen die Möglichkeit, sich ausgiebig über Ihr grünes Hobby zu informieren.

Falls trotz sorgfältiger Pflege die eine oder andere Pflanze das Kränkeln beginnt und zum Beispiel ihre Blätter abwirft, ist das meist die Folge einer falschen Pflege oder eines ungeeigneten Standorts. Sollte dieser Fall eintreten, lesen Sie das Pflanzenportrait noch einmal durch. Dann werden Sie sicherlich feststellen, wie dem Gewächs zu helfen ist.

Zimmerpflanzen von A – Z ist ein Nachschlagewerk, in dem man immer wieder gerne nachblättert. Denn ein »glückliches Händchen« für die grünen Lebewesen zu haben, ist kein Zufall, sondern beruht auf detaillierten Kenntnissen über das jeweilige Gewächs.

Zur schnellen Orientierung steht am Anfang jedes Pflanzenportraits ein Abschnitt mit den wichtigsten Grundinformationen.

Dem folgt eine Symbolleiste, die über Pflegeintensität, Standort und Feuchtigkeitsbedarf der Pflanze Auskunft gibt:

☀	heller bis sonniger Standort
	halbschattiger Standort
	schattiger Standort
	hoher Feuchtigkeitsbedarf
	mittlerer Feuchtigkeitsbedarf
	geringer Feuchtigkeitsbedarf
	Vermehrung
	Gärtnertip
	weiches Wasser
	Naßraum-Pflanze
	Schlafzimmer-Pflanze
	Kinderzimmer-Pflanze
	Büro-Pflanze

Außerdem werden die Pflanzennamen zusätzlich durch Farbleisten gekennzeichnet. Über die Farbzuordnung können Sie auf einen Blick leicht feststellen, um welche Pflanzen es sich handelt und für welchen Wohnbereich sie geeignet sind:

🟩	Grünpflanze
🟪	blühende Pflanze
🟦	Naßraum-Pflanze (Küche, Bad)
🟪	Schlafzimmer-Pflanze
🟧	Kinderzimmer-Pflanze
🟨	Büro-Pflanze

Neben den Symbolen finden Sie am Ende des Buchs ein Spezialverzeichnis mit den Pflanzennamen in Deutsch – Latein und Latein – Deutsch.

Inhalt

Aasblume

(Stapelia orbea)

Blütezeit:	Juni – Sept.
Familie:	Seidenpflanzengewächs
Heimat:	afrik. Trockengebiete

Aufgrund ihrer Blütenform wird sie im Volksmund auch Kokardenblume oder Ordensstern genannt. Aasblumen sind pflegeleichte Sukkulenten.

 Standort
Sehr hell, Süd- oder Westfenster. Warme und trockene Luft verkraften sie aufgrund ihrer afrikanischen Heimat gut. Im Winter lieben sie es kühl, aber hell. Ideal sind Temperaturen zwischen 5-10°C. Bei kühler Überwinterung wird die mehrjährige Aasblume von Jahr zu Jahr größer und blühfreudiger.

Pflege
Sparsam und möglichst mit abgestandenem Wasser gießen. Prüfen Sie die Erdfeuchte durch Fingerprobe, denn Stapelien dürfen nie stark austrocknen. Im Winter wird das Gießen auf ein Minimum eingestellt. Wenn Sie von April bis Juli alle 3 Wochen einen phosphorbetonten Flüssigdünger ins Wasser geben, fördern Sie die Blütenbildung. Im März topfen Sie die Pflanze in flache Schalen um. Eine Drainageschicht aus Tonscherben oder Blähton ist unumgänglich. Das Erdgemisch sollte aus zwei Teilen Gärtnererde und einem Teil Flußsand bestehen. Diese Mischung vermengen Sie mit Holzkohlestückchen. Dafür verwenden Sie am besten kleingeschlagene Grillkohle.

 Vermehrung
Die Vermehrung von Aasblumen ist sehr einfach. Entweder Sie vermehren die Pflanze durch Samen oder durch Seitensprossen.

 Gärtnertip
Die Pflanze ist für empfindliche Nasen ungeeignet, denn beim Öffnen der Blüten entwickelt sie einen penetranten Aasgeruch. In freier Natur werden dadurch Schmeißfliegen zur Bestäubung angelockt.

Abelie

(Abelia floribunda)

Blütezeit:	Juli – Aug.
Familie:	Geißblattgewächs
Heimat:	Mexiko

Die Abelie ist nur empfehlenswert für erfahrene, anspruchsvolle Blumenfreunde. Es geht hier um eine subtropische Pflanze mit hängenden Blüten (vergleichbar mit der Columnea).

 Standort
Die Pflanze ist geeignet für das helle Treppenhaus, für ungeheizte Gäste- oder Schlafzimmer, sofern sie am gleichen Platz stehen bleiben kann. Im Sommer liebt die Abelie es sonnig, luftig und warm, etwa um 20°C, im Winter hingegen kühler, etwa um 12°C.

 Pflege
Während der Blütezeit sollten Sie die Abelie gleichmäßig feucht halten, im Winter sollten Sie sie kaum mehr gießen. Auf das Düngen können Sie dann ganz verzichten. Bei Bedarf topfen Sie die Pflanze nach der Blüte in Einheitserde um.

 Vermehrung
Die Vermehrung erfolgt im Sommer durch Stecklinge bei mindestens 20°C.

 Gärtnertip
Als Ampelgewächs kommen die anmutigen Blütenglocken besonders gut zur Geltung.

Actiniopteris

(Actiniopteris)

Blütezeit:	Grünplanze
Familie:	Farngewächs
Heimat:	Afrika, Asien

Dieser außergewöhnlich üppig wachsende Farn ist eine Rarität. Er gleicht in seinem Erscheinungsbild einer Palme, denn seine Wedel entsprechen dem Aufbau der Cycaden. Die Pflanze besitzt kurze Blattstiele, die etwa bis zu 20 cm lange und dünne Blätter tragen.

 Standort
Wie alle anderen Farngewächse, so verträgt auch diese Pflanze keine direkte Sonne, sie benötigt jedoch einen sehr hellen Standort. Im Winter und während der Nacht sollte die Zimmertemperatur auf 14°C abgesenkt werden.

 Pflege
Die Pflanze sollten Sie in den Sommermonaten regelmäßig mit gefiltertem Wasser gießen, aber sparsam. Es ist darauf zu achten, daß der Wurzelballen nicht austrocknet und immer leicht feucht ist. Stehende Wasserpfützen im Untersatz sind unbedingt zu vermeiden, weil es sonst zur Wurzelfäule kommt. In der Wachstumszeit wird alle 14 Tage gedüngt. Im Winter sollten Sie das Gießen erheblich einschränken.

 Gärtnertip
Aufgrund der dekorativen Wuchsform ist die Pflanze ein interessanter Blickfang im Zimmer. Die Vermehrung bleibt dem Fachmann vorbehalten.

Agave

(Agave)

Blütezeit:	Grünpflanze
Familie:	Agavengewächs
Heimat:	Mexiko, trop. Südamerika

Das immergrüne, dickfleischige Blattgewächs ist eine beliebte Zierpflanze für Haus und Balkon. Die fleischigen Blätter bilden eine Rosette und sind mit Stacheln besetzt. Häufig wird die Agave mit der Aloe vera verwechselt. Hierbei geht es jedoch um Pflanzen unterschiedlicher Familien. Besonders attraktiv ist die Agave potatorum. Ihre breiten, graugrünen Blätter sind wachsartig bereift, und die gezahnten Blattränder tragen recht gefährliche Stacheln.

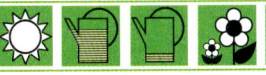

 Standort
Agaven sind anspruchslos. Sie begnügen sich mit einem warmen, sonnigen Standort sowohl

im Haus als auch auf der Terrasse. Ein Problem ist meist die Überwinterung der reichlich Platz beanspruchenden Pflanze an einem hellen, aber kühlen Platz von 2-5°C.

Pflege

Im Sommer braucht die Agave reichlich Wasser. Wenn die Pflanze im Wohnraum steht, muß sie gelegentlich auch besprüht werden. Alle 14 Tage wird sie während der Wachstumsphase gedüngt. Während der kühlen Winterzeit wird die Agave noch minimal gegossen, also fast trocken gehalten. Das Umtopfen der ausladenden Pflanze mit den zahlreichen Stacheln, die leicht abbrechen können, ist nicht einfach und sollte nur bei Bedarf vorgenommen werden. Agaven wachsen in einer lehmig-sandigen Blumenerde.

Vermehrung
Die meisten Zimmerarten bilden, wenn sie älter werden, kleine Seitensprößlinge. Diese werden von der Mutterpflanze getrennt und als Ableger neu eingepflanzt.

Gärtnertip
Die spitzen Stacheln einiger Agaven-Arten sind Gefahrenquellen für Kinder. Daher sollten die Stacheln an den Enden durch aufgesteckte Korken unschädlich gemacht werden.

Akazie

(Acacia)

Blütezeit:	März – Mai
Familie:	Schmetterlingsblütler
Heimat:	Australien

Als Zimmerpflanze kommt nur Acacia armata, der Känguruhdorn, in Betracht. Die falsche Mimosenart blüht von März bis Mai mit winzigen, gelben Blüten, kleinen Blättern und weit nach außen ragenden Staubgefäßen. Die Pflanzen bleiben im Zimmer ziemlich klein, sie wachsen auch entsprechend langsam.

Standort
Ein sonniges Südfenster ist ideal. Schattige Standorte lassen diese

schöne Zimmerpflanze verkümmern. Im Sommer ist ein windgeschützter Standort im Garten oder auf der Terrasse empfehlenswert. Im Winter sollte der Standort kühl sein; ein helles Treppenhaus oder ein helles Schlafzimmer kommen hierfür in Betracht.

Pflege
In den Sommermonaten regelmäßig mit kalkfreiem bzw. gefiltertem Wasser gießen. Während der Wintermonate sehr trocken halten. Akazien werden im Rhythmus von 2 Jahren umgepflanzt. Dazu sollten Sie auf alle Fälle ein kalkarmes Substrat verwenden.

Vermehrung
Im Frühjahr erfolgt die Vermehrung über Stecklinge, die an einem kühlen Platz bewurzelt werden.

Gärtnertip
Gelbe Blätter oder Blattfall sind ein Zeichen von zu warmer Überwinterung.

Akazie

Allamande

(Allamanda cathartica)

Blütezeit:	Juni – Sept.
Familie:	Hundsgiftgewächs
Heimat:	trop. Südamerika

Eine tropische Schönheit ist die raschwachsende Rankpflanze mit ihren leuchtendgelben Trichterblüten. Die Allamande schmückt sich nicht nur mit auffallend schönen Blüten, sondern auch mit glänzenden, hartlaubigen Blättern.

Standort
Die Pflanze braucht einen vollsonnigen Standort, ein Südfenster ist ideal, ein Westfenster ist ebenfalls möglich. In der Mittagszeit muß schattiert werden, denn bei praller Sonne verbrennen Blüten

und Blätter. Nur wenn die Licht- und Wärmeverhältnisse gut sind, fängt die Pflanze auch zu blühen an. Mit normalen Raumtemperaturen kommt die Allamande das ganze Jahr über gut klar. Im Winter sollten die Temperaturen zwischen 15 – 18 °C liegen.

Pflege
Während der Wachstumszeit von April bis November muß reichlich mit weichem, möglichst gefiltertem Wasser gegossen und wöchentlich gedüngt werden. Im Winter ist die Wasserzufuhr auf ein Minimum zu beschränken und die Düngezufuhr einzustellen. Die tropische Schönheit will auch mit hoher Luftfeuchtigkeit verwöhnt werden, mit anderen Worten, sie muß mit lauwarmem, gefiltertem Wasser häufig besprüht werden. Es ist angebracht, ihr eine Rankhilfe zu geben. Zum Umtopfen im zeitigen Frühjahr sollten Sie eine kräftig humose Erde mit einem pH-Wert um 6 verwenden.

Vermehrung
Durch Stecklinge unter Folie bei Raumtemperaturen von mindestens 27°C.

Gärtnertip
Die Pflanze verträgt keine Zugluft. Sie bekommt dann leicht Schildläuse. Vorsicht! Die Allamanda ist in allen Teilen giftig.

Aloe

(Aloe vera)

Blütezeit:	Grünpflanze
Familie:	Liliengewächs
Heimat:	Südamerika

Die Aloe vera, die Pflanze der Pflanzen, die nicht nur Kleopatra zur Verführerin gemacht hat, hat die deutschen Märkte erobert. Beim Kauf ist darauf zu achten, daß sie mindestens 30 cm groß und ihre Blätter prall gefüllt sind. Rein äußerlich gesehen, zählt die Aloe vera nicht zu den schönsten der Zimmerpflanzen, im Gegenteil, die dickfleischige Sukkulente wirkt geradezu bescheiden gegenüber anderen. Es sind eben ihre heilenden Eigenschaften, die diese Pflanze so begehrenswert machen.
Aloe ist nicht gleich Aloe. Es gibt über 300 verschiedene Arten auf der Welt. In unseren Breitengraden beschränkt sich allerdings das Angebot auf folgende vier Aloearten: die Aloe barbadensis und Aloe vera, auch Aloe ferox genannt, die viel-

fach in der Medizin Verwendung findet; die Aloe wickensii mit ihrem langen, dekorativen Blütenschaft und die Aloe striata. Die drei zuletzt genannten sind bei einigen Hobbygärtnern bereits vorhanden, besitzen jedoch nicht die Eigenschaften der Aloe vera.

Standort
Hell, aber nicht vollsonnig, im Sommer warm, im Winter kühl bis zu 5°C. Die ausgewachsene Pflanze kann bis zu 1 m erreichen. Sie besitzt dann 15 bis 20 rosettenförmig angeordnete fleischige und spitz zulaufende Blätter, die an den Rändern sägeartig gezahnt sind. Sie beansprucht daher viel Platz in der Breite.

Pflege
Eigentlich kann man bei der genügsamen Pflanze kaum etwas falsch machen, es sei denn, sie wird zu emsig gegossen, denn Staunässe ist der Tod aller Aloearten. Die sukkulente Pflanze besitzt nur schwach entwickelte Wurzeln und fault dann von unten ab. Gegossen wird einmal in der Woche, nur bei extrem warmen und sonnigen Standorten im Sommer zweimal wöchentlich. Gedüngt wird während der Wachstumsperiode einmal im Monat. Und wenn Sie das Gießen vergessen sollten, ist das nicht tragisch, die Pflanze überlebt bis zu einem halben Jahr. Die Blätter verlieren dann natürlich erheblich an Volumen. In bezug auf ihre Widerstandsfähigkeit bei Trockenheit und Temperaturschwankungen, die im Bereich von 3-30°C liegen können, gibt es keine anpassungsfähigere Pflanze. Aloe vera ist eine ideale Pflanze für Gießunlustige. Zum Umtopfen oder Neutopfen im Frühjahr brauchen Sie ein sandiges Erdsubstrat.

Vermehrung
Ab dem dritten Jahr bildet die Pflanze Kindel. Um die Mutterpflanze nicht zu schwächen, werden diese bei einer Höhe von 15 cm abgetrennt und neu eingetopft.

Gärtnertip
Damit es nicht zur gefürchteten Staunässe kommt, sollten Sie in jeden Blumentopf eine Drainageschicht aus Tonscherben oder

Blähton geben. Die Aloe vera gehört als Erste-Hilfe-Pflanze auf jede Fensterbank in Küche oder Bad. Sie wirkt antiseptisch, hilft sofort bei Verbrennungen, Schnittwunden sowie bei Wespenstichen; Narben verheilen gut durch sie. Auch ist das Gel der Blätter in der Kosmetik für die wöchentliche Gesichtsmaske unentbehrlich. Es wirkt erfrischend, adstringierend und hautstraffend.

Alokasie

(Alocasia)

Blütezeit:	Grünpflanze
Familie:	Aronstabgewächs
Heimat:	Ostindien, Philippinen

Die aparte Alokasie ist eine Pflanze für Kenner und ein Blickfang auf jeder Fensterbank. Noch ist die Alokasie sanderiane mit den weißen Blattadern und gebuchteten Rändern relativ unbekannt, obwohl sie zu den schönsten Blattgewächsen zählt. Ihre ausdrucksvoll metallisch glänzenden Blätter sind sehr attraktiv, die Blüten hingegen sind wie bei allen Aronstabgewächsen unscheinbar. Die interessanten, pfeilförmigen Blätter mit ihren weißen Blattadern verführen zum Kauf. Bedenken Sie aber vor dem Kauf, daß die Alokasie nicht zu den pflegeleichtesten Zimmerpflanzen gehört. Sie kann ohne Tropenklima auf Dauer nur sehr schlecht gedeihen.

Standort
Diese schöne tropische Pflanze verlangt viel Pflege. Sie braucht gleichmäßige Wärme, etwa 22°C rund um das Jahr, außerdem eine hohe Luftfeuchtigkeit. Wenn Sie kein entsprechendes Gewächshaus oder einen Wintergarten besitzen, wird es schwierig. Sie müssen durch tägliches Besprühen, möglichst mit gefiltertem Wasser, Tropenklima vortäuschen und ihr einen halbschattigen Standort bieten.

Pflege
Gießen Sie die Pflanze regelmäßig, aber mit wenig Wasser, dem Sie einen Tropfen Flüssigdünger zufügen. Damit gelangt die Pflanze zu stattlichem Wuchs. Innerhalb von 15 Monaten kann die Alokasie dank des

optimalen Standorts und der regelmäßigen Düngung 3,15 m erreichen, wobei das einzelne Blatt 1,30 m in der Länge mißt. Der Umfang der Pflanze beträgt etwa 12 m. Die aparte Alokasie darf nie nasse Füße bekommen, eine Drainageschicht aus Tongranulat wirkt vorbeugend. Das Frühjahr bzw. der Frühsommer ist die beste Zeit, eine Alokasie an das Zimmerleben zu gewöhnen. Im Frühjahr wird die Pflanze umgetopft. Dazu sollten Sie eine Mischung aus Lauberde, Torf und etwas Spagnummoos verwenden.

Vermehrung
Eine Aussaat ist möglich, aber sehr langwierig. Üppig gewordene Pflanzen können Sie teilen, indem Sie Teile der Wurzelstöcke abschneiden und bei hoher Wärme und Luftfeuchtigkeit mit geringer Bodenfeuchte antreiben. Entscheidend für den Erfolg ist, daß die abgeschnittenen Wurzelstücke kleine Triebansätze zeigen und waagerecht eingepflanzt werden.

Gärtnertip
Wichtig ist, die Pflanze öfter zu drehen, damit sie sich nicht einseitig entwickelt.

Alonsoblume

(Alonsoe – Alonsoa)

Blütezeit:	Juni – Sept.
Familie:	Braunwurzelgewächs
Heimat:	Südamerika

Die einjährige Pflanze wächst als Halbstrauch und niedriges Kraut mit ovalen Blättern und roten bzw. weißen Blüten, die sich vom Sommer bis zum Herbst zeigen.

Standort
Hell und sonnig, vor allem kühl, möglichst nicht über 17°C. Die Alonsoblume braucht möglichst viel Frischluft. Deshalb ist sie von Mai bis September auf dem Balkon oder der Terrasse gut aufgehoben. Wenn Sie die Pflanze nur im Zimmer halten, sollten Sie sie in den Sommermonaten halbschattig stellen.

Pflege
Das ganze Jahr über reichlich gießen. Ballentrockenheit oder Zugluft bekommen der Pflanze schlecht.

Vermehrung
Durch Aussaat ist die Vermehrung unproblematisch. Wenn Sie eine Winterblüte haben möchten, so sollten Sie im Juni aussäen. Wird eine Sommerblüte gewünscht, dann ist das Frühjahr der geeignete Zeitpunkt zur Aussaat. In beiden Fällen kann direkt in das Erdsubstrat ausgesät werden.

Gärtnertip
Die Alonsoa acutifolia (myrtifolia) bildet eine weiße Blüte und die A. incisifolia (urticifolia) eine hellrote Blüte.

Alpenveilchen

(Cyclamen persicum)

Blütezeit:	Mai – Febr.
Familie:	Primelgewächs
Heimat:	Kleinasien

Eine kühle Schönheit ist das Alpenveilchen. Sein Name ist etwas irreführend, denn die Wildform unserer heutigen Topfpflanze ist nicht in den Alpen, sondern in Kleinasien beheimatet. Dort wächst die Pflanze in kühler, schattiger Umgebung. Demzufolge fühlt sich das Alpenveilchen nur in mäßig geheizten Räumen wohl, und nur so hält seine Blütenpracht über Wochen. Es gibt rund 14 Sorten mit völlig unterschiedlichen Farben und Blütenformen.

Standort
Kühle Wohnräume von bis zu 12-15°C. Geeignet sind das Schlaf- oder Gästezimmer, aber auch das helle Treppenhaus sind ideale Standorte für das Alpenveilchen. Ein luft-trockener Raum mit über 20°C bedeutet dagegen den sicheren Tod der Pflanze. Raumtemperatur und das richtige Gießen sind entscheidend für den Erfolg mit Alpenveilchen.

Alpenveilchen

Pflege

Alpenveilchen müssen mit Fingerspitzengefühl gegossen werden, und zwar stets von unten in den Übertopf. Bewährt hat sich auch das Bewässern über einen Saugdocht, der von unten durch die Wasserabzugsöffnung in die Erde der Pflanze gesteckt wird, wobei sein Ende in das Wasser des Übertopfs taucht. Niemals sollten Sie das Alpenveilchen von oben direkt in die Knolle begießen, weil das Wasser in diesem Fall zwischen den fleischigen Stielen Fäulnis von Blüten und Blätter auslöst. Wichtig ist allerdings, daß die Pflanze selbst nicht im Wasser steht. Deshalb wird der Übertopf bis zur Hälfte mit Kieselsteinen angefüllt. Zur Pflege gehört das Entfernen abgestorbener Blüten und welker Blätter. Aber weder Blatt- noch Blütenstiele dürfen abgeschnitten werden, sie werden lediglich mit einer kurzen drehenden Bewegung ausgezupft. Von Oktober bis April sollte das Alpenveilchen regelmäßig gedüngt werden. In der sommerlichen Ruhepause von Mai bis September wird nicht mehr gedüngt, aber mäßig weitergegossen, so daß der Erdballen nie austrocknet. Ein Standortwechsel in den Garten unter den lichten Schatten eines Baumes wäre ideal. Wenn im September das Alpenveilchen einen neuen Austrieb zeigt, wird die Knolle flach in humose Erde umgetopft, so daß noch 1/3 sichtbar bleibt. Im Spätherbst, wenn die Blätter voll entfaltet sind und der Blütenansatz sich bildet, sollten Sie einen phosphorbetonten Dünger verwenden.

Vermehrung

Sie ist schwierig und sollte dem Fachmann überlassen werden.

Gärtnertip

Achten Sie beim Kauf darauf, daß möglichst viele Blüten noch knospig sind. Es lohnt sich übrigens, Alpenveilchen zu kultivieren, denn einmal über die Winterphase gebracht, werden sie besonders gut.

Alpinia

(Alpinia sanderae)

Blütezeit:	Grünpflanze
Familie:	Ingwergewächs
Heimat:	Polynesien

Eine seltene, aber dekorative Zimmerpflanze mit grünweiß gezeichneten länglichen Blättern. Ihre weißen, rispenförmigen Blätter können sich zwar im Zimmer nie ganz entfalten, sind aber dennoch malerisch schön.

Standort

Sehr hell und sonnig. Vorsicht! Die Pflanze ist empfindlich gegen Zugluft. Das tropische Gewächs verlangt nach hoher Luftfeuchtigkeit. Die Raumtemperatur darf ganzjährig nicht unter 20°C liegen.

Pflege

Die Alpinia braucht reichlich Wasser. Sie sollte regelmäßig wöchentlich gedüngt werden, damit das Wachstum nicht ins Stocken gerät. Zum Umtopfen sollten Sie humose Einheitserde verwenden.

Vermehrung

Für eine geplante Vermehrung teilen Sie die Pflanze im März.

Gärtnertip

Es ist ratsam, das Pflanzgefäß in einen Übertopf mit feuchtem Torf einzufüttern.

Amaryllis

(Hippeastrum vittatum)

Blütezeit:	Okt. – April
Familie:	Amaryllisgewächs
Heimat:	Südamerika

Die Amaryllis, ist ein wahres Blütenwunder. Je größer die Zwiebel, desto schöner die Blüte. Aus einer Zwiebel von 20-28 cm Umfang können zwei Blütenschäfte mit je vier Blüten hervorgehen. Die Blütezeit reicht je nach Art von Oktober bis in den April hinein. Die stattlichen Blüten in Weinrot, Weiß, Rosa halten immerhin bis zu 3 Wochen.

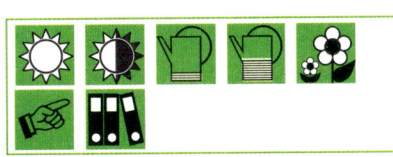

Standort

Je mehr Licht die Amaryllis bekommt, um so intensiver färbt sich die Blüte. Während der Blüte darf die Pflanze keine volle

Sonne bekommen, sonst welkt die Pracht vorzeitig dahin. Sobald die Amaryllis erblüht, ist ein kühlerer Standort angebracht.

Pflege

Während die Zwiebel treibt, brauchen Sie sich um das Gießen kaum zu kümmern. Der Wasserbedarf steigt, kurz bevor die Blüte aufbricht. Sobald sich die Blüten öffnen, muß die Pflanze gedüngt werden. Wenn Sie es gut mit der Amaryllis meinen und die Pflanze auch nach der Blütezeit weiter mit Nährstoff versorgen, aber von August an das Düngen einstellen und das Gießen stark reduzieren, können Sie im Frühjahr auf weitere Blüten hoffen. Damit die empfindlichen Wurzeln weder durch Staunässe noch durch Knicken beeinträchtigt werden, kommt zunächst eine Drainage in Form von Tonscherben in das Pflanzgefäß, darauf eine Schaufel Topfpflanzenerde, die andeutungsweise zu einem Kegel geformt wird. Auf die Spitze des Kegels wird dann die Zwiebel gesetzt und ihre Wurzeln rings um den Kegel ausgebreitet. Die Erde füllen Sie nur soweit auf, daß noch 2/3 der Zwiebel aus der Erde herausragt. Gießen Sie nun die Pflanze leicht an und stellen Sie an einen hellen, warmen (20°C) Ort.

Vermehrung

Der günstigste Zeitpunkt für die Trennung von Mutter- und Tochterzwiebel ist nach der Blüte, bevor das Blattwachstum einsetzt. Achten Sie darauf, daß die Tochterzwiebel schon ein paar eigene

Amaryllis

Wurzeln gebildet und ausreichend Blattwerk hat.

Gärtnertip
Brandneu sind die gefüllt blühenden Züchtungen. Allerdings sind es vorerst noch Raritäten.

Ananas

(Ananas)

Blütezeit:	Grünpflanze
Familie:	Ananasgewächs
Heimat:	Südamerika

Mitunter glückt der Versuch, aus dem grünen Fruchtschopf einer Ananas eine neue Pflanze zu ziehen. Wichtig ist, daß die Ananasfrucht frisch ist und der Schnitt etwa 1cm unter der Rosette angesetzt wird, denn dort sitzen erste kleine Wurzelansätze. Die Schnittfläche muß 24 Stunden antrocknen, bevor die Blattrosette in eine Pflanzschale mit viel Sand und feuchten Torfmull gesteckt wird. Zur besseren Bewurzelung wird der Steckling mit einer Plastiktüte bedeckt und an einen warmen, hellen Platz gestellt. Das aus der Ananasfrucht gezogene Gewächs bleibt eine reine Grünpflanze mit rosettenartigem Aufbau.

Standort
Die Pflanze braucht viel Platz, einen hellen bis halbschattigen Standort mit relativ geringer Luftfeuchtigkeit. Im Sommer verträgt diese Ananas viel Wärme, im Winter hingegen sollte sie kühler bei 18 °C stehen.

Pflege
Um saftig grün zu bleiben, braucht die Pflanze viel Wasser. Gegossen werden sollte ausschließlich mit zimmerwarmen, weichem Wasser. Gedüngt wird von April bis August jede zweite Woche. Während der kühleren Wintermonate kommt die Pflanze mit sehr wenig Wasser aus.

Vermehrung
Wenn die Kindel halb so groß sind, wie die Mutterpflanze, werden sie einfach abgetrennt und in einer Mischung von Sumpfmoos und Sand an einem warmen Ort bewurzelt.

Gärtnertip
Gegen trockene Luft ist die Pflanze/nicht so empfindlich wie die meisten Bromelienarten

Antigonon

(Antigonon)

Blütezeit:	Juli – Aug.
Familie:	Knöterichgewächs
Heimat:	Mittelamerika

Das mehrjährige Gewächs windet sich mit kleinen herzförmigen Blättern um Spalierhilfen. Im Sommer erscheinen winzige Früchte, die von rosaroten oder weißen Blütenblättern eingehüllt sind.

Standort
Der Antigonon wünscht sich das ganze Jahr über einen sehr hellen und sonnigen Standort. Trockene Zimmerluft oder direkte Sonnenbestrahlung dagegen liebt die Pflanze nicht. Durch Schattieren und indirektes Besprühen können Sie Abhilfe schaffen. Wünschenswert ist eine durchschnittliche Temperatur von 30°C.

Pflege
Das Rankgewächs wird entsprechend zur Raumtemperatur gegossen und im Abstand von 14 Tagen gedüngt. Achten Sie auf Staunässe und Ballentrockenheit. Bei Bedarf wird die Pflanze im Frühjahr in ein etwas größeres Gefäß mit Einheitserde umgetopft.

Vermehrung
Zur Vermehrung schneiden Sie im Frühjahr Kopfstecklinge, die unter Folie bei hoher Luftfeuchtigkeit und Wärme (22°C) wurzeln.

Gärtnertip
Die Pflanze verträgt einen Rückschnitt. Sie wirkt als Ampelgewächs sehr attraktiv.

Apfelsinenbäumchen

(Citrofortunella microcapa)

Blütezeit:	Juli – Aug.
Familie:	Knöterichgewächs
Heimat:	Mittelamerika

Es gibt zwei Möglichkeiten, um an die verschiedenen Zitrusfrüchte zu kommen. Zum einen, Sie stecken selbst geerntete Kerne in die Erde. Diese gehen auch problemlos auf und entwickeln sich im Laufe der Jahre zu einem hübschen grünblättrigen, kleinen Strauch. Wenn Sie allerdings auf Blüten oder Früchte hoffen, werden Sie vermutlich vergebens warten, denn aus dem selbst ausgesäten Kern entsteht nur ein Wildling. Sie können auf diesen das Reis einer edlen Sorte pfropfen und mit etwas Glück auf Blüten und Früchte hoffen. Zum anderen – und das ist natürlich der einfachste Weg – können Sie im Blumengeschäft ein kleines Bäumchen voller goldener Früchte erwerben. Am weitesten verbreitet ist Citrus microcapa, ein Zwergbaum mit glänzend lederartigen Blättern. Seine bis zu 2 cm großen, weißen, stark duftenden Blüten erscheinen bis zu sechsmal im Jahr. Das Besondere dieser Mini-Orangen ist, daß sie gleichzeitig blühen und fruchten. Damit Sie später auch Früchte ernten können, heißt es jetzt für Sie »Bienchen spielen«. Zur Befruchtung wird dazu der Blütenstaub von den Staubbeuteln mit dem Pinsel auf die Narbe gebracht.

Standort
Ganzjährig sehr hell, luftig und sonnig. Während der Wintermonate müssen Sie dafür sorgen, daß die Pflanze einen hellen, kühlen, frostfreien Standort zwischen 8-10°C bekommt.

Pflege
Während der Sommermonate besteht ein hoher Feuchtigkeits- und Nährstoffbedarf. Daher muß die Pflanze häufig mit gefiltertem Wasser besprüht werden. Weiches bzw. gefiltertes Wasser sollten Sie auch zum Gießen nehmen. Das Apfelsinenbäumchen muß gleichmäßig feucht gehalten werden, aber ohne Staunässe. Zwischen den einzelnen Gießvorgängen sollte die Erde immer wieder leicht antrocknen, wobei Ballentrockenheit unbedingt zu vermeiden ist. Gedüngt wird das ganze Jahr über, in den Sommermonaten alle 14 Tage, im Winter monatlich. Zum Umtopfen brauchen Sie eine humose Azaleenerde. Der Topf darf nicht zu groß sein. Sie sollten darauf achten, daß der Wurzelhals etwas über der Erde steht.

Apfelsinenbäumchen

 Vermehrung
Sie erfolgt durch nicht zu weiche Kopfstecklinge im Frühjahr, die Sie in der Keimbox heranziehen.

 Gärtnertip
Zur Bewässerung verwenden Sie am besten weiches Wasser aus der Filtergießkanne AquaFlor.

Aralie

(Fatsia japonica)

Blütezeit:	Grünpflanze
Familie:	Araliengewächs
Heimat:	Japan

Eine dankbare, anspruchslose Zimmerpflanze mit zügigem Wuchs. Die langgestielten, handförmigen, glänzendgrünen Blätter sind sieben- bis neunmal gelappt.

 Standort
Die prachtvolle Blattpflanze eignet sich für kühle, halbschattige Räume. Im Sommer ist ein Aufenthalt im Freien wünschenswert, da die Pflanze viel frische Luft braucht. Überwintert wird die Zimmeraralie bei etwa 10°C, notfalls im Keller. Abgehärtete Pflanzen können in milden Weinanbaugebieten sogar im Freien verbleiben. Die Aralie ist für ein gelegentliches Abbrausen der Blätter mit gefiltertem Wasser dankbar.

 Pflege
Während der Sommermonate ist die Erde mit nicht zu hartem Wasser gut feucht zu halten. In den Wintermonaten sollten Sie nur mäßig gießen. Gedüngt wird von April bis September wöchentlich. Gut ernährte Exemplare müssen jährlich in humusreiche Erde umgetopft werden.

 Vermehrung
Die Vermehrung erfolgt einfach über Stecklinge.

Gärtnertip
Der Rückschnitt von jüngeren Pflanzen fördert die Verzweigung, ältere hingegen verlieren dadurch ihren attraktiven Wuchs. Bei zu trockener Luft können Blattläuse auftreten.

Archontophoenix

(Archontophoenix)

Blütezeit:	Grünpflanze
Familie:	Palmengewächs
Heimat:	Australien

Unkomplizierte, schnellwachsende Zimmer- oder Kübelpflanze. Jüngere Exemplare wirken durch ihre zartge-fiederten, hellgrünen Wedel besonders grazil.

 Standort
Jüngere Pflanzen bevorzugen einen halbschattigen, ältere Exemplare einen hellen, aber nicht der prallen Sonne ausgesetzten Standort. Die Palme möchte das ganze Jahr über eine Temperatur von 18-25°C, allerdings sollte sie nicht in der Nähe von Heizkörpern stehen.

 Pflege
Die Pflanze müssen Sie gut mit gefiltertem Wasser gießen, wobei die Menge sich nach Größe und Raumtemperatur richtet. Wichtig ist vor allem die hohe Luftfeuchtigkeit, d.h. die Pflanze muß mit gefiltertem Wasser oft besprüht werden. Gedüngt wird im 14tägigen Rhythmus, aber nur während der Wachstumsperiode von April bis September. Bei richtigem Standort ist das jährliche Umtopfen nicht zu umgehen, denn die Palme ist schnellwüchsig und bildet ein starkes Wurzelwerk, das mitunter den Topf sprengt. Es ist ratsam, beim Umpflanzen nur ein spezielles Erdsubstrat zu verwenden und vor allem für eine gute Drainageschicht aus Kies zu sorgen, damit an die Wurzeln möglichst viel Luft kommt.

Vermehrung
Für den Hobbygärtner zu kompliziert.

Gärtnertip
Die Archontophoenix ist eine gute Hydrokulturpflanze.

Aristea

(Aristea)

Blütezeit:	Februar
Familie:	Schwertliliengewächs
Heimat:	Südafrika

Der Halbstrauch hat schmale, schwertförmige Blätter, die sich an den Enden verzweigen. Im Winter erscheinen blaue Blüten in Doldentrauben.

 Standort
Hell und sehr luftig, aber geschützt vor praller Sonne, im Kalthaus gedeiht die Pflanze am besten. 10-15°C ist die ideale Jahrestemperatur, unter 6°C sollte sie nie fallen. Trockene Zimmerluft verkraftet die Pflanze gut.

Pflege
Bei Einhaltung der gewünschten Temperaturen darf nur mäßig gegossen und alle 4 Wochen gedüngt werden. Umtopfen ist nicht erforderlich.

 Vermehrung
Die Vermehrung erfolgt durch Stecklinge, die im Herbst geschnitten und bei 18°C Bodenwärme bewurzelt werden.

 Gärtnertip
Eine ideale Pflanze für kühle Räume.

Aschenblume

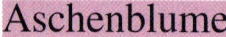

(Cineraria)

Blütezeit:	Juni – Sept.
Familie:	Korbblütler
Heimat:	Kan. Inseln, Afrika

Die einjährige Aschenblume ist nach der Blüte wegzuwerfen. Diese Pflanze, auch bekannt unter Cinerarien, sind in den feuchten, kühlen Bergen der Kanarischen Inseln beheimatet. Gegen Ende der Winterzeit erfreut diese farbenprächtige Pflanze mit ihren margeritenähnlichen Blüten. Der kompakte Wuchs und die unzähligen Blüten mit und ohne Auge, ein- oder zweifarbig, haben der fast in Vergessenheit geratenen Pflanze zu neuem Aufschwung verholfen. Aufgrund ihrer grauen Blattunterseite wird sie auch Aschenblume genannt. Im Volksmund heißt sie auch Läuseblume, weil sie häufig von Blattläusen befallen wird.

Aschenblume

 Standort
Hell und luftig, optimal sind Temperaturen zwischen 16 und 18°C. In normal beheizten Zimmerräumen ist die Haltbarkeit der Blüte stark eingeschränkt.

 Pflege
Die Pflanze ist gleichmäßig feucht halten, Blätter erschlaffen, sobald die Pflanze zu trocken steht. Ein gelegentliches Tauchbad bekommt der Pflanze gut. Verwenden Sie zum Tauchen und Gießen möglichst gefiltertes, lauwarmes Wasser. Die blühende Pflanze muß wöchentlich gedüngt werden. Abgestorbene und abgeblühte Teile sind sofort zu entfernen.
Umtopfen und Vermehren lohnen sich nicht.

 Gärtnertip
Um die Blütezeit zu verlängern, sollten Sie beim Kauf auf alle Fälle auf knospige Pflanzen achten. Auch ein kritischer Blick unter die Blätter ist empfehlenswert, denn die Läuse sitzen immer unter dem Blatt.

Aukube

(Aucuba japonica)

Blütezeit:	April – Mai
Familie:	Hartriegelgewächs
Heimat:	Japan

Eine ideale Pflanze für kühle Räume, denn sie ist nahezu unverwüstlich.

 Standort
Die Aukube bevorzugt im Sommer einen schattigen bis halbschattigen Standort. Im Winter möchte sie hell und kühl stehen. Das ganze Jahr über braucht sie viel Frischluft, vor Zugluft ist sie zu schützen.

 Pflege
Im Sommer möchte sie reichlich, im Winter weniger gegossen werden. Junge Pflanzen werden durch Entspitzen der Triebe buschiger. Im Sommer sollten Sie die Pflanze alle 14 Tage düngen.

 Vermehrung
Die Vermehrung erfolgt durch Stecklinge im August. Die Bewurzelung sollte bei 20-22°C erfolgen.

 Gärtnertip
Ein zu warmer Standort verursacht Spinnmilbenbefall. Nur wer männliche und weibliche Pflanzen nebeneinander stellt, kann mit einer Blüte und den Fruchtständen rechnen.

Australische Silbereiche

(Grevillea robusta)

Blütezeit:	keine bei uns
Familie:	Silberbaumgewächs
Heimat:	Australien

Das mehrjährige Bäumchen wird auch Seideneiche genannt. Die Pflanze ist aufgrund ihrer silbrig glänzenden, nadelartigen Blätter ein beliebter Blickfang für Zimmer und Diele.

 Standort
Die Silbereiche sollte in einem größeren Holzkübel an einem halbschattigen, hellen, luftigen Standort in normaler Zimmertemperatur stehen. Nur im Winter muß sie kühler untergebracht werden, bei einer Temperatur von etwa 6-10°C. Wichtig ist, daß Sie die Pflanze Anfang des

Jahres, wenn sich der neue Austrieb zeigt, öfter besprühen, um die Luftfeuchtigkeit zu erhöhen.

Pflege

Die Grevillea darf weder zuviel noch zuwenig Wasser bekommen. Ballentrockenheit ist genauso schädlich wie Staunässe. Es empfiehlt sich, die Fingerprobe vor jedem Gießvorgang zu machen. Bei nährstoffreicher Erde braucht die Pflanze nicht gedüngt zu werden. Zum Umtopfen im Frühjahr sollten Sie eine vorgedüngte Einheits-erde verwenden.

Vermehrung

Die Vermehrung ist einfach. Sie wird während der Sommermonate mit Stecklingen durchgeführt.

Gärtnertip

Die Pflanze wächst eintriebig. Jeder Rückschnitt ist sinnlos, er verstümmelt die Pflanze, führt aber nicht zur Verzweigung.

Avocado

(Persea americana)

Blütezeit:	Grünpflanze
Familie:	Lorbeergewächs
Heimat:	Nord-, Südamerika

Die Avocadopflanze wird selten im Handel angeboten, kann aber zum Nulltarif selbst gezogen werden. Während der Baum in seiner tropischen Heimat bis zu 20 m erreicht, wird die reine Grünpflanze im Zimmer etwa 1 m hoch.

Standort

Hell, sogar sonnig darf der Standort sein, mit hoher Luftfeuchtigkeit. Die Pflanze kann ganzjährig im Zimmer stehenbleiben. Während der Sommermonate ist sie in normaler Zimmertemperatur gut aufgehoben, im Winter sollte sie nach Möglichkeit kühler stehen, 10-12°C wären ideal; eine zu warme Überwinterung führt zu Blattfall.

Pflege

Reichlich mit temperiertem und gefiltertem Wasser gießen und besprühen. Im Winter wird die Pflanze dann nur noch minimal mit Wasser versorgt. Während der Vegetationszeit sollten Sie sie alle zwei Wochen mit Flüssigdünger ernähren. Das Umtopfen geschieht im Frühjahr in Einheitserde mit Lehmzusatz.

Vermehrung

Der Avocadokern wird mit drei Zahnstochern über einem Wasserglas so befestigt, daß seine Wurzelansätze gerade das Wasser berühren. Etwas Geduld müssen Sie jetzt aufbringen, denn es kann Monate dauern, bis sich der Kern teilt, aus dem der Keimling sprießt.

Gärtnertip

Wichtig beim Antreiben: der spitze Trieb muß nach oben stehen, und die minimalen Wurzelansätze müssen ins Wasser reichen.

Avocado

Azalee

(Rhododendron)

Blütezeit:	Sept. – April
Familie:	Heidekrautgewächs
Heimat:	Ostasien, China, Japan

Die Azalee zählt zu den Favoriten der Zimmerpflanzen. Kein Wunder, diese Pflanze bringt Farbe ins Zimmer. Der größte Teil der bei uns käuflichen Topf-Azaleen gehört der indischen Azalee Rhododendron simsii an. Bis heute sind rund 2000 Hybriden und Sorten aus diesem 50 cm hohen Strauch entstanden. Im Handel werden etwa 50 Arten als Büsche, Hochstämme und Pyramiden angeboten. Von September bis April erfreut Sie die Azalee mit einfachen und gefüllten Blüten in Weiß-, Rosa- und Rottönen. Auch zweifarbige Sorten werden auf dem Markt angeboten. Neben der in-dischen Azalee sind auch japanische Azaleen (Rhododendron obtusum) im Handel. Diese Pflanzen sind meist etwas kleinblütiger und können bei mildem Klima im Garten überwintern. Azaleen gehören zu den Zimmerpflanzen, die Jahr für Jahr schöner und größer werden.

Standort

Azaleen brauchen helle, kühle Räume mit Temperaturen von höchstens 18°C. Auch schätzt die Azalee den Aufenthalt im Garten. Sie können sie samt dem Topf an einem halbschattigen Platz eingraben. Vor dem ersten Frost kommt sie, wie alle Kübelpflanzen, ins Haus und muß langsam an die Raumtemperaturen gewöhnt werden, damit sie nicht alle Blütenansätze abwirft.

Pflege

Azaleen werden grundsätzlich durch ein Tauchbad gewässert. Der Erdballen sollte durchdringend mit kalkfreiem, also gefiltertem Wasser getränkt werden, ohne es zu Staunässe im Übertopf kommen zu lassen. Dazu wird die Pflanze bis über den Topfrand ein- bis zweimal in der Woche ins Wasser gestellt. Wer von üppigblühenden Azaleen träumt, dem ist anzuraten, Flüssigdünger jedem Tauchbad hinzuzusetzen. Verblütes ist ebenso regelmäßig zu entfernen wie grüne Triebspitzen, damit die ganze Kraft der Blütenbildung zufließen kann. Nach der Blüte wird die Azalee auf 5 cm zurückgeschnitten. Da-

Azalee

durch wird die Verzweigung der Pflanze angeregt. Umtopfen sollten Sie nur, wenn der Ballen vermoost und bis zum Topfrand verwurzelt ist. Dann heißt es, ringsherum den Wurzelballen mit der Gabel aufzurauhen und die Pflanze in eine spezielle Azaleenerde umzutopfen.

Gärtnertip
Ballentrockenheit ist der Tod jeder Azalee. Je nachdem, wie lange der Zustand der Ballentrockenheit gedauert hat, zwei oder mehr Tage, könnte noch ein intensives, zimmerwarmes Tauchbad mit 1 bis 2 Tröpfchen Spülmittel (entspanntes Wasser) die letzte Rettung sein.

Bambusgras

(Bambusa aspera)

Blütezeit:	Grünpflanze
Familie:	Gramineae
Heimat:	China

Der Bambus ist der König der Gräser und ideal fürs Badezimmer. Der Bambus hält aber auch Einzug in unsere Wohnräume, und er nimmt von Jahr zu Jahr an Beliebtheit zu.

Standort
Hell, aber nicht sonnig. Vor allem braucht der Bambus eine hohe Luftfeuchtigkeit, darum ist er für Naßräume bestens geeignet. Während der Sommermonate kann er auch im Freien stehen. Im Winter sollte die Raumtemperatur mindestens zwischen 16–17°C liegen.

Pflege
Im Sommer braucht die Pflanze viel Wasser, sie muß bis zu zweimal wöchentlich gegossen werden. Im Winter gießen Sie nur wenig und nur dann, wenn die Erdoberfläche trocken ist. Ein Fußbad schadet nicht, aber Vorsicht vor Staunässe. Alle 14 Tage in der Wachstumsperiode düngen, sonst werden die Blätter gelb. Der Bambus sollte im Frühjahr umgetopft werden.

Bambusgras

Vermehrung
Die Vermehrung erfolgt durch Teilung oder Wurzelausläufer.

Gärtnertip
Der Zimmerbambus ist in seinen Pflegeansprüchen mit dem Farn zu vergleichen.

Bananenbaum

(Musa)

Blütezeit:	Juli – Aug.
Familie:	Bananengewächs
Heimat:	Afrika, Australien

Eine äußerst dekorative Pflanze mit großen grünen Blättern und interessant hängendem Blütenstand. Allerdings können Sie auf seine süßen Früchte und damit auch auf die vorausgehende Blüte nur dann hoffen, wenn Sie die Pflanze im Wintergarten stehen haben.

Standort
Viel Licht, bei älteren Pflanzen auch volle Sonne. Die ganzjährige Raumtemperatur sollte möglichst zwischen 20-23°C liegen, mindestens aber bei 12°C. Die Pflanze liebt die frische Luft, wobei Zugluft unbedingt zu vermeiden ist.

Pflege
Im Sommer braucht die Banane reichlich und möglichst weiches, gefiltertes Wasser. Vorsicht ist

beim Gießen geboten. Wenn die Sonne scheint, dürfen keine Wassertropfen auf die großen Blätter gelangen. Gedüngt wird in der Wachstumsperiode im Abstand von 14 Tagen. Entsprechend der Lichtverhältnisse wird im Winter wenig gegossen und nicht mehr gedüngt.

Vermehrung
Eine Vermehrung aus Seiten- und Wurzelsprossen ist sehr schwierig. Am besten ist es, die Fortpflanzung dem Gärtner zu überlassen.

Gärtnertip
Die Banane ist eine dominante Solitärpflanze.

Bandblume

(Ligularia)

Blütezeit:	Aug. – Okt.
Familie:	Korbblütler
Heimat:	Asien

Die langsam wachsende kleine Staude hat rundliche bis nierenförmige und meist stark eingeschnittene Blätter, die mit gelblichen Flecken benetzt sind. Im Spätsommer bis Herbst erscheinen gelbliche Blütenkörbchen.

Standort
Die Bandblume ist ein Gewächs des Schattens, sie liebt aber reichlich frische Luft. Sie ist für einen geschützten Platz auf dem Balkon oder der Terrasse während der Sommermonate dankbar. Im Winter liebt sie die Kühle, 6°C sind ideal.

Pflege
Für eine ausgiebige Wasserversorgung während der Sommermonate sollten Sie sorgen. Gedüngt wird im Abstand von 14 Tagen. Während der kalten Jahreszeit wird nur noch wenig gegossen und nicht mehr gedüngt. Zum Umtopfen brauchen Sie Einheitserde.

Vermehrung
Die Vermehrung erfolgt durch Teilung oder mit Stecklingen im Frühjahr.

Gärtnertip
Für die Zimmerkultur ist die Sorte L. tussilaginea zu empfehlen.

Barbacenia

(Barbacenia)

Blütezeit:	Juli – Aug.
Familie:	Velloziagewächs
Heimat:	trop. Afrika

Ein niedriges Gewächs mit lilienähnlichen, grasartigen Blättern. Im Sommer schmückt sich die Pflanze mit kleinen, sternförmigen Blüten.

 Standort
Diese Pflanze sollte nicht voll in der Sonne, sondern im Halbschatten stehen. Sie mag es allerdings hell, möglichst warm und dabei luftig. Während der Ruhezeit im Winter sollten Sie die Barbacenia in ein Zimmer mit etwa 10°C Raumtemperatur stellen. Trockene Heizungsluft schadet ihr nicht, sofern Sie öfter lüften.

 Pflege
Das ganze Jahr über mäßig feucht halten, düngen ist nicht erforderlich. Im Frühjahr sollte die Barbacenia bei Bedarf in frische, lehmhaltige Erde umgepflanzt werden.

 Vermehrung
Die Vermehrung erfolgt im Frühjahr durch Teilung.

 Gärtnertip
Barbacenia ist als Ampelgewächs beliebt.

Barbadoskirsche

(Malpighia galbra/punicifolia)

Blütezeit:	August
Familie:	Malpighiengewächs
Heimat:	trop. Amerika

Die mehrjährige Barbadoskirsche wächst langsam als niedriger Strauch. Sie blüht im Sommer üppig und entwickelt später aus den Blüten rote, dekorative Früchte, die eßbar sind.

 Standort
Wichtig für die Pflanze ist ein halbschattiger Standort, denn eine direkte Sonnenbestrahlung verkraftet sie nicht. Sie werden nur Freude an der Barbadoskirsche haben, wenn Sie täglich lüften und ihr eine Raumtemperatur von 20°C im Sommer und von 15°C im Winter bieten können. In trockener Zimmerluft fühlt sich das Gewächs sehr wohl.

 Pflege
Zwischen den einzelnen Gießvorgängen sollten Sie immer wieder warten, bis die Erde leicht angetrocknet ist. Eine ausgesprochene Ruhezeit kennt die Pflanze nicht. Sie wird also das ganze Jahr über mit Wasser versorgt. Bei einem humosen Erdsubstrat entfällt das Düngen. Im Frühjahr sollten Sie die Pflanze in Einheitserde umtopfen, allerdings darf das nachfolgende Pflanzgefäß nur eine Nummer größer sein.

 Vermehrung
Die Vermehrung kann von April bis Juni mit Triebstecklingen vorgenommen werden.

 Gärtnertip
Wenn Sie nicht genügend lüften oder die Pflanze zu sonnig steht, besteht die Gefahr des Schädlingsbefalls.

Baumfreund

(Philodendron)

Blütezeit:	Grünpflanze
Familie:	Aronstabgewächs
Heimat:	trop. Amerika

Die rund 250 im tropischen Amerika beheimateten Philodendronarten wachsen als Lianen in den Wipfeln hoher Bäume. Ihre Blätter sind je nach Art ganzrandig, herzförmig oder geschlitzt und gebuchtet. Empfehlenswert ist die aufrechtwachsende Art P. selloum. Die bekannteste und anspruchsloseste Sorte ist P. scandens. Es handelt sich um eine zierliche Ampelpflanze mit herzförmigen Blättern.

Baumfreund

Standort

Die Pflanze des Dschungels liebt helle, jedoch vor praller Sonne geschützte Standorte. An halbschattigen Plätzen gedeiht der kletternde Baumfreund gut. Allerdings müssen Sie damit rechnen, daß an zu dunklen Plätzen der kompakte Wuchs verloren geht, das Laub kleiner und die Blattabstände größer werden. Normale Zimmertemperaturen von 18-25°C liebt diese Pflanze.

Pflege

Die schnellwachsende Pflanze hat einen hohen Wasser- und Nährstoffbedarf. Sie muß regelmäßig gegossen werden, ohne daß Staunässe entsteht. Zum Gießen sollten Sie möglichst ein nicht zu kalkhaltiges Wasser verwenden. Im Sommer wird alle 2 Wochen und im Winter monatlich gedüngt. Eine hohe Luftfeuchtigkeit liebt der Philodendron, allerdings kommt er auch mit trockener Zimmerluft zurecht. Vor allem dann, wenn Sie seine Blätter regelmäßig abwischen, also vom Staub befreien, denn auch dadurch wird die Luftfeuchte erhöht.

Vermehrung

Für die Vermehrung gibt es mehrere Möglichkeiten: durch Absenker, Abmoosen, Kopfstecklinge oder Aussaat.

Gärtnertip

Kletternde Philodendren können Ihnen leicht über den Kopf wachsen. Dann Sie zur Schere greifen und die Pflanze beliebig zurückschneiden.

Baumwolle

(Gossypium)

Blütezeit:	Juli – Aug.
Familie:	Malvengewächs
Heimat:	Indien

Diese interessante einjährige Topfpflanze können Sie problemlos aus Samen anziehen, sonst auch kaufen. Es gibt die G. herbaceum mit gelben Blüten und purpurnem Schlund oder die G. hirsutum mit weichen bzw. hellgelben Blüten, die sich rosa bis purpurrot färben.

Azalee

Standort

Diese Pflanze sollten Sie ganzjährig sonnig, warm und luftig bei Zimmertemperatur halten. Sobald sich die Früchte bilden, darf es etwas kühler werden.

Pflege

Baumwolle muß reichlich mit weichem Wasser und Dünger verwöhnt werden. Staunässe ist jedoch unbedingt zu vermeiden. Für gelegentliches, indirektes Besprühen ist die schnellwachsende Pflanze dankbar.

Vermehrung

Die Aussaat erfolgt bereits im Januar/Februar an einem hellen Standort bei 20°C und guter Bodenfeuchtigkeit. Stecken Sie die schwarzen Samen etwa 1 cm tief in die Erde. Decken Sie die Anzuchtschale mit Folie ab. Die Keimung erfolgt relativ rasch. Sobald die Pflanzen im 5-Blatt-Stadium sind, wird in 12er Töpfe pikiert. Wichtig ist von jetzt an ein sonniger, zugfreier Standort.

Gärtnertip

Bedenken Sie, daß die Baumwolle auf der Fensterbank Platz braucht. Von den im Herbst sich öffnenden Fruchtkapseln können Sie die Samen für die nächste Aussaat abnehmen.

Baumwucherer

(Dendrobium)

Blütezeit:	März – Juni
Familie:	Orchideengewächs
Heimat:	Indien, China

Dendrobium-Arten zählen zu der zweitgrößten Gattung der Orchideengruppe. Hinsichtlich der Pflegebedingungen werden zwei Hauptgruppen unterschieden: die weich- und die hartohrigen.

Die erste Gruppe verlangt kühle Temperaturen; sie ist daher dem erfahrenen Liebhaber vorbehalten. Die zweite gedeiht bei mehr Wärme; sie kann auch in Wohnräumen bei hohem Lichtangebot und hoher Luftfeuchtigkeit stehen. Die beliebteste Art D. nobile bildet an ihren langen, bambusähnlichen Stengeln zwischen März und Juni wunderschöne, rosafarbene Blüten.

Standort
Diese Pflanze benötigt einen sehr hellen, aber kühlen Standort, am besten am Südfenster, geschützt vor praller Sonne.
Schwierig ist es, die erforderliche Temperatur einzuhalten. Sie darf in der Blütezeit 10°C nicht überschreiten. In der Vegetationsphase sind Temperaturen über 20°C gewünscht. Eine hohe Luftfeuchtigkeit ist für die Pflanze lebensnotwendig.

Pflege
Von März bis September muß diese Orchideenart reichlich mit kalkfreiem bzw. gefiltertem Wasser versorgt werden, im Winter wird sie trockener gehalten. Um die Luftfeuchtigkeit zu erhöhen, werden Dendrobien vor allem in den Morgenstunden mit gefiltertem Wasser besprüht. Zum Düngen, und zwar von März bis September im Abstand von 14 Tagen, brauchen Sie einen speziellen Orchideendünger. Falls erforderlich, können Sie die Pflanze nach 2 bis 3 Jahren in ein Orchideensubstrat umtopfen.

Vermehrung
Diese erfolgt nach der Blüte durch Abtrennen von kleinen Pflanzentrieben.

Gärtnertip
Die rosafarbenen Hybriden sind beliebte, Schnittblumen.

Begonie
(Begonia-Elatior-Hybriden)

Blütezeit:	März – Okt.
Familie:	Begoniengewächs
Heimat:	Amerika, Asien, Afrika

Diese Zimmerpflanze ist eine beliebte, preiswerte Blütenpflanze, die aus einer Kreuzung zwischen Begonia socotrana und Knollenbegonien-Hybriden entstanden ist. Sie hat die Fähigkeit, im Winter zu

Begonie

blühen. Alle Begonien sind ihrer Herkunft nach Schattengewächse. Sie stammen aus den tropischen Regenwäldern oder subtropischen Gebieten. Viele unter ihnen wachsen in Gebirgswäldern in Höhen bis zu 4000 m als bodendeckende Pflanzen, in hängender Form oder als Aufsitzer von Bäumen (Epiphyten). Daher gibt es unter den Begonien auch eine Großzahl von Ampelgewächsen. Durch Züchtungen sind in den letzten Jahren erstaunliche Blütenformen und -farben entstanden.

Standort
Halbschattig bis schattig. Volle Sonne verkraftet die Elatior-Begonie, im Gegensatz zu der immerblühenden Begonie semperflorens, die als Zimmerpflanze jedoch weniger in Betracht kommt, nicht. Am besten gedeiht sie in gut gelüfteten, mäßig war-

men Wohnräumen bei hoher Luftfeuchtigkeit.

Pflege
Begonien brauchen regelmäßig und reichlich möglichst gefiltertes Wasser. Allerdings müssen Sie darauf achten, daß Blüten und Blätter beim Gießen nicht naß werden. Feuchtigkeit auf den Blättern erhöht das Risiko von Pilzbefall. Staunässe vertragen Begonien überhaupt nicht, deshalb ist eine gute Drainageschicht aus Tonscherben oder Blähton im Kulturtopf anzuraten. In der Regel wird die Pflanze nach der Blüte weggeworfen. Bei einem optimalen Standort können Sie allerdings versuchen, die Pflanzen weiter zu kultivieren. Hierfür wird sie nach der Blüte bis auf 10 cm zurückgeschnitten und umgetopft. Dazu brauchen Sie eine humose, durchlässige Erde.

Vermehrung
Hobbygärtner können die Pflanze nach der Blüte aus Triebstecklingen vermehren.

Gärtnertip
Begonienblüten halten in der Vase bis zu 10 Tagen. Sie haben auf flachen Tellern schwimmend eine besonders dekorative Wirkung.

Bergpalme

(Chamaedore elegans)

Blütezeit:	ganzjährig
Familie:	Palmengewächs
Heimat:	Süd-, Mittelamerika

Wie die meisten Palmen, ist auch die Bergpalme sehr genügsam und widerstandsfähig. Sie zählt zu den wenigen Palmen, die selbst im Zimmer blühen. Aus den Blattachseln wachsen rötlichgelbe Blütenstengel. Jungpflanzen werden häufig zu mehreren Exemplaren gepflanzt. Der elegante Pflanzenwuchs kann sich nur bei der Einzelpflanze entwickeln, wenn ihr dünner Stamm mit den zierlich leicht überhängenden Wedeln genügend Spielraum hat.

Standort
Hell bis halbschattig, direkte Sonneneinstrahlung ist unbedingt zu vermeiden, denn in ihrer Heimat wächst die Bergpalme als Unterholzpflanze. Ideal ist ein Ost- oder Westfenster. Im Sommer verträgt sie normale Raumtemperaturen, im Winter von Oktober bis Februar sollte sie nicht wärmer als 15°C stehen.

Pflege
Im Sommer braucht die Pflanze reichlich Wasser, das gefiltert sein sollte. Ein wöchentliches Tauchbad in gefiltertem Wasser, damit sich der Erdballen richtig vollsaugen kann, ist empfehlenswert. Damit die Pflanze uneingeschränkt atmen und assimilieren kann, sollte sie vom Frühjahr bis in den Herbst hinein etwa alle 4 Wochen übersprüht werden. Im Winter werden die Blätter durch feuchtes Abwischen entstaubt. Gedüngt wird von Mitte März bis September wöchentlich. In den Wintermonaten sollten Sie der Pflanze eine Ruhepause bei 15°C gönnen. Während dieser Zeit

wird sie nicht gedüngt und nur sparsam gegossen.

Vermehrung
Die hartschaligen Samen werden zunächst in warmem Wasser vorgeweicht und an-schließend zum Keimen in ein Sand-Torf-Gemisch gelegt. Achten Sie dabei auf eine Raumtemperatur von 25°C. Das Aussaatgefäß ist mit einer Plastikfolie zu umhüllen. In der feucht-warmen Umgebung keimen die Samen schneller. Auch Schößlinge am Fuße der Palme können abgetrennt und wie Stecklinge behandelt werden.

Gärtnertip
Bei einem falschen Standort können sich Schildläuse und Spinnmilben einstellen. In der Regel ist dann die Luft zu trocken oder der Standort zu kühl.

Bertolonia

(Bertolonia)

Blütezeit:	März – Aug.
Familie:	Schwarzmundgewächs
Heimat:	Brasilien

Eine Pflanze für Liebhaber ist dieses langsam wachsende Gewächs mit seinen herzförmigen Blättern in unterschiedlichen Grüntönen. Die sehr langsam wachsende Zimmerpflanze bedarf einer sehr sorgsamen Pflege. Im Frühjahr erscheinen kleine rosafarbene Blüten, die bis zum Sommer vorhalten.

Standort
Die Bertolonia liebt einen warmen, halbschattigen bis schattigen Standort bei Temperaturen um 22°C. Vor Zugluft ist die empfindliche Pflanze unbedingt zu schützen.

Pflege
Wenn Sie Bertolonia im Zimmer halten, müssen Sie dafür sorgen, daß der Ballen stets feucht ist, aber die Blätter dürfen beim Gießen oder Besprühen nicht naß werden. Dem Wunsch nach erhöhter Luftfeuchtigkeit können Sie nur durch indirektes Sprühen, möglichst mit gefiltertem Was-

ser, erfüllen. Zu trockene Luft, Zugluft oder Temperaturschwankungen führen schnell zum Befall von Schädlingen. Für diese anspruchsvolle Pflanze ist es am besten, wenn Sie in einem geschlossenen Blumenfenster oder einer Vitrine steht.

Vermehrung
Erstaunlicherweise ist die Vermehrung bei der schwierigen Pflanze einfach. Sie kann im Frühjahr durch Stecklinge oder Aussaat erfolgen.

Gärtnertip
Die Pflanze ist dem erfahrenen Hobbygärtner vorbehalten.

Betelpalme

(Areca)

Blütezeit:	Grünpflanze
Familie:	Palmengewächs
Heimat:	Malaiische Inseln

Die Betel- oder Betelnußpalme ist auch als Minikokospalme im Handel erhältlich. Sie ist durch die dekorative Kokosnuß, aus der sie entsteht, zwar sehr beliebt, aber leider nicht einfach in der Pflege. Junge Pflanzen besitzen noch keine gefiederten Wedel. Erst bei älteren, etwa zweijährigen Pflanzen, kann von einer Fiederpalme die Rede sein. Sie wächst als Einfach- oder Mehrfachstamm mit glattem Kronenschaft. Bekannt sind 15 Arten der Betelnußpalme.

Standort
Betelnußpalmen brauchen einen halbschattigen bis hellen und immer feucht-warmen Standort. Die Raumtemperatur darf nie unter 18°C fallen. Tagsüber verträgt die Palme eine Temperatur bis zu 25°C, wobei die Luftfeuchtigkeit 60% betragen sollte. Im Sommer freut sich die Pflanze über einen geschützten Standort auf dem Balkon, auf der Terrasse oder im Garten.

Pflege
Vor allem junge Pflanzen benötigen sehr viel Wasser, aber nur temperiertes, gefiltertes ist zum Gießen oder Sprühen geeignet.

Gegen ein ständiges Fußbad ist nichts einzuwenden. Stellen Sie den Tontopf zu diesem Zweck in einen mit etwas Wasser gefüllten Untersatz und sprühen Sie die Blätter häufig an. Umtopfen sollten Sie erst nach 2 bis 3 Jahren in Einheitserde.

Vermehrung
Durch frische Samen im Frühjahr. Die Keimzeit beträgt 2 bis 3 Monate.

Gärtnertip
Der Fruchtstand dieser Pflanze ist ein Narkotikum.

Birkenfeige

(Ficus benjamina)

Blütezeit:	Grünpflanze
Familie:	Maulbeerbaumgewächs
Heimat:	Indien

Zwar ist die Birkenfeige verwandt mit dem Gummibaum, aber nicht ganz so robust wie dieser. Dennoch ist die Pflanze sehr beliebt. Durch ihre eleganten, zierlichen, leicht hängenden, meist dunkelgrünen Blätter wirkt sie grazil. In ihrer Heimat wächst sie zu stattlichen Bäumen heran, bei uns kann sie durchaus 2,50 m erreichen. Auch weißbunte Varietäten sind sehr beliebt, wie beispielsweise der anspruchslose Ficus starlight.

Standort
Birkenfeigen brauchen viel Licht.

Birkenfeige

Ist der Standort zu dunkel, fallen die Blätter ab. Pralle Sonne verkraftet die sensible Pflanze ebensowenig wie Zugluft und Temperaturschwankungen. Das ganze Jahr über sind Temperaturen um die 18°C ideal. Bei steigender Wärme muß die Luftfeuchtigkeit durch Sprühen erhöht werden. Birkenfeigen lieben eine gleichmäßig warme Umgebung und die regelmäßige Pflege. Buntblättrige Sorten wie Ficus benjamina 'Hawaii' brauchen mehr Licht und Wärme sowie eine höhere Luftfeuchtigkeit als die grünblättrigen Arten.

Pflege
Nur mit temperiertem, gefiltertem Wasser mäßig gießen. Die Birkenfeige verlangt nach einer gleichmäßigen Wasserversorgung. Ihr Wurzelballen darf weder zu feucht noch zu trocken sein. Die Pflanze ist für gelegentliches Übersprühen der Blätter mit nicht zu kalkhaltigem Wasser dankbar. Von März bis September wird wöchentlich gedüngt, im Winter kaum oder gar nicht. Oft leidet die Birkenfeige in den dunkleren Wintermonaten so stark an Lichtmangel, daß ein starker Blattabwurf erfolgt. Sie können die Pflanze im Frühjahr bis zum nächsten Auge zurückschneiden. Damit regen Sie die Pflanze zur neuen Blattbildung an.

Vermehrung
Überalterte, verkahlte Pflanzen können durch Abmoosen verjüngt werden.

Gärtnertip
Alle Ficusarten haben die Eigenart, sich dem Licht zuzuneigen. Drehen Sie von Zeit zu Zeit den Topf ein wenig, damit die Pflanze nicht krumm wird.

Bischofsmütze

(Astrophytum)

Blütezeit:	Juli – Aug.
Familie:	Kakteengewächs
Heimat:	Mexiko

Es gibt die Pflanze mit und ohne Stacheln. Der grüne bis braungrüne Kakteenkörper der unbestachelten Bischofsmütze ist mehrjährig und von kleinen, weißen Punkten überzogen. Im Sommer erfreut die Bischofsmütze mit aus der Mitte entspringenden gelben Blüten.

Standort
Bedornte Arten sollten hell, ohne direkte Sonneneinstrahlung stehen; grüne, unbedornte Arten brauchen dagegen einen halbschattigen Standort. Die ideale Raumtemperatur während der Sommermonate liegt bei 20°C. Im Winter sollte sie keinesfalls mehr als 8°C betragen.

Pflege
Das wasserspeichernde Gewächs wird im Sommer nur wenig und im Winter überhaupt nicht mehr gegossen. Wichtig ist, daß die Raumluft trocken ist und die Pflanze so gut wie nie gedüngt wird. Zum Umtopfen sollten Sie Kakteenerde verwenden, der Sie Sand hinzufügen.

Vermehrung
Sie erfolgt durch Samen und führt selbst bei unerfahrenen Hobbygärtnern zum Erfolg.
Gärtnertip
Entscheidend für die Blütenbildung ist eine kühle Überwinterung dieser Kakteengruppe.

Blattbegonie

(Begonia-Rex-Hybride)

Blütezeit:	Juni – Aug.
Familie:	Begoniengewächs
Heimat:	trop. Südamerika

Eine genügsame Pflanze, begehrt wegen ihrer auffällig schön gefärbten und geformten Blätter. Die Musterung der Blätter kann rot, rosa, bronze, schwarz und grün sein. Zuweilen überraschen die Pflanzen auch mit zarten, kleinen Blüten, die ein hübscher Kontrast zu den Blättern sind.

Standort
Hell und warm, viel Licht, aber keine pralle Sonne. Auch Zugluft oder die unmittelbare Nähe von Heizkörpern bekommt der Pflanze schlecht. Wenn Sie aber indirekt durch Sprühen oder mittels eines Luftbefeuchters für eine hohe Luftfeuchtigkeit von 50-60% sorgen, dann wird die Blattbego-

Blattbegonie

nie sich besonders gut entwickeln.

Pflege

Gleichmäßig mit abgestandenem Wasser gießen. Wichtig ist, daß weder Staunässe noch Ballentrockenheit vorkommen. Es reicht, wenn Sie während der Sommermonate alle 14 Tage mäßig düngen. Zum Umtopfen brauchen Sie ein torfreiches Erdgemisch.

Vermehrung

Die Vermehrung erfolgt im Frühjahr aus Blättern. Dazu schneiden Sie die Adern an den Kreuzungspunkten eines Blattes durch und legen dieses auf eine mit feuchtem Sand gefüllte Schale, so daß die Schnittstellen den Sand berühren. An den Schnittstellen entwickeln sich nach einigen Wochen die jungen Pflänzchen, die Sie, sobald sie groß genug sind, einpflanzen können.

Gärtnertip

Blattbegonien mögen keinen Standortwechsel und wünschen sich einen flachen Topf, denn ihre Wurzeln gehen in die Breite und nicht in die Tiefe. Als Ampelgewächs ist besonders die Tigerbegonie zu empfehlen.

Blattkaktus

(Epiphyllum)

Blütezeit:	April – Juni
Familie:	Kakteengewächs
Heimat:	Mittel-, Südamerika

Durch Züchtung kam es zu großblütigen Pflanzen. Unter den Hybriden sind weißblühende Sorten ebenso wie alle möglichen Rottöne zu finden.

Standort

Im Sommer sollte er hell und warm etwa bei 20°, aber vor praller Sonne geschützt stehen. Im Gegensatz zu vielen anderen Kakteengewächsen braucht der Blattkaktus während der Sommermonate eine hohe Luftfeuchtigkeit, die bei 50-60% liegen sollte. Im Winter liebt er eine deutliche Temperaturabsenkung auf etwa 8-10 °C.

Pflege

Von März bis September wird der Blattkaktus regelmäßig mit warmem Wasser gegossen und alle 14 Tage mit einem Kakteendünger ernährt. In der winterlichen Ruhepause wird ab Oktober das Düngen völlig eingestellt, die Wassergaben werden stark reduziert. Umzutopfen ist die Pflanze erst nach Jahren. Dazu brauchen Sie eine mit Torf vermischte Kakteenerde.

Vermehrung

Die Vermehrung ist langwierig, kann aber mit Samen durchgeführt werden.

Gärtnertip

Der Blattkaktus ist für die Hydrokultur geeignet.

Blaues Lieschen

(Exacum affine)

Blütezeit:	Juli – Sept.
Familie:	Enziangewächs
Heimat:	trop. Afrika, Asien

Einjährige, problemlose Blütenpflanze mit herzförmigen, glänzenden Blättchen und kleinen, duftenden Blüten. Vorwiegend wird die Pflanze mit einfachen, blauvioletten Blüten angeboten. Gelegentlich gibt es die Pflanze auch mit gefüllter Blüte. Das Blaue Lieschen wird auch weißblühend angeboten.

Blaues Lieschen

Standort

Hell bis halbschattig, vor praller Sonne unbedingt schützen. Die Pflanze wünscht sich reichlich frische Luft und ganzjährig Temperaturen um 20°C. Vorsicht vor Zugluft.

Pflege

Das Blaue Lieschen darf nur mäßig gegossen werden, im Winter besonders sparsam; empfehlenswert ist gefiltertes Wasser.

Vermehrung

Durch Aussaat im Januar/Februar. Es geht um einen Lichtkeimer, daher darf das Saatgut nicht mit Erde bedeckt werden. Schneller geht die Anzucht über Stecklinge, die Sie im Frühjahr schneiden und in Anzuchterde bewurzeln.

Gärtnertip

Zupfen Sie welke Blüten ab, damit fördern Sie die weitere Knospenbildung der Pflanze.

Blausternchen

(Scilla)

Blütezeit:	April – Mai
Familie:	Liliengewächs
Heimat:	Afrika, Osteuropa

Das Blausternchen ist eine liebenswerte, unproblematische Zimmerstaude. An besonders hohen Stengeln wiegen sich die zahllosen, anmutigen, violetten Blüten

Blausternchen

von Scilla hispanica. Die Glockenblüten wachsen in Trauben.

Standort

Die meist in Körben oder Schalen gepflanzte Frühlingsbotin möchte hell, sonnig und bei viel Frischluft stehen. Die Raumtemperatur sollte während der Blütezeit zwischen 18–20°C liegen. Überwintert werden die Zwiebeln bei ungefähr 10°C.

Pflege

Das Blausternchen möchte das ganze Jahr über eher zu trocken als zu feucht stehen. Vor und während der Blütezeit sollte alle 2 Wochen sparsam gedüngt werden. Sobald die Pflanze einzieht, wird nicht mehr gegossen; die Zwiebeln werden in humose, lehmhaltige Erde umgepflanzt. Nach Möglichkeit sollten die Zwiebeln nach dem Abblühen in den Garten ausgepflanzt werden.

Vermehrung

Die Vermehrung ist einfach und wird im Herbst durch Teilung der Zwiebeln erreicht.

Gärtnertip

Gute Zimmerpflanzen sind S. violaceae mit lila Blüten und gestielten Blättern sowie die S. paucifolia. Diese Art hat grünliche Blüten und ungestielte Blätter.

Bleiwurz

(Plumbago)

Blütezeit:	Juni – Sept.
Familie:	Bleiwurzgewächs
Heimat:	Tropen

Die Pflege dieser Pflanze ist nicht ganz leicht, aber die Mühe lohnt, denn Bleiwurz blüht unermüdlich von Juni bis September mit fünfteiligen, tellerförmigen Blüten, die in Büscheln zusammenstehen. Die Pflanze wird gern in Ampeln, Kübeln und Balkonkästen gehalten. Aufgrund ihres natürlichen Wuchses ist die Pflanze buschig und stark verzweigt. Sie kann daher auch als Kletterstrauch gezogen werden.

Bleiwurz

Standort

Einen warmen, sonnigen Standort mit reichlich frischer Luft wünscht sich die tropische Pflanze. Zugluft verkraftet sie weder im Haus noch im Freien. Vorzugsweise sollte sie auch in den Sommermonaten draußen stehen. Wenn sie auf dem Balkon einen windgeschützten Platz bekommt, gedeiht sie besonders gut. Im September sollte die Bleiwurz ins Haus zurückgeholt werden, um bei 6-8°C hell zu überwintern.

Pflege

In den Sommermonaten muß reichlich und möglichst mit gefiltertem Wasser gegossen und wöchentlich gedüngt werden. Im März wird die überwinterte Pflanze zurückgeschnitten und in humose Einheitserde gepflanzt.

Vermehrung

Am besten schneiden Sie im August Stecklinge und bewurzeln diese bei 20°C Bodenwärme. Die Bleiwurz ist auch im Frühjahr durch Aussaat zu vermehren.

Gärtnertip

Die geeignetste Art für das Zimmer ist die P. indica.

Blumenrohr

(Canna)

Blütezeit:	Juli – Sept.
Familie:	Blumenrohrgewächs
Heimat:	trop. Amerika

Das Blumenrohr ist eigentlich eine Gartenstaude. Da die Pflanze als Blüten- oder auch als Blattgewächs äußerst dekorativ

Blumenrohr

ist, wird sie neuerdings auch gern in Wintergärten, Gewächshäuser und zeitweilig in Wohnräume gestellt. Das Blumenrohr hat knollig-verdickte Wurzelstämme, die nicht ganz winterhart sind. Seine Blätter sind lanzettförmig und sitzen an hohlen Stengeln, denen die Pflanze ihren Namen verdankt. Niedrige Sorten sind für Wohnräume besser geeignet als hohe, erreichen aber immerhin noch eine Höhe von 50 bis 80 cm. Die zahlreichen Sorten unterscheiden sich in der Blütenfarbe, die von Gelb, Orange, Lachs, Rosa bis Rot reicht, sowie in der Wuchshöhe.

 Standort
Die Canna verlangt nach einem vollsonnigen, hellen und warmen Standort. Achten Sie darauf, daß die Pflanze genügend Frischluft bekommt.

 Pflege
Während der Blütezeit wird das Blumenrohr reichlich mit Wasser versorgt und wöchentlich ge-

düngt. Im Herbst werden die grünen Teile zurückgeschnitten, die Rhizome ausgegraben und in Torf eingebettet. So vorbereitet, kommen die Pflanzgefäße in einen dunklen, kühlen Keller und werden bei 10-12°C überwintert. Die Pflanze dürfen Sie während dieser ganzen Ruhezeit nicht gießen.

 Vermehrung
Die Vermehrung findet unmittelbar nach der Überwinterung durch Teilung der Rhizome statt.

 Gärtnertip
Zur Kräftigung der Pflanze sollten Sie immer die ersten Blütentriebe entfernen.

Blutblume
(Haemanthus multiflorus)

Blütezeit:	April – Juni
Familie:	Amaryllisgewächs
Heimat:	Südafrika

Das schöne Zwiebelgewächs mit seinem kugelförmigen, roten oder weißen Blütenstand und den fleischigen, breit-riemigen Blättern ist eine dankbare Zimmerpflanze.

 Standort
Der Standort sollte hell bis halbschattig sein, geschützt vor praller Sonne. Trockene Zimmerluft ist für die Blutblume kein Problem. Die wünschenswerte Zimmertemperatur liegt im Sommer bei 20°C, im Winter bei 14°C

 Pflege
Die Blutblume kann auch mit Leitungswasser gegossen werden, aber bitte mäßig, denn Staunässe ist der Tod jeder Zwiebelblume. Angeboten werden hauptsächlich H. katharinae, die von Juli bis August blüht. Von März bis Ende Juli wird die Pflanze sparsam gedüngt. Zum Umtopfen, das nur alle 2 bis 3 Jahre zu Beginn des Austriebs erfolgen sollte, verwenden Sie eine Einheitserde mit Lehmzusatz.

 Vermehrung
Die Vermehrung erfolgt am besten durch Blattstecklinge der fleischigen Blätter. Legen Sie das abgeschnittene Blatt an einen geschützten Platz im Zimmer. An der Schnittfläche bilden sich kleine Pflänzchen, die Sie später einpflanzen können.

 Gärtnertip
Wichtig ist, daß Sie nur gesunde, durchwurzelte Pflanzen düngen.

Blutblume

Bogenhanf

(Sansevieria)

Blütezeit:	Grünpflanze
Familie:	Liliengewächs
Heimat:	trop. Afrika

Sie zählt zu den genügsamsten und widerstandsfähigsten Pflanzen.

Standort
Der Bogenhanf liebt volle Sonne und warme, trockene Luft. Für dunklere Standorte kommen Sansevierien mit grüner Blattzeichnung in Betracht, während die mit goldgelben, längsgestreiften, gerandeten Blättern helle bis sonnige Plätze brauchen, sonst verlieren sie ihre charakteristische Blattfärbung. In praller Sonne allerdings verbleicht die Blattzeichnung, und bei zu dunklem Standort vergeilen die Pflanzen. Mit ganz normalen Zimmertemperaturen kommt die Pflanze gut zurecht, allerdings sollte sie nicht unter 15°C sinken.

Pflege
Auch bezüglich der Bewässerung ist der Bogenhanf sehr genügsam. Er kommt durchaus einige Tage ohne Wasser aus. Keinesfalls darf die Pflanze übergossen werden oder Wasser in die Blattrosette gelangen. Im Winter wird äußerst

Bogenhanf

sparsam gewässert. Gedüngt wird von Mai bis September im Abstand von 14 Tagen. Zum Umtopfen im Frühjahr sollten Sie Einheitserde mit grobem Sand vermischen.

Vermehrung
Durch Teilen der Rhizome oder durch Blattstecklinge im Frühjahr bei einer Bodentemperatur von 20°C.

Gärtnertip
Der Bodenhanf reagiert auf Staunässe äußerst empfindlich.

Bornholmer Margerite

(Osteospermum)

Blütezeit:	Mai – Sept.
Familie:	Korbblütler
Heimat:	Südafrika

Diese Freilandpflanze wird immer häufiger auch im Zimmer gehalten. Die buschig wachsende Margerite hat längliche Blätter, die am Rand grob gezackt sind. Die sternförmigen weißen Blüten haben eine dunkle Mitte.

Standort
Hell, warm und vor direktem Sonnenlicht geschützt, so sollte der Standort sein. Es ist ratsam, im Sommer die Bornholmer Margerite auf den Balkon oder die Terrasse zu stellen. Eine weitere Kuttivierung nach der Blüte lohnt nicht.

Pflege
Die Pflege muß reichlich mit gefiltertem Wasser versorgt und wöchentlich gedüngt werden. Achten Sie auf Staunässe, die leicht zu Schimmelbildung führt. Welke Blüten sollten Sie regelmäßig ausschneiden, um den Knospenansatz zu fördern. Ferner ist ratsam, die Zimmerpflanze ab und zu zu drehen, sonst wächst sie einseitig dem Licht entgegen.

Vermehrung
Die Vermehrung erfolgt durch Samen im Frühjahr.

Gärtnertip
Die Bornholmer Margerite ist eine Saisonpflanze, die Sie nach der Blüte getrost wegwerfen können.

Bougainvillee

(Bougainvillea)

Blütezeit:	März – Juni
Familie:	Wunderblumengewächs
Heimat:	Brasilien

Der Zierstrauch mit seinen großen, farbigen Hochblättern ist eine schöne Topfpflanze. Allerdings ist das tropische Gewächs eine Sonnenanbeterin. Die Pflanze braucht wegen ihres buschigen Wuchses viel Platz sowie eine Rankhilfe. Die Bougainvillee stellt in den verschiedenen Jahreszeiten die unterschiedlichsten Pflegeansprüche.

Standort
Zum guten Gedeihen gehören bei der Bougainvillee reichlich Luft, Sonne und eine regelmäßige Ernährung. Der Kletterstrauch möchte im Sommer warm, nach Möglichkeit auf Balkon oder Terrasse, stehen, im Winter hell und kühl zwischen 8–12°C.

Pflege
In der warmen Jahreszeit muß die Pflanze gut feuchtgehalten und von April bis August wöchentlich mit einem Volldünger ernährt werden. Die Sonne bestimmt Blütenfülle und Blütendauer. In naßkalten und sonnenarmen Jahren kommt es nur zum Blütenansatz – das Blütenerlebnis bleibt aus. Im Winter wird nur noch wenig gegossen. Nach der Blüte verträgt die Pflanze einen kräftigen Rückschnitt. Sie treibt danach um so kräftiger aus.

Gärtnertip
Bougainvilleen zählen zu den sehr kälteempfindlichen Pflanzen. Sofern Sie Ihre Pflanze ins Freie gestellt haben müssen Sie sie im, Herbst wieder ins Haus holen.

Boussingaultie

(Anredera)

Blütezeit:	Juni – Aug.
Familie:	Basellengewächs
Heimat:	Südamerika

Eine schnellwachsende Kletterpflanze mit herzförmigen Blättchen. Während

Bougainvillee

der Sommermonate erscheinen duftende, traubenförmige weiße Blüten.

Standort
 Vom Frühjahr bis Herbst liebt die Boussingaultie einen sehr sonnigen, warmen Standort, vorzugsweise windgeschützt auf Balkon oder Terrasse. Das Gewächs braucht reichlich frische Luft, im Sommer normale Zimmertemperatur, im Winter dagegen kühler.

Pflege
 Während der Sommermonate ist die Pflanze gleichmäßig feucht zu halten. Dabei dürfen weder Staunässe noch Trockenheit auftreten. Ab September kann das Gießen eingestellt werden. Wenn die Knollen trocken sind, werden sie aus der Erde genommen, gesäubert und an einem kühlen, dunklen Ort auf einer trockenen Torfschicht überwintert. Ab April kann die Knolle erneut angetrieben werden.

Vermehrung
 Die Vermehrung erfolgt im Frühjahr mit Samen. Sie können auch Seitenknollen zur Vermehrung verwenden.

Gärtnertip
 Je sonniger die Pflanze steht, desto intensiver ist ihr Duft. Bei uns ist nur die Sorte A. Cordifolia im Handel erhältlich.

Bouvardie

(Bouvardia)

Blütezeit:	Juli – Sept.
Familie:	Krappgewächs
Heimat:	Mittelamerika

Als Schnittblume kennen Sie vermutlich die Bouvardie. Neuerdings wird sie auch als Topfpflanze angeboten und hat bereits viele Liebhaber gefunden. Attraktiv ist die Pflanze durch ihre wunderschönen duftenden Blüten, die je nach Sorte weiß, rot, rosa oder auch zweifarbig blühen. Interessant ist auch der Kon-

trast zu den kräftig grünen schmalen Blättern.

Standort
 Entscheidend für den Erfolg ist ein Standort mit hoher Luftfeuchtigkeit. Im Winter möchte die Pflanze kühl und hell, etwa um 14°C, im Sommer bei normaler Raumtemperatur stehen.

Pflege
 Im Februar, also vor dem Austrieb, erfolgt ein Rückschnitt, der mit dem Umtopfen in ein Torf-Sand-Gemisch gekoppelt ist. Von April bis September müssen Sie reichlich mit gefiltertem Wasser gießen und die Pflanze alle 14 Tage mit einem Flüssigdünger ernähren. Zur Pflege gehört auch das regelmäßige Besprühen mit gefiltertem Wasser, um dem Anspruch auf hohe Luftfeuchtigkeit gerecht zu werden. Hinzu kommt das tägliche Lüften. Im Sommer ist ein Platz auf dem Balkon oder der Terrasse wünschenswert. Im April/Mai wird die Pflanze wiederholt gestutzt, damit sie sich kräftig verzweigt und viele Blütenknospen ansetzt.

Vermehrung
 Die beste Vermehrungszeit ist das Frühjahr. Es ist relativ einfach, Stecklinge in einem Torf-Sand-Gemisch bei 22°C zu bewurzeln.

Gärtnertip
 Wenn Sie im April/Mai die Triebspitzen abknipsen, wird die Pflanze üppiger blühen.

Brassie

(Brassia)

Blütezeit:	meist ganzjährig
Familie:	Orchideengewächs
Heimat:	Mittel-, Südamerika

Schon im zeitigen Frühling blüht Brassia caudata, eine bizarre Orchidee mit langen, dekorativen Blütenstielen. Orchideenkenner schätzen die lange Haltbarkeit der Blüten an der Pflanze und in der Vase. Die Orchidee hat dicht beieinanderstehende Pseudobulben, die Wasser und Nährstoffe sammeln. Auf jeder dieser Pseudobulbe sitzen zwei ledrige Blätter. Die Brassia zählt zu den epiphytisch wachsenden Orchideen.

Standort

Die Brassia sollte im Halbschatten eines Zimmers oder Wintergartens so stehen, daß sie leicht zu besprühen ist. Im Sommer wünscht die Pflanze es mäßig warm. Die Tagestemperaturen sollten zwischen 17-20°C, die nachts um 15°C liegen.

Pflege

Gegossen wird stets mit gefiltertem, temperiertem Wasser. Neben dem Gießen ist das regelmäßige Besprühen entscheidend für den Erfolg, denn die Pseudobulben dürfen nicht eintrocknen. Im Winter, wenn die Pflanze kühler steht, kann das Gießen und Besprühen eingeschränkt werden. Gedüngt wird in der Vegetationszeit wöchentlich mit einem speziellen Orchideendünger. Nach Möglichkeit sollten Sie die Orchidee mindestens 2 Jahre im selben Gefäß stehen lassen. Zum Umtopfen brauchen Sie ein spezielles Orchideensubstrat.

Vermehrung

Sie können die Brassia durch Teilung der Pseudobulben oder Aussaat vermehren.

Gärtnertip

Entscheidend für den Erfolg mit der Pflanze ist eine gute Belüftung des Raums.

Browallie

(Browallia)

Blütezeit:	März – Aug.
Familie:	Nachtschattengewächs
Heimat:	Trop. Südamerika

Die einjährige Blütenpflanze erfreut mit blauen, weißen oder violetten fünfteiligen Sternblüten.

Standort

Hell, luftig und kühl. Die Browallie ist unbedingt vor praller Sonne zu schützen. Die Haltbarkeit der Blüten ist von der Raum-

Browallie

temperatur abhängig. Die Pflanze kann im Sommer in ein Kübelgefäß gepflanzt werden.

Pflege

Die Pflanze ist mäßig zu gießen, möglichst mit gefiltertem Wasser, und während der Vegetationsperiode alle 8 bis 14 Tage zu düngen.

Vermehrung

Die Vermehrung erfolgt durch Stecklinge, die im Sommer unter Folie bewurzelt werden können. Die Jungpflanzen sind mehrfach zu stutzen, damit sie sich entsprechend verzweigen. Sofern Sie die Aussaat im Frühjahr vorziehen, müssen Sie darauf achten, daß es hierbei um einen Lichtkeimer geht. Das Saatgut darf also nicht mit Erde bedeckt werden.

Gärtnertip

Welkende Blüten und Blätter sollten Sie stets ausschneiden, damit verlängern Sie die Blütezeit.

Brunfelsie

(Brunfelsia pauciflora)

Blütezeit:	März – Juli
Familie:	Nachtschattengewächs
Heimat:	Brasilien

Die Brunfelsie ist ein sehr dekorativer Blütenstrauch für Wohnräume und Wintergärten. Ihre großen Blüten sind tellerförmig mit gewellten Rändern. Die Blüten sitzen auf langen Rohren über den dunkelgrünen Blättern.

Standort

Wichtig ist für die Pflanze eine hohe Luftfeuchtigkeit und ein heller, vor direkter Sonne geschützter Standort. Im Sommer darf die Raumtemperatur 20°C betragen; im Winter fördert ein kühler Standort bei 10-12°C die Blütenbildung.

Pflege

Von März bis September wird die Pflanze regelmäßig mit gefiltertem Wasser gegossen und wöchentlich gedüngt. Darüber hinaus sollten Sie die Pflanze öfters besprühen. Stauende Nässe oder Ballentrockenheit müssen Sie unbedingt vermeiden. Nach der Blüte empfiehlt es sich, die Pflanze zurückzuschneiden, damit sie buschig bleibt. Zum Umtopfen im Frühjahr genügt als Boden Einheitserde.

Vermehrung

Die Vermehrung über die Aussaat oder über halbharte Stecklinge ist schwierig. Die Triebe müssen 6 Monate lang bei gleichbleibenden Temperaturen von 30°C unter Glas gehalten werden.

Gärtnertip

Für die Bewässerung verwenden Sie am besten weiches Wasser aus der Filtergießkanne AquaFlor.

Bubiköpfchen

(Soleirolia)

Blütezeit:	Grünpflanze
Familie:	Brennesselgewächs
Heimat:	Korsika

Das Bubiköpfchen ist eine problemlose Pflanze, die mühelos das ganze Jahr über gleichmäßig zu pflegen ist. Eine nette kleine Ampelpflanze, die zum Begrünen von Ton- und Keramiktöpfen hoch im Kurs steht.

Standort

Ob sonnig oder halbschattig, warm oder etwas kühler, das Bubiköpfchen kommt mit den gegebenen Wohnverhältnissen gut klar. Vorzugsweise steht die Pflanze allerdings im Halbschatten, denn in seiner Heimat überzieht das Bubiköpfchen wie ein grüner Teppich große Flächen von Tälern und Hügeln. Im Sommer ist eine Zimmertemperatur um 20°C und höher, im Winter möglichst zwischen 16-18°C günstig. Bei wärmerem Standort im Winter muß die Pflanze hell stehen.

Pflege

Grundsätzlich darf die Pflanze nur von unten und nie von oben gegossen werden. Die Pflanze liebt sogar nasse Füße, also kann im Untersatz Wasser stehenbleiben. Gedüngt wird im Abstand von 14 Tagen von April bis September, am besten mit Flüssigdünger im Gießwasser. Achten Sie darauf, daß der Dünger nicht mit den Blättchen in Berührung kommt. Auch für indirektes Besprühen ist das Bubiköpfchen dankbar. Umgetopft oder geteilt wird die Pflanze im Frühjahr. Sorgsam und mit Fingerspitzengefühl muß die Pflanze angefaßt werden, denn die Triebe sind sehr empfindlich. Flache, breite Schalen oder Töpfe mit Einheitserde gefüllt, sind für den Flachwurzler zu empfehlen.

Vermehrung

Unansehnliche Pflanzen sollten Sie zur Stecklingsvermehrung verwenden. Sobald ein Trieb mit Erde in Berührung kommt, bildet er schon Wurzeln.

Gärtnertip

Bubiköpfchen können Sie vom Frühjahr bis zum Sommer immer wieder zurückschneiden, Sie müssen es aber nicht. Ob geschoren oder ungeschoren, sie ist eine ideale Pflanze für Anfänger.

Bubiköpfchen

Buckelkaktus

Buckelkaktus

(Notocactus)

Blütezeit:	März
Familie:	Kakteengewächs
Heimat:	Brasilien

Diese schönen Kugelkakteen mit auffallend großen, gelben oder roten Blüten.

Standort

Hell und sonnengeschützt im Halbschatten. Der richtige Standort ist entscheidend für die Blütenbildung. Vorsicht ist geboten vor der Frühjahrssonne, notfalls muß schattiert werden. Ansonsten sind alle Buckelkaktusarten leicht zu kultivieren, da sie keine besonders kühle Überwinterung benötigen.

Pflege

Der Kaktus sollte regelmäßig mit kalkarmem bzw. gefiltertem Wasser feucht gehalten werden. Selbstverständlich müssen Sie auf Staunässe achten. Auch das gelegentliche Besprühen mit warmem, kalkfreiem Wasser in den Abendstunden ist anzuraten. Während der Wintermonate ist nur noch mäßig zu gießen, und die Pflanze nach Möglichkeit kühl bei etwa 10° zu halten. Von April an sollten Sie das Wachstum mit einem Kakteendünger unterstützen. Umgepflanzt werden jüngere Pflanzen jährlich, ältere nur alle 2 bis 3 Jahre. Gebraucht wird dazu eine spezielle Kakteenerde.

Vermehrung

Durch Aussaat oder Stecklinge ist eine Vermehrung möglich.

Gärtnertip

Wenn Sie die Pflegeansprüche beherzigen, können Sie an diesem Zimmerkaktus viele Jahre Freude haben.

Buntnessel

(Coleus)

Blütezeit:	Grünpflanze
Familie:	Lippenblütler
Heimat:	trop. Asien, Afrika

Farbenprächtige, dekorative Blattpflanze. Aufgrund der nesselähnlichen Blätter wird die anspruchslose Pflanze auch Ziernessel genannt.

 Standort
Nur bei voller Sonne bleibt die schöne Färbung der Blätter und der gedrungene Wuchs der Pflanze erhalten. Während der Mittagshitze ist das Südfenster zu schattieren. Sie benötigt in den Sommermonaten normale Zimmertemperatur, im Winter um die 8°C, da bei zu warmem, trockenem Standort Spinnmilbengefahr besteht.

 Pflege
Die Buntnessel braucht viel, möglichst gefiltertes Wasser. Während der Sommermonate sollte häufig gesprüht werden. Von Mai bis Juni ist die Pflanze einmal wöchentlich zu düngen. Damit die Blätter ihre Farbenpracht behalten, müssen die unscheinbaren Nesselblüten entfernt werden. Im Oktober sollten Sie die Pflanze stark zurückschneiden, im Frühjahr neu in humose Erde topfen.

Vermehrung
Durch Stecklinge, die in der Erde wie im Wasser schnell bewurzeln.

 Gärtnertip
Im zweiten Jahr verlieren die Buntnesseln ihre Schönheit, daher sollten Sie durch Stecklinge für Jungpflanzen sorgen.

Buntwurz

(Caladium)

Blütezeit:	Grünpflanze
Familie:	Aronstabgewächs
Heimat:	Brasilien

Eine faszinierende Knollenpflanze, die durch ihre fast durchsichtigen, schön gezeichneten Blätter sehr elegant wirkt. Je nach Sorte zeigt der Buntwurz auffallende Blattmusterungen in Weiß, leuchtendem Rosa oder in Dunkelrot. Eine pflegebedürftige Blattschönheit für Kenner!

 Standort
Erforderlich ist ein heller, vor direkter Sonne geschützter Standort. Ideal ist ein Ost- oder Westfenster, auch ein in der Mittagssonne schattiertes Südfenster kommt in Frage. Die Pflanze braucht das ganze Jahr über gleichmäßige Temperaturen, ideal sind 20-25°C.

 Pflege
Im Sommer wird reichlich mit temperiertem, gefiltertem Wasser gegossen, im Winter gar nicht. Caladien brauchen eine hohe Luftfeuchtigkeit, etwa über 60%, dürfen aber nicht direkt mit Wasser besprüht werden. Gedüngt wird von Juni bis August zweimal monatlich mit einem reinen Blattpflanzendünger. Eine humose, durchlässige und nährstoffreiche Erde ist beim Umtopfen erforderlich. Ab November zieht die Pflanze langsam ein, im Dezember sind alle Blätter abgestorben. Die Knollen bleiben so trocken am gleichen Standort stehen.

 Vermehrung
Durch Seitenknöllchen, die jedoch erst abgetrennt werden sollten, wenn sich eigene Blättchen gebildet haben.

 Gärtnertip
Niemals die Pflanze mit kaltem Wasser erschrecken. Die empfindlichen Blätter vertragen weder eine Dusche noch das feuchte Abwischen.

Calla

(Zantedeschia aethiopica)

Blütezeit:	Jan. – Mai
Familie:	Aronstabgewächs
Heimat:	Südafrika

Angeboten wird neuerdings die Zantedeschia rehmannii in kompakter Wuchsform mit purpurfarbener Blüte. Bekanntlich ist das, was bei der Calla als Blüte. bezeichnet wird, ein Hüllblatt (Spatha) und der gelbe Kolben der Pflanze die eigentliche Blüte. Die Zimmercalla hat pfeilförmige Blätter und eine typische Aronstabblüte mit gelbem Blütenkolben und zunächst weißem, später rotem Hochblatt.

 Standort
Sonnig bis halbschattig und warm. Ein regengeschützter Aufenthalt auf der Terrasse oder auf dem Balkon ist von Juni bis September wünschenswert. Nach der Blütezeit ab Mai braucht die Pflanze eine Ruhezeit von etwa zwei Monaten. In dieser Zeit sollte die Calla möglichst hell und kühl untergebracht und kaum gegossen und nicht mehr gedüngt werden. Ab Dezember erhält die Calla zur Blütenförderung einen warmen Standort mit viel Licht.

 Pflege
Umgetopft wird im August in ein größeres Gefäß mit humusreicher Erde. Von August bis November wird nur soviel gegossen, daß die Erde nicht austrocknet. Ab Dezember sollten Sie die Pflanze wieder reichlich gießen. Die durstige Pflanze außerdem wöchentlich zu düngen. Achten Sie darauf, daß die Blätter aufgrund der starken Transpiration immer sauber sind.

 Vermehrung
Durch Teilung des Wurzelstocks oder der Seitenknollen. Beachten

Calla

Sie, daß die Knolle der Calla stets flach in die Erde gesteckt wird.

Gärtnertip
Zu lange, leicht knickende Stiele sind ein Zeichen von zu dunklem Standort. Wenn Sie zu wenig lüften, können Blattläuse auftreten.

Callesie

(Callisia)

Blütezeit:	Jan. – Aug.
Familie:	Commelinengewächs
Heimat:	Südamerika

Die Callesie ist verwandt mit der Tradeskantie und dem Zebrakraut. Dieser kriechende Bodendecker sieht in einem Wintergarten oder Tropenfenster reizvoll aus. Die olivgrünen Blätter mit den feinen, weißen Mittelstreifen sind unterseits tief purpurrot. Sie liegen rund um die Stengel dachziegelartig übereinander. Im Frühsommer erscheinen kleine, weiße, dreizählige Blüten.

Standort
Die Pflanze liebt es halbschattig. Wenn die Callesie den Standort einmal angenommen hat, sollte er auch nicht mehr verändert werden. Ideal sind Temperaturen um die 23°C im Sommer. Während der Ruhezeit im Winter sollten sie nur noch bei 10-12°C liegen. Die tropische Pflanze benötigt hohe Luftfeuchtigkeit, also ist Frischluft wichtig. Bei zu hellem oder gar sonnigem Standort leiden die Blätter, sie werden braun und fallen ab.

Pflege
Im Sommer sollten Sie die Callesie gut feucht halten, und zwar möglichst mit gefiltertem Wasser. Im Winter ist das Gießen stark einzuschränken. Falls erforderlich, ist die Pflanze im März in humusreiche Einheitserde umzusetzen. Von März bis August sollten Sie die Callesie wöchentlich mit Blattpflanzendünger versorgen.

Vermehrung
Von April bis August durch Blattstecklinge.

Gärtnertip
Die Callesie eignet sich gut als Ampelpflanze.

Canarine

(Canarina)

Blütezeit:	Nov. – März
Familie:	Glockenblumengewächs
Heimat:	Kanarische Inseln

Die C. canariensis ist eine kletternde Staude für Wintergartenbesitzer. Sie rankt bis zu 2 m hoch, wenn Sie ihr durch ein Gerüst oder durch Schnüre Hilfestellung leisten. Die Pflanze blüht gelborange, das Blattwerk ist violettblau.

Standort
Die Pflanze mag es hell und sonnig, mit viel Frischluft, bei etwa 15-20°C. Die Canarine ist daher eine ideale Pflanze für mäßig beheizte Räume.

Pflege
Ab August wird die Pflanze bis zur Blüte mäßig feucht gehalten und gedüngt. Nach der Blüte im März zieht die Canarine langsam ein und bleibt bis August absolut trocken. Die Pflanze hat jetzt ihre Ruhezeit! Ein Umpflanzen ist selten nötig, und wenn, dann beim Austrieb im August/September in Einheitserde.

Vermehrung
Die Vermehrung erfolgt durch Teilung der Rhizome beim Umtopfen älterer Pflanzen. Die Schnittstelle ist mit Holzkohlepulver vorsichtig zu behandeln.

Gärtnertip
Eine Aussaat ist möglich, aber langwierig. Vor allem ist es schwer, an den Samen heranzukommen.

Carludovica

(Carludovica)

Blütezeit:	Juli – Aug.
Familie:	Scheibenblumengewächs
Heimat:	trop. Amerika

Am geeignetsten für die Zimmerkultur ist die Sorte C. microcephala. Diese Pflanze hat lange, schmale, gerippte

Blätter, sie kann eine stattliche Höhe erreichen. Ältere Exemplare blühen sogar in den Sommermonaten mit einem kolbenartigen Blütenstand.

Standort
Halbschattig und ohne direkte Sonnenbestrahlung sollte der Standort sein. Das tropische Gewächs ist auf eine hohe Luftfeuchtigkeit, mit Temperaturen um 25°C im Sommer und etwa 20°C im Winter angewiesen.

Pflege
Entsprechend der hohen Sommertemperatur und der Verdunstungsfläche zahlreicher Blätter, müssen Sie die Pflanze reichlich mit temperiertem Wasser gießen. Tägliches Besprühen mit weichem bzw. gefiltertem Wasser ist unerläßlich. Gedüngt wird in der Wachstumsperiode alle 14 Tage mit einem Flüssigdünger für Blattpflanzen. In den Wintermonaten darf nicht mehr gedüngt und nur noch mäßig gegossen werden. Falls im Frühjahr ein Umtopfen erforderlich ist, sollten Sie Einheitserde verwenden.

Vermehrung
Im März durch Teilung oder Aussaat.

Gärtnertip
Von dieser Pflanze gibt es über 30 Arten, darunter aufrecht wachsende, kriechende und klimmende. An älteren Exemplaren bildet sich mitunter im Sommer ein kolbiger Blütenstand.

Catharanthus

(Catharanthus)

Blütezeit:	Mai – Okt.
Familie:	Hundsgiftgewächs
Heimat:	Tropen, Madagaskar

Eine dekorative, hübsche und langblühende Zimmerpflanze. Catharanthus blüht vom frühen Sommer bis in den späten Herbst. Angeboten wird meist C. roseus mit dunkelgrünen, bis zu 7 cm langen Blättern, einer weißen Mittelrippe und 3 cm großen Blüten. Ab und zu gibt es auch Sorten mit weißen Blüten, deren Blütenschlund rot oder auch gelb leuchtet.

Standort

Der tropischen Heimat gemäß wünscht sich die Pflanze eine feuchtwarme Atmosphäre an einem sonnigen bis halbschattigen Platz. Der bis zu 1/2 m hohe Halbstrauch darf nicht zu warm stehen. 20°C ist schon die oberste Grenze, sonst werden die Blätter schlaff. Überwintern möchte die Pflanze hell bei 12-18°C.

Pflege
Die immergrüne Catharanthuspflanze muß gut feucht gehalten werden. Im Sommer wird reichlich, im Winter deutlich weniger gegossen. Während des Wachstums ist wöchentliches Düngen ebenso wichtig wie das Besprühen der Pflanze. Im Frühjahr müssen Sie die Pflanzen zurück-Einheitserde umtopfen.

Vermehrung

Am einfachsten gelingt die Vermehrung mit Stecklingen, die Sie im März schneiden und zu mehreren einpflanzen.

Gärtnertip

Catharanthus ist eine einfach zu pflegende Zimmerpflanze.

Cattleye

(Cattleya maxima)

Blütezeit:	meist ganzjährig
Familie:	Orchideengewächs
Heimat:	trop. Südamerika

Diese Orchidee ist schwierig zu handhaben und daher für den Anfänger ungeeignet. In ihrer Heimat leben die Pflanzen epiphytisch auf Bäumen.

Standort

Sehr hell, aber keine direkte Sonne. Die tropische Schönheit braucht viel Wärme und hohe Luftfeuchtigkeit. Ideale Standorte sind das Gewächshaus, der Wintergarten bzw. ein spezielles Blumenfenster. Tagestemperaturen von 24°C–32°C, vorausgesetzt die Luftfeuchtigkeit ist auch entsprechend hoch, sind ideal. In den Wintermonaten sollte die Nachttemperatur möglichst zwischen 13–16 °C liegen. Cattleyen, die im Winter und Frühjahr blühen, brauchen nach der Wachstumszeit 6 bis 8 Wochen Ruhe. Eine Ruhezeit benötigt die Cattleyen..

Pflege
In der Wachstumszeit häufig mit gefiltertem Wasser gießen, dabei Staunässe unbedingt vermeiden. Im Winter müssen Sie das Gießen auf ein Minimum herabsetzen und darauf achten, daß die Pseudobulben nicht schrumpfen. Ein direktes Besprühen der Pflanze ist verboten, da Blätter und Blüten sofort mit Flecken reagieren würden. Das Besprühen des Raums, damit eine feuchte Atmosphäre entsteht, ist mehrmals täglich erforderlich. Am besten ist es, wenn Sie die Cattleya auf eine Gitterschale mit Wasserspeicher setzen, um dem Anspruch der hohen Luftfeuchtigkeit gerecht zu werden. Umpflanzen dürfen Sie nur in ein spezielles Orchideensubstrat, und zwar nach der Blüte im Frühjahr. Im Sommer düngen Sie die Pflanze alle 14 Tage durch das Tauchen in Nährlösung. Nach der Blüte im Frühjahr oder Herbst ist eine Ruhezeit von 6 bis 8 Wochen unbedingt einzuhalten. Ab diesem Zeitpunkt ist die Pflanze fast trocken zu halten und nur noch alle 2 bis 3 Wochen zu gießen. Sie sollten sie jedoch täglich einmal besprühen. Das Lichtangebot sollte jetzt besonders hoch sein, damit die Pseudobulben gut reifen können.

Cattleye

Vermehrung
Die Vermehrung ist etwas schwierig. Sie erfolgt nach der Ruhezeit durch Teilung der Bulben, wobei jedes Teil mindestens zwei Pseudobulben aufweisen muß.

Gärtnertip
Zur Bewässerung dieser Pflanze verwenden Sie am besten weiches Wasser aus der Filtergießkanne AquaFlor.

Centradenia
(Centradenia)

Blütezeit:	Dez. – März
Familie:	Schwarzmundgewächs
Heimat:	Mittelamerika

Der Halbstrauch aus Mittelamerika ist zur Ampel- und Schalenbepflanzung gut geeignet. Seine vierkantigen Zweige sind besetzt mit kleinen und großen Blättern, die sich gegenüberstehen. Auf der Blattunterseite sind sie leicht rötlich und auf der Oberseite grünlich gefärbt. Von Winter bis Frühling erscheinen rosafarbene Blüten.

Standort
Der Standort sollte das ganze Jahr über schattig sein, denn Sonne verträgt die Centradenia nicht. Dennoch wünscht sie sich die Wärme; 25 °C sind gerade ideal, im Winter darf es auch etwas weniger sein.

Pflege
Da die Pflanze keine Ruhezeit hat, wird sie das ganze Jahr über reichlich mit Wasser versorgt und alle 14 Tage gedüngt. Wichtig ist, daß der Ballen nie austrocknet. Im Frühjahr erhält die Centradenia einen Verjüngungsschnitt, danach treibt sie besonders kräftig aus.

Vermehrung
Die beim Rückschnitt anfallenden Stecklinge werden unter einer Folie in Einheitserde zum Bewurzeln gebracht.

Gärtnertip
Angeboten werden etwa fünf Arten: C. floribunda, sie blüht ab November in langen Doldentrauben, C. grandifolia hat kürzere Blütenstände und ist als Ampelpflanze gut geeignet.

Chirita
(Chirita)

Blütezeit:	Mai – Juni
Familie:	Gesneriengewächs
Heimat:	Indien, Südchina

Eine außergewöhnliche Blattpflanze mit behaarten hellgrünen, ovalen Blättern. Im Mai/Juni erscheinen am Blatt-ansatz kleine gelbe, trichterförmige Blüten. Die Sorte C. sinensis ist mehrjährig und im Handel erhältlich.

Standort
Die Chirita liebt einen halbschattigen Standort, feuchte Luft, aber ohne ihre Blätter oder Blüten direkt zu besprühen. Eine gleichbleibende Wärme rund um das Jahr bei durchschnittlich 25 °C, mindesten aber 20 °C, ist für das Gedeihen der Pflanze lebensnotwendig.

Pflege
Das tropische Gewächs hat keine Ruhezeit, muß also gleichmäßig mit temperiertem, möglichst gefiltertem Wasser gegossen und alle 14 Tage gedüngt werden. Auch das indirekte Besprühen der Pflanze gehört zur regelmäßigen Pflege. Im Frühjahr wird die Chirita in das nächstgrößere Gefäß in Einheitserde umgepflanzt.

Vermehrung
Die C. sinensis können Sie im Frühjahr durch Stecklinge vermehren.

Christusdorn
(Euphorbia milli)

Blütezeit:	Jan. – Dez.
Familie:	Wolfsmilchgewächs
Heimat:	Madagaskar

Eine beliebte, anspruchslose, mehrjährige Zimmerpflanze, von der selbst Anfänger nicht enttäuscht werden. Typisch für den Christusdorn ist seine bizarre Wuchsform mit Dornen und winzigen Blättchen. Die zahlreichen Blüten sind rote bzw. gelbe Hochblätter, die in der Regel ganzjährig erfreuen. Die wirklichen Blüten sind unscheinbar und sitzen in der Mitte des Hochblattpaars.

Standort
Am besten vollbesonntes Südfenster. Die pflegeleichte Pflanze fühlt sich wohl bei trockener Heizungsluft und normaler Zimmertemperatur. Ideal zur Zeit der Blütenbildung sind im Winter Temperaturen von etwa 15–18 °C; die Temperatur sollte jedoch nicht unter 12 °C fallen.

Pflege
Die Pflanze sollte selbst in den Sommermonaten nur mäßig gegossen werden. Im Winter wird sie, je nach Raumtemperatur, noch trockener gehalten. Von April bis September wöchentlich mit Kakteendünger ernähren.

Vermehrung
Die Stecklingsvermehrung ist besonders einfach, wenn Sie sie im Frühjahr vornehmen.

Gärtnertip
Der Wolfsmilchsaft ist giftig. Daher sollte die Pflanze nur mit Handschuhen angefaßt werden. Der Standortwechsel führt zum Blattfall.

Clidemie
(Clidemie)

Blütezeit:	Jan. – Dez.
Familie:	Schwarzmundgewächs
Heimat:	trop. Amerika

Die mehrjährige Pflanze ist ein langsam wachsender Strauch mit ovalen, leicht behaarten Blättern. Ihre Blütezeit hält das ganze Jahr über an. Bei den Blüten handelt es sich um unscheinbare schwarze Rispen, aus denen sich später rote, eßbare Beeren entwickeln.

Standort
Das ganze Jahr über sollte der Standort hell und warm sein. Das ideale Raumklima beträgt etwa 20°C. Vor direkter Sonne ist die Pflanze zu schützen.

Pflege

Während der Sommermonate muß die tropische Pflanze gleichmäßig feucht gehalten und alle 14 Tage gedüngt werden. Achten Sie darauf, daß der Ballen nie trocken wird. Im Winter können Sie das Gießen stark reduzieren. Für eine hohe Luftfeuchtigkeit sollten Sie das ganze Jahr über durch Besprühen mit temperiertem und möglichst gefiltertem Wasser sorgen. Ab März wird die wüchsige Clidemie in ein größeres Pflanzgefäß mit Einheitserde umgetopft.

Vermehrung

Die Vermehrung ist problemlos. Sie kann ab Januar bei Raumtemperaturen von 22 °C mit Samen oder Stecklingen durchgeführt werden. Anschließend erfolgt eine wöchentliche biologische Düngung, die bis zum Herbst durchgeführt wird.

Gärtnertip

Bei praller Sonne oder zu trockener Luft kommt es leicht zu Schädlingsbefall.

Clitoria

(Clitoria)

Blütezeit:	Juli – Aug.
Familie:	Hülsenfrüchtler
Heimat:	trop. Asien

Das einjährige, schlingende Kraut wächst langsam mit hellgrünen, sich gegenüberstehenden runden Blättern. Im Sommer schmückt sich die Pflanze mit lilafarbenen Blütentrichtern. Bei uns wächst die Pflanze auch im Freien.

Standort

Hell und sonnig, bei einer ganzjährigen Durchschnitts-temperatur von 24 °C. Entscheidend für den Erfolg mit der Clitoria ist eine hohe Luftfeuchtigkeit. Während der Sommermonate ist ein Aufenthalt auf dem Balkon oder der Terrasse anzuraten.

Pflege

Clitoria sollte gleichmäßig und reichlich gegossen werden, auf Staunässe ist unbedingt zu achten. Damit die einjährige Pflanze sich üppig entwickelt, braucht sie eine wöchentliche Düngung. Eine

Rankhilfe in Form eines Wandspaliers oder Stützstabs ist anzuraten.

Vermehrung

Die Vermehrung der Clitoria erfolgt im Frühjahr durch Samen und etwa bei 20°C Bodenwärme.

Gärtnertip

Die Pflanze ist leicht zu pflegen und deshalb für Anfänger besonders zu empfehlen.

Clivie

(Clivia)

Blütezeit:	Febr. – Juni
Familie:	Amaryllisgewächs
Heimat:	Südafrika

Clivien waren schon zu Großmutters Zeiten bekannt und sehr beliebt. Und das mit recht, denn die Clivie – auch Riemenblatt genannt – ist robust, kaum krankheitsanfällig.

Standort

Die Pflanze liebt es hell bis halbschattig. Als Standort ist ein Ost- oder Westfenster ideal. Clivien sollten nicht umgestellt werden, sie müssen immer mit der gleichen Seite zum Licht stehen, da die Pflanze sonst nicht zur Blüte kommt. Am besten ist es, den Lichteinfall am Gefäß mit Kreide zu kennzeichnen. Temperaturen zwischen 15 und 20° C sind in der

Clivie

Wachstumszeit ideal. Auch ist im Sommer ein Freiluftaufenthalt im Schatten empfehlenswert. Die Pflanze benötigt von November bis Januar eine Ruhezeit bei 10° C; diese ist Voraussetzung für die Blütenbildung.

Pflege

Gießen Sie die Clivie möglichst mit gefiltertem Wasser, der Wurzelballen darf nie austrocknen, sonst kommt es zu braunen Blatträndern. Stehende Nässe und Fußbäder sind unbedingt zu vermeiden. In der Ruhezeit wird die Pflanze kaum mehr gegossen. In den Herbst- und Wintermonaten sollten Sie die Blätter mit einem feuchtem Tuch entstauben. Dabei haben sich Bierreste zum Abreiben der Blätter bewährt, sie spenden Glanz und halten den Schmutz lange fern. Jedes zweite Jahr nach der Blüte ist die Pflanze umzutopfen. Als Pflanzensubstrat eignet sich eine Einheitserde mit Lehmzusatz.

Vermehrung

Gut entwickelte, mindestens 20 cm große Seitensprosse (Kindel) mit 4 bis 5 Blättern werden mit einem scharfen Messer von der Mutterpflanze gelöst. Die Seitensprossen müssen eigene Wurzeln haben, sie dürfen beim Abtrennen nicht verletzt werden. Der beste Zeitpunkt hierfür ist das Frühjahr.

Gärtnertip

Was tun, wenn Clivien nicht blühen wollen? Vermutlich ist die zweimonatige Ruhezeit bei 10° C nicht eingehalten worden. Oft hilft folgender Trick: erhöhen Sie die Luftfeuchtigkeit durch Besprühen, halten Sie die Pflanze zusätzlich feucht, indem Sie diese warmen Wasser von etwa 40° C begießen, begasen Sie die Pflanze mit Äthylen. Dazu wird ein reifender Apfel neben die Blätter gelegt und eine dünne Klarsichtfolie darüber gespannt. In dem eigenen Ökosystem wird die Blühfähigkeit angeregt.

Columnea

(Columnea)

Blütezeit:	März – April
Familie:	Gesneriengewächs
Heimat:	trop. Amerika

Columnea

Eine anspruchsvolle, sehr dekorative Ampelpflanze mit langen Trieben, kleinen, harten Blättern und roten oder gelblichen Röhrenblüten. Sie blüht von März bis April. In ihrer Heimat wächst die Columnea auch epiphytisch auf Bäumen.

Standort
Möglichst hell, keine pralle Sonne, hohe Luftfeuchtigkeit und Bodenwärme bei Temperaturen um 20 °C, so sehen die optimalen Standortbedingungen für das Blütenwunder, die Columnee, aus. Achten Sie beim Kauf auf die Pflegekarte mit Sortenhinweis. Wenn die angegebene Ruhezeit nicht eingehalten wird, kommt es auch nicht zur Blütenbildung. Das aus tropisch-feuchten Gebieten stammende Gewächs liebt eine hohe Luftfeuchtigkeit von über 60%. Die Pflanze darf aber nie direkt mit Wasser besprüht werden, weil sonst Flecken auf Blättern und Blüten entstehen.

Pflege
Gegossen wird regelmäßig, aber ohne Vernässung mit gefiltertem, temperiertem Wasser. Während der Wachstumsperiode müssen Sie wöchentlich düngen.

Vermehrung
Im Frühjahr durch harte Triebstecklinge.

Gärtnertip
Achten Sie beim Kauf auf neue Züchtungen, sie sind besonders blühfreudig und robust. Zugluft und zuviel Sonne führen zu Blattfall bzw. Blattflecken. Die Pflanze ist für die Hydrokultur bestens geeignet.

Conophytum

(Conophytum)

Blütezeit:	Sept. – Okt.
Familie:	Mittagsblumengewächs
Heimat:	Südafrika

Eine 3-5 cm hohe, steinähnliche Sukkulente mit graugrünem, kugelförmigem Körper, der oben abgeplattet und leicht eingebuchtet ist. Von September bis Oktober erscheinen kurzgestielte, leuchtendgelbe Blüten.

Standort
Sonnig auf der Fensterbank oder im Flaschengarten. Im Sommer kann es der Pflanze gar nicht warm genug sein; im Winter sollte die Temperatur um die 8°C liegen und nicht unter 5°C absinken.

Pflege
Gießen Sie äußerst sparsam. Nur an warmen Tagen braucht die Pflanze einige Tröpfchen Wasser, damit sie nicht schrumpft. Kurz vor der Blüte, etwa im Zeitraum von Juli/August, können Sie etwas mehr gießen. Trockene Luft ist für die Pflanze kein Problem, wenn sie genügend frische Luft bekommt. Versorgen Sie die Compphytum einmal im Monat mit Kakteendünger. Die Winzlinge werden alle drei jahre in ein sandiges Gemisch – am besten Kakteenerde – umgetopft.

Vermehrung
Im Mai durch Aussaat bei einer Bodentemperatur von 21°C. Der Samen darf nicht bedeckt werden (Lichtkeimer).

Gärtnertip
Von der liebenswerten kleinen Pflanze gibt es über 300 Arten. Voraussetzungen für das Gedeihen sind helles Fenster und ein Raum, der im Winter höchstens eine Temperatur von 15° C hat.

Cotyledon

(Cotyledon)

Blütezeit:	März – Juni
Familie:	Dickblattgewächs
Heimat:	Südafrika

Eine sukkulente Pflanze mit fleischigen Blättern, die einen blauen Rand haben. Das Dickblattgewächs wächst sehr langsam und bildet von März bis Juni attraktive, glockenförmige Blüten.

Standort
Ganzjährig möchte die Pflanze sonnig und luftig stehen, im Sommer bei normaler Raumtemperatur, im Winter jedoch möchte sie – entsprechend ihrem Heimatsland – etwas kühler stehen. Eine Temperatur von etwa bei 5-10°C ist ideal.

Pflege
Im Sommer können Sie die Pflanze recht feucht halten, in der kühleren Ruhepause kann sie trocken stehen. Gedüngt wird während der Sommermonate alle 4 Wochen. Zum Umtopfen brauchen Sie Einheitserde, die Sie mit Sand vermischen. Jüngere Pflanzen werden jährlich, ältere Pflanzen nur noch alle 3 bis 4 Jahre umgetopft. Die beste Zeit für den Umtopfen ist im Februar.

Vermehrung
Die Vermehrung erfolgt aus Samen oder Stecklingen, wobei die einzelnen Glieder abgetrocknet sein müssen, bevor sie in das Erdsubstrat kommen.

Gärtnertip
Bei unzureichenden Lichtverhältnissen verschwindet der rötlichblaue Rand.

Crossandre

(Crossandra)

Blütezeit:	Juni – Aug.
Familie:	Akanthusgewächs
Heimat:	Indien

Eine auffallend schöne Pflanze mit lachsfarbenen, bis zu 10 cm langen Blütenähren, die sich apart von dem dunkelgrünen glänzenden Laub abheben. Die sommerliche Blühperiode erstreckt sich über viele Wochen. Nach dem Abblühen sollten Sie sich von der Pflanze trennen, bevor sie unansehnlich wird und Läuse bekommt.

 Standort
Vor allem Wärme und Feuchtigkeit braucht der exotische Zimmergast. Temperaturen um 20°C – bei einer Luftfeuchtigkeit von über 60% – sind erforderlich. Zum Gedeihen gehört ein heller bis halbschattiger Platz ohne direkte Sonne.

Pflege
Die Pflanze muß reichlich mit temperiertem, gefiltertem Wasser versorgt und in den Sommermonaten alle 2 Wochen gedüngt werden. Durch indirektes Sprühen wird die Luftfeuchtigkeit erhöht, dabei darf kein Wassertropfen auf die Blüten gelangen. Pflanzen, die zu trocken geworden sind, können eventuell noch durch ein Tauchbad gerettet werden. Vor Zugluft ist die Pflanze unbedingt zu schützen. Bewurzelte Stecklinge werden in Einheitserde getopft.

 Vermehrung
Im März können Sie Ihr Glück mit Kopfstecklingen versuchen, vorausgesetzt, Sie sorgen für eine hohe Bodentemperatur (20-25°C) und gespannte Luft.

 Gärtnertip
Während der Blütezeit müssen Sie regelmäßig die welken Blüten abknipsen.

Crossandre

Ctenanthe

(Ctenanthe)

Blütezeit:	Grünpflanze
Familie:	Marantengewächs
Heimat:	Südamerika

Das Marantengewächs ist wegen der prächtigen Blätter beliebt. Sie sind unterseits violett, während die Blattoberseite meist grünlich gefärbt erscheint. Die Blüten der Pflanze sind unscheinbar. Die tropische Schönheit ist anspruchsvoll in der Pflege.

 Standort
Zum guten Gedeihen der Pflanze gehört der richtige Standort. Er sollte hell und feuchtwarm sein. Vor direkter Sonnenbestrahlung ist die Pflanze zu schützen. An weniger hellen Plätzen verblassen die Blattzeichnungen. Auch im Winter möchte die Pflanze warmgehalten werden, untertags bei Temperaturen von mindestens 18-20 °C und nachts nicht unter 16 °C.

 Pflege
Die Ctenanthe muß regelmäßig mit möglichst lauwarmem, gefiltertem Wasser gegossen und wöchentlich mit einer kalkarmen Düngelösung versorgt werden. Um die Luftfeuchtigkeit zu erhöhen, ist das tägliche Besprühen mit gefiltertem Wasser unerläßlich. Ein Umtopfen ist nur alle 2 bis 3 Jahre erforderlich. Hierbei muß für eine gute Drainage im Pflanzgefäß gesorgt werden. Eine für die Pflanze geeignete Erdmischung sollte aus Lauberde, Torf, Sand bzw. Einheitserde bestehen.

 Vermehrung
Sie ist relativ einfach. Die von der Mutterpflanze gebildeten Ausläufer werden vorsichtig abgetrennt und eingetopft. Ein Folienschutz ist zweckmäßig, damit die Blätter nicht zuviel Wasser verdunsten.

 Gärtnertip
Bei zu niedriger Luftfeuchtigkeit rollen sich die Blätter ein und werden braun.

Cymbidie

(Cymbidium)

Blütezeit:	meist ganzjährig
Familie:	Orchideengewächs
Heimat:	Ostindien, Australien

Bezeichnend für diese Cymbidie sind die großen, ovalen Pseudobulben und die langen, riemenförmigen Blätter. Die außergewöhnlich großen Blüten erscheinen an der Basis der Bulben. Die ungewöhnlich lange Blühzeit der Kahnorchidee macht sie so beliebt. Die Gattung umfaßt rund 70 Arten. Sie sind sowohl auf Bäumen, Felsen als auch am Boden wachsend zu finden. Neben den reinen Naturformen werden heute gezüchtete Hybriden in einer großen Farbpalette angeboten. Im Hinblick auf die enorme Blütenhaltbarkeit ist die Pflanze auch als Schnittblume sehr beliebt.

 Standort
Hell mit viel Frischluftzufuhr. Ideal sind Temperaturen zwischen 16-24°C. Bei einem solch kühl temperierten Standort ist die Blühdauer besonders lang. Im Sommer sind Orchideen für einen halbschattigen Platz unter Bäumen dankbar. Ab Herbst sind niedrige Nachttemperaturen – um die 12°C – zur Blüteninduktion erforderlich.

 Pflege
In der Blütezeit von Frühjahr bis hin zum Sommer brauchen Cymbidien reichlich Wasser und Nahrung, aber nur kalkfreies bzw. gefiltertes Wasser ist für Orchideen geeignet. Ebenso empfiehlt sich ein spezieller Orchideendünger. In den Wintermonaten nur wenig gießen, damit die Bulben nicht schrumpfen und die Blätter welken. Das Erdsubstrat setzt sich aus Kompost, Lehm, etwas kiesigem Sand, Rinde und Fasertorf zusammen.

 Vermehrung
Die Vermehrung erfolgt durch Teilung, sie sollte jedoch vom Fachmann vollzogen werden.

 Gärtnertip
Orchideen entfalten ihre natürli-

che Schönheit in Körben und Ampelgefäßen. Vorsicht, Zugluft kann die Pflanze schädigen.

Dattelpalme

(Phoenix dactylifera)

Blütezeit:	Grünpflanze
Familie:	Palmengewächs
Heimat:	Nordafrika

Die echte Dattelpalme dactylifera wächst besonders kräftig. Ihre Wedel sind stark gefaltet. Sie ist nur bedingt fürs Zimmer geeignet, ihr eigentlicher Standort ist die Terrasse, der Garten oder der Balkon. In der kalten Jahreszeit sollte sie im Wintergarten stehen.

Standort
Sowohl die P. canariensis als auch die P. dactylifera sollten im Sommer an einem luftigen Platz draußen stehen. Beide Pflanzen brauchen viel Platz und im Winter einen Standort von 8-10°C. Phoenix roebelenii ist als einzige ganzjährig für den Zimmeraufenthalt geeignet. Sie wirkt durch ihre schmalen, hängenden Fiederblätter sehr anmutig.

Pflege

Alle Dattelpalmen brauchen in den Sommermonaten reichlich Wasser und wöchentlich einen Düngeguß. Vorzugsweise sollte mit abgestandenem, möglichst gefiltertem Wasser gegossen werden. Damit die Wedel nicht austrocknen oder braune Spitzen bekommen, ist das häufige Abwischen mit einem feuchten Schwamm anzuraten. Jüngere Palmen werden alle 2, ältere nur alle 3 bis 4 Jahre umgetopft.

Vermehrung
Die Vermehrung ist einfach, alle Phoenixarten lassen sich gut aus Dattelkernen anziehen. Da die Keimfähigkeit nachläßt, sollten frische Dattelkerne so bald wie möglich in lauwarmem Wasser eingeweicht und anschließend in ein Sand-Torf-Gemisch gesteckt werden. Während der Keimzeit ist eine Temperatur von 25°C erforderlich.

Gärtnertip

Palmen, die im Winter zu warm

stehen, bekommen leicht Schildläuse. Bei Palmen, die nicht wachsen wollen, sollte die Erde ausgetauscht werden. Um das Wachstum der Phoenixpalmen in Grenzen zu halten, ist ein Wurzelrückschnitt möglich.

Davallia

(Davallia)

Blütezeit:	Grünpflanze
Familie:	Davalliagewächs
Heimat:	Asiatische Inseln

Der Schuppenfarn mit seinen dicken, dekorativen Wedeln ist als Topfpflanze relativ unbekannt. Seine Wedel selbst sind fein und zerteilt.

Standort
Alle Schuppenfarne lieben einen sehr hellen, aber vor direkter Sonne geschützten Platz. Im Sommer sollten die Temperaturen bei 20 °C liegen, im Winter reichen 13 °C. Da diese Farne in ihrer Heimat vorzugsweise auf Bäumen oder Felsen wachsen, werden sie auch bei uns gern in dieser Form kultiviert. Allerdings müssen sie bis zum Anwachsen auf der Rinde oder dem Stein mit Sphagnummoos aufgebunden und sehr feucht gehalten werden. Die blattlosen Rhizome der Pflanze breiten sich kriechend.

Pflege

Frische, feuchtwarme Luft braucht der Schuppenfarn für seine Existenz. Seine Wurzelrhizome müssen stets feucht gehalten werden. Ballentrockenheit verkraftet er nicht, ebensowenig Zugluft. Wie oft Sie durch indirektes Besprühen die Luftfeuchtigkeit erhöhen sollten, hängt im wesentlichen von der Raumtemperatur ab. Der Schuppenfarn wird in der Wachstumszeit monatlich gedüngt. Umtopfen ist nur in größeren Intervallen erforderlich, und wenn, dann sollten Sie eine humose Erdmischung verwenden.

Vermehrung

Ältere Pflanzen können Sie durch Teilung der Rhizome vermehren.

Gärtnertip

Vorwiegend wird bei uns im Handel die europäische D. canariensis angeboten.

Deutsche Eiche

(Crassula arboresceana)

Blütezeit:	Grünpflanze
Familie:	Dickblattgewächs
Heimat:	Südafrika

Das baumartige Dickblattgewächs trägt viele originelle Namen, z.B. Geldbaum, und kann als knorriges Miniaturbäumchen gezogen werden. Es ist eine anspruchslose, mehrjährige Pflanze mit dicken, wachsartigen, leicht rötlich eingefaßten Blättern. Hin und wieder trägt die Pflanze zierliche weiße Blüten.

Standort

Hell und sonnig, wenn am Südfenster, dann muß schattiert werden. Ab Ende Mai kann die Pflanze im Freien stehen. Nach Möglichkeit sollten Sie dann den Topf in den Boden einsenken.

Pflege

Gießen Sie die Pflanze sparsam und düngen Sie sie nur einmal im Monat. Während der Ruhezeit in den Wintermonaten sollte die Raumtemperatur nicht unter 10°C absinken. Das Gießen ist während dieser Zeit fast einzustellen. Der beheizte Wohnraum wird von der Pflanze schlecht vertragen. Es kommt dann zum sogenannten Geilwuchs und Blattfall. Beim Umtopfen ist darauf zu achten, daß die Pflanze flach in humose Erde getopft wird.

Vermehrung

Kinderleicht durch Kopf- oder Blattstecklinge, die von Frühjahr bis Herbst in üblicher Anzuchterde oder im Torf-Sand-Gemisch schnell bewurzeln und austreiben. Die Schnitt- oder Bruchstellen sollten vor dem hinpflanzen in die Anzuchterde angetrocknet sein.

Gärtnertip

Zu hohe Luftfeuchtigkeit führt leicht zu Mehltaupilzen. Achten Sie deshalb gut darauf, daß das Raumklima stimmt.

Dichorisandre

(Dichorisandra)

Blütezeit:	Grünpflanze
Familie:	Commelinengewächs
Heimat:	Brasilien

Die mehrjährige Pflanze mit ihren langen, glänzenden Blättern wächst relativ langsam. Neben der grünblättrigen gibt es auch eine weißbunte Art, die D. Tradescantiar.

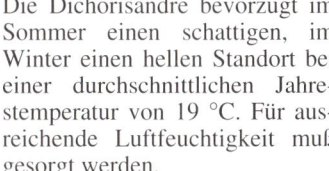

Standort

Die Dichorisandre bevorzugt im Sommer einen schattigen, im Winter einen hellen Standort bei einer durchschnittlichen Jahrestemperatur von 19 °C. Für ausreichende Luftfeuchtigkeit muß gesorgt werden.

Pflege

Da die Pflanze keine typische Ruhezeit hat, kann sie gleichmäßig gepflegt werden. Dazu gehört das mäßige Gießen mit temperiertem Wasser, regelmäßiges Besprühen und das monatliche Düngen. Die Wassermenge müssen Sie der Raumtemperatur und den Lichtverhältnissen anpassen. Wichtig ist, daß der Ballen der Pflanze nie trocken wird, zugleich aber keine Staunässe entsteht. Im März wird in flache Gefäße mit Einheitserde umgetopft.

Vermehrung

Vermehrt werden kann im Frühjahr mit Triebspitzenstecklingen unter einer Folie bei 20 °C Bodentemperatur.

Gärtnertip

Nur wenn Sie für eine sehr hohe Luftfeuchtigkeit durch regelmäßiges Besprühen sorgen, werden Sie lange Zeit Freude an der Dichorisandra haben.

Dickblattgewächs

(Crassula brevicaule)

Blütezeit:	Juni – Aug.
Familie:	Dickblattgewächs
Heimat:	Südafrika

Die artenreiche Gattung der Dickblattgewächse weist unterschiedlichste Wuchsformen auf. Interessant ist die Art Crassula brevicaule mit zarten Blüten und fleischigen, kurzgestielten Blättern.

Standort

Besonders wohl fühlt sich die Pflanze an einem hellen und luftigen Standort. Aus diesem Grund ist es ratsam, das Dickblattgewächs von April bis September auf den Balkon oder in den Garten zu stellen. Überwintert werden sollte die Pflanze bei 15 °C in einem hellen Raum.

Pflege

Wie alle sukkulenten Pflanzen wird das Dickblattgewächs äußerst sparsam gegossen, während der kühlen Überwinterungszeit sollte das Wasser nur tröpfchenweise verarbreicht werden. Gedüngt wird von Mai bis August einmal im Monat. Hierzu eignet sich ein Kakteendünger, verwenden Sie nur die Hälfte der angegebenen Menge. Umgepflanzt wird alle 2 bis 3 Jahre in sandige Kakteenerde.

Vermehrung

Die Vermehrung erfolgt durch Triebstecklinge, indem diese in feuchten Sand gesteckt werden.

Gärtnertip

Das Dickblattgewächs ist besonders pflegeleicht und daher für Anfänger und Berufstätige zu empfehlen. Die robuste Pflanze durchsteht bei nicht zu sonnigem Standort auch im Sommer Trockenperioden von 2 bis 3 Wochen.

Dieffenbachie

(Dieffenbachia)

Blütezeit:	Grünpflanze
Familie:	Aronstabgewächs
Heimat:	trop. Amerika

Eine bekannte und dekorative Grünpflanze mit außergewöhnlich lebhafter

Dickblattgewächs

Blattzeichnung. Es gibt mehr als 30 Sorten im Handel, darunter sind etliche mit gelbflächiger Musterung auf der grünen Blattgrundfarbe. Die anspruchsloseste Art ist die Dieffenbachia maculata in verschiedenen Sorten.

Standort
Der Standort richtet sich danach, ob es sich um Pflanzen mit weißgezeichneten oder grünen Blättern handelt. Weißgefleckte oder gelbmarmorierte Arten lieben es im allgemeinen hell, aber vor direkter Sonne geschützt, damit die aparte Blattmusterung erhalten bleibt. Lediglich die grünblättrigen Arten, wie z.B. die Dieffenbachia humilis, können auch im vollen Schatten wachsen. Die Zimmertemperatur sollte im Sommer bei 20°C liegen, im Winter mindestens 15°C betragen.

Pflege
Während der Wachstumsperiode von März bis August reichlich mit handwarmem, gefiltertem Wasser versorgen. Ab September wird sparsamer gegossen. Gedüngt wird mäßig, aber regelmäßig einmal in der Woche. Die Dieffenbachie schätzt eine erhöhte Luftfeuchtigkeit, indirektes Besprühen mit gefiltertem Wasser gehört zur Pflege. Vorsicht, das Aronstabgewächs verträgt keine Zugluft. Trotz aller Fürsorge wird die Pflanze mit der Zeit von unten her verkahlen. Ein Verjüngungsschnitt im Frühsommer ist dann angebracht. Anschließend treibt die Dieffenbachie erneut aus.

Vermehrung
Generell ist die Vermehrung einfach: entweder durch Stecklinge oder durch 7-10 cm lange, krautige Stammstücke, wobei jeder mindestens 1 Triebknospe aufweisen sollte (zu erkennen an den Verdickungen unter der Rinde). Stammstücke werden einzeln oder zu mehreren bis zur Hälfte ihrer Länge getopft. Es ist darauf zu achten, daß die senkrecht gesteckten Stammstücke mit dem richtigen Ende in die Erde kommen. Daher empfiehlt es sich, das untere Ende durch einen Schrägschnitt kenntlich zu machen.

Gärtnertip
Vorsicht vor dem milchigen Pflanzensaft! Er enthält Strychnin, ist giftig und reizt Haut sowie Schleimhäute. Die Dieffenbachie ist auch sehr begehrt als Hydrokulturpflanze.

Dipladenie
(Dipladenia)

Blütezeit:	März – Sept.
Familie:	Hundsgiftgewächs
Heimat:	Brasilien

Viel zu wenig bekannt ist die attraktive Dipladenie mit ihren riesigen glockenähnlichen Blüten in Rosa, Weiß und Dunkelrot. Im aparten Kontrast stehen dazu die dunkelgrün glänzenden, etwas derben Blätter. Diese lianenartige Schlingpflanze ist als Verwandte des Oleander und der Pflanze Immergrün ebenso robust wie diese.

Standort
Hell bis halbschattig und dabei warm. In den Sommermonaten sollen die Temperaturen zwischen 18-20°C liegen, im Winter, etwa um die 13°C, aber nicht niedriger als 10°C.

Pflege
Die tropische Schönheit braucht eine gleichmäßig feuchte Erde ohne Staunässe. Um der Vernässung vorzubeugen, ist im Pflanzgefäß eine Drainageschicht aus

Dipladenie

Tonscherben empfehlenswert. Gedüngt wird nur von April bis August, während der Ruhezeit nicht. Im Februar wird die Pflanze stark zurückgeschnitten, damit sie mit Beginn der Wachstumsperiode wieder kräftig austreibt.

Vermehrung
Im Frühjahr durch Steckling.

Gärtnertip
Der giftige Milchsaft darf nicht mit Haut oder Schleimhaut in Berührung kommen. Bei zu trockener Luft oder zu hellem Standort rollen sich die Blätter.

Dissotis
(Dissotis)

Blütezeit:	Juni – Aug.
Familie:	Schwarzmundgewächs
Heimat:	trop. Afrika

Es handelt sich um eine kriechende Staude mit mittelgrünen rundlichen Blättern. Die Dissotis eignet sich als Ampelgewächs. Sie schmückt sich im Sommer mit rosaroten Blütenkelchen.

Standort
Nach Möglichkeit das ganze Jahr über sehr hell, aber geschützt vor direkter Sonnenbestrahlung. Wichtig für die tropische Pflanze ist eine hohe Luftfeuchtigkeit und eine gleichbleibende Zimmertemperatur etwa um 20°C.

Pflege
Eine Ruhepause kennt die Pflanze nicht, daher wird sie das ganze Jahr über mit temperiertem Wasser mäßig gegossen und besprüht. Im Februar sollte sie in flache Gefäße mit Einheitserde umgepflanzt und von April bis September regelmäßig gedüngt werden.

Vermehrung
Bei 20 °C Bodenwärme und hoher Luftfeuchtigkeit kann die Pflanze im Frühjahr mit Samen oder Stecklingen vermehrt werden. Um einen kompakten Wuchs zu bekommen, müssen die Sämlinge öfter gestutzt werden.

Gärtnertip
Unter den verschiedenen Arten sind als Ampelpflanze besonders D. rotundifolia oder D. plumosa zu empfehlen.

Doldenrebe

(Ampelopsis)

Blütezeit:	Grünpflanze
Familie:	Weinrebengewächs
Heimat:	Asien, Nordchina

Der Kletterstrauch aus Asien mit seinen eleganten, weißgrün marmorierten Blättern an roten Stielen ist für den Wintergarten wie geschaffen.

Standort
 Die starkwüchsige Pflanze liebt einen hellen bis halbschattigen Standort. Im Sommer Raumtemperatur, im Winter zwischen 2-15°C. Sie können die Pflanze in den Sommermonaten auf den Balkon oder die Terrasse stellen. Während der Wintermonate kann die Doldenrebe ihre Blätter verlieren, im Frühjahr bilden sich neue.

Pflege
 Im Sommer müssen Sie reichlich, im Winter äußerst sparsam gießen. Das Düngen sollten Sie während der Wachstumszeit alle 14 Tage vornehmen.

Vermehrung
 Die Vermehrung erfolgt im April/Mai durch Kopf- oder Triebstecklinge bei einer Bodentemperatur von 15-20°C.

Gärtnertip
Es empfiehlt sich, im Frühjahr die Pflanze zur Regeneration in frische Erde zu setzen.

Doldenrebe

Drachenbaum

(Dracaena dermensis)

Blütezeit:	Grünpflanze
Familie:	Agavengewächs
Heimat:	trop. Afrika, Asien

Drachenbäume sind als haltbare und unempfindliche Blattpflanzen sehr beliebt. Sie können im Zimmer 2-3 m erreichen. Je nach Kulturform werden sie grün- und gelbweiß- oder sogar rotgerandet angeboten. Besonders ausdrucksvoll ist die breitblättrige Dracaena deremensis mit ihren schönen weißgrün-gestreiften Blättern. Beliebt ist auch die schmallaubige, dünnstämmige Dracaena marginata und ihre buntblättrigen Sorten. Diese Drachenbäume gibt es mit und ohne Stämmchen. Drachenbäume sind für Pflanzenliebhaber mit wenig Erfahrung empfehlenswert. Die Dracaena fragrans Massengeana ist ein typisch stammbildender Drachenbaum mit zahlreichen Züchtungen wie Knerkii, Lindenii, Massangeana, Rothiana, Stedneri, Victoria.

Standort
Der Standort sollte hell bis halbschattig sein. Die Pflanze kann im Raum stehen, sofern sie noch genügend Licht bekommt. Pralle Sonne und Zugluft verträgt kein Drachenbaum. Am einfachsten zu pflegen ist D. fragrans mit den überhängenden Blättern, während die D. marginata mit einem relativ dunklen Standort auskommt; die D. deremensis dagegen benötigt einen hellen Standort.

Pflege
 Im Sommer normal gießen, im Winter sparsamer. Achten Sie darauf, daß der Wurzelballen nie austrocknet. Gedüngt wird von März bis September wöchentlich. Sollte Ihre Pflanze braune Blattspitzen bekommen, können Sie diese mit der Schere, entsprechend der Blattform entsprechend ohne dabei das gesunde Gewebe zu verletzen, abschneiden.

Vermehrung
 Die Vermehrung erfolgt durch Stecklinge, Abmoosen und Stammabschnitte wie auch bei der Sorte D. deremensis und D. marginata.

Gärtnertip
 Zu groß gewordene Pflanzen verkleinern Sie durch einen Rückschnitt. Alle Drachenbäume sind ideale Hydrokulturpflanzen.

Drehfrucht

(Streptocarpus)

Blütezeit:	März – Sept.
Familie:	Geseneriengewächs
Heimat:	Afrika, Madagaskar

Diese Pflanze ist ein Geheimtip für Liebhaber. Die Drehfrucht gehört zur selben Familie wie die Gloxinie und das blühfreudige Usambaraveilchen. Ihre farbenprächtigen Blüten, die sich von Frühjahr bis zum Herbst unermüdlich zeigen, macht die Drehfrucht zu eine der schönsten Zimmerpflanzen. Die grazile Pflanze gibt es in Zartlila, Hellblau, Weiß, Rosa und in einem leuchtenden Rot.

Standort
 Die Drehfrucht reagiert allergisch auf Rauch. Auch bei zu warmen und zu kühlen Temperaturen oder wenn sie im Zug steht, welken die Blüten schnell dahin. Ideal ist ein Ost- oder Westfenster mit normalen Zimmertemperaturen während der Herbst- und Sommermonate. Die Drehfrucht möchte keinesfalls gedreht werden, sie ist daher als kurzfristig blühender Tischschmuck ungeeignet. Sie sollten die Pflanze von Anfang an auf den richtigen Platz stellen. Während der Ruhezeit von Oktober bis Februar ist ein kühles Schlafzimmer von 10-12°C ideal. Ab März wird die Drehfrucht wieder wärmer gestellt.

Pflege
 Im Sommer gleichmäßig mit möglichst gefiltertem Wasser feucht halten, aber bitte nur von unten gießen. Restliches Wasser, das noch im Untersatz oder Blumentopf nach einer halben Stunde steht, ist abzugießen. Wichtig ist, das kein Wasser in die Blattrosette gelangt, denn dadurch kommt es zu häßlichen Flecken der Blätter

und zur Fäulnis der Pflanze. Gedüngt wird wöchentlich von April bis Oktober. Umgetopft wird nach der Winterruhezeit im März. Unbedingt ist dabei für gute Drainage zu sorgen.

Vermehrung
Die Vermehrung erfolgt durch Blattstecklinge. Dazu werden die Blätter entlang des Mittelnervs durchgeschnitten und mit den Schnittflächen in ein Topf-Sand-Gemisch gesteckt. Eine Folie sorgt in den nächsten Wochen für gespannte Luft während der Bewurzelung.

Gärtnertip
Trocken gewordene Pflanzen können Sie oft noch durch ein Tauchbad retten. Auf keinen Fall dürfen solche Pflanzen noch zusätzlich mit einem Düngeguß geschwächt werden.

Drachenbaum

Dreirippige Wolfsmilch

(Euphoriba triangularis)

Blütezeit:	April – Juni
Familie:	Wolfsmilchgewächs
Heimat:	Ostindien

An den zusammengedrückten Kanten der säulenartig wachsenden Pflanze stehen einzeln oder in Gruppen 4-5 mm lange Dornen. Auch die Blüten, die sich am Ende der Triebe bilden, wachsen einzeln oder zu mehreren.

Standort
Das Wolfsmilchgewächs benötigt einen hellen, warmen, aber vor direkter Sonne geschützten Standort. Im Sommer verträgt die Pflanze normale Raumtemperatur, im Winter hingegen nur 15°C. Ein Platz auf dem Balken von Mai bis September ist ideal.

Pflege
Im Sommer mäßig mit gefiltertem Wasser gießen und im Winter kaum mehr. Wichtig ist das regelmäßige Düngen während der Vegetationszeit im Abstand von 14 Tagen. Der dekorative Kaktus ist auf ein durchlässiges Erdsubstrat angewiesen. Damit die Wurzeln genügend Sauerstoff bekommen, müssen Sie die Erdoberfläche hin und wieder mit einer Gabel vorsichtig auflockern. Zum Umtopfen brauchen Sie eine lockere Einheitserde, der Sie etwas Lehm und Sand zusetzen.

Vermehrung
Die Vermehrung sollte dem Fachmann überlassen werden.

Duftgeranie

(Pelargonium)

Blütezeit:	April – Okt.
Familie:	Storchschnabelgewächs
Heimat:	Südafrika

Zwar sind die Blüten der Duftgeranie unscheinbar, dafür ist ihr Duft erfrischend und angenehm: mal duften die Blätter nach Rosen, mal nach Zitronen, dann wieder nach Pfefferminz.
Duftgeranien gibt es in stehender und hängender Form. Die meisten dieser Pflanzen sind Wildarten, so wie man sie in Südafrika findet.

Standort
Wichtig für die Pflanze ist ein luftiger, heller und warmer Standort. Im Winter möchte die Duftgeranie so wie in ihrer Heimat kühl stehen, vorzugsweise bei 10-15°C.

Pflege
Die Duftgeranie ist bekanntlich eine Pelargonie, sie sollte daher selbst im Sommer nur sparsam gegossen werden, während der Wintermonate ist das Gießen kaum erforderlich.

Vermehrung
Da die Pflanze mit der Zeit verkahlt, sollten Sie sie rechtzeitig über Kopfstecklinge von 10 cm Länge vermehren.

Gärtnertip
Bei zu feuchter Erde faulen die Wurzeln, mitunter bildet sich dann auch Grauschimmel auf Blättern und Knospen.

Dufttrichter

(Gelsemium)

Blütezeit:	Jan. – März
Familie:	Losaniengewächs
Heimat:	Ostasien, Afrika

Der Dufttrichter ist ein schlingender Strauch mit rötlichen Zweigen und fingerlangen, glänzenden Blättern. Seine Blütezeit reicht von Januar bis März, dann schmückt sich die Pflanze mit kleinen, gelben, duftenden Blüten.

Standort
Vorzugsweise sollte der Standort halbschattig und luftig sein. Im Sommer sind 20°C wünschenswert, im Winter sollte die Temperatur fast bis zur Frostgrenze sinken. Gegen trockene Raumluft hat der Dufttrichter nichts einzuwenden.

Pflege
Während der Wachstumszeit wird die genügsame Pflanze sparsam gegossen und auch nur monatlich gedüngt. In den kühlen Wintermonaten müssen Sie lediglich dafür sorgen, daß der Ballen nicht austrocknet. Falls erforderlich, wird die Pflanze im Frühjahr in frische Einheitserde umgetopft.

Vermehrung
Die Vermehrung kann durch frische Triebstecklinge oder Aussaat im Frühjahr erfolgen.

Gärtnertip
Ein Rückschnitt im Frühjahr regt die Verzweigung an.

Dyckia

(Dyckia)

Blütezeit:	Juni – Aug.
Familie:	Ananasgewächs
Heimat:	Südamerika

Diese sehr anspruchslose Bromelie kann lange Trockenzeiten überdauern, denn sie ist von Natur aus an extrem trockene Klimazonen gewöhnt. Im Sommer bildet dieses Ananasgewächs an einem langen Stengel etwa 20 orangefarbene Blüten.

Standort
Das ist endlich einmal eine Pflanze, die volles Sonnenlicht liebt und ab Ende Mai auch ins Freie gestellt werden kann. Nach der Blüte stirbt die Mutterpflanze ab. In der Regel hat sie aber vorher schon einige Nebenrosetten gebildet. Im Winter sollte die Dyckia bei 5 °C stehen.

Pflege
Die Dyckia darf nur ganz sparsam mit gefiltertem Wasser gegossen werden. Für einen Dünge-guß alle 14 Tage ist sie dankbar. Die Nebenrosetten werden im Spätsommer in ein Gemisch aus Einheitserde, Lehm und Ton mit etwas Sand eingepflanzt.

Vermehrung
Die Vermehrung erfolgt durch Nebenrosetten, die aus Samen ist ziemlich langwierig.

Gärtnertip
Um Staunässe zu vermeiden, empfiehlt es sich, Tonscherben als Drainageschicht zu verwenden.

Echeverie

(Echeverie)

Blütezeit:	Jan. – März
Familie:	Dickblattgewächs
Heimat:	Mexiko

Das robuste Dickblattgewächs stammt aus dem sonnigen und regenarmen Hochland von Mexiko. Die niedrig bleibende, mehrjährige Echeverie blüht von März bis Juli mit langgestielten, hochroten Blüten, deren Spitzen gelb gefärbt sind. Attraktiv sind auch die dickfleischigen Rosetten.

Standort
Ein Südfenster ist für die Sonnenanbeterin ideal. Während der Sommermonate kann sie auch ins Freie, Balkon oder Terrasse, gestellt werden. Diese Sukkulente braucht unbedingt viel Licht. Zimmertemperaturen unter 15 °C können bereits Verformungen der Blätter hervorrufen.

Pflege
Gießen Sie die Pflanze mittelmäßig und, keinesfalls ins Herz der Rosette; Staunässe unbedingt vermeiden, sonst faulen die Wurzeln der Pflanze. Während der Winterruhezeit sollten Sie nur noch ganz sparsam wässern. Beim Umtopfen ist eine Lauberde mit Lehm- und Sandzusatz zu verwenden. Gedüngt wird ausgesprochen sparsam, und das nur in der Wachstumsperiode.

Vermehrung
Sie können die Pflanze sehr einfach über die kleinen Seitensprossen vermehren. Diese werden vorsichtig abgetrennt und in sandig-humose Erde gesetzt.

Gärtnertip
Die Pflanze wurde zu Großmutters Zeiten Eisgewächs genannt; und das wohl deshalb, weil sich in den ofenbeheizten Wohnungen während der Wintermonate immer ein kühler Raum für sie fand. Während dieser Ruhepause sind Temperaturen zwischen 4–12°C ideal.

Edel-Pelargonie

(Pelargonium)

Blütezeit:	März – Mai
Familie:	Storchschnabelgewächs
Heimat:	Südafrika

Zwar sind ihre Blüten unscheinbar, ihr Duft aber frisch und angenehm. Mal duften die Blätter nach Rosen, Zitronen oder auch Pfefferminz. Duftgeranien gibt es in stehender und hängender Form. Die meisten dieser Pflanzen sind Wildarten, wie man sie in Südafrika findet.

Standort
Wichtig ist der luftige, helle und warme Standort. Im Winter möchte die Pflanze – so wie in ihrer Heimat – etwas kühler stehen, vorzugsweise bei 10-15°C.

Pflege
Die Edel-Pelargonie sollten Sie im Sommer nur sparsam gießen, während der Wintermonate kaum noch.

Vermehrung
Da die Pflanze mit der Zeit verkalkt, sollten Sie sie rechtzeitig über Kopfstecklinge von 10 cm Länge vermehren.

Gärtnertip
Bei zu feuchter Erde faulen die Wurzeln, mitunter bildet sich dann auch Grauschimmel auf Blättern und Knospen.

Edel-Pelargonie

Efeu

(Hedera helix)

Blütezeit:	Grünpflanze
Familie:	Araliengewächs
Heimat:	Europa, Asien

Der Efeu ist eine bescheidene, selbstklimmende Kletter- und Rankpflanze mit Haftwurzeln. Es gibt ihn in zahlreichen Blattformen und -zeichnungen und in sehr unterschiedlichen Arten und Sorten. Mit Efeu können Sie so manchen Wohnwinkel freundlicher gestalten. Er ist auch beliebt als Ampelpflanze. Die großblättrige gloire de Marengo ist eine der bekanntesten Efeusorten.

Standort
Schattig bis halbschattig, alle buntlaubigen Sorten müssen heller stehen, aber vor direkter Sonne geschützt. Ideal ist ein Ost- oder Westfenster, denn Morgen- oder Abendsonne liebt der Efeu. Im Winter ist ein kühlerer Standort vorzuziehen, da es sonst leicht zu Schädlingsbefall kommt. Besonders unempfindlich sind Efeusorten, die dem heimischen Efeu im Garten gleichen. Die weißgrüne Sorte Hedera helix ist beliebt und attraktiv, aber empfindlicher als grünblättrige Sorten. Was die Temperatur anbelangt, so ist Efeu sehr anpassungsfähig. Bei luftigem Standort gedeiht er am besten. Im Sommer sind normale Raumtemperaturen gut, im Winter 0-1°C.

Pflege
Efeu möchte im Sommer relativ feucht gehalten werden, der Wurzelballen darf dabei nicht vernässen. Gedüngt wird von Frühjahr bis Herbst zweimal im Monat.

Vermehrung
Stecklinge können in der Erde wie auch im Wasser bewurzeln. Sie können aber auch einen Trieb absenken. Achten Sie darauf, daß mehrere Blattknoten in der Erde liegen, sie bewurzeln nach 6 bis 8 Wochen.

Gärtnertip
Efeu kann ganzjährig in normale

Efeu

Blumenerde umgetopft werden. Efeu eignet sich auch für die Hydrokultur.

Efeuaralie

(Fatshedera Lizei)

Blütezeit:	Grünpflanze
Familie:	Araliengewächs
Heimat:	Korea, Japan

Die Efeuaralie ist eine Kreuzung zwischen der Aralie und dem Efeu. Hierbei wurde die Kletterfähigkeit des Efeus mit den großen, schönen Aralienblättern ideal ergänzt. Die Efeuaralie ist äußerst widerstandsfähig, sie kommt mit Standorten zurecht, wo andere Pflanzen längst streiken.

Standort
Ein unschätzbarer Vorteil ist die Schattenverträglichkeit. Die Pflanze gedeiht am Nordfenster, in Treppenaufgängen, Vorhallen und Büros, alles Standorte, die kein Sonnenstrahl trifft. Während ihr frische Luft gut bekommt, ist ein sonniger Standort zu vermeiden. Daher wünscht die Efeuaralie sich im Sommer auch einen schattigen Garten- oder Balkonplatz. Temperaturempfindlich ist die Pflanze nicht. Im Winter liebt sie es allerdings kühler, zwischen 0-1°C.

Pflege
Bei einem zu warmen Standort oder Zugluft verliert die Pflanze ihre Blätter. Falsches Gießen verträgt die Pflanze nicht: bei zu wenig Wasser wirft sie die Blätter ab, bei zuviel ebenso. Testen Sie die Erdfeuchte immer mit dem Finger. An warmen Tagen sollten Sie die Pflanze übersprühen, von Ende März bis Anfang September alle 14 Tage düngen.

Vermehrung
Hierfür schneiden Sie die Triebstecklinge in der Wachstumsperiode ab. Um die Verdunstungsfläche einzuschränken, wird das Blattvolumen auf die Hälfte reduziert. Am leichtesten ist die Bewurzelung in einem Torf-Sand-Gemisch bei 18°C Erdtemperatur.

Gärtnertip
Die Blätter sind von Zeit zu Zeit abzuwaschen, da die Pflanze sonst unter dem Staub erstickt. Schneiden Sie die Pflanze bei Bedarf zurück.

Efeutute

(Epipremnum

Blütezeit:	Grünpflanze
Familie:	Aronstabgewächs
Heimat:	Salomon-Inseln

Der flinke Ranker kann bei großflächiger Bepflanzung als Bodendecker, Ampelgewächs oder für Spalierwände Verwendung finden. Auch an einem Korkstab wird er gern hochgeführt.

Standort
Die Efeutute liebt das ganze Jahr über einen warmen Platz. Wünschenswert ist außerdem eine hohe Luftfeuchtigkeit. Eine direkte Sonnenbestrahlung ist unbedingt zu vermeiden. Beachten sollten Sie noch, das hellgefleckte Arten mehr Licht brauchen als grüne.

Pflege
Die Erde sollte das ganze Jahr über leicht feucht sein. Gießen Sie nach Möglichkeit mit abgestandenem bzw. entkalktem Wasser. Auch das regelmäßige Besprühen tut der Efeutute gut, ebenso wie das Abwaschen der Blätter. Von März bis Oktober wird alle 2 Wochen gedüngt.

Vermehrung
Die Vermehrung dient gleichzeitig der Verjüngung der Pflanzen. Zu lange, kahl gewordene Triebe können Sie abschneiden und in einem Glas mit Wasser, dem Sie ein kleines Stück Holzkohle hinzugefügt haben, bewurzeln.

Gärtnertip
Hin und wieder bilden Triebe auch Wurzeln, wenn sie auf der Erde liegen. Solche Ableger können von der Mutterpflanze getrennt und getopft werden. Die Pflanze ist bestens für die Hydrokultur geeignet.

Eidechsenwurz

(Sauromatum)

Blütezeit:	März – April
Familie:	Aronstabgewächs
Heimat:	Ostindien

Der Eidechsenwurz ist ein sogenannter Trockenblüher, also eine Knolle, die ganz ohne Erde oder Wasser eine aronstabähnliche Blüte hervorbringt. Erst wenn die interessante grünlich-violette Blütenscheide mit ihren aparten, weinroten Flecken zu welken beginnt, muß die Knolle in den Boden. Kurios ist auch, daß die schöne Blüte, sobald sie sich geöffnet hat, einen üblen Aasgeruch verbreitet.

 Standort
Halbschattig, ohne Zugluft. Nach der Blüte kann die Knolle in den Balkonkasten oder Garten ausgepflanzt werden. Die Pflanze bildet die Blätter erst nach der Blüte.

 Pflege
Während der Blütezeit sollte minimal gegossen werden. Nach der Blüte können Sie die Knolle wieder sich selbst überlassen. Wenn Sie Wert auf eine zweite Blüte im folgenden Jahr legen, sollten Sie die Pflanze nach Erscheinen der Blätter wieder regelmäßig, aber mäßig gießen und monatlich einmal düngen. Vor dem Frost muß die Knolle wieder ins Haus. Sie wird trocken ohne Erde überwintert.

 Vermehrung
Der Eidechsenwurz bildet reichlich Brutknollen, die vorsichtig abgetrennt werden können. Damit sie an Umfang gewinnen, sollten sie leicht mit Erde bedeckt werden.

 Gärtnertip
Eine Pflanze für Liebhaber, die das Ausgefallene suchen und den Aasgeruch nicht scheuen.

Eierbaum

(Solanum melongena)

Blütezeit:	Aug. – Nov.
Familie:	Nachtschattengewächs
Heimat:	Südamerika

Die Früchte des Eierbaums sehen in Form und Größe wie aus dem Hühner- ei gepellt aus. Und das Schöne daran ist, sie sind eßbar. Der eigentliche Wert der ausgefallenen Pflanze ist das Farbzusammenspiel der violetten Blüten mit den noch unreifen, weißen Eiern, aus denen sich später goldgelbe, mandarinenähnliche Früchte entwickeln. Gleichzeitiges Blühen und Fruchten ist die Eigenart vieler Nachtschattengewächse, zu denen der Eierbaum ebenso zählt wie die Kartoffel, Tomate und Aubergine. Seine reifen Eierfrüchte können Sie braten, dünsten oder fritieren. Im Handel ist die auffällige Saisonpflanze von August bis November erhältlich. Auch Großversand-Gärtnereien bieten sie an.

 Standort
Hell und sonnig bei Raumtemperaturen zwischen 20-25°C.

 Pflege
Zu der Wachstumsphase muß die Pflanze wöchentlich mit einem handelsüblichen Flüssigdünger ernährt werden. Es dauert 18 bis 24 Wochen bis sich die ersten bizarren violettblauen Blüten zeigen. Gegossen wird mittelmäßig. Schütteln Sie die Pflanze öfter einmal, damit es zur Bestäubung kommt.

 Vermehrung
Die Vermehrung erfolgt aus Samen. Dieser wird bei 22-25°C in sandige Erde ausgesät. Gute Keimbedingungen bieten die warme Fensterbank oder das Kleingewächshaus mit regulierbarer Temperatur.

 Gärtnertip
Die eierförmigen Früchte sind zunächst schneeweiß und färben sich beim Ausreifen goldgelb. Die Früchte sind sehr haltbar und nach dem Pflücken noch lange lagerfähig. Vorsicht! Die Pflanze ist giftig.

Einblatt

(Spathiphyllus)

Blütezeit:	März – Juli
Familie:	Aronstabgewächs
Heimat:	Kolumbien

Elegant hebt sich der duftende Blütenkolben von dem dekorativen weißen Hüllblatt ab. Die Blütezeit reicht von März bis Juli, wobei die einzelne Blüte über mehrere Wochen hält. Bemerkenswert sind die dunkelgrünen, glänzenden Blätter mit ihrer ausdrucksvollen Mittelrippe. Spathiphyllum sieht der weißen Flamingoblume ähnlich.

 Standort
Halbschattig bis schattig, bei gleichmäßigen Temperaturen von 20-23°C das ganze Jahr über. Entsprechend der ursprünglichen Heimat, des feuchtwarmen Tropenwalds, braucht das Einblatt eine hohe Luftfeuchtigkeit. Um dem Anspruch gerecht zu werden, kann die Pflanze im Übertopf auf feuchtem Blähton stehen, in ein feuchtes Torfbett eingesetzt oder auf eine mit Wasser gefüllte Fensterschale gestellt werden. Sie können auch die erforderlich Luftfeuchtigkeit durch Besprühen der Blätter erhöhen.

 Pflege
Gegossen wird reichlich, aber möglichst mit zimmerwarmem und gefiltertem Wasser. Staunässe ist unbedingt zu vermeiden. Im Winter sollten Sie nur wenig gießen. Düngen Sie die salzempfindliche Pflanze nur, wenn die Erde feucht ist. Bei Bedarf im Frühjahr topfen Sie die Pflanze in lehmhaltige Erde um.

Einblatt

Vermehrung

Größere Pflanzen lassen sich teilen. Sie können das Einblatt auch aus Samen ziehen, müssen dann allerdings für eine gespannte Luft durch Anzuchtkasten oder Folienhaube sorgen. Von April bis August können Sie die Blattfahne mit Triebstecklingen vermehren.

Gärtnertip

Die Blattfahne ist bestens für die Hydrokultur geeignet. Abgeschnittene Blüten halten über Wochen in der Vase.

Eisenkraut

(Verbena)

Blütezeit:	Mai – Sept.
Familie:	Eisenkrautgewächs
Heimat:	Süd-, Mittelamerika

Die kleine, langsam wachsende Pflanze mit länglich gezackten Blättern blüht in den Sommermonaten in leuchtenden Farben. Die fünfzähligen Blütensterne sind vorwiegend feuerrot.

Standort

Die hübsche einjährige Blütenpflanze ist vermehrt auch in Wohnräumen anzutreffen. Aber nur, wer ihr ein vor Zugluft geschütztes vollsonniges Fenster und frische Luft bieten kann, sollte die Pflanze ins Zimmer holen.

Pflege

Das Eisenkraut braucht eine gleichmäßige Ballenfeuchte. Auf Staunässe müssen Sie unbedingt achten. Damit die Pflanze nicht unter Lufttrockenheit leidet, sollten Sie sie hin und wieder besprühen. Während der Blütezeit braucht die Verbene einen wöchentlichen Düngeguß. Sofern Sie über einen hellen und kühlen, lüftbaren Raum verfügen, können Sie die Pflanze überwintern. Während der Ruhezeit sollte die Wasserzufuhr stark eingeschränkt werden. Im Frühjahr muß die Verbene kräftig zurückgeschnitten und in eine humusreiche Einheitserde gesetzt werden.

Vermehrung

Sie können die Pflanze im Frühjahr mit reichlich Samen aussäen. Die Keimzeit beträgt etwa einen Monat.

Elefantenohr

(Haemanthus albiflos)

Blütezeit:	Aug. – Sept.
Familie:	Amaryllisgewächs
Heimat:	Südafrika

Das Elefantenohr ist eine besonders pflegeleichte Zimmerpflanze mit riemenförmig-dickfleischigen, dunkelgrünen Blättern. Die im Spätsommer erscheinenden weiß-gelblichen Blüten mit weit herausragenden Staubfäden und gelben Stempeln ähneln einem Rasierpinsel. Das Elefantenohr zählt zu den Zwiebelgewächsen und ist völlig unempfindlich bezüglich Krankheiten. Es stammt wie die Klivie aus dem südlichen Afrika.

Standort

Das Elefantenohr kommt mit jeder Raumtemperatur – sogar mit trockener Heizungsluft zurecht. Allerdings sollten Sie der Pflanze viel Licht und gelegentlich auch frische Luft bieten. Von hell bis halbschattig kann der Standort sein.

Pflege

In den Sommermonaten muß ausreichend gegossen und alle 2 Wochen gedüngt werden. Vor jedem erneuten Gießvorgang sollte die Erde gut angetrocknet sein. In der Ruhezeit von November bis Februar ist die Pflanze nur ganz sparsam zu wässern.

Vermehrung

Aus Nebentrieben oder Brutzwiebeln. Beide werden beim Umtopfen vorsichtig abgetrennt.

Gärtnertip

Das Umpflanzen verträgt das Zwiebelgewächs schlecht. Es ist größte Vorsicht geboten, daß die Wurzelballen nicht beschädigt werden.

Elfenspiegel

(Nemesie)

Blütezeit:	Mai – Sept.
Familie:	Rachenblütler
Heimat:	Afrika

Der einjährige Elfenspiegel ist neu auf dem Markt. Die Pflanze erreicht eine Höhe von etwa 30 cm, sie entwickelt dabei einen buschigen Wuchs. Das anmutige Gewächs erfreut mit saftig grünen, länglich geformten Blättern und zahlreichen Blüten. Die Blütezeit der niedlichen weißen, gelben, orangen und roten hängenden Doldentrauben reicht von Mai bis September. Angeboten werden auch Nemesia-Hybriden, so z.B. die Compacta und die Edelblau. Letztere blüht hellblau und wird nur 25 cm hoch; der Feuerkönig mit leuchtendroten Blüten bleibt mit 20 cm etwas niedriger.

Standort

Für die Blütenentwicklung ist ein heller, vollsonniger, warmer Standort wichtig. Vor Zugluft muß der Elfenspiegel geschützt werden, dennoch braucht die Pflanze reichlich frische Luft. In den Sommermonaten ist ein Quartier auf der Terrasse oder dem Balkon wünschenswert.

Pflege

Täglich muß der Elfenspiegel reichlich mit Wasser versorgt und wöchentlich gedüngt werden. Zum Gießen dürfen Sie nur kalkfreies, temperiertes Wasser verwenden. Auch zum regelmäßigen Besprühen der Pflanze sollte nur gefiltertes Wasser genommen werden. Staunässe verkraftet die kleine Pflanze nicht.

Vermehrung

Die Vermehrung erfolgt durch die Aussaat im April.

Gärtnertip

Wenn Sie mutig nach der ersten Blüte zur Schere greifen, wird der Elfenspiegel Sie mit einer zweiten Blüte im Spätsommer erfreuen.

Epidendrum

(Epidendrum)

Blütezeit:	meist ganzjährig
Familie:	Orchideengewächs
Heimat:	Brasilien

Diese mehrjährige Orchidee erfreut sich bei Kennern wegen ihrer angenehm duftenden, in verschiedensten Formen wachsenden Blüten mit intensiven Farbtönen großer Beliebtheit. Zu jeder Jahreszeit blüht die ein oder andere Epidendrum-Art mit rispenartigem Blütenstand.

Standort

Sehr hell bis halbschattig, vor allem mit hoher Luftfeuchtigkeit und viel Frischluft. Diese Orchidee braucht ganzjährig Temperaturen zwischen 18-22 °C, wobei eine deutliche Absenkung zwischen der Tages- und Nachttemperatur von nur 15 °C erforderlich ist.

Pflege

Vor und während der Blüte muß die Orchidee immer leicht feucht gehalten und regelmäßig gedüngt werden. In der anschließenden Ruhezeit nach der Blüte wird weder gedüngt noch gegossen. Umtopfen sollten Sie nur, wenn es erforderlich ist, und zwar in ein spezielles Orchideensubstrat.

Gärtnertip

Für Epidendrum dürfen keine zu großen Pflanzgefäße gewählt werden, da sonst die Gefahr der Vernässung besteht; es kann dabei zur Wurzelfäule kommen.

Erdnußpflanze

(Arachis hypogaea)

Blütezeit:	Juni – Juli
Familie:	Hülsenfruchtgewächs
Heimat:	Südamerika

Die einjährige Pflanze kann man kaum kaufen, dafür aber aus Erdnüssen selbst anziehen. Sie wird etwa 60 cm hoch, wächst buschig und bildet an ihren zarten Blattstengeln gefiederte, linsengroße Blätter, die paarig angeordnet sind. Das Gewächs blüht mit goldgelben Blüten, die nur wenige Stunden halten. Aus den abgeblühten Blüten wächst ein Trieb, der sich in die Erde einbohrt, daran bilden sich dann die Erdnüsse.

Standort

Die Lichtverhältnisse spielen keine allzu große Rolle, um so mehr aber die Raumtemperatur; 30°C

---

wünscht sich die Erdnußpflanze zum Blühen und Fruchten.

Pflege

Die Pflanze sollte stets von feuchtem Erdreich umgeben sein und mit gefiltertem Wasser regelmäßig besprüht und gegossen werden.

Vermehrung

Die Vermehrung ist ein interessantes Experiment, daß vor allem Kinder begeistert. Gebraucht werden hierfür Erdnüsse mit ganzer Schale. Diese wird vorsichtig entfernt. Achten Sie darauf, daß die Samenhaut nicht verletzt wird. Der Erdnußsamen wird in eine Erd-Sand-Mischung gesteckt und angegossen. Nehmen Sie anstelle der üblichen Anzuchtgefäße ein durchsichtiges Glasgefäß, das bis zum Keimen dunkel stehen muß. Sobald der Samen keimt, braucht die junge Erdnußpflanze Licht und vor allem viel, viel Wärme. Ab sofort wird die Pflanze mit temperiertem gefiltertem Wasser besprüht. Nach etwa einem halben Jahr können Sie ernten. Die Pflanzen werden nun zum Ernten der Nüsse mit den Wurzeln aus der Erde gezogen und getrocknet.

Gärtnertip

Achten Sie beim Kauf der Erdnüsse auf frisch geerntete Nüsse.

Eselskopf

(Syngonium)

Blütezeit:	Mai – Juli
Familie:	Aronstabgewächs
Heimat:	trop. Amerika

Die Kletterpflanze hat interessante pfeilförmige Blätter, ältere Exemplare bilden am Stamm sogar Luftwurzeln. Auch die Blattform verändert sich mit zunehmendem Alter, indem sich das Blatt fußförmig teilt. Die Pflanze führt in den Blättern und Stielen einen Milchsaft.

Standort

Das Syngonium liebt einen hellen Standort, fernab der prallen Sonne bei Temperaturen, die nicht unter 15°C absinken dürfen.

Pflege

Der Wurzelballen muß stets feucht sein, aber nie tropfnaß. Gegossen wird mit temperiertem bzw. entkalktem Wasser, das auch zum regelmäßigen Besprühen der Pflanze verwendet wird. Von Frühjahr bis Herbst wird wöchentlich gedüngt. Bei guter Pflege können Sie von Mai bis Juli mit einer weißen Blüte rechnen. Beim Umpflanzen im Frühjahr ist es wichtig, daß Sie flache Schalen verwenden und ein humoses Erdsubstrat.

Vermehrung

Die dankbare Pflanze können Sie durch Ballenteilung oder Stecklinge vermehren.

Gärtnertip

Die Pflanze eignet sich zur Berankung von bemoosten Stäben oder als Ampelgewächs.

Eselskopf

Eukalyptus

(Eucalyptus)

Blütezeit:	Grünpflane
Familie:	Myrtengewächs
Heimat:	Australien

Immergrünende, nur selten blühende Topfpflanze. Wegen ihrer angenehm duftenden Blätter mit den wohltuenden ätherischen Ölen wird der Eukalyptus gern in Schlafräume, Kinder- und Krankenzimmer gestellt.

Standort

An hellen, sonnigen Plätzen, in den Sommermonaten kann er an einem geschützten Platz auf Balkon oder Terrasse umsiedeln. Heiße sommerliche Temperaturen verkraftet die Pflanze gut. Im Winter genügen 8°C.

 Pflege
Der Eukalyptus muß gut gegossen werden, wobei die Wassermenge sich nach Temperatur und Licht richtet. Damit die Pflanze nicht innerhalb von 3 Jahren dem Zimmer entwächst, sollten Sie die Triebspitzen während der Wachstumszeit einkürzen. Von April bis September wird wöchentlich gedüngt.

 Vermehrung
Im Frühjahr durch Samen.

 **Gärtnertip**
Abgeschnittene Eukalyptuszweige duften erneut, wenn sie über Wasserdampf gehalten werden.

Federbusch

(Celosia)

Blütezeit:	Juli – Okt.
Familie:	Amaranthusgewächs
Heimat:	Asien, Afrika

Das einjährige, krautige Gewächs blüht von Juli bis Oktober mit federbuschartigen Blütenähren, die gelb, rot violett und weiß gefärbt sind. Die wärmeliebende Pflanze wird etwa 30 cm hoch und zeigt stark verästelte Zweige mit eiförmigen spitzen Blättern.

 Standort
Bei Sonne und feuchter Luft entwickeln sich die Blüten besonders üppig und farbenprächtig, daher ist der Aufenthalt auf Balkon oder Terrasse wünschenswert. Wenn die Pflanze im Zimmer stehen bleiben muß, dann sollten Sie für Frischluftzufuhr sorgen. Mit den üblichen Zimmertemperaturen zwischen 18-20°C kommt die Pflanze gut zurecht.

 Pflege
Die Celosia will reichlich mit Wasser versorgt und wöchentlich gedüngt werden. Stauende Nässe verkraftet der Federbusch nicht. Sie müssen darauf achten, daß der Topf nie im Wasser steht. Eine Weiterkultur gibt es bei dem Saisonblüher nicht.

Federbusch

 Vermehrung
Im Anzuchtkasten können Sie im Frühjahr durch Aussaat Jungpflanzen bei 20-25°C Bodentemperatur heranziehen.

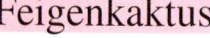 **Gärtnertip**
An dem Blütenstand können Sie sich noch lange Zeit erfreuen, wenn Sie ihn nach dem Schnitt zum Trocknen aufhängen.

Feigenkaktus

(Opuntia)

Blütezeit:	Juli – Aug.
Familie:	Kakteengewächs
Heimat:	Mexiko

Mehr als 400 Opuntienarten umfaßt die Palette, die von nur wenigen Zentimeter großen Zwergen bis zu mehreren Meter hohen Giganten reicht. Neben den stechenden Dornen haben Opuntien noch Glochiden. Das sind winzige, stechende Borsten mit Widerhaken, die bei geringster Berührung in der Haut steckenblei-

ben. Daher sollten diese Pflanzen nur mit Lederhandschuhen angefaßt werden. Ein weiteres Merkmal der Opuntien sind ihre zylindrischen, fleischigen Blätter. Einige Arten schmücken sich von Frühjahr bis Sommer mit großen Blüten in Rot oder Rosa. Die sich bildenden Früchte sind wohlschmeckend.

 Standort
Südfenster, volle Sonne, ganzjährig sehr hell und luftig. Bei zu wenig Licht blüht die Pflanze nicht. Von Mai bis Oktober ist ein Plätzchen auf dem Balkon oder im Garten wünschenswert. Im Winter soll die Pflanze hell, bei etwa 4-10°C stehen.

 Pflege
Während der Vegetationszeit von Mai bis August mäßig gießen und wöchentlich mit einem Kakteendünger ernähren. Im kühlen Winterquartier kann die Opuntie fast trocken stehen.

Vermehrung
Abgebrochene Ohren bewurzeln sich problemlos in Kakteen-Erde, allerdings müssen deren Schnittstellen zuvor 2 Wochen trocknen.

Gärtnertip
Die Widerhaken der Dornen lassen sich nur durch Aufträufeln von flüssigem Kerzenwachs und mit Hilfe einer Pinzette aus der Haut entfernen.

Feigenkaktus

Fenestraria

(Fenestraria auranthica)

Blütezeit:	April – Mai
Familie:	Mittagsblumengewächs
Heimat:	Südafrika

Die dickfleischigen Blätter sehen wie hochstehende Finger aus. An der obersten Spitze befindet sich ein kleines Fenster, durch das Sonnenlicht dringt und so bis ins Blattinnere gelangt. Die Pflanze blüht weiß oder rot.

Standort
Die mehrjährige Pflanze braucht einen sehr hellen und sonnigen Standort. Während der Sommermonate können Sie die Fenestraria windgeschützt auf den Balkon oder die Terrasse stellen. Während der Wintermonate kommt die Pflanze an einen hellen, kühlen Ort.

Pflege
Von Frühjahr bis Herbst sparsam gießen, Staunässe unbedingt vermeiden. Von November bis Frühjahr fast trocken halten.

Vermehrung
Die Vermehrung erfolgt im Frühjahr durch Aussaat in ein sandiges Substrat bzw. durch vorsichtige Teilung der Pflanze.

Gärtnertip
Nie zu tief pflanzen und dafür sorgen, daß die Blattspitzen 10-15 mm aus der Erde schauen. In der Umgebung von grobem Kies kommt die Pflanze besser zur Geltung.

Fensterblatt

(Monstera deliciosa)

Blütezeit:	Grünpflanze
Familie:	Aronstabgewächs
Heimat:	Mittel-, Südamerika

Das beliebte Fensterblatt wird häufig mit dem Philodendron verwechselt. Die jungen Blätter sind zunächst herzförmig und bekommen erst im Alter die typischen Einschnitte, die der Pflanze den volkstümlichen Namen Fensterblatt gaben. Bezeichnend sind die zahlreichen Luftwurzeln, die vom Stamm herunterhängen und sich jederzeit in Erdwurzeln umwandeln lassen, indem sie in ein mit Wasser gefülltes Glas geleitet werden. An älteren Pflanzen entwickeln sich gelegentlich aronstabähnliche Blüten.

Standort
Pflegeleichte Pflanze für Ost-, West- oder Nordfenster. Bei normaler Zimmertemperatur gedeiht sie am besten. Das Fensterblatt wächst sogar noch an einem dunklen Platz, obwohl ein heller oder halbschattiger Standort wünschenswert ist. Direkte Sonne verträgt sie nicht.

Pflege
Die ideale Luftfeuchtigkeit liegt bei 50-60%, daher sollte die Pflanze häufig mit kalkfreiem bzw. gefiltertem Wasser besprüht werden. Die großen Blätter sollten Sie außerdem mit handwarmem Wasser besprühen. Im Sommer reichlich, im Winter mäßig gießen. Gegen Staunässe ist die Pflanze äußerst empfindlich. Gedüngt wird von März bis

August wöchentlich. Die Umpflanzzeit ist im März/April.

Vermehrung
Über Stecklinge oder Stammstücke.

Gärtnertip
Wenn die Blätter des Fensterblatts plötzlich keine Einschnitte mehr bilden, dann steht die Pflanze eindeutig zu dunkel. Auf Standortwechsel reagiert sie mit Blattfall. Vorsicht! Die Pflanze enthält schleimhautreizende Stoffe.

Fetthenne

(Sedum)

Blütezeit:	keine bei uns
Familie:	Dickblattgewächs
Heimat:	Mexiko

Die Blattsukkulente, von der es rund 30 Arten gibt, blüht in der Regel nicht im Zimmer.

Standort
Hell und vollsonnig, damit eine schöne rot- bis orangefarbene Tönung der Blätter erreicht wird. In den Sommermonaten ist ein geschützter Platz auf Balkon und Terrasse sehr wünschenswert, während die Fetthenne den Winter bei 5° C verbringen sollte.

Pflege
Mäßig gießen. Es ist vor allem darauf zu achten, daß keine

Fensterblatt

Staunässe entsteht. In den Wintermonaten können Sie die Fetthenne trocken stehen lassen. Zum Umtopfen im Frühjahr sollten Sie eine lehmige Lauberde, die Sie mit grobem Sand vermischen, verwenden. Die Düngung entfällt bei der anspruchslosen Pflanze.

Vermehrung
Die einfache Vermehrung macht vor allem Kindern Spaß. Denn jedes Blättchen, das mit Erde in Berührung kommt, bildet sofort Wurzeln und kann dann getopft werden.

Gärtnertip
Fetthennen-Arten sind robust. Sie vertragen trockene Zimmerluft und kommen mit sehr wenig Wasser aus.

Fettkraut

(Pinguicula)

Blütezeit:	Aug. – Sept.
Familie:	Wasserschlauchgewächs
Heimat:	Mittelamerika

Das Fettkraut gehört zu den fleischfressenden Pflanzen. Die kleine, unscheinbare Pflanze wächst in der Natur auf morastigen Wiesen und Tümpel-ufern, also auf einem nährstoffarmen Grund, der kaum Stickstoff bietet. Die Pflanze gleicht ihren Nährstoffbedarf durch das Fangen von Insekten aus. Im Sommer schmückt sich die Pflanze mit kleinen, veilchenähnlichen Blüten, die einzeln auf blattlosem Schaft stehen.

Standort
Hell und sonnig, bei reichlich frischer Luft, jedoch ohne Zugluft. Wünschenswert sind im Sommer Temperaturen um 20 °C und im Winter von etwa 10 °C.

Pflege
Während der Sommermonate wird das Fettkraut regelmäßig und ausgiebig mit Regen- bzw. weichem Wasser gegossen. Um das Austrocknen der oberen Erdschicht zu verhindern, ist eine Moosdecke empfehlenswert. Die Pflanze selbst muß frei bleiben.

Vermehrung
Erfahrene Hobbygärtner können das Fettkraut im Frühjahr mit Blattstecklingen, die in Erdsubstrat gesteckt werden, vermehren. Möglich ist auch die Vermehrung durch Samen, die nicht bedeckt werden dürfen, da sie im Licht keimen.

Gärtnertip
Die Pflanze braucht eine sandige Einheitserde und darf nicht gedüngt werden.

Fiederaralie

(Polyscias)

Blütezeit:	keine bei uns
Familie:	Araliengewächs
Heimat:	Südsee, Madagaskar

Das hellgrüne, buschige Stämmchen mit seinen rundlich grünen oder gelbgrünen Blättern ist äußerst schwierig in der Pflege.

Standort
Ost-, West- oder Nordfenster. Die tropische Pflanze wünscht einen schattigen Standort und eine extrem hohe Luftfeuchtigkeit. Im Sommer braucht sie trotz des Schattens Temperaturen zwischen 20-25°C, im Winter reduzieren sie sich auf 12-15°C.

Pflege
Im Sommer reichlich mit möglichst weichem Wasser gießen, Staunässe unbedingt vermeiden und täglich besprühen, um dem Anspruch nach hoher Luftfeuchte gerecht zu werden. Im Winter Wassergaben stark einschränken. Gedüngt wird von März bis August in jeder zweiten Woche. Kahle Pflanzen können auf 10 cm zurückgeschnitten werden. Das Umtopfen erfolgt, falls nötig, im Frühjahr.

Vermehrung
Im Frühjahr über Stecklinge.

Gärtnertip
Die Luftfeuchtigkeit kann auch durch einen größeren Übertopf, der mit einer feuchten Blähton-schicht ausgekleidet ist, bzw. durch eine mit Wasser gefüllte Gitterschale, auf der die Pflanze steht, erhöht werden.

Fingeraralie

(Dizygotheca elegantissima)

Blütezeit:	Grünpflanze
Familie:	Araliengewächs
Heimat:	Neukaledonien

Die Fingeraralie zählt zu den anspruchvollsten, aber elegantesten Blattpflanzen. Graziös wirkt das fingerförmige, in schlanke Einzelblättchen geteilte Laub. Apart auch der olivgrüne Farbton, der in lebhaftem Kontrast zur rötlichen Mittelrippe steht. Die Fingeraralien werden im Zimmer kaum höher als 1,80 m.

Standort
Hell, Ost- oder Westfenster, keinesfalls pralle Sonne. Ein zu schattierendes Südfenster ist möglich. 20-25°C im Sommer, 15-20°C im Winter, das sind die richtigen Temperaturen für diese Pflanze. Die Fingeraralie braucht eine gleichmäßige Pflege, sie verträgt keine Trockenheit, keine Staunässe und vor allem keine Zugluft.

Pflege
Ganz gleichmäßig feucht halten. Im Winter wird nur soviel gegossen, daß der Ballen nicht austrocknet. Die Luftfeuchtigkeit muß das

Fingeraralie

ganze Jahr über 60% betragen, daher unbedingt sprühen. Von März bis August wird sie im Abstand von 2 Wochen mit einem Grünpflanzendünger versorgt. Kahle Pflanzen können bis auf 10 cm zurückgeschnitten werden.

 Vermehrung
Über Stecklinge sehr schwierig, Aussaat im März; nur möglich bei frischem Samen.

 Gärtnertip
Fingeraralien sind bestens für Hydrokultur geeignet. Im Winter ist ein sonniger Standort wünschenswert.

Fischschwanz-Palme

(Caryota mitis)

Blütezeit:	keine bei uns
Familie:	Palmengewächs
Heimat:	Ostasien

Die kleinbleibende, vielstämmige Fischschwanz-Palme ist eine attraktive Zimmer- und Kübelpflanze mit filigranen Wedeln. In Ostasien wird aus den Blüten und Stämmen der Fischschwanz-Palme Sago und Zucker gewonnen.

 Standort
Hell bis halbschattig, bei hoher Luftfeuchtigkeit, frischer Luft und Temperaturen um 22 °C, direkte Sonne verträgt die Pflanze nicht, sie reagiert darauf mit braunen Blattspitzen.

 Pflege
Von Frühjahr bis zum Herbst hin muß sie regelmäßig mit temperiertem, kalkfreiem Wasser gegossen werden. Staunässe verträgt die tropische Pflanze nicht, sie braucht jedoch eine hohe Luftfeuchtigkeit und muß daher häufig besprüht werden. Während der Vegetationszeit wird die Fischschwanz-Palme alle 14 Tage mit einem Blattpflanzendünger ernährt. Nach 3 bis 5 Jahren muß sie umgetopft werden. Achten Sie dabei auf eine gute Drainage und gehen Sie vorsichtig mit den empfindlichen Wurzeln der Palme um.

 Vermehrung
Die Vermehrung erfolgt mit Samen im Frühjahr.

 Gärtnertip
Die Fischschwanz-Palme Caryota mitis bildet Ausläufer, daher das Pflanzgefäß größer wählen.

Fittonie

(Fittonia)

Blütezeit:	Mai – Juni
Familie:	Akanthusgewächs
Heimat:	Peru

Kleinblättriger Bodendecker für flache Schalen und Kübelgefäße. Die Fittonia verschaffeltii bildet lange, kriechende Triebe mit interessanten rot geäderten Blättern, daher auch der Name Mosaikpflanze. Alle Fittonien bleiben niedrig, sind leicht behaart und tragen von Mai bis Juni unscheinbare Rachenblüten.

 Standort
Die tropische Pflanze wächst als Bodendecker im Schatten hoher Bäume. Eine solche Umgebung in der Wohnung zu finden, ist nicht ganz einfach. Ein zugluftfreies Ost- oder Westfenster kommt in Betracht. Den Ansprüchen nach hoher Luftfeuchtigkeit können Sie nur durch tägliches Besprühen der Pflanze gerecht werden.

 Pflege
Die flachwurzelnde Pflanze braucht täglich Wasser, aber nicht zuviel, sonst fault sie. Vor jedem Gießvorgang empfiehlt sich die Fingerprobe. Zum Gießen sollten Sie aufalle Fälle ein kalkfreies bzw. gefiltertes Wasser mit Zimmertemperatur verwenden.

Vermehrung
Relativ einfach, schneiden Sie im Frühjahr etwa 10 cm lange Kopfstecklinge, die Sie in ein feuchtes Torf-Sand-Gemisch setzen. Achten Sie während der Bewurzelung auf eine Zimmertemperatur von 21°C.

 Gärtnertip
Um die Pflanze buschig zu halten, sollten Sie die Triebspitzen immer wieder abschneiden.

Flamingoblume

(Anthurie)

Blütezeit:	Jan. – Dez.
Familie:	Aronstabgewächs
Heimat:	trop. Regenwald

Eine äußerst dekorative, haltbare Blatt- und Blütenpflanze. Ein besonderer Blickfang sind ihre Blüten, die auf einem Kolben sitzen, der von dem farbigen Hochblatt (Spartha) umgeben ist. Die Farbabstufungen reichen von Creme über Zartrosa, Dunkel- bis Blutrot. Ebenso mannigfaltig wie die Färbung der Hochblätter ist ihre Form: in vielen Fällen länglich herzförmig. Zwei Arten werden hauptsächlich kultiviert, die großblütige Flamingoblume A. andreanum und die kleinere A. scherzerianum. Für die Zimmerkultur ist die kleinere Art besser geeignet.

 Standort
Die Flamingoblume liebt helle, warme, vor praller Sonne geschützte Standorte. Entscheidend für den Erfolg ist eine gleichbleibende, hohe Luftfeuchtigkeit. Auch dunklere Standorte sind möglich. Wenn die Pflanze allerdings zu wenig Licht bekommt, werden die Blattstiele sehr lang. Eine Durchschnittstemperatur von 18-22°C ist ideal. Ab Oktober braucht die Anthurie eine Ruhepause von 6 bis 8 Wochen bei 15°C, die zu neuer Blütenbildung anregt.

 Pflege
Der Wurzelballen sollte gleichmäßig feucht gehalten werden. Zum Gießen möglichst kalkfreies bzw. gefiltertes Wasser verwenden, ebenso zum Besprühen der Pflanze. Eine hohe Luftfeuchtigkeit fördert Wachstum und Blütenbildung der Anthurie. Gedüngt wird von April bis September einmal wöchentlich. Zum Umtopfen im Frühjahr sollten Sie eine lockere, humose Erdmischung verwenden und dennoch für eine ausreichende Drainageschicht sorgen, denn bei Staunässe entsteht leicht Wurzelfäule.

Flamingoblume

 Vermehrung
Die Aussaat ist langwierig und nur erfahrenen Hobbygärtnern bzw. dem Fachmann vorbehalten. Zum Gießen verwenden Sie am besten weiches Wasser aus der Filtergießkanne AquaFlor.

 Gärtnertip
Gelbe oder verbräunte Blattspitzen weisen darauf hin, daß die Pflanze zu kühl steht. Rollen sich die Blätter auf, dann ist die Luft zu trocken oder die Pflanze bekommt zuviel Sonne.

Flammendes Käthchen

(Kalanchoe)

Blütezeit:	Jan. – Juli
Familie:	Dickblattgewächs
Heimat:	Madagaskar

Das Dickblattgewächs ist von robuster Natur. Es zählt zu den beliebtesten Zimmerpflanzen und blüht bei richtiger Pflege jedes Jahr aufs Neue.

 Standort
Das Flammende Käthchen ist anpassungsfähig. Es verträgt sowohl das sonnige Südfenster als auch das kalte Nordfenster. Ob die Raumtemperatur bei 25 °C oder bei 10 °C liegt, die Pflanze blüht unverdrossen weiter, und das von Januar bis in den Juni/Juli hinein.

 Pflege
Die Sukkulente darf nicht zu viel und möglichst nicht mit zu hartem Wasser gegossen werden; höchstens ein- bis zweimal in der Woche. Voraussetzung für eine zweite Blüte ist, daß nach der Blüte Verblühtes mitsamt dem Stiel abgeschnitten wird. Nach dem Abblühen in der Vegetationspause wird die Pflanze meist weggeworfen.

 Gärtnertip
Das Flammende Käthchen ist eine Kurztagspflanze. Entscheidend für die Blütenbildung sind täglich 14 Stunden Dunkelheit. Schon der geringste Lichteinfall wirkt sich negativ auf die erneute Blütenbildung aus. Selbst das Fernsehlicht ist schon zu viel des Guten. Um die Dunkelphase von 14 Stunden zu bewerkstelligen, können Sie der Pflanze in den nächsten 6 bis 8 Wochen einen Karton überstülpen. Ohne diese Prozedur der vorgegaukelten Nacht bleibt die Kalanchoe eine Wegwerfpflanze.

Fleißiges Lieschen

(Impatiens Neuguinea)

Blütezeit:	März – Dez.
Familie:	Balsaminengewächs
Heimat:	trop. Asien, Afrika

Das Fleißige Lieschen hält, was sein Name verspricht, es setzt das ganze Jahr über pausenlos Blüten an. Die tellerförmigen Blüten mit dem für Springkräuter üblichen Sporn leuchten in allen Tönen von Weiß bis Samtrot dicht über dem hellgrünen bis dunklen Laub.

 Standort
Im nördlichen Teil Deutschlands wird das Fleißige Lieschen aufgrund der geringeren Sonnenstunden und der erhöhten Regenfälle vielfach als Zimmerpflanze gehalten. Es gedeiht am sonnenfernen Fenster in Ost-, West- oder Nordlage, ebensogut auch in Balkonkästen oder Blumenbeeten. Im Sommer wie Winter sind Raumtemperaturen um 20 °C

ideal. Bei niedrigeren Temperaturen entblättert sich die Pflanze und stellt das Blühen ein.

 Pflege
Im Sommer reichlich mit weichem Wasser gießen, wobei die Erde nie tropfnaß sein darf, sonst kommt es zu Fäulnis der fleischigen Stengel. Die üppige Blütenpracht bleibt Ihnen nur erhalten, wenn Sie von April bis September wöchentlich düngen. Das Fleißige Lieschen zählt zu den mehrjährigen Pflanzen. Im Frühjahr ist ein Erdaustausch nötig, damit die emsige Blütenbildung nicht nachläßt. Vor dem Umtopfen können Sie lange, kahle Triebe entfernen und diese neu bewurzeln.

 Vermehrung
Triebspitzen lassen sich leicht in einem Glas mit Wasser oder in einem Torf-Sand-Gemisch bewurzeln. Bis zur Blüte braucht der Steckling, der gestutzt werden muß, etwa 5 Monate.

 Gärtnertip
Die Pflanze mäßig, aber regelmäßig düngen. In Hydrokultur gehalten, blüht das Fleißige Lieschen genauso üppig wie in der Erde.

Fleißiges Lieschen

Frangipani

(Plumeria rubra)

Blütezeit:	Nov. – Jan.
Familie:	Hundsgiftgewächs
Heimat:	Hawaii

Die intensiv duftenden Blüten der Frangipani bleiben für jeden, der die Pflanze am Naturstandort kennengelernt hat, in

Erinnerung. Die Pflanze zeigt lange, dunkelgrüne, spitzzulaufende Blätter mit gut sichtbarer Aderung. Im Winter bringt die Pflanze kelchartige, gelbweiße Blüten hervor.

 Standort
Das exotische Gewächs braucht zum Gedeihen Sonne und viel Licht. Es kann sowohl im Winter als auch im Sommer bei normaler Zimmertemperatur gehalten werden.

 Pflege
Während der Wachstumszeit von Frühjahr bis Herbst muß die Pflanze regelmäßig und viel gegossen werden. Staunässe müssen Sie aber unbedingt vermeiden. In der Ruhezeit können Sie auf das Gießen verzichten. Zum Umtopfen im Frühjahr sollten Sie Einheitserde mit Sand vermischen und für eine gute Drainage im Pflanzgefäß sorgen.

 Vermehrung
Die Vermehrung findet im Frühjahr durch Stecklinge statt. Nach dem Schneiden sollten Sie die Schnittfläche der Stecklinge – ähnlich wie bei den Kakteen – antrocknen lassen. Mindestens zwei Augen müssen dann in ein Gemisch von Torf-Sand und Einheitserde gesteckt werden. Zur erfolgreichen Vermehrung gehört auf alle Fälle eine Bodentemperatur von 20-22°C.

 Gärtnertip
Vorsicht! Die Pflanze enthält einen giftigen Milchsaft.

Frauenhaarfarn

Frauenhaarfarn
(Adiantum)

Blütezeit:	Grünpflanze
Familie:	Frauenhaarfarngewächs
Heimat:	Südamerika

Die mehrjährige Pflanze wird auch Venushaar genannt. Für die Zimmerkultur ist A. macrophyllumy zu empfehlen. Die Pflanze ist mit ihren zarten Wedeln, die auf festen, braunen bis schwarz changierenden Stielen stehen, sehr schön, aber sehr empfindlich.

 Standort
Der Standort sollte warm und hell, aber keinesfalls sonnig sein. Die Pflanze benötigt eine hohe Luftfeuchtigkeit; im Sommer 20-25°C, im Winter, auf keinen Fall unter 10°C.

 Pflege
Das Frauenhaarfarn muß relativ feucht gehalten werden, darf aber nur gefiltertes, temperiertes Wasser bekommen. Gedüngt wird alle 2 Wochen von Frühjahr bis Herbst. Größere Pflanzen werden im April oder Mai in Einheitserde mit Torf- und Sandzusatz umgetopft.

 Vermehrung
Die Vermehrung erfolgt durch Teilung.

 Gärtnertip
Das Frauenhaarfarn ist sehr empfindlich. Damit die Pflanze gut gedeiht, sollten Sie sie immer mit weichem Wasser gießen. Am besten verwenden Sie zur Bewässerung die Filtergießkanne AquaFlor.

Frühlingssternblume
(Brodiacea)

Blütezeit:	Febr. – März
Familie:	Liliengewächs
Heimat:	Südamerika

Das einjährige Zwiebelgewächs zählt zu den frühblühenden Stauden auf der Fensterbank. Die Pflanze ist durch ihre zierlichen blauen Blüten, die von dünnen grasartigen Blättern umrahmt werden, sehr beliebt.

 Standort
Bis kurz vor der Blüte muß die Pflanze viel frische Luft bekommen und dabei sonnig und hell, aber nicht zu warm stehen. Während der Blüte sollte der Standort hell, aber geschützt vor praller Sonne liegen. Nach der Blüte erhält die Frühlingssternblüte wieder einen sonnigen Platz.

 Pflege
Bis zur Blüte muß die Pflanze gleichmäßig und reichlich mit Wasser versorgt werden, nach der Blüte können Sie das Gießen stark einschränken, bis die Pflanze einzieht. Ende des Sommers werden die Zwiebeln aus der Erde genommen, gesäubert und zu mehreren in einer Schale kühl aufbewahrt. Gegossen wird erst wieder mit dem Austrieb im Frühjahr.

 Vermehrung
Die Vermehrung erfolgt durch Brutzwiebeln im September.

 Gärtnertip
Die Frühlingssternblume eignet sich hervorragend zur Bepflanzung von Schalen.

Fuchsie
(Fuchsia-Hybriden)

Blütezeit:	Mai – Okt.
Familie:	Nachtkerzengewächs
Heimat:	Südamerika

Es gibt dieses mehrjährige Gewächs als kleines Bäumchen oder als Strauch zu kaufen. Eine sehr schöne Sorte ist die F. Triphylla-Hybride, eine Korallenfuchsie mit traubenförmigen Blüten in einem faszinierendem Rotton.

 Standort
In den Sommermonaten bevorzugt die Fuchsie einen halbschattigen, in der Winterzeit einen sehr hellen Platz, der mit sehr viel Frischluft versorgt sein soll. Vermeiden sollten Sie auf jeden Fall Zugluft. In der kalten Jahres-

Fuchsie

zeit wird dieses Gewächs bei 10°C überwintert.

Pflege
Die Fuchsie wird stets mäßig gegossen, gerade so viel, das die Erde immer leicht feucht ist. Schädlich ist Staunässe sowie vollkommene Trockenheit. Nach der Überwinterung können Sie diese Zimmerpflanze einmal wöchentlich düngen. Ebenso werden die Fuchsien im Frühjahr in Einheitserde umgesetzt, vorher zurückschneiden.

Vermehrung
Die Vermehrung kann sehr einfach durch Stecklinge im Frühjahr oder auch im Sommer durchgeführt werden.

Gardenie

(Gardenia jasminoides)

Blütezeit:	Dez. – März
Familie:	Krappengewächs
Heimat:	Ostindien

Gardenien duften berauschend. Die cremeweißen, dichtgefüllten Blüten wirken festlich auf dem satten, lackartigen Blattgrün. Die Pflanze muß mit Gefühl gepflegt werden.

Standort
Ost- oder Westfenster. Gardenien brauchen zu jeder Jahreszeit einen hellen, luftigen vor direkter Sonne geschützten Platz. Sobald sich Knospen zeigen, darf der Standort nicht wärmer als 18°C sein. Von Oktober bis Februar sollte die Temperatur deutlich geringer sein und bei 10-16°C liegen, wobei die Luftfeuchtigkeit ganzjährig um 60 % betragen sollte.

Pflege
Gegossen wird nur mit entkalktem, zimmerwarmem Wasser. Von März bis September sollte die

Erde immer leicht feucht, aber nie naß sein. Im Winter ist lediglich dafür zu sorgen, daß die Pflanze nicht austrocknet. Zur Zeit der Knospenbildung ist eine hohe Luftfeuchtigkeit wichtig. Sprühen Sie die Pflanze häufig ein.

Vermehrung
Im August/September werden von der nichtblühenden Pflanze 18 cm lange Stecklinge geschnitten und bei etwa 25 °C unter einer Plastiktüte im Blumentopf bewurzelt.

Gärtnertip
Jeden Pflegefehler nimmt die Pflanze übel. Zum Gießen verwenden Sie deshalb am besten weiches Wasser aus der Filtergießkanne AquaFlor.

Gasterie

(Gasteria)

Blütezeit:	März – Juli
Familie:	Liliengewächs
Heimat:	Südafrika

Eine Blattsukkulente mit gedrängt stehenden mehr oder weniger zweireihig angeordneten Blättern und sehr schöner, rosaroter Blütenglocke.

Standort
Während der Sommermonate sonnig, warm und ohne Luftfeuchtigkeit. Im Winter sollte die Temperatur deutlich niedriger (7-12°C) liegen. Vor Zugluft ist die Gasterie zu schützen.

Pflege
Sie müssen die Pflanze stets feucht halten. Bei den niedrigeren Temperaturen im Winter ist kaum zu gießen. Die Gasterie wird von April bis September alle 2 Wochen mit einem Kakteendünger ernährt. Im März wird in Einheitserde umgepflanzt. Sie sollten hierzu nicht zu große Gefäße verwenden.

Vermehrung
Die Vermehrung erfolgt durch Seitentriebe oder Stecklinge, wobei die Schnittflächen der Triebe angetrocknet sein müssen, bevor sie in die Erde gesetzt werden.

Gärtnertip
Die Blattsukkulente darf nicht

zuviel Wasser bekommen, sonst tritt Wurzelfäule auf. Steht sie zu trocken, so kann es zum Befall von Blattläusen kommen.

Gasterie

Gauklerblume

(Mimulus)

Blütezeit:	Juni – Aug.
Familie:	Braunwurzgewächs
Heimat:	Nordamerika

Als Zimmerpflanze ist die Gauklerblume weniger bekannt, obwohl sie bis Anfang dieses Jahrhunderts in Gärten weit verbreitet war. Für die Zimmerhaltung bietet der Handel die Sorte M. aurantiacus an.

 Standort
Der Standort sollte halbschattig, aber nicht dunkel sein. Im Sommer kann die Pflanze vorzugsweise auf dem Balkon oder der Terrasse stehen, denn die Pflanze liebt die frische Luft. In den Wintermonaten ist dafür zu sorgen, daß die Pflanze sehr kühl, etwa zwischen 2-5°C, und hell steht, sonst erlebt sie das nächste Frühjahr nicht.

 Pflege
Von April bis September wird die Pflanze regelmäßig und kräftig gegossen. In der Ruhezeit kann das Gießen stark reduziert werden. Sie müssen lediglich dafür sorgen, daß der Topfballen nicht austrocknet. Ein Umtopfen im März in Einheitserde ist empfehlenswert.

 Vermehrung
Die Vermehrung erfolgt im Frühjahr durch Stecklinge.

 Gärtnertip
Es gibt über 100 Arten der Pflanze, die fast ausschließlich für den Garten bestimmt sind.

Geißklee

(Cytisus)

Blütezeit:	März – April
Familie:	Schmetterlingsblütler
Heimat:	Kanarische Inseln

Der kleine mehrjährige Strauch hat langstielige, leicht eiförmige Blätter. Die leuchtendgelben Blüten sitzen am Ende der Zweige und bilden 5-10 cm lange Trauben.

 Standort
Die Pflanze braucht viel Licht, aber keine pralle Sonne. Die Temperaturen sollten während der Wachstumszeit um 12-18°C und im Winter 6-10°C liegen. Sobald es wärmer wird, rieseln Blätter und Blüten. Ideal ist im Sommer ein leicht schattiger Platz im Freien.

Pflege
Mäßig feucht halten, im Winter äußerst sparsam gießen. Gedüngt wird während der Wachstumszeit alle 14 Tage. Das Umtopfen erfolgt nach der Blüte im Frühsommer in ein durchlässiges, kalkhaltiges, humoses Erdsubstrat.

 Vermehrung
Durch Kopfstecklinge, die sich am besten im Sommer bei 15-20°C bewurzeln lassen.

 Gärtnertip
Nach der Blüte werden die Triebe zurückgeschnitten.

Gerbera

(Gerbera)

Blütezeit:	April – Sept.
Familie:	Korbblütler
Heimat:	Asien, Südafrika

Neuerdings werden Gerbera auch als niedrigwachsende kompakte Zimmerpflanzen angeboten. Die Gerbera sorgt für ein gesundes Büro und Wohnraumklima. Leider ist die farbenprächtige Zimmerpflanze nicht ganz einfach zu pflegen. Der Handel bietet Pflanzen mit einfacher und gefüllter Blüte an.

 Standort
Eine lichthungrige Schönheit, die volle Sonne verträgt.

Pflege
Während der Sommermonate muß die Pflanze mäßig mit kalkfreiem Wasser gegossen werden, wobei die Erde nie austrocknen darf. Die Temperatur sollte in der Wachstumszeit bei 16-25°C und im Winter bei 12-15°C liegen. Während der Ruhezeit wird natürlich weniger gegossen. Von April bis September wird die Gerbara wöchentlich mit einem phosphorbetonten Flüssigdünger versorgt. Ältere Pflanzen können im Frühjahr in normale Blumenerde umgetopft werden. Im Sommer ist ein Standortwechsel an einen geschützten Ort im Garten oder auf dem Balkon unbedenklich.

 Vermehrung
Aus Samen, der allerdings frisch sein muß. Größere Pflanzen können durch Wurzelteilung vermehrt werden.

Gärtnertip
Bei zu niedriger Zimmertemperatur kommt es leicht zur Gerbera-Fäule, die sich durch gräulich verfärbte Blätter zeigt.

Gerbera

Geweihfarn

(Platycerium alcicorne)

Blütezeit:	Grünpflanze
Familie:	Tüpfelfarngewächs
Heimat:	Australien

Der Geweihfarn ist eine langsam wachsende Pflanze, die ein hohes Alter erreichen kann. In seiner Heimat wächst er als Baumaufsitzer (Epiphyt). Er besitzt zweierlei Blattarten. Auffällig sind seine geschlitzten, bis zu 70 cm langen Blätter, die an ein Elchgeweih erinnern. Die Oberfläche dieser grünen Blätter sind mit einer wachsartigen Schicht, die wie Staub aussieht, überzogen. Sie darf nicht entfernt werden, denn sie schützt die Blätter vor zu starker Verdunstung. Darüber hinaus besitzt der Farn rundliche Mantelblätter, die zunächst grün sind, sich im Alter braun färben. Auch die Schuppenblätter dürfen nicht entfernt werden.

 Standort
Die Pflanze liebt einen schattigen bis halbschattigen Standort bei einer Zimmertemperatur um 20°C, keinesfalls aber niedriger als 15°C. Er gedeiht auch in Wohnräumen, sofern für genügend Luftfeuchtigkeit gesorgt wird. Dabei dürfen die Blätter direkt nicht besprüht werden.

Pflege
Der Geweihfarn verträgt vorübergehende Trockenheit, er braucht weniger Wasser als alle anderen Farne. Ein wöchentliches Tauchbad in zimmerwarmem, weichem Wasser bekommt ihm gut. Seine Blätter dürfen beim Gießen nicht naß werden. Staunässe verkraftet die flachwurzelnde Pflanze nicht. Von April bis August wird mäßig alle 14 Tage gedüngt. Zum Umtopfen sollten Sie nur Einheitserde mit Torfzusatz verwenden.

 Vermehrung
Zwischen den Mantelblättern bilden sich kleine Ableger, die Sie vorsichtig abtrennen und in möglichst flache Töpfe setzen. Über Sporen ist eine Vermehrung schwierig, sie sollte dem Fachmann vorbehalten bleiben.

 Gärtnertip
Wenn die Pflanze ihren Standort angenommen hat, sollten Sie ihn nicht mehr verändern. Zur Bewässerung verwenden Sie am besten weiches Wasser aus der Filtergießkanne AquaFlor.

Glanzkölbchen

Glanzkölbchen

(Aphelandra squarrosa)

Blütezeit:	April – Dez.
Familie:	Akanthusgewächs
Heimat:	trop. Mittel-, Südamerika

Eine interessante Schmuckpflanze mit knallgelben Blütenähren und dekorativen weißgrün geäderten Blättern. Sie stammt aus dem tropischen Regenwald und liebt daher hohe Temperaturen und Luftfeuchte. Wenn Sie diesen Pflanzenansprüchen gerecht werden können, dann können Sie sich während der etwa zwei Monate dauernden Blütezeit dieses exotischen Gewächses erfreuen. Sobald die Pflanze ihre Blätter verliert und unansehnlich wird, sollten Sie sich von ihr trennen.

 Standort
Heller bis leichtschattiger Fensterplatz, aber keine direkte Sonne. Temperaturen zwischen 18-25°C. Starke Temperaturschwankungen nimmt das Glanzkölbchen übel, und auf Durchzug reagiert es mit Blattfall.

 Pflege
Während der Blütezeit möchte die Pflanze wöchentlich gedüngt werden; Erde gleichmäßig feucht halten, aber keine Staunässe. Für hohe Luftfeuchtigkeit durch Besprühen mit kalkfreiem Wasser sorgen. Die beste Zeit zum Umtopfen ist der März. Der Wurzelballen wird vorher verkleinert. Umgepflanzt wird in ein etwas größeres Gefäß und in eine humose, nährstoffreiche Erde.

 Vermehrung
Vom Fachmann auszuführen.

 Gärtnertip
Nur mit Regenwasser oder gefiltertem Wasser gießen.

Glanzstrauch

(Pimelea)

Blütezeit:	April – Mai
Familie:	Seidelbastgewächs
Heimat:	Australien

Die langsamwachsende, strauchartige Pflanze ist mehrjährig. Der stark verzweigte Strauch hat ovale, etwa 1 cm lange Blättchen, die an der Oberseite dunkelgrün und an der Unterseite rostbraun gefärbt sind. Seine kugelförmigen, altrosafarbenen Blüten erscheinen im späten Frühjahr. die Blüten sitzen an den Enden der Zweige und färben sich mit dem Abblühen weißlich rosa.

 Standort
Hell bis halbschattig, keinesfalls dürfen Sie den Glanzstrauch der direkten Sonne aussetzen. Während der Sommermonate ist ein geschützter Platz auf Balkon oder Terrasse wünschenswert. Im Zimmer ist eine gute Belüftung wichtig. Im Winter müssen Sie dafür sorgen, daß die Pflanze kühl und hell bei 10°C steht.

  Pflege
Von Februar bis September braucht die Pflanze reichlich Wasser. Sie sollte auch wöchentlich gedüngt werden. Verblühtes ist regelmäßig zu entfernen. In der Vegetationspause wird zurückhaltend gegossen und

nicht mehr gedüngt. Nach der Blütezeit im Spätherbst wird die Pflanze zunächst zurückgeschnitten und falls erforderlich auch umgetopft. Achten Sie darauf, daß das nächste Pflanzgefäß nicht zu groß ist und eine gute Drainage erhält.

Vermehrung
Die Vermehrung erfolgt durch Stecklinge bei normaler Zimmertemperatur unter der gespannten Luft einer Folie.

Gärtnertip
Die Pflanze ist sehr robust, deshalb für Anfänger geeignet.

Glockenblume

(Campanula isophylla)

Blütezeit:	Mai – Sept.
Familie:	Glockenblumengewächs
Heimat:	Südeuropa

Auch im Zimmer erfreuen sich die zarten Glockenblüten großer Beliebtheit. Angeboten werden die weiß- und blaublühenden Pflanzen von Mai bis September. Jungpflanzen sind buschig, kompakt und blütenreich. Später entwickelt die Pflanze lange Triebe und wird zum Ampelgewächs.

Standort
Die empfindliche Pflanze möchte luftig und hell stehen. Ein Platz auf dem Balkon oder im Garten bekommt ihr gut, sofern er im Halbschatten liegt. Ab September gehört sie wieder ins Haus. Nun

Glockenblume

müssen Sie für einen hellen Überwinterungsplatz bei 6-10°C sorgen.

Pflege
Während der Blütezeit regelmäßig gießen und alle zwei Wochen düngen. Im Herbst werden die Triebe zurückgeschnitten. Die Glockenblume gehört zu den wenigen Pflanzen, die kalkhaltiges Leitungswasser nicht nur vertragen, sondern auch brauchen, denn ihr Naturstandort ist das Kalkgebirge des Mittelmeers. Im Winter sollten Sie nur dafür sorgen, daß der Ballen nicht austrocknet, das Düngen wird ganz eingestellt.

Vermehrung
Über Aussaat, Stecklinge und Teilung.

Gärtnertip
Die Pflanze müssen Sie vorsichtig anfassen, denn die dünnen Triebe brechen leicht.

Glockenrebe

(Cobaea)

Blütezeit:	Juli – Okt.
Familie:	Sperrkrautgewächs
Heimat:	Mexiko

Mit seinen »Krallen« windet sich der Ranker an Gittern und Spalieren empor. Die Glockenrebe ist eine schöne, einjährige Kletterpflanze für den Wintergarten oder den Balkon. Ihre Blattranken können eine Höhe von 5 m, in besonders günstigen Lagen sogar bis zu 10 m erreichen. Sie hat weiße oder hellviolette, glockenförmige Blüten.

Standort
Für sonnige, vor Zugluft geschützte Stellen ist die reichblühende Glockenrebe zu empfehlen. In der Blütezeit erscheinen zunächst große grüne Glocken, später verwandelt sich die grüne Farbe in ein Hellviolett oder Weiß.

Pflege
Die Pflanze benötigt im Sommer viel Wasser ohne Staunässe. Nach der Blütezeit im September oder Oktober brauchen Sie sich von Pflanzen, die im Wintergarten stehen, nicht zu trennen. An-

sonsten sollten Sie die Glockenrebe im Frühjahr aus Samen neu heranziehen.

Vermehrung
Die Vermehrung erfolgt durch Samen im Frühjahr, besser noch aus Stecklingen im Herbst, die bei Temperaturen um 10 °C in einem hellen, kühlen Keller überwintert werden. Sofern Sie der Pflanze ein helles, kühles Winterquartier bei 5-8°C bieten können, ist auch die Überwinterung einer ausgewachsenen, kräftig zurückgeschnittenen Glockenrebe möglich.

Gärtnertip
Mit entsprechenden Rankhilfen ist die Glockenrebe auch eine schöne Kletterpflanze am Balkon oder auf der Terrasse.

Gloriose

(Gloriosa rothschildiana)

Blütezeit:	Juni – Sept.
Familie:	Liliengewächs
Heimat:	Afrika, Asien

Die ausgefallen exotische Blüte erinnert an eine Orchidee. Die feuerroten Blüten mit gelbem Rand und Schlund ranken sich auf dünnen Stielen an einem Topf-Spalier hoch. Die Blütezeit endet im August, danach zieht die Pflanze ein, überwintert wird die verbleibende Knolle.

Standort
Hell, voll sonnig. Bei einem Südfenster muß in der Mittagszeit schattiert werden. Wenn Sie einen Balkon oder Garten haben, kann die Pflanze im Sommer ins Freie. Spätestens im September sollte sie wieder ins Haus an einen kühlen Platz bei etwa 10 °C. Ab März kommt die Knolle wieder ans helle Fenster.

Pflege
Das Liliengewächs will mäßig gegossen und gedüngt werden. Während der Blütezeit ist dem Gießwasser wöchentlich Dünger hinzuzufügen. Im September müssen Sie alle welken Blätter abschneiden.

Vermehrung
Über Knollen findet die Vermehrung statt. Je größer die Knolle, desto schöner die Blüte.

Gärtnertip
Beim Kauf ist auf eine unbeschädigte Vegetationsspitze der Knolle zu achten.

Gloxinie

(Sinningia)

Blütezeit:	Juni – Aug.
Familie:	Gesneriengewächse
Heimat:	Brasilien

Von bestechender Schönheit sind ihre glockenförmig und prächtig gezeichneten, wie aus feinem Samt gekrausten Blütenkelche. Neben den rotblühenden Gloxinien, die am häufigsten vorkommen, gibt es auch weiß geränderte und violett gemusterte. Der sattgrüne Blätterkranz ist behaart. Blühende Pflanzen werden von Juni bis August angeboten. Im Frühjahr können Sie Gloxinienknollen kaufen und diese selbst antreiben.

Standort
Wünschenswert ist ein heller bis halbschattiger Platz mit hoher Luftfeuchtigkeit, etwa um die 60 %, bei einer Temperatur von 18-24°C.

Pflege
Im Sommer ist die Pflanze während der Blütezeit reichlich zu gießen, aber nur mit entkalktem bzw. mit gefiltertem Wasser, im Winter gar nicht. Mäßig gedüngt wird wöchentlich von März bis August. Nach der Blüte wird die Pflanze trocken gehalten. Das Laub stirbt allmählich ab, dann werden die vertrockneten Blätter entfernt. Übrig bleibt die Knolle, die Sie trocken bei etwa 15 °C im Blumentopf überwintern.

Vermehrung
Über Knollen im Frühjahr. Diese werden ganz flach in eine lockere, humusreiche Erdmischung gesteckt. Die Oberseite ist erkennbar an der Vertiefung, aus der sich die neuen Triebe entfalten.

Gärtnertip
Vermeiden Sie das direkte Besprühen der Blätter und Blüten. Sie bekommen sonst häßliche

Gloxinie

Flecken. Empfehlenswert hingegen ist es, den Topf auf eine feuchte Kiesschicht zu stellen. Vorsicht ist geboten beim Umtopfen oder -stellen, denn die Blätter brechen leicht ab.

Glücksbaum

(Brachychiton rupestris)

Blütezeit:	Grünpflanze
Familie:	Sterkuliengewächs
Heimat:	Australien

Eine Neuheit auf dem Zimmerpflanzensektor ist der Glücksbaum im Kleinformat. Durch den kleinen Topf kann die Wurzel nicht allzuweit nach unten wachsen, sie windet sich also nach oben und erhält dadurch die interessante Form. Wer den Glücksbaum allerdings von seinem kleinen Pflanzgefäß befreit, wird erleben, wie aus dem Winzling relativ schnell eine große Pflanze wird. Auch die Form der Blätter kann sehr unterschiedlich sein: mal länglich, mal rund-

lich, mal schmal oder gefiedert. Die Form kann sich sogar während des Wachstums der Pflanze ändern.

Standort
Glück mit dem Glücksbaum hat, wer der Pflanze viel Licht bietet. Der Brachychiton sollte am sonnigsten Fenster der Wohnung stehen. Im Frühjahr nach dem Frost kann er ins Freie gestellt werden. Im Winter sollte die Temperatur um 12-15°C liegen.

Pflege
Die Pflanze möchte lieber trocken als feucht stehen. Die verdickten Wurzeln der Pflanze dienen als Wasserspeicher. Im Winter wird kaum gegossen. Bei trockener Luft sollte die Pflanze hin und wieder besprüht werden. In der Wachstumsperiode ist monatlich zu düngen.

Vermehrung
»Wer sein Glück vermehren

möchte«, schneidet Triebspitzen ab und steckt sie 10 cm tief in die Erde. Damit es zur schnellen Bewurzelung kommt, ist es wichtig, für eine feuchte, gespannte Luft zu sorgen. Am besten stülpen Sie eine gelochte Plastiktüte über die Stecklinge. Eine Drainageschicht im Topf und durchlässige Erde sind beim Umtopfen wichtig.

 Gärtnertip
Die Triebe der Pflanze sollten, um buschig zu bleiben, gestutzt werden. Wenn Sie die Triebe nicht nachschneiden, können Sie nach 2 Jahren mit einer rosafarbenen Glockenblüte rechnen.

Glücksklee

(Oxalis deppei)

Blütezeit:	Okt. – Dez.
Familie:	Sauerkleegewächs
Heimat:	Mexiko

Die »kleine Mexikanerin« wird als Glückssymbol hauptsächlich zum Jahreswechsel verschenkt.

 **Standort**
Je heller und kühler die Pflanze steht, desto besser hält sie sich. Wenn Sie einen Garten besitzen, sollten Sie den Glücksklee ab Mitte Mai auspflanzen. Vor Frostbeginn muß er allerdings wieder ins Haus geholt werden. Jetzt heißt es, die Erde von den Zwiebelchen abzuschütteln und diese im Keller kühl und trocken zu lagern. Ab April werden die Brutzwiebeln in kräftig humose Erde gepflanzt und der Glücksbringer zu neuem Leben erweckt.

 Pflege
Wie die verwandten Sauerkleearten, so müssen Sie auch den Glücksklee reichlich gießen und während der Blütezeit wöchentlich düngen.

 Vermehrung
Ab September werden Brutzwiebeln, die eine künstliche Kälteperiode durchgemacht haben, in kleinen, mit Erde bedeckten Töpfchen angetrieben.

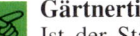 **Gärtnertip**
Ist der Standort zu warm, bildet die Pflanze lange, auseinanderfal-

lende Stiele und verliert ihre eigentliche Wuchsform.

Goldähre

Goldähre

(Pachystachys lutea)

Blütezeit:	April – Sept.
Familie:	Akanthusgewächs
Heimat:	Südamerika

Die aparte Pflanze wird etwa 40 cm hoch und erfreut von April bis September mit weißen Blüten, die zwischen leuchtend/gelb gefärbten Deckblättern stehen; ihre Blütenform gleicht der von Glanzkölbchen.

 Standort
Entsprechend ihrer mexikanischen Heimat liebt und braucht die Pflanze volle Sonne. Je heller sie steht, desto besser gedeiht sie, und um so schöner werden ihre Blüten. In den Wintermonaten braucht die Pflanze einen kühlen Standort bei 12-15°C.

Pflege
Die Pflanze will im Sommer gleichmäßig feuchtgehalten werden; im Winter nur so viel, daß die Blätter nicht vergilben. Im Frühjahr wird umgetopft in eine lehmighumose Erde. Gleichzeitig sollte die Goldähre zurückgeschnitten werden.

 Vermehrung
Sie kann von April bis Juni durch Triebstecklinge bei 25°C vorgenommen werden.

 Gärtnertip
Bekanntlich ist die Pflanze empfänglich für die weiße Fliege sowie die Schildläuse. Zurückzuführen ist der Schädlingsbefall auf zu reichliches Gießen.

Goldfruchtpalme

(Chrysalidocarpus)

Blütezeit:	Grünpflanze
Familie:	Palmengewächs
Heimat:	Madagaskar

Palmen sind für viele Menschen der Inbegriff von Ferien, Freizeit und Erholung. Aber nicht alle Palmen sind unproblematisch und für Wohnräume geeignet. So ist die Goldfruchtpalme nur für Zimmergärtner mit viel Platz oder Wintergartenbesitzern zu empfehlen. Der Stamm dieser Palme wächst reich verzweigt. Ihre gefiederten dunkelgrünen Blätter haben häufig gespaltene Spitzen. Die gelbbraunen Blattspindel tragen von Natur aus schwarze Punkte.

 Standort
Der Standort sollte hell, aber keinesfalls sonnig sein. Es ist unbedingt für hohe Luftfeuchtigkeit zu sorgen, wobei die Raumtemperatur auch im Winter nicht unter 16 °C liegen darf. Temperaturschwankungen verkraftet die Pflanze nicht.

Pflege
Das ganze Jahr über mit gefiltertem Wasser feucht halten, bei hohen Raumtemperaturen verträgt diese Palme auch ein Fußbad. Ballentrockenheit unbedingt vermeiden. Bewährt hat sich ein wöchentliches Tauchbad, dem etwas Flüssigdünger zugesetzt wird, gleichzeitig sollten die Blätter der Pflanze besprüht werden. Während der Wintermonate entfällt das Düngen.

 Vermehrung
Durch Samen oder Ausläufer.

 Gärtnertip
Die Pflanze bildet Rhizome, aus denen glatte Stämme von 10-12 cm Höhe wachsen.

Goldtrompete

(Allamanda cathartica)

Blütezeit:	Juni – Okt.
Familie:	Hundsgiftgewächs
Heimat:	trop. Südamerika

Eine tropische Schönheit ist die raschwachsende Rankpflanze. Ihre leuchtendgelben Trichterblüten erscheinen von Juni bis Oktober.

 Standort
Die Pflanze braucht einen vollsonnigen Standort, ein Südfenster ist ideal, ein Westfenster ebenfalls möglich. In der Mittagszeit muß schattiert werden, denn bei praller Sonne verbrennen Blüten und Blätter. Nur wenn die Licht- und Wärmeverhältnisse stimmen, kommt die Pflanze zum Blühen. Mit normalen Raumtemperaturen kommt die Allamanda das ganze Jahr über gut zurecht.

Pflege
Während der Wachstumszeit von April bis November muß reichlich mit gefiltertem, temperiertem Wasser gegossen und wöchentlich gedüngt werden. Im Winter ist die Wasserzufuhr auf ein Minimum zu beschränken und die Düngezufuhr einzustellen. Die tropische Schönheit will auch mit hoher Luftfeuchtigkeit verwöhnt werden, d. H. sie muß mit lauwarmem, entkalktem Wasser häufig besprüht werden. Es ist angebracht, ihr eine Rankhilfe zu geben. Zum Umtopfen im zeitigen Frühjahr sollten Sie eine kräftig humose Erde (pH 6) verwenden.

 Vermehrung
Die Vermehrung erfolgt durch Stecklinge unter Folie bei Raumtemperaturen von mindestens 27 °C.

 Gärtnertip
Die Pflanze verträgt keine Zugluft. Sie bekommt dann leicht Schildläuse. Vorsicht! Die Pflanze ist in allen Teilen giftig. Tragen Sie deshalb Arbeitshandschuhe, wenn Sie die Pflanze umtopfen.

Granatapfelbaum

(Punica)

Blütezeit:	Juli – Sept.
Familie:	Granatapfelgewächs
Heimat:	Nordamerika

Die Pflanze trägt spitzzulaufende Blätter, die paarig an rötlichen Stielen sitzen. Der Kelchrand ist fleischig verdickt, aus dem Kelch ragen lange Staubfäden. Die Zwergsorte Nana bleibt kleiner und blüht etwas früher, daher ist sie für Wohnräume besser geeignet.

 Standort
Von Mai bis Oktober gehört die Pflanze eigentlich ins Freie auf den Balkon, die Terrasse oder in den Garten. Hier sollte sie sonnig und windgeschützt stehen. Zugluft ist unbedingt zu vermeiden. Wenn Sie keine Möglichkeit haben, die Pflanze ins Freie zu stellen, müssen Sie für einen sehr hellen, sonnigen und zugfreien Standort mit reichlich Frischluftzufuhr sorgen. Überwintert wird der Granatapfelbaum hell bei 2-6 °C.

 Pflege
Im Februar oder März muß die Pflanze etwas zurückgeschnitten werden, damit sie ihren buschigen Charakter behält. Gleichzeitig wird die Gießmenge dem Pflanzenwachstum angeglichen und ständig etwas erhöht. Ab April sollte die Pflanze wöchentlich mit einem phosphorbetonten Flüssigdünger ernährt werden.

Granatapfelbaum

 Vermehrung
Der Zwerggranatapfelbaum kann im Februar durch Steckhölzer vermehrt werden. Die 10 cm langen Stöcke bewurzeln schnell. Zur Bildung der Granatäpfel kommt es nur bei optimalem Standort im Wintergarten. Vorsicht: Granatäpfel enthalten Gerbsäure, die in Textilien Flecken hinterläßt, die selbst bei chemischer Reinigung kaum zu entfernen sind.

 Gärtnertip
Der Granatapfelbaum kann bei richtiger Pflege und gutem Standpunkt sehr alt werden.

Graptopetalum

(Graptopetalum)

Blütezeit:	Juni – Sept.
Familie:	Dickblattgewächs
Heimat:	Mexiko

Eine niedrige, problemlose Rosettenpflanze für das Zimmer mit hübschen Blüten. Das Dickblattgewächs braucht nur wenig Wasser und kaum Pflege.

 Standort
Möglichst hell, vorzugsweise vollsonnig. Bei ausreichenden Lichtverhältnissen verfärben sich die dicken Blattrosetten sehr hübsch, und es werden vermehrt Blütenstiele gebildet. Normale Zimmertemperaturen sind günstig, wobei es ab Oktober bis März kühler sein sollte, nämlich um 5-10°C.

 Pflege
Äußerst sparsam gießen, im Winter fast trocken halten. Während der Wachstumszeit ist das Dickblattgewächs alle 14 Tage mit einer schwachen Düngenährlösung zu versorgen. Die beste Umtopfzeit ist das Frühjahr. Die Sukkulente braucht Einheitserde mit Sand vermischt.

 Vermehrung
Die Vermehrung erfolgt über Kopf- und Blattstecklinge.

 Gärtnertip
Die genügsame Pflanze kommt auch mit einem halbschattigen Standort bei geringer Luftfeuchtigkeit zurecht.

Griselinia

(Griselinia littoralis)

Blütezeit:	Grünpflanze
Familie:	Hartriegelgewächs
Heimat:	Neuseeland, Chile

Die Griselinia ist ein langsam wachsender Strauch, der nur am Naturstandort zum Blühen kommt. Im Wintergarten kann die Griselinia etwa 1 m hoch werden. Ihre Blätter sind hart und oval; bei der Sorte G. littoralis haben die Blätter eine gelbgrüne Farbe.

 Standort
Ein halbschattiger Standort ist empfehlenswert. Bei normaler Zimmertemperatur fühlt sich die Griselinia wohl, vor allem, wenn sie viel frische Luft bekommt; dann schadet ihr auch trockene Zimmerluft nicht. In den Wintermonaten benötigt die Pflanze eine Ruhepause. Optimal ist dann eine Temperatur von 6 °C.

 Pflege
Die Griselinia darf nur mäßig gegossen werden. Die Erdoberfläche sollte vor jedem neuen Gießvorgang angetrocknet sein. Auf Ballentrockenheit und Staunässe ist zu achten, denn Gießfehler nimmt die Pflanze sehr übel. Während der Wintermonate, wenn sie kühl steht, braucht die Pflanze kaum mehr gewässert zu werden. Umgetopft wird nur bei Bedarf in Einheitserde.

 Vermehrung
Die Vermehrung erfolgt im Spätsommer durch halbharte Stecklinge unter der gespannten Luft einer Folie bei 15 °C.

 Gärtnertip
Neben der beschriebenen G. littoralis gibt es noch 6 weitere Arten, darunter auch die kletternde G. scandens.

Grünlilie

(Chlorophytum comosum)

Blütezeit:	Grünpflanze
Familie:	Liliengewächs
Heimat:	Südafrika

Bei der anspruchslosen Grünlilie können Sie praktisch keine Fehler machen. Ob der Standort dunkel oder hell, warm oder kühl ist, die Grünlilie nimmt nichts übel. Und da sie auch noch Schadstoffe bindet, ist sie auch eine Büropflanze, die selbst ein trockenes Wochenende problemlos übersteht. Braune Blattspitzen sind ein Zeichen von zu trockener Luft. Wenn die Grünlilie allmählich vergrünt und ihre hellen Streifen verliert, dann steht sie zu dunkel. Katzenliebhaber sollten auf die Pflanze verzichten, die Katzen futtern die Blätter auf.

 Standort
Die Grünlilie paßt sich den Gegebenheiten an. Im Winter ist ein etwas kühlerer Standort um 12 °C wünschenswert.

 Pflege
Je nach Raumtemperatur muß mit möglichst weichem Wasser gegossen werden. Steht die Pflanze hell und warm, braucht sie reichlich Wasser. Machen Sie aber vor jedem Gießvorgang die Fingerprobe, denn gegen Staunässe ist selbst diese Pflanze allergisch. Wenn Sie alle 14 Tage die Pflanze düngen, wird ihr Prachtexemplar viel Bewunderung finden.

 Vermehrung
Die Vermehrung gelingt leicht über Kindel. Diese werden von den Stielen abgeschnitten, ins

Grünlilie

Wasser gestellt und bewurzelt. Größere Pflanzen können Sie auch teilen.

 Gärtnertip
Die Pflanze sollte jährlich umgetopft werden, weil ihre dicken Wurzeln schnell den Blumentopf füllen.

Guernseylilie

(Nerine)

Blütezeit:	Juli – Sept.
Familie:	Amaryllisgewächs
Heimat:	Südafrika

Die mehrjährige Pflanze ist ein Zwiebelgewächs und trägt – ähnlich wie die Amaryllis – dunkelgrüne, riemenförmige Blätter. Ihre Blütezeit ist von Juli bis September. Dann erscheinen acht- bis zwölfblütige Dolden auf längerem Schaft. Der hell-orangerote Blütenball duftet angenehm.

 Standort
Dieses Zwiebelgewächs braucht das ganze Jahr über einen hellen, sonnigen Standort. Im Winter muß gegebenenfalls mit Pflanzenlicht nachgeholfen werden. Gegen trockene Zimmerluft hat die Pflanze nichts einzuwenden. Im Sommer will sie warm stehen; soweit möglich auch im Freien. Im Winter liegt die ideale Temperatur bei 8 °C.

 Pflege
Vom Austrieb der ersten Blätter an wird regelmäßig und ausgiebig gegossen. Auch während der Blütezeit muß die Pflanze reichlich mit Wasser versorgt werden. Wenn die Blätter langsam einziehen, kann das Gießen eingestellt werden. Die Zwiebel wird nur alle paar Jahre in schwere Einheitserde umgetopft. Vom Frühjahr bis zum Öffnen der Blüte erhält die Pflanze wöchentlich eine Närstoffgabe.

 Vermehrung
Die Vermehrung ist schwierig und sollte vom Fachmann durchgeführt werden.

 Gärtnertip
In den ersten Jahren ist die Pflanze über das Jahr gleichmäßig zu pflegen.

Gummibaum

(Ficus elastica)

Blütezeit:	Grünpflanze
Familie:	Maulbeergewächs
Heimat:	Tropen und Subtropen

Der Gummibaum ist gut geeignet für Ost-, West- und sogar Nordfenster. Die Pflanze verträgt trockene Heizungsluft, obwohl ihr eine durchschnittliche Luftfeuchte von 50 % lieber ist. Besonders beliebt ist die Sorte Decora, denn sie verliert nicht ihre Fasson und bleibt kompakt. Das Längenwachstum kann durch Stutzen gezügelt werden.

Standort
Zugluft behagt dem Gummibaum nicht, genau so wenig wie das Drehen des Topfes. Muß er dennoch umgestellt werden, dann tun Sie gut daran, zuvor den Lichteinfall mit Kreide oder Bleistift am Topfrand zu markieren. Normale Zimmertemperatur, im Winter nicht über 20 °C, bekommt dem Gummibaum.

Pflege
Die gleichmäßige Versorgung mit gefiltertem Wasser ist für das Gedeihen entscheidend. Zuviel Wasser ist ebenso schädlich wie Trockenheit. Im Winter macht die Pflanze eine Ruhepause durch. Entsprechend zur niedrigeren Raumtemperatur – zwischen 15-18°C – wird auch weniger gegossen und nicht mehr gedüngt. Wichtig ist das Abwischen der Blätter, damit die Pflanze ungehindert atmen kann. Gestutzt wird, um das Längenwachstum zu bremsen und im Frühjahr die mehrtriebige Verzweigung anzuregen.

Vermehrung
Sie vermehren den Gummibaum durch Abmoosen.

Gärtnertip
Blutende Wunden, die durch Abbrechen der Blätter entstehen, können Sie durch Holzkohlepulver stillen. Gummibäume möchten als Solitärpflanze bewundert werden.

Gummibaum

Guzmanie

(Guzmania)

Blütezeit:	Jan. – Dez.
Familie:	Ananasgewächs
Heimat:	Mittel-, Südamerika

Typisch für die Guzmanie ist die dichte, wasserspeichernde Rosette mit ihrem glänzenden, ledrigen Blätterkranz.

Standort
Ob hell oder halbschattig, Hauptsache der Standort ist warm und feucht. Sonne vertragen Guzmanien nicht. Die Temperaturen sollten zwischen 18-22°C liegen.

Pflege
Das ganze Jahr über mäßig feucht halten. Staunässe müssen

Guzmanie

Sie unbedingt vermeiden, denn sie führt sofort zur Wurzelfäule. In der Blattrosette sollte immer etwas Wasser stehen, wobei Sie temperiertes und möglichst gefiltertes Wasser zum Gießen verwenden sollten. Von Frühjahr bis Herbst wird alle 14 Tage mäßig gedüngt, im Winter nur alle 6 Wochen.

Gärtnertip
Das Wasser in der Zisterne muß immer wieder geleert und durch frisches Wasser aufgefüllt werden, sonst beginnt das Wasser zu faulen.

Gynure

(Gynura acandens)

Blütezeit:	August
Familie:	Korbblütler
Heimat:	Ostafrika

Das dekorative Laub der Gynure ist wie mit einem violetten Flaum überzogen. Ihre Jungpflanze ist kompakt und besonders farbintensiv. Sie ist eine prächtige Ampelpflanze für Kenner. Da die Blüten unangenehm riechen, sollten Sie die Knospen, bevor sie sich öffnen, entfernen.

Standort
Sehr hell, sonst verlieren die Blätter ihren violetten Schimmer. Ideal ist ein Ost- oder Westfenster. Auch ein Südfenster, das während der grellen Mittagssonne schattiert wird, ist geeignet. Im Sommer benötigt sie ein normales Raumklima, im Winter möglichst Temperaturen zwischen 15-18°C. Sobald die Temperaturen höher sind, wird die Pflanze unansehnlich. Frische Luft bekommt der Gynure gut, Zugluft hingegen ist schädlich.

Pflege
In den Sommermonaten muß reichlich mit weichem Wasser gegossen werden, aber niemals auf die Blätter. Die Luftfeuchtigkeit sollte zwischen 50-60% liegen, wobei Sie die Blätter auf keinen Fall direkt besprühen dürfen. Die Pflanzen können im Frühjahr in normale Einheitserde umgetopft werden.

Vermehrung
Über Stecklinge im Frühjahr oder Herbst vermehren Sie die Gynure. Die Triebspitzen sollten etwa 10 cm lang sein und werden in ein Torf-Sand-Gemisch gesteckt.

Gärtnertip
Die Gynure ist bestens für die Hydrokultur geeignet.

Haarcereus

(Trichocereus)

Blütezeit:	Juli – Aug.
Familie:	Kakteengewächs
Heimat:	Südamerika

Der starkwüchsige, gerippte Säulenkaktus mit starker Bedornung öffnet seine trichterförmigen Blüten nachts. Kakteenliebhaber kultivieren die Pflanze in ihrer natürlichen Wuchsweise als Säule oder Armleuchter. Der Haarcereus wird auch gern als Unterlage für empfindlichere Kakteenarten verwendet.

Standort
Sonnig, im Sommer vorzugsweise auf Balkon oder Terrasse, ansonsten bei normaler Zimmertemperatur zwischen 20-30 °C. In den Wintermonaten sollte der Haarcereus trocken und kühl bei 5 °C gehalten werden.

Pflege
Wichtig ist, daß im Pflanzgefäß eine Drainageschicht ist, denn stauende Nässe verkraftet der Kaktus nicht. Mit möglichst gefiltertem Wasser will Haarcereus während der Sommermonate reichlich versorgt werden. In der Ruhezeit, ab Oktober, entfällt das Gießen. In der Wachstumszeit, von Mai bis September, sollten Sie die Pflanze mit stickstoffarmen Kakteendünger einmal wöchentlich ernähren. Zum Umpflanzen im Frühjahr können Sie herkömmliche Einheitserde verwenden.

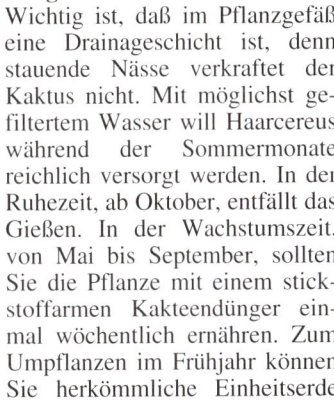

Vermehrung
Die Vermehrung erfolgt mit kopflosen Stecklingen. Diese treiben seitlich aus und entwickeln sich zu schönen Pflanzen. Um Unterlagen für andere Kakteen zu gewinnen, werden die Säulen von Haarcereus in etwa 7 cm lange Stücke geschnitten. Sobald die Schnittstellen der Kakteenstücke angetrocknet sind, werden sie in ein Sand-Torfmull-Gemisch gepflanzt. In diesem Substrat bewurzeln sie schnell. Jeder Sprößling kann einzeln eingepflanzt und als Pfropfunterlage benützt werden.

Gärtnertip
Wer reiche Blütenfülle an dem Kaktus erwartet, muß diesen stets mit kalkfreiem, also gefiltertem Wasser feucht halten und ausreichend düngen.

Halbgriffel

(Hemigraphis)

Blütezeit:	Juli – Aug.
Familie:	Akanthusgewächs
Heimat:	Asien

Mit etwa 20 Arten, darunter z.B. H. alternata, H. repanda, ist der Halbgriffel als Ampelgewächs und Bodendecker im Wintergarten oder Gewächshaus gut zu halten. Weniger zu gebrauchen ist er für die reine Zimmerkultur. Das rauhaarige Kraut besitzt zweifarbige Blätter, die an der Oberseite grün und an der Unterseite rot sind. In den Sommermonaten trägt die Pflanze eine weiße Blüte in Ährenform.

Standort
Sehr hell, sonst läßt die Blattfärbung zu wünschen übrig. Volle Sonne ist allerdings zu vermeiden. Wichtig ist in der Blütezeit, die Luftfeuchtigkeit durch häufiges Besprühen zu erhöhen. Die Temperatur kann das ganze Jahr bei 20 °C liegen.

Pflege
In den Sommermonaten möchte die Pflanze regelmäßig und reichlich gegossen werden, im Winter etwas weniger. Gedüngt wird während der Wachstumsperiode alle 14 Tage. Im Frühjahr können Sie die Pflanze beim Umtopfen zurückschneiden, damit sie sich gut verzweigt.

Vermehrung
Die beim Umtopfen angefallenen krautigen Stecklinge werden bei 20 °C Bodentemperatur unter einer Folie in gespannter Luft bewurzelt.

Gärtnertip
Der Halbgriffel eignet sich gut zur Bepflanzung von Flaschengärten.

Halbmonddoppelfarn

(Didymochlaena truncatula)

Blütezeit:	Grünpflanze
Familie:	Schildfarngewächs
Heimat:	Tropen

Der interessante mehrjährige Farn trägt, wenn er ausgewachsen ist, bis zu 40 cm lange doppelt gefiederte, lederartig glänzende Wedel. Jüngere Exemplare schmücken sich mit einer wunderschönen, rosaroten Färbung.

Standort
Besonders gut gedeiht der Halbmonddoppelfarn bei hoher Luftfeuchtigkeit an einem schattigen bis halbschattigen Standort. In den Sommermonaten ist ein Platz auf dem Balkon oder der Terrasse wünschenswert. Überwintert wird der Farn bei 12-15°C.

Pflege
Zum Gießen kommt nur temperiertes, gefiltertes Wasser in Betracht. Der Farn braucht eine feuchtwarme Atmosphäre, das heißt, der Wurzelballen muß ständig feucht gehalten werden. Von April bis August sollten Sie die Pflanze täglich besprühen und alle 14 Tage düngen, am besten mit einem salzfreien Dünger. Im Frühjahr kommt der Farn in frische, leicht humose Erde, gleichzeitig werden alte Wedel entfernt.

Gärtnertip
Eine Drainageschicht im Kulturgefäß hilft, die für die Pflanze unerträgliche Staunässe zu vermeiden.

Hammerstrauch

Hammerstrauch

(Cestrum)

Blütezeit:	April – Sept.
Familie:	Nachtschattengewächs
Heimat:	trop. Afrika

Der immergrüne, mehrjährige Hammerstrauch schmückt sich von Frühjahr bis Herbst mit schönen, purpurroten, duftenden Blüten. Aber nicht nur mit Blüten ziert sich der Hammerstrauch, sondern auch mit hübschen, roten Beeren. Angeboten wird C. purpureum mit roten Blüten und C. aurantiacum mit kräftig gelben Blüten.

 Standort
Sonnig und warm sollte der Standort im Sommer sein. Im Wintergarten blüht die Pflanze mitunter das ganze Jahr über. In der kühlen Jahreszeit möchte die Pflanze hell und bei 8 °C überwintern. Eine hohe Luftfeuchtigkeit ist Voraussetzung für das Gedeihen der Pflanze.

 Pflege
Im Sommer muß der Hammerstrauch reichlich mit Wasser und Nährstoffgaben versorgt werden. Wichtig ist, daß der Erdballen nie trocken und die Pflanze wöchentlich gedüngt wird. In der kühlen Winterperiode wird nur noch sparsam gegossen und nicht mehr gedüngt. Umgepflanzt wird ausnahmsweise im Spätwinter in große, mit Einheitserde gefüllte Pflanzgefäße. Dabei wird die Pflanze zurückgeschnitten.

 Vermehrung
Die Vermehrung sollte im Frühjahr bei 20 °C Bodenwärme mit Stecklingen erfolgen.

 Gärtnertip
Der Hammerstrauch ist auch eine beliebte Kübelpflanze.

Hanfpalme

(Trachycarpus)

Blütezeit:	Grünpflanze
Familie:	Palmengewächs
Heimat:	Ostasien, Mitteleuropa

Die Hanfpalme besitzt einen schmalen, verfilzten Stamm, der sich nach oben hin verjüngt. Die Pflanze, die in Hochgebirgswäldern in Höhen bis zu 2400 m wächst, ist frostresistent. Sie kann unter bestimmten Bedingungen in Weinanbaugebieten im Freien überwintern. Die Hanfpalme beansprucht viel Platz, sowohl in der Breite als auch in der Höhe, denn sie kann eine stattliche Größe von 2-3 m erreichen.

 Standort
Sehr hell. Die Jungpflanze muß vor praller Sonne geschützt werden, die ältere bedarf dieses Schutzes nicht mehr. Im Sommer verträgt sie 18-20°C, während der Wintermonate muß die Hanfpalme kühl stehen (0-7°). Sie braucht von März an einen geschützten Standort im Freien, im Winter gehört sie ins Haus und an einen kühlen hellen Platz (um 8 °C). In milden Klimazonen kann die Hanfpalme auch draußen im Garten oder am Balkon überwintern.

 Pflege
Der Wasserbedarf der Palme ist temperaturabhängig. Während der warmen Sommermonate ist sie ausreichend zu gießen und alle 14 Tage zu düngen. Sobald es kühler wird, entfällt das Düngen. Auch das Gießen wird stark reduziert, denn weder Staunässe noch Trockenheit verkraftet die Hanfpalme. Diese Palme sollte nur alle 3 bis 5 Jahre umgepflanzt werden. Sie beansprucht besonders hohe Gefäße,

die mit einer Drainageschicht ausgelegt sind. Zum Umtopfen wird eine humose Erdmischung in der Zusammensetzung von 2/3 Kompost oder Gartenerde, 1/3 Torf oder Rindenhumus oder eine sandige Einheitserde verwendet.

 Vermehrung
Die Vermehrung sollte vorzugsweise im Frühjahr stattfinden. Frische Samen keimen in gespannter Luft unter Glas oder Folie. Die Keimzeit kann allerdings 3 bis 6 Monate betragen.

Hauswurz

(Sempervivum)

Blütezeit:	Juli – Sept.
Familie:	Dickblattgewächs
Heimat:	Europa

Zwar wird die Hauswurz ab und zu als Zimmerpflanze angeboten, doch fühlt sie sich im Freien, z.B. im Steingarten, sehr viel wohler als auf der Fensterbank. Seine kleinen Blattrosetten sind mit weißen spinnwebartigen Haaren überzogen. Im Sommer erscheinen reizvolle sternförmige Blüten in jeweils gelber oder purpurner Farbe.

 Standort
Die sukkulente Pflanze möchte vollsonnig, aber kühl und hell stehen. Wichtig für die Pflanze ist eine reichliche Frischluftzufuhr. Überwintert wird sie sehr kühl. Im Freiland kann die Rosettenpflanze problemlos den Winter überstehen.

 Pflege
Die Hauswurz wird selbst im Sommer wenig, d.h. nur alle 2 bis 3 Wochen gegossen und im Winter völlig trocken gehalten. Auf das Düngen können Sie ganz verzichten.

 Vermehrung
Die Vermehrung geht ganz einfach durch Aussaat oder durch Abtrennen der Nebenrosetten.

 Gärtnertip
Da die Pflanze nur kurze Wurzeln bildet, sollte sie in flache Pflanzschalen, die mit Einheitserde und Sand gefüllt sind, gesetzt werden.

Haworthie

(Haworthia)

Blütezeit:	März – Juni
Familie:	Liliengewächs
Heimat:	Südafrika

Die Haworthie ist eine sukkulente Rosettenstaude mit sehr dekorativen, dickfleischigen Blättern und kleinen, unscheinbaren Blüten. Die attraktivste und dankbarste Art ist ein Gewächs mit weißen Perlwarzen, deren Blattränder oft gezähnt oder bewimpert sind. Alle Arten dieser mehrjährigen Hawortlien sind kleine oder halbsträubige Pflanzen. Die Blüten zeigen sich meist von März bis Juni.

 Standort
Die Haworthie ist anspruchslos, vor allem dann, wenn sie einen hellen, unbesonnten Platz erhält. Eine typische Ruhezeit kennt die Pflanze nicht. Eine trockene Zimmerluft ist der Haworthie sehr angenehm. Im Sommer braucht die Pflanze Temperaturen um 20 °C, im Winter liebt sie es kühler, ideal sind 10-12°C. Wenn Sie die Pflanze kühl überwintern, dann sollten Sie auch weniger gießen. Natürlich müssen Sie darauf achten, daß der Wurzelballen nicht ganz austrocknet.

 Pflege
Gegossen wird nur, wenn die Erde abgetrocknet ist. Staunässe müssen Sie bei dieser Pflanze unbedingt vermeiden. Gedüngt wird alle 4 Wochen von April bis September. Die Haworthie ist nicht frosthart, kann aber bei sehr geringen Temperaturen überwintert werden. Alle 2 Jahre sollte diese Sukkulente im Frühjahr umgetopft werden. Im Laufe der Zeit stößt diese Pflanze ihre Wurzeln ab, die im Topf faulen, wenn nicht rechtzeitig in Einheitserde umgetopft wird.

 Vermehrung
Durch Blattstecklinge oder Tochterrosetten können Sie die Haworthie vermehren.

 Gärtnertip
Die Haworthie fühlt sich in flachen Gefäßen mit sandiger Erde besonders wohl.

Heidekraut

Heidekraut

(Erica)

Blütezeit:	Aug. – Okt.
Familie:	Heidekrautgewächs
Heimat:	Südafrika

Der kleine, niedrige Strauch hat kurze, behaarte Äste mit schmalen, hellgrünen Blättern. An der Spitze der Ästchen entwickeln sich die Blüten in Rosa, Lachs oder Weiß.

 Standort
Das ganze Jahr über braucht die Pflanze viel Licht, im Sommer sollte der Standort voll sonnig sein. Ideal ist ein Quartier auf Balkon oder Terrasse. Für die Zimmerkultur ist viel Frischluft erforderlich.

Pflege
Im Sommer reichlich mit gefiltertem Wasser gießen, wobei Staunässe unbedingt zu vermeiden ist. Im Winter wird kaum mehr gegossen. Im Frühjahr heißt es dann zur Schere zu greifen und die Erika bis auf 10 cm zu stutzen. Ab Mai bis September sollten Sie wöchentlich düngen.

 Vermehrung
Die Vermehrung sollte dem Gärtner überlassen werden.

 Gärtnertip
Die Erika ist bestens geeignet zur Bepflanzung von Schalen in Verbindung mit kleinen Gehölzen.

Helmkraut

(Scutellaria)

Blütezeit:	März – Juli
Familie:	Lippenblütler
Heimat:	Mexiko

Sie ist eine langsam wachsende Staude mit länglich-ovallen, spitzzulaufenden Blättern. Die Blüte ist rosettenförmig mit länglichen Lippenblütten in orangen Farbtönen.

 Standort
Während der Sommermonate steht das Helmkraut gern an einem halbschattigen Standort. Im Winter hingegen braucht es einen hellen Platz. Die optimale Durchschnittstemperatur ist für das Gewächs circa 15 °C. Für genügend Frischluft muß das ganze Jahr gesorgt werden.

 Pflege
Die Pflanze wird in der warmen Jahreszeit ausgiebig gegossen. Im Winter passen Sie die Wasserzufuhr der jeweiligen Temperatur an. Im Sommer darf sie zurückgeschnitten werden, um so ein buschiges und schön blühendes Gewächs im Frühjahr zu bekommen. Von März bis April kann das Helmkraut in nicht zu große Gefäße mit Einheitserde umgetopft werden. Dügen ist nicht notwendig.

 Vermehrung
Die Vermehrung ist einfach und wird im Herbst mit Stecklingen durchgeführt.

 Gärtnertip
Zu hohe Temperaturen im Winter vermindern die Blühfreudigkeit.

Hemionitis

(Hemionitis ariofolia)

Blütezeit:	Grünpflanze
Familie:	Hemionitisgewächs
Heimat:	Malaysia

Der schnellwachsende Farn schlägt ganz aus der Art. Er trägt herzförmige, rosettenartig angeordnete Blätter, die aber nicht gefiedert sind. Da es sich um eine

Sporenpflanze handelt, gibt es keine Blüten.

Standort

Als Standort liebt das Farngewächs den Halbschatten und feuchtwarme Luft. Bei einer Durchschnittstemperatur von 20 °C kann der Farn das ganze Jahr über am gleichen Platz verbleiben oder an einen geschützten Platz auf Balkon oder Terrasse gestellt werden.

Pflege

Der unkomplizierte Farn wird das ganze Jahr über gleichmäßig mit temperiertem, gefiltertem Wasser feucht gehalten. Achten Sie darauf, daß keine Staunässe entsteht, denn darauf reagiert er sehr empfindlich. Gedüngt wird die Pflanze alle 14 Tage. Zur Pflege gehört auch das regelmäßige Besprühen. Nur bei Bedarf wird in eine torfhaltige Einheitserde umgetopft.

Vermehrung

Falls sich Bulben an der Pflanze bilden, können diese für die Anzucht einer Jungpflanze verwendet werden. Die Vermehrung über Sporen ist langwierig und schwierig, sie sollte dem Fachmann überlassen werden.

Gärtnertip

Hemionitis ist eine unkomplizierte Zimmerpflanze für Anfänger.

Henne mit Küken

(Tolmiea menziesii)

Blütezeit:	Mai
Familie:	Steinbrechgewächs
Heimat:	nordwestl. Amerika

Diese Zierpflanze war früher in vielen Bauernstuben zu finden. Das Steinbrechgewächs blüht nur gelegentlich im Mai mit langen Blütentrauben, die eigentliche Zierde ist das apart gefleckte Laub. Interessant ist auch die Kindelbildung, die der Pflanze auch den Namen »Mutter und Kind« oder »Kind im Schoß« gab. An der Basis der Pflanze bilden sich herzförmige Blätter mit Tochterpflänzchen.

Henne mit Küken

Standort

Halbschattiger Standort bei möglichst kühler Zimmertemperatur von 15-18°C. Öffnen Sie häufig das Fenster, um für kühle, frische Luft zu sorgen, sonst besteht die Gefahr von Lausbefall.

Pflege

Mit Fingerspitzengefühl gießen, auf keinen Fall darf Wasser an die Blätter gelangen, sonst entsteht Fäulnis. In den Sommermonaten sollten Sie die Staude gut feucht halten, im Winter nur sparsam gießen.

Vermehrung

Die beste Zeit, die Pflanze zu vermehren, ist das zeitige Frühjahr. Topfen Sie die Pflanze in Einheitserde, und düngen Sie die gut angewachsene Pflanze wöchentlich.

Gärtnertip

Klimatisierte Räume verträgt die Henne mit Küken gut.

Herbstzeitlose

(Colchicum)

Blütezeit:	Sept. – Okt.
Familie:	Liliengewächs
Heimat:	Mitteleuropa, Asien

Die Herbstzeitlose gehört zu den Zwiebelgewächsen mit 50 Arten. Sie ist äußerlich durch einen hellen, aufrechten, zarten Stiel gekennzeichnet, aus dem sich die Blüte entfaltet. Die Blattfärbung kann je nach Art variieren.

Standort

Hell und sonnig, bei normalen Zimmertemperaturen. Die in freier Natur und im Garten wachsende Pflanze wird wegen ihrer aparten Blüte im Herbst auch ins Zimmer geholt.

Pflege

Gießen Sie die Herbstzeitlose immer mit leicht temperiertem Leitungswasser.

Vermehrung

Zum Vermehren legen Sie die Zwiebeln auf einen Teller mit feuchtem Moos. Zum Antreiben der Zwiebel gehört auch eine Temperatur von 20 °C. In wenigen Wochen haben sich die jungen Pflanzen zu üppig blühenden Gewächsen entwickelt. Sobald die Blüten abgefallen sind, sollten Sie die Zwiebeln in die Erde einpflanzen, damit das Wachstum beginnen kann.

Gärtnertip

Die Herbstzeitlose ist ebenso schön wie gefährlich: Blätter, Blüten und Knollen der Pflanze enthalten das sehr giftige Alkaloid Colchicin.

Herzenskelch

(Eucharis)

Blütezeit:	Juli – Aug.
Familie:	Amaryllisgewächs
Heimat:	Kolumbien

Der Herzenskelch ist ein einjähriges Zwiebelgewächs. An den schlanken, etwa 30 cm hohen Stielen sitzen breite, dunkelgrüne Blätter. Die Blüte erinnert fast an Narzissen, sie ist meist wohlduftend. Früher wurde Eucharis als Schnittblume kultiviert. Neuerdings findet man sie so auch wieder im Angebot, denn die anmutigen Blüten halten gut.

Standort

An einem hellen, vor praller Sonneneinstrahlung geschützten Standort zwischen 15-20°C möchte die Eucharis stehen.

Pflege

Wie alle Zwiebelgewächse darf

auch die Eucharis nur sparsam gegossen werden. Wenn die Pflanze einen günstigen Standort auf einer Fensterbank über einem Heizkörper erhält, kann sie mehrmals im Jahr blühen. Zum guten Wachstum gehört auch eine hohe Luftfeuchtigkeit. Gedüngt werden sollte die Pflanze während der Wachstumsperiode wöchentlich. Nach der Blüte beginnt eine einmonatige Ruhepause, in der kaum gegossen und nicht mehr gedüngt wird. Wünschenswert sind während dieser Zeit auch etwas niedrigere Temperaturen. Mit Beginn des neuen Austriebes wird verstärkt gegossen und die Pflanze wärmer gestellt. Umgetopft wird jedes 2. Jahr. Dazu verwenden Sie eine Mischung aus Torf, Sand und Einheitserde.

Vermehrung
Die Vermehrung erfolgt durch Abtrennen von Brutzwiebeln.

Gärtnertip
Es gibt etwa 8 Arten; am häufigsten wird E. Grandiflora im Handel angeboten.

Hibiskus

(Hibiscus)

Blütezeit:	Febr. – Okt.
Familie:	Malvengewächs
Heimat:	Südchina, Ostindien

Von bestechender Schönheit sind die großen, trichterförmigen Hibiskusblüten, je nach Sorte in Weiß, Gelb, Rosa und Dunkelrot, mitunter auch zweifarbig. Ein separater Kontrast dazu sind die glänzend grünen, gezähnten Blätter.

Standort
Nur wenn Sie Ihrem Hibiskus einen besonders hellen, warmen und luftigen Standort geben, wird die Sonnenanbeterin Sie während der Sommermonate Tag für Tag mit einer neuen Blüte verwöhnen, allerdings währt die Blütenpracht nur 24 Stunden. Normale Zimmertemperaturen verträgt der Hibiskus gut. Im

Hibiskus

Winter kann er kühler stehen, etwa bis zu 12 °C. Sobald die Pflanze Knospen angesetzt hat, dürfen Sie den Hibiskus nicht mehr drehen, sonst fallen die Knospen ab. Für ein Plätzchen auf dem Balkon oder der Terrasse ist die sonnenhungrige Pflanze von Mai bis September dankbar.

Pflege
Der Hibiskus braucht relativ viel, aber möglichst weiches Wasser. Das Tauchbad bekommt ihm gut, stehende Nässe hingegen überhaupt nicht.

Vermehrung
Vermehren Sie den Hibiskus durch Kopfstecklinge, am besten im April oder August. Die Bewurzelung erreichen Sie bei hoher Bodenwärme und mit Verdunstungsschutz.

Gärtnertip
Ballentrockenheit verkraftet die Pflanze genauso wenig wie einen zugigen Standort oder krassen Temperaturwechsel.

Hirschzungenfarn

(Phyllitis scolopendrium)

Blütezeit:	Grünpflanze
Familie:	Streifenfarngewächs
Heimat:	Europa

Die zungenförmigen Blätter dieses Farns sind bei manchen Sorten wie bei der Cristata stark gewellt bzw. kammförmig gekräuselt. Der langsam wachsende Farn bleibt niedrig, braucht aber später viel Platz in der Breite.

Standort
Die Hirschzunge wünscht sich ein kühles, halbschattiges bis schattiges Plätzchen. Sonne verkraftet sie nicht, Frischluft gehört zu ihrem Lebenselexier. Während der Som-

mermonate kann sie im Freien stehen, im Winter sollte sie kühl, möglichst nicht über 12°C, stehen.

Pflege
Gießen Sie nur mit weichem Wasser. Während der Sommermonate liebt dieser Farn es feucht. Daher ist er für das Besprühen dankbar. Wie bei fast allen Pflanzen darf keine Staunässe beim Gießen entstehen. Von März bis September sollten Sie dem Gießwasser einen Dünger für Grünpflanzen hinzufügen.

Vermehrung
Nur üppig gewordene Pflanzen werden beim Umtopfen durch Teilung der Rhizome vermehrt. Handelsübliche Einheitserde genügt dafür.

Gärtnertip
Um Staunässe zu vermeiden, ist eine Drainageschicht aus Tonscherben erforderlich.

Hirschzungenfarn

Hohlnarbe

(Coelogyne)

Blütezeit:	April – Juli
Familie:	Orchideengewächs
Heimat:	Java, Nepal

Die mehrjährige Hohlnarbe hat ihre Heimat in Nepal. Während der Blütezeit zeigt dieses exotisch anmutende, besonders attraktive Gewächs sahnig-weiße Blüten, von der sich die gelbe Lippe farblich abhebt.

Standort
Die Coelogyne bevorzugt einen halbschattigen bis schattigen Standort. In den Sommermonaten darf die Zimmertemperatur um die 20 °C betragen, während des Winters sind Temperaturen um 15 °C ausreichend. Die Luftfeuchtigkeit sollte recht hoch sein.

Pflege
Im Sommer wird die Hohlnarbe regelmäßig mit kalkfreiem Wasser gegossen. Die Pflanze sollte nach der Blütezeit in (Orchideensubstrat) umgetopft werden. Danach ist eine Ruhezeit von 6 bis 8 Wochen einzuhalten.

Vermehrung
Die Vermehrung sollte den Gärtnereien überlassen werden.

Gärtnertip
Die Hohlnarbe eignet sich gut für die Hydrokultur.

Hoodia

(Hoodia)

Blütezeit:	Aug. – Sept.
Familie:	Seidenpflanzengewächs
Heimat:	Südafrika

Die Stammsukkulente ist von kaktusähnlichem Wuchs mit fingerartigen Verzweigungen. Sie ist stark bestachelt. Ihre Blüte ist bräunlich-rötlich, wirkt eigenartig zerknittert, fast so, als wäre sie vertrocknet. Hoodia ist vergleichbar mit der Aasblume.

Standort
Hell und vollsonnig. Die Hoodia liebt trockene Zimmerluft, die dem Naturstandort entspricht. Die Pflanzen wollen warm stehen, im Winter bei mindestens 18 °C.

Pflege
Während der Sommermonate wird regelmäßig, aber mäßig gegossen. Von Oktober an kann die Pflanze fast trocken stehen. Im allgemeinen wird die Pflanze nicht oder nur ganz sparsam gedüngt. Beim Umtopfen im Frühjahr ist auf eine gute Drainageschicht in flachen Gefäßformen zu achten.

Vermehrung
Im Frühjahr kann die Vermehrung durch Samen erfolgen.

Gärtnertip
Es gibt fast 20 Arten von ihr.

Hornklee

(Lotus)

Blütezeit:	April – Mai
Familie:	Schmetterlingsblütler
Heimat:	Mittelmeer, Asien

Den Hornklee gibt es in etwa 150 Arten. L. berthelotii hat weiß behaarte, hängende Zweige und Blätter, die mit fadenartigen Fiedern geschmückt sind. Das Gewächs wird häufig als Ampelpflanze empfohlen. Exotisch wirken nicht nur die Blätter und Zweige, sondern auch die leuchtendroten Schmetterlingsblüten im Frühjahr.

Standort
Der Hornklee braucht volle Sonne. Er muß sowohl im Sommer wie im Winter sehr hell und luftig stehen. Ideal ist in der warmen Jahreszeit ein Standort auf Balkon oder Terrasse. Im Sommer kommt die Pflanze mit den herkömmlichen Raumtemperaturen gut zurecht, in der Vegetationspause möchte sie es allerdings kühler haben und bei 12 °C überwintern.

Pflege
Von März bis September gleichmäßig und nicht zu knapp gießen, wobei dem Gießwasser wöchentlich Flüssigdünger hinzugefügt werden sollte. Während der kühlen Überwinterungszeit wird nur minimal gegossen, so daß die Pflanze nicht austrocknet. Nach der Blüte im Frühjahr kann umgetopft werden.

Vermehrung
Die Vermehrung erfolgt durch Teilung beim Umtopfen oder im Herbst durch Stecklinge.

Gärtnertip
Vermeiden Sie Ballentrockenheit, diese führt zu Blattfall.

Hortensie

(Hydrangea macrophylla)

Blütezeit:	Jan. – Aug.
Familie:	Steinbrechgewächs
Heimat:	Amerika, Asien

Von Mini bis Maxi gibt es viele neue Hortensiensorten, z.B. Bauern-Hortensien, Teller-Hortensien, weiße Schneeball-Hortensien, Samt-, Rispen- und Kletter-Hortensien. Die Hortensie liebt ein leicht feuchtes, kalkfreies Erdsubstrat. Eine blühende Hortensie kann lange erfreuen. Besonders dankbar sind Züchtungen mit buschig-gedrungenem Wuchs. Ihr Farbspiel reicht von Weiß, Rosa, Rot, bis hin zu Blau. Es gibt sowohl Ball- als auch Tellerformen. Die Hortensie war ursprünglich eine Gartenpflanze mit großem Wasserbedarf, wie der Name Hydrangea (Wasserstrauch) andeutet. Durch die veränderten Kulturzeiten ist sie heute auch eine beliebte Zimmerpflanze geworden. Meist können Sie blühende Hortensien ab Februar kaufen.

 Standort
Der natürliche Standort liegt im halbschattigen bis schattigen Bereich. Mit Ausnahme der Minihortensien braucht die Pflanze viel Platz, sonst kommen ihre großen Blütendolden nicht zur Wirkung. Je kühler die Pflanze im Sommer steht, desto länger halten die Blüten.

 Pflege
Wichtig ist eine reichliche Wasserversorgung. Nur wenn der Wasserhaushalt stimmt, bleiben die Hochblätter lange erhalten, erst im Alter verlieren sie ihre Farbe und vergrünen. Goethe hat schon gesagt: »Alles ist Blatt«. Tatsächlich gehen die Hochblätter langsam in Laubblätter über, ohne daß dabei die Form des ehemaligen Blattes verlorengeht. An heißen Tagen ist gelegentliches Übersprühen anzuraten. Nach den Eisheiligen können Hortensien in den Garten gepflanzt werden. Beim Umsetzen ist auf eine humose, lehmhaltige Erde, deren pH-Wert bei 6,5 liegt, zu achten. Ab Juni/Juli muß die Pflanze ausreichend mit einem kalkfreien Spezialdünger versorgt werden. In Weinbaugebieten ist kein Frostschutz nötig. Überwintern Sie die Hortensie im kühlen Keller oder in der frostfreien Garage bei 4 bis 6 °C. Da die Pflanzen Laub abwerfen, braucht der Winterplatz nicht hell zu sein; gelegentlich muß gegossen werden.

 Vermehrung
Die Hortensie vermehren Sie ein-

Hortensie

fach durch Triebspitzen-Stecklinge. Diese bewurzeln Sie in einem Glas Wasser, dem etwas Holzkohle zugesetzt wurde.

 Gärtnertip
Die Farbe Ihrer Bauernhortensie können Sie selbst bestimmen. Blau oder Rosa, ganz nach eigenem Geschmack. Geben Sie Ammoniakkalaun (in Drogerie erhältlich) ins Wasser. Ein Eßlöffel wird auf 3 Gießvorgänge im Abstand von 1 Woche verteilt. Wenn Sie wiederholt mit der Lösung gießen, wird Ihr Hortensienstrauch himmelblau. Weiße Hortensien lassen sich nicht färben.

Hundeschnauze
(Carruanthus)

Blütezeit:	September
Familie:	Mittagsblumengewächs
Heimat:	Afrika

Die merkwürdige, sukkulente Pflanze hat dicke, fleischige Blätter, die rosettenartig zusammenstehen. Die Seitenenden der schmutzig grünen Blätter sind an der Spitze zusammengewachsen. Im Herbst erscheinen ziemlich große, gelbe Blüten.

 Standort
Nur bei direkter Sonnenbestrahlung in der Wachstumszeit können sich die Blüten der Pflanze voll entwickeln. Helligkeit braucht Carruanthus das ganze Jahr über, auch während der kühleren Vegetationspause bei 10 °C.

 Pflege
Größte Vorsicht ist beim Gießen geboten. Die Pflanze hat einen geringen Wasserbedarf und wird im Winter völlig trocken gehalten. Gedüngt wird die Pflanze – wenn überhaupt – nur einmal im Monat mit einem Kakteendünger. Im Frühjahr pflanzen Sie sie in stark sandhaltige Erde. Sie

sollten dabei, um dem Quarzbedarf der Pflanze nachzukommen, ein paar kleine Quarzsteine auf die Erdoberfläche legen.

 Vermehrung
Die Vermehrung ist einfach. Sie kann durch Aussaat im Sommer in ein sandiges Substrat vorgenommen werden.

 Gärtnertip
Obwohl Quarzsteine dekorativer sind, erfüllt quarzhaltiger Sand den gleichen Zweck.

Hyazinthe
(Hyacinthus)

Blütezeit:	März – Mai
Familie:	Liliengewächs
Heimat:	Mittelmeerraum

Die bekannte einjährige Hyazinthe ist eine Frühlingsbotin. Sie erfreut mit großen duftenden Blüten und kann sowohl in Erde als auf Wasser gezogen werden. Ihre Blütezeit reicht von März bis Mai.

 Standort
Zur Blütenentwicklung ist ein sonniger Platz, der in der Mittagszeit vor praller Sonne geschützt wird, erforderlich. Auch braucht die Pflanze reichlich frische und feuchte Luft. Wünschenswert ist eine Raumtemperatur um 12 °C.

 Pflege
Wenn das Zwiebelgewächs in der Erde steht, muß ausreichend mit kalkfreiem Wasser gegossen werden. Düngen und Umtopfen entfällt.

 Vermehrung
Wie zu Großmutters Zeiten setzt man die Zwiebel nach dem Kauf auf ein spezielles Hyazinthenglas und füllt dieses mit Wasser soweit auf, daß die Wurzeln das Wasser erreichen, die Zwiebel selbst jedoch nicht feucht wird. Das Gefäß wandert dann solange an einen dunklen Ort, bis die Hyazinthe Wurzeln gezogen hat. Dann bekommt sie zum Treiben einen, warmen Standort.

 Gärtnertip
Die Pflanze muß immer mit weichem Wasser feucht gehalten werden.

Jacobinie

Hypoxys
(Hypoxys)

Blütezeit:	März – April
Familie:	Amaryllisgewächs
Heimat:	Südafrika

Zwischen den hochstehend schmalen, schwertförmigen Blättern erscheinen zu Beginn des Frühjahrs kleine, gelbe Sternchen. Das Knollengewächs kann jedes Jahr erneut zum Blühen angetrieben werden.

 Standort
Hypoxys braucht einen halbschattigen Standort mit viel Frischluft. Während der Sommermonate kommt die Pflanze mit der Zimmerluft gut zurecht. Sofern vorhanden, sollten Sie ihr während dieser Zeit einen Platz auf dem Balkon oder der Terrasse gönnen. In der Ruhepause muß die Pflanze kühl gestellt

werden bei 12 °C. Trockene Zimmerluft ist für die niedliche Hypoxys kein Problem, im Gegenteil, sie tut ihr gut.

 Pflege
Wie alle Zwiebelgewächse darf die Pflanze nur mäßig feucht gehalten werden, dabei im Winter nur noch so weit, daß die Knolle nicht vertrocknet. Der März ist die beste Umtopfzeit. Dazu verwenden Sie bitte Einheitserde mit Lehmzusatz.

 Vermehrung
Durch Teilen beim Umtopfen im Frühjahr oder auch durch Aussaat in ein sandiges Erdsubstrat.

 Gärtnertip
Es gibt fast 100 mehr oder weniger ähnliche Arten.

Indische Erdbeere
(Duchesnea)

Blütezeit:	Juni
Familie:	Rosengewächs
Heimat:	Indien

Sie ist ein niedliches Ampelgewächs mit erdbeerähnlichen Früchten. Die Ausläufer bildende Pflanze eignet sich auch für den Wintergarten als Bodendecker. Die kleinen roten Beeren sind zwar eßbar, haben allerdings einen faden Geschmack. Im Juni ist die Pflanze besät mit zahlreichen kleinen, zartgelben Blüten.

 Standort
Die anspruchslose indische Erdbeere wächst auf hellem, sonnigem oder auch halbschattigem Standort, wenn sie genügend frische Luft bekommt. Während der Sommermonate kann das Pflanzengefäß stehen oder hängen. Überwintert werden sollte die Pflanze hell und frostfrei.

 Pflege
Im Sommer wird regelmäßig gegossen und wöchentlich gedüngt. Während der Überwinterung entfällt das Düngen, es wird auch nur noch sparsam gegossen. Zum Umpflanzen verwenden Sie eine humushaltige Garten- oder Einheitserde.

Vermehrung
Die anmutige Pflanze kann jederzeit durch die Ausläufer oder über Samen im Frühjahr vermehrt werden.

Gärtnertip
Von den Pflanzen sollten Sie rechtzeitig Ableger machen, denn Gewächse, die älter als 2 Jahre sind, verkahlen.

Indischer Spinat

(Basella alba)

Blütezeit:	August
Familie:	Basellgewächs
Heimat:	Indien

Der Name ist etwas irreführend, denn der Indische Spinat ist eine reine Zierpflanze. Seine Blätter sind nicht genießbar! Die Pflanze hat rotviolette Stengel, an denen fast runde Blätter sitzen, deren Unterseiten ebenfalls rotviolett gefärbt sind. Der rankende indische Spinat braucht eine Kletterhilfe. Er schmückt sich im August mit kleinen, weißen, rispenförmigen Blüten.

Standort
Die Zierpflanze möchte hell und vor direkter Sonne geschützt stehen. Während der Sommermonate kann die Topfpflanze auch auf der Terrasse oder dem Balkon gestellt werden. Achten Sie darauf, daß die Pflanze weder im Freien noch im Zimmer der Zugluft ausgesetzt wird.

Pflege
Die Pflanze sollten Sie regelmäßig gießen, so daß die Pflanzenerde stets feucht ist. Auch für eine kontinuierliche Düngung ist zu sorgen. Damit die Pflanzenerde sich nicht verdichtet, sollten Sie sie hin und wieder auflockern.

Vermehrung
Die Vermehrung erfolgt im März durch die Aussaat. Allerdings sind die Samen nur in gut sortierten Fachgeschäften erhältlich.

Gärtnertip
Bei guter Pflege und richtigem Standort bilden sich aus den Blütenrispen schwarze Beerenfrüchte. Den Samen dieser Beerenfrüchte können Sie trocknen und zur Aussaat verwenden.

Iresine

(Iresine herbstii)

Blütezeit:	Grünpflanze
Familie:	Amaranthengewächs
Heimat:	Amerika, Australien

Die einjährige Iresine hat braunrote, etwas unebene Blätter mit rötlich getönten Blattnerven. Ihr Wuchs ist buschig und von gedrungener Natur, ihre Blüten sind unscheinbar.

Standort
Je sonniger der Standort, desto schöner färben sich die Blätter. Bei halbschattigem Stand ist die Blattfärbung dürftig. Im Sommer ist ein Aufenthalt im Freien wünschenswert. Die Iresine wird gern als Beeteinfassung verwendet.

Pflege
Gegossen wird nur mäßig mit zimmerwarmem, entkalktem Wasser so, daß der Wurzelballen nicht austrocknet. Überwintert wird die Pflanze hell bei 15 °C. Während dieser Zeit darf nur noch tröpfchenweise gewässert werden. In der Wachstumszeit braucht die Iresine einen monatlichen Düngetrunk.

Vermehrung
Wenn Sie im Herbst einige Pflanzentriebe abknipsen und ins Wasser stellen, werden diese in Kürze Wurzeln zeigen; sie können dann in Einheitserde gepflanzt werden.

Gärtnertip
Die dankbare Zimmerpflanze ist völlig problemlos. Je öfter Sie zur Schere greifen, desto fülliger wird sie.

Ixore

(Ixora)

Blütezeit:	Mai – Sept.
Familie:	Krappgewächs
Heimat:	Indische Tropen

Die mehrjährige, tropische Pflanze wächst strauchartig mit länglichen, lederartigen Blättern. Von Mai bis September schmückt sie sich mit schönen, leuchtendroten Blütendolden.

Standort
Die anspruchsvolle Warmhauspflanze, die einen hellen und warmen Standort mit hoher Luftfeuchtigkeit wünscht, muß jedoch vor direkter Sonneneinstrahlung geschützt werden. Am besten ist die Pflanze im Wintergarten aufgehoben.

Pflege
Im Sommer wird die Pflanze reichlich mit kalkfreiem Wasser versorgt. Im Winter, wenn die Temperatur um die 18 °C liegt, wird nur noch sparsam gegossen. Düngen sollten Sie nur während der Vegetationszeit von April bis September, und zwar wöchentlich. Im Herbst sollten die Triebe zurückgeschnitten werden, damit die Pflanze nicht aus der Form gerät. Jungpflanzen müssen jährlich umgetopft werden, ältere Exemplare nur noch alle 2 Jahre. Das Frühjahr ist die beste Jahreszeit zum Umtopfen. Sie benötigen dazu eine leicht saure, humose Erde, auch Einheitserde mit Torfzusatz ist geeignet (pH-Wert 5,5).

Vermehrung
Die Vermehrung ist schwierig, aber für versierte Hobbygärtner möglich. Hierzu nehmen Sie Kopfstecklinge, die im Frühjahr geschnitten und unter Folie in gespannter Luft bei 25 °C bewurzelt werden.

Gärtnertip
Jungpflanzen müssen solange zurückgeschnitten werden, bis sie buschig sind.

Jacobinie

(Jacobinia carnea)

Blütezeit:	April – Sept.
Familie:	Akanthusgewächs
Heimat:	Süd-, Mittelamerika

Die Jacobinie ist ein vielverzweigter, beliebter Strauch. Für die Zimmerhaltung kommen vorwiegend zwei Arten in Betracht: carnea und pauciflora. Erstere er-

Topf-Jasmin

reicht bis zu 1 m Höhe und zeichnet sich durch ihre großen, interessanten Blütenstände in Rosa bis Orangefarbe aus. Die andere Sorte J. pauciflora ist robuster, aber auch kleinblütiger und kleinblättriger. Sie blüht von Februar bis April.

 Standort
Die Jacobinie braucht einen hellen, halbschattigen Platz mit viel Frischluft. In den Sommermonaten ist sie ein schöner Schmuck auf Balkon oder Terrasse. Mit den gegebenen Raumtemperaturen kommt die Pflanze gut zurecht. Nur während der Ruhezeit im Winter sollte sie bei etwa 12 °C untergebracht werden.

 Pflege
Die Wassermenge richtet sich nach der jeweiligen Temperatur. In warmen Sommermonaten braucht die Pflanze reichlich Wasser, im Winter darf sie nur mäßig feucht gehalten werden. Gedüngt wird alle 14 Tage. Zum Umtopfen wie auch zum Vermehren im Frühjahr wird normale Einheitserde verwendet.

 Vermehrung
Im Frühjahr können Sie die Pflanze über Stecklinge bei 20 °C Bodenwärme vermehren.

 Gärtnertip
Vorsicht! Wenn die Pflanze zu trocken wird, besteht die Gefahr von Schädlingsbefall.

Jasmin

(Jasminum officinale)

Blütezeit:	Juni – Sept.
Familie:	Ölbaumgewächs
Heimat:	Iran, China

Der Jasmin ist eine typische Kalthauspflanze. Er ist verwandt mit der Winterart Jasminum nudiflorum – Sie kennen diese Sorten von Gärten. Er trägt bereits schon ab Januar im Freien gelbe Blüten. Der grazile Strauch schmückt sich mit wohlriechenden, weißen Blüten, in der Regel von Juni bis September. Es ist aber durchaus möglich, daß er auch zu anderen Jahreszeiten blüht.

 Standort
Der schnellwachsende Kletterstrauch braucht viel Licht. Im Sommer sollte er auf Balkon oder Terrasse stehen. Während der Wintermonate sind Temperaturen von 2-8°C gefragt, wobei der Standort weiterhin extrem hell sein sollte. Nur so kommt es im nächsten Jahr zu einer weiteren Blüte.

Pflege
Die Pflanze braucht viel Wasser, möglichst gefiltert, und eine regelmäßige 14tägige Düngung. Sofern die Pflanze während der Sommermonate im Zimmer steht, muß sie häufig besprüht werden. Umgetopft wird im Frühjahr in Einheitserde mit Lehmzusatz. Bei dieser Gelegenheit sollten Sie die Pflanze auch etwas zurückschneiden. Beim Beschneiden ist Vorsicht geboten. Entfernt werden nur frische Triebe, denn die Blütenansätze sind bereits an dem einjährigen Holz vorhanden.

 Vermehrung
Je nach Blütenwunsch werden die Kopfstecklinge entweder im Herbst für eine Frühjahrsblüte oder im Frühjahr für eine Herbstblüte zum Bewurzeln gebracht.

 Gärtnertip
Frühestens 6 Wochen nach dem Umtopfen darf erneut gedüngt werden.

Judenbart

(Saxifraga stolonifera)

Blütezeit:	Juni – Aug.
Familie:	Steinbrechgewächs
Heimat:	China, Japan

Der Judenbart ist eine interessante Pflanze aus China. Er hat fadenförmige Ausläufer und weiße, häufig gelb punktierte Blüten.

 Standort
Zu unterscheiden ist zwischen grünen und buntblättrigen Sorten. Während erstere einen halbschattigen Standort brauchen, verlangen die buntblättrigen nach mehr Licht. Die Pflanzen sollte kühl stehen.

 Pflege
Halten Sie die Pflanze mäßig und möglichst mit weichem Wasser feucht. Düngen Sie sie im Rhythmus von 2 Wochen. Im Sommer sollte die Temperatur zwischen 18-20°C, im Winter um die 12 °C liegen.

 Vermehrung
Nach der Blüte stirbt die Mutterpflanze ab, aus den Kindeln können leicht neue Pflanzen gezogen werden. Dazu wird eine lockere, humose Einheitserde benötigt.

Gärtnertip
Der Judenbart ist ideal als Ampelpflanze.

Judenbart

Jungfernrebe

(Parthenocissus inserta)

Blütezeit:	Grünpflanze
Familie:	Weinrebengewächs
Heimat:	Nordamerika, Asien

Die mehrjährige Pflanze ist ein schnell-wachsender Kletterstrauch, meist mit ge-fingerten Blättern. Im Frühjahr erscheint eine unauffällige Blüte, im Herbst bilden sich schwarze Beeren.

 Standort
Ideal ist ein Wintergarten. Dort kann die Pflanze bis zu 2 m hoch ranken. Bei genügend Sonne während der Sommermonate wird auch die Laubfärbung im Herbst besonders prächtig. Bei halbschattigem Standort bleiben die Blätter meist grün. Die Pflanze kann auch auf der Terrasse in Kübeln kultiviert werden. Im Winter können die Temperaturen bis auf 10 °C sinken.

 Pflege
Die Pflanze sollten Sie immer gleichmäßig feucht halten. Im Sommer braucht sie wegen der höheren Temperatur etwas mehr Wasser, im Winter entsprechend weniger. Eine wöchentliche Dün-gung in der Wachstumzeit ist empfehlenswert. Im Frühjahr wird die Pflanze in neue Einheit-serde umgetopft.

 Vermehrung
Das Weinrebengewächs ist einfach und kann durch Kopfstecklinge im Sommer bei 20-25°C Bodenwär-me unter der gespannten Luft einer Folie erfolgen. Die Jungpflanzen sind öfter zu entspitzen.

 Gärtnertip
Dieses Rankgewächs wird gern zur Beschattung anderer Pflanzen in den Wintergarten gepflanzt.

Känguruhblume

(Anigozanthos flavidos)

Blütezeit:	Juni – Juli
Familie:	Haemodoraceae
Heimat:	Australien

Die Exotin hat wollig behaarte Blüten, die

den Känguruhpfoten tatsächlich ähnlich sind. Die Pflanze blüht im Frühsommer in den Farben Gelbgrün oder Rosarot. Ihre Blätter sind auffallend grazil-schlank.

 Standort
Die Känguruhblume braucht ei-nen hellen, vor direkter Sonne geschützten Standort. Ein Som-merquartier auf Balkon oder Ter-rasse bekommt der Pflanze gut. Im Winter muß der Standort kühler sein, ideal sind dann Tem-peraturen um 10 °C.

 Pflege
Die Känguruhblume will während der Sommermonate reichlich mit gefiltertem Wasser verwöhnt werden. Im Winter ist der Wasserbedarf weitaus gerin-ger. Sie müssen nur dafür sor-gen, daß der Ballen nicht aus-trocknet. Während der Vegetati-onszeit sollten Sie die Pflanze al-le 14 Tage mit einem Flüs-sigdünger ernähren. Falls erfor-derlich, wird im Frühjahr umge-topft, und zwar in ein sauer-hu-moses Erdsubstrat. Gut geeignet ist Azaleenerde.

 Vermehrung
Die Vermehrung erfolgt aus Sa-men oder durch Kopfstecklinge bei 20 °C Bodenwärme.

 Gärtnertip
Wird die Pflanze von Spinnmilben befallen, so ist meist eine zu hohe Zimmertemperatur in den Winter-monaten schuld daran. Der Scha-den läßt sich durch das Abwa-schen der Milben beheben; ein Quartierwechsel erfolgen sollte.

Kaffeestrauch

(Coffea arabica)

Blütezeit:	Aug. – Sept.
Familie:	Krappengewächs
Heimat:	Afrika, Asien

Die Pflanze hat große, dunkelgrüne, glänzende Blätter. Im Sommer erschei-nen weiße Sternblüten, die jasminähn-lich duften. Daraus bilden sich dann grü-ne, kirschähnliche Beeren, die, sobald sie leuchtendrot sind, geerntet werden

können. Jede Beere beinhaltet zwei Boh-nen. Diese müssen alsbald ausgesät wer-den, weil die Keimfähigkeit befristet ist.

 Standort
Bevorzugt wird ein heller, luftiger Platz in Fensternähe, aber nicht eingeengt zwischen anderen Pflanzen. Grelle Sonne schadet je-doch den Blättern. Bei guter Pfle-ge breitet sich die Pflanze schnell aus. Vermeiden Sie Zugluft, sonst droht Blattfall. Eine Temperatur um 20 °C ist ideal. Von Oktober bis März sollte der Kaffeebaum kühler, etwa bei 12-15°C stehen.

 Pflege
Im Sommer sollten Sie reichlich mit weichem Wasser gießen, aber Staunässe vermeiden. Im Winter darf der Topfballen bei kühlerem Stand nur leicht feucht gehalten werden, dafür be-sprühen Sie die Pflanze öfter. Während der Wachstumszeit ein-mal wöchentlich mit verdünn-tem, kalkarmen Flüssigdünger gießen. Umgetopft wird nach 2 bis 3 Jahren im zeitigen Frühjahr.

 Vermehrung
Aus Samen oder Kopfstecklin-gen.

 Gärtnertip
Die Blüte des Kaffeestrauches erscheint erst im dritten Jahr. Für die Bewässerung verwenden Sie am besten weiches Wasser aus der Filtergießkanne AquaFlor.

Kaffeestrauch

Kahnorche

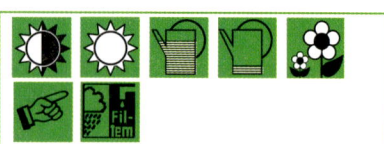

(Cymbidium)

Blütezeit:	April – Mai
Familie:	Lippenblütler
Heimat:	Australien

Die Kahnorche gehört zu der Familie der Orchideen. Das Äußere dieser besonders anmutigen mehrjährigen Pflanze ist gekennzeichnet durch lange schmale Blätter und lange Triebe, an denen sich bis zu 25 weiße, gelbe, grüne, braune oder rosa gefärbte Blüten befinden.

Standort

Anfang Juni kann die Kahnorche ins Freie gestellt werden – vorzugsweise an einen halbschattigen Platz unter Bäumen. Wird das Cymbidium ausschließlich im Zimmer gehalten, so steht es gerne einige Stunden am Tag in der direkten Sonne, aber nicht in der zu heißen Mittagszeit. Zudem ist für ausreichende Frischluft und für eine relativ hohe Luftfeuchtigkeit zu sorgen. Am besten gedeiht diese attraktive Pflanze im Sommer bei Tagestemperaturen um 16–24 °C, nachts bei 12 °C, bei etwa 10 °C sollte sie überwintern.

Pflege

Während der Blütezeit im Frühjahr und in den Sommermonaten benötigt das Gewächs reichlich Wasser, das kalkfrei und alle 2 Wochen mit Blumendünger angereichert sein sollte; ab Herbst nur noch minimal gießen.

Vermehrung

Die Vermehrung ist der Gärtnerei zu überlassen.

Gärtnertip

Die Kahnorche erweist sich auch als sehr dekorative Schnittblume.

Kalmus

(Acorus)

Blütezeit:	Grünpflanze
Familie:	Aronstabgewächs
Heimat:	Japan

Das mehrjährige Sumpfgewächs wird etwa 40 cm hoch. Angeboten wird der Kalmus sowohl mit schlanken dunkelgrünen als auch mit bunten Blättern.

Standort

Die Pflanze liebt einen hellen Standort. Buntblättrige Arten brauchen mehr Licht als grüne. Vor direkter Sonnenbestrahlung muß die Pflanze allerdings geschützt werden. Für das Gedeihen der Pflanze ist viel Frischluft notwendig und ein kühler Standort von 5-10°C im Winter.

Pflege

Die Sumpfpflanze braucht reichlich und möglichst kalkfreies Wasser. Der Untersetzer sollte stets mit Wasser gefüllt sein. In der kühlen Jahreszeit wird nur noch äußerst sparsam gegossen, so daß der Wurzelballen nicht austrocknet. Außerdem müssen Sie den Kalmus so oft wie möglich besprühen und in den Sommermonaten alle 2 Wochen düngen. Zum Umtopfen lehmhaltige Erdmischung verwenden.

Vermehrung

Die Vermehrung findet durch Wurzelteilung statt. Zu diesem Zweck werden die Wurzeln vorsichtig mit einem Messer getrennt.

Gärtnertip

Braune Blattspitzen sind ein Zeichen von Lufttrockenheit.

Kalmus

Kamelie

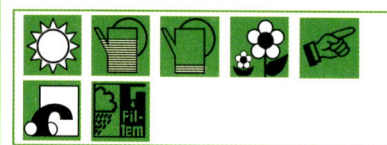

(Camellia sinensis)

Blütezeit:	Dez. – April
Familie:	Teegewächs
Heimat:	Ostasien

Dieses Teegewächs ist eine Pflanze für Kenner, für Hobbygärtner mit Wintergarten und Einfühlungsvermögen für das Besondere. Kaum eine Pflanze reagiert so empfindlich auf abrupte Veränderungen wie die Kamelie. Sie verträgt weder den plötzlichen Wechsel von Dürre zur Nässe noch von Lufttrockenheit zur Luftfeuchte. Sie mag keine Zugluft und kein Drehen des Pflanzgefäßes. Jedes Verrücken führt unweigerlich zu Knospenfall.

Standort

Hell, aber nicht zu sonnig sollte die Kamelie stehen. Ein lichtes, kühles Treppenhaus, die Veranda und der Wintergarten sind ideale Standorte für Kamelien. Die Pflanze möchte kühl, hell bei 6-16°C und hoher Luftfeuchtigkeit stehen. Nur während der Blütezeit dürfen Kamelien kurzfristig in ein warmes Wohnzimmer bis zu 20 °C gestellt werden. In Weinanbaugebieten kann die Pflanze bei sonnigem Standort und entsprechendem Winterschutz, z.B. mit Rohrmatten, von April bis Oktober im Freien überwintert werden.

Pflege

Gegossen wird möglichst mit gefiltertem Wasser. Während der Blütezeit reichlich, nach der Blütezeit sollten Sie nur noch mäßig gießen und für hohe Luftfeuchtigkeit sorgen. Das heißt, sobald die Pflanze Knospen ansetzt, müssen Sie täglich zusätzlich besprühen. Vollblühende Pflanzen hingegen dürfen Sie nicht mit Wasser besprühen, sonst bekommen sie fleckige Blüten. Zur Knospenbildung und während der Blüte reichlich mit kalkfreiem Nährsalz bzw. mit einem schwach konzentrierten Volldünger ernähren. Umgepflanzt wird nach der Blüte in Einheitserde.

Gärtnertip

Wenn das Teegewächs zusätzlich

Kamelie

mit Teeaufgußblättern gedüngt wird, werden die Blüten größer. Für die Bewässerung ist weiches Wasser aus der Filtergießkanne AquaFlor zu empfehlen.

Kannenpflanze

(Nepenthes Hybriden)

Blütezeit:	Juli – Aug.
Familie:	Kannenstrauch
Heimat:	Asien, Australien

Dieses originelle Gewächs trägt zu Kannenfallen umgewandelte Blätter, die Insekten zum Verhängnis werden können. Es ist eine interessante Ampelpflanze fürs Blumenfenster. Im Sommer zeigen sich unscheinbare Blüten.

 Standort
Die fleischfressende Kannenpflanze braucht eine extrem hohe Luftfeuchtigkeit bei Temperaturen um 20 °C und höher. Außerdem benötigt sie viel Licht, aber keine direkte Sonnenbestrahlung. Das Südfenster ist geeignet, sofern es in der Mittagszeit schattiert werden kann.

 Pflege
Gitterkörbe aus Holz sind ideal, damit die herabhängenden Kannen sich frei entfalten. Die Pflanze braucht das ganze Jahr über eine feuchtwarme Atmosphäre und will reichlich mit gefiltertem Wasser versorgt werden. Die erforderliche Luftfeuchtigkeit können Sie durch regelmäßiges Besprühen erreichen. Gönnen Sie der Pflanze auch hin und wieder ein Tauchbad. Gedüngt wird nur, wenn der Insektenfang ausbleibt, denn die Kannenpflanze erhält die erforderlichen Nährstoffe durch die in den Kannen verwesenden Insekten.

 Gärtnertip
Beim Umtopfen ist Vorsicht geboten, da die Wurzeln sehr zerbrechlich sind. Gepflanzt werden darf nur in eine lockere, borkige Orchideenerde. Für die Bewässerung verwenden Sie am besten weiches Wasser aus der Filtergießkanne AquaFlor.

Kanonierblume

(Pilea)

Blütezeit:	März – Juni
Familie:	Nesselgewächs
Heimat:	Tropen und Subtropen

Die Kanonierblume finden Sie fast überall, nur nicht in Australien. Eine pflegeleichte Pflanze, deren Schmuckwert die gezackten Blätter in verschiedenen Grüntönen sind. Die Blattstruktur wirkt samtig, am Rande hellgrün. Zur Mitte hin sind die Blattadern bei der Sorte P. cadierei bräunlich durchzogen. Außerdem wird noch Pilea spuceana mit rundlichen, behaarten und gesägten Blättern angeboten. Ähnlich wie bei der Buntnessel, geraten ältere Pflanzen leicht aus der Form. Die kleinen Blüten gaben der Pflanze den Namen, da sie einer Kanone ähnlich ihren Blütenstaub verschießen.

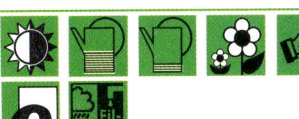

 Standort
Die Pflanze liebt es halbschattig, dennoch hell und warm. Bei zu dunklem Standort verliert sie die Blattfärbung. Sorgen Sie für Frischluft und vermeiden Sie Zugluft, wobei die Raumtemperaturen auch im Winter nicht unter 12 °C absinken sollten. Ein Standort zwischen 13-16°C ist im Winter ideal.

 Pflege
Gegossen wird möglichst mit nicht zu hartem Wasser und mäßig. Während der Winterpause im kühleren Raum wird die Pflanze nur ganz sparsam mit Wasser versorgt. Steht das Gewächs allerdings im geheizten Zimmer, so müssen Sie für eine hohe Luftfeuchtigkeit Sorge tragen. Direktes Ansprühen kommt nicht in Betracht, hingegen ist eine mit Wasser und Kieselsteinen gefüllte Pflanzschale empfehlenswert.

 Vermehrung
Machen Sie reichlich Gebrauch

von der Vermehrung abgeschnittener Triebspitzen. Sie können ab April bis Mai in einem Wasserglas mit Kohlestückchen bewurzelt werden.

Gärtnertip
Wenn Sie die Pflanzen immer wieder über die Internodien beschneiden, bleiben sie buschig. Sie haben keinen Ärger mit dem Blütenstaub, aber dennoch viele Ableger.

Kap-Aster

(Felicia)

Blütezeit:	ganzjährig
Familie:	Korbblütler
Heimat:	Afrika

Das einjährige Gewächs ist eine niedliche kleine Staude, die je nach Züchtung fast das ganze Jahr über blüht.

Standort
Volle Sonne und viel frische Luft gehören zum Gedeihen wie zur ganzjährigen Blüte. Im Sommer liebt die Kap-Aster es warm, im Winter möchte sie es kühler haben, 12 °C genügen ihr. Während der Sommermonate freut sich die Pflanze über einen Platz auf Balkon oder Terrasse. Ob die Pflanze nun im Zimmer oder im Freien steht, Zugluft müssen Sie in jedem Fall vermeiden.

Pflege
Die Pflanze ist regelmäßig zu gießen. Während der Sommermonate muß der Ballen immer leicht feucht sein. Wenn es Ihnen gelingt, die Pflanze hell und kühl bei etwa 12 °C zu überwintern, dann lohnt das Umtopfen im Frühjahr in humose Einheitserde. Ältere Pflanzen müssen durch Rückschnitt im Frühjahr regeneriert werden. Sie treiben danach kräftig und buschig aus.

Vermehrung
Bei normaler Zimmertemperatur werden die Stecklinge im September in Anzuchterde unter gespannter Luft einer Folie bewurzelt.

Gärtnertip
Die kleinen, bewurzelten Pflänzchen müssen wiederholt gestutzt werden, damit sie zu einer buschigen Jungpflanze heranwachsen.

Kap-Hyazinthe

(Lachenalia)

Blütezeit:	Jan. – März
Familie:	Liliengewächs
Heimat:	Südamerika

Die mehrjährige Zwiebelpflanze hat schmale, meist überhängende Blätter. Ihre kleinen kurzstieligen Blüten sitzen an langen, röhrenförmigen Stengeln in lockeren Trauben oder Ähren.

Standort
Die schönen Blüten der Lachenalie halten sich länger, wenn die Pflanze an einem kühlen Platz, der durchaus hell und sonnig sein kann, steht. Der Standort sollte extrem trocken sein. Zum Aufblühen der Pflanze ist eine Temperatur von 15 °C ideal. Nach der Blüte kann die Raumtemperatur höher sein, bis die Blätter eingezogen sind. In der Ruhepause, von Mai bis September, sollte die Temperatur bei 13 °C liegen.

Pflege
Die Lachenalie darf von Mai bis September nicht gegossen werden. Die Pflanze zieht, wie andere Zwiebelgewächse auch, nach der Blütezeit ein und verliert dabei ihr Laub. Während dieser Zeit muß sie kühl stehen, etwa bei 8-10°C, aber nicht dunkel. Sie wird weder gedüngt noch gegossen. Erst wenn sich der neue Austrieb im September/Oktober zeigt, sollten Sie langsam wieder mit dem Gießen beginnen.

Vermehrung
Im Herbst werden die kleinen Seitenzwiebeln abgenommen und eingepflanzt.

Gärtnertip
Die beliebteste Sorte für unser Klima ist die L. tricolor.

Karambola

(Averrhoa carambola)

Blütezeit:	Juli – Aug.
Familie:	Sauerkleegewächs
Heimat:	Malaysia

Eine Pflanze, die im Handel nicht ange-

boten wird, aber aus dem Samen der beliebten sternförmigen, gelben Frucht gezogen werden kann. In der Natur erreicht diese Pflanze eine Baumhöhe von 12 m, im Zimmer wird sie nur etwa 20 cm hoch. Aus den weiß-rosafarbenen Blüten, die sich ab Juli zeigen, bilden sich später die Früchte.

Standort
Die Pflanze bevorzugt einen hellen Stellplatz. Direkte Sonne ist zu vermeiden. Entscheidend für den Erfolg mit der Karambola ist eine gleichmäßige Zimmertemperatur von 20 °C. Sie darf zu keiner Zeit unter 15 °C betragen.

Pflege
Mit Fingerspitzengefühl mäßig, aber regelmäßig mit möglichst gefiltertem Wasser gießen. Achten Sie darauf, daß der Ballen nie trocken wird und nie Staunässe entsteht.

Vermehrung
Die Samenkerne der reifen Sternfrucht werden in Einheitserde bei einer Bodenwärme um 25 °C zum Keimen gebracht. Die Erfolgsaussichten liegen bei 30 %, daher nicht mit dem Saatgut bei der Aussaat sparen.

Gärtnertip
Die dekorative Sternfrucht wird gern zum Verzieren von Torten und Kaltschalen verwendet.

Kassie

(Cassia)

Blütezeit:	Juli – Okt.
Familie:	Hülsenfrüchtler
Heimat:	Tropen, Subtropen

Nur bei guter Pflege und dem richtigen Standort schmückt sich die tropische Pflanze von Juli bis Oktober mit schönen, gelben Blütenkerzen. Das strauchartige Gewächs hat parallel angeordnete länglich-ovale Blätter.

Standort
Vollsonnig und warm, um 20 °C,

bei reichlich frischer Luft. In der Regel wird die Kassie für Terrasse und Garten als Kübelpflanze angeboten. Nur bei einem vollsonnigen Blumenfenster können Sie Jungpflanzen auch im Zimmer halten.

Pflege
Im Sommer, wenn die Sonne lacht, braucht die Pflanze reichlich Wasser und muß wöchentlich gedüngt werden. Im kühlen Winterquartier kann das Gießen entfallen und das Düngen auf ein Minimum reduziert werden. Nach der Überwinterung, im Januar oder Februar, wird die Kassie in ein größeres Gefäß mit Einheitserde, umgetopft.

Vermehrung
Die Vermehrung kann im Frühjahr sowohl mit Samen als auch mit Stecklingen erfolgen. Wenn Sie sich für die Aussaat entscheiden, dann am besten in einer Anzuchtbox bei einer Bodentemperatur von 15-20°C.

Kastanienwein

Kastanienwein

(Tetrastigma)

Blütezeit:	Grünpflanze
Familie:	Weinrebengewächs
Heimat:	China

Die Pflanze hat große, handförmig geteilte, am Rand grob gesägte Blätter. Sie eignet sich sehr gut zur Begrünung von großräumigen Flächen. Dieses anspruchslose Weinrebengewächs kann jährlich bis zu 2 m wachsen. Zu kräftigen Wuchs können Sie durch entsprechenden Rückschnitt zügeln. Die Triebe sollten Sie immer wieder an einer Rankhilfe aufbringen.

Katzenschwanz

 Standort
Die Pflanze liebt es hell bis halbschattig, keine direkte Sonne, gut belüftet, aber ohne Zugluft. Am besten gedeiht sie bei Temperaturen von 12-18 °C, im Winter bei 10 °C.

 Pflege
Im Sommer braucht der Kastanienwein viel Feuchtigkeit und eine wöchentliche Düngung. Herkömmliches Leitungswasser können Sie unbesorgt verwenden, weil die Pflanze Kalk braucht. Umgetopft wird, im April in Einheitserde.

 Gärtnertip
Bedenken Sie bei der Standortwahl den Zuwachs der Pflanze, die Jungtriebe sind sehr empfindlich.

Katzenschwanz

(Acalypha)

Blütezeit:	Juli – Aug.
Familie:	Wolfsmilchgewächs
Heimat:	Tropen, Subtropen

Auffallend sind die katzenschwanzartigen Blüten von Acalypha hispida. Angeboten werden auch Wilkesiana-Hybriden mit buntgemusterten, farbiggeränderten Blättern.

 Standort
Entscheidend für das Gedeihen

dieser Pflanze ist eine feuchtwarme Luft, sonst kommt es unweigerlich zum Schädlingsbefall. Der Standort sollte sehr hell, aber geschützt vor praller Sonne sein. Ganzjährig darf die Temperatur nie unter 16 °C liegen.

 Pflege
Die Erde muß stets feucht sein, auch muß die Pflanze häufig mit weichem Wasser besprüht werden. Von April bis Anfang September sollten Sie wöchentlich düngen. Das Umtopfen erfolgt bei Bedarf im Frühjahr in Einheitserde. Buntlaubige Arten verzweigen sich besonders schön, wenn Sie öfter mal zur Schere greifen und die Triebspitzen kürzen.

Gärtnertip
Das Wolfsmilchgewächs ist in allen Teilen giftig.

Kentia-Palme

Kentia-Palme

(Howeia fosteriana)

Blütezeit:	Grünpflanze
Familie:	Palmengewächs
Heimat:	Insel Howe

Die Kentia-Palme gehört seit über 100 Jahren zu den beliebtesten Palmen in Wohnräumen. Sie ist pflegeleicht und eine der dekorativsten Grünpflanzen. Die Lebensdauer der Kentie ist nahezu unbegrenzt. Sie kann bis zu 2 m hoch werden. Die Pflanze wächst 15-20 cm pro Jahr.

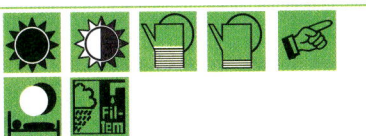

Kletterfeige

Standort

Die Kentie kommt mit wenig Licht aus, ist trockener Zimmerluft gewachsen und kann das ganze Jahr über bei normalen Zimmertemperaturen gehalten werden. Vorausgesetzt die Pflanze steht vor heller, praller Sonne geschützt, sonst bekommen ihre Blätter Brandflecken.

Pflege

Die Pflanze muß gleichmäßig feucht gehalten werden, Staunässe ist unbedingt zu vermeiden. Das Wasser darf weder im Übertopf noch im Untersetzer stehen bleiben. Möglichst mit abgestandenem, gefiltertem Wasser gießen. Größere Pflanzen sollten gelegentlich ein Tauchbad erhalten. Düngen Sie die Pflanze von Mai bis August wöchentlich. Während der Wintermonate nur mehr mäßig gießen und das Düngen einstellen. Für einen erfrischenden Regenguß im Freien bzw. für das Abwaschen der Wedel ist die Kentie dankbar. Beim Umpflanzen nach einigen Jahren lehmige Einheitserde verwenden.

Vermehrung

Die Vermehrung ist aus Samen möglich, aber sehr langwierig.

Gärtnertip

Leider ist die Pflanze empfänglich für Schildläuse, Spinnmilben und Wolläuse. Letztere können durch Abduschen mit einer Spiritus-Seifenlauge beseitigt werden.

Keulenlilie

(Cordyline)

Blütezeit:	Grünpflanze
Familie:	Agavengewächs
Heimat:	Südostasien, Australien

Die tropische Pflanze trägt je nach Art grüne, rosa, purpurrote, gelbliche oder mehrfarbig gestreifte Blätter. Auf die Art kommt es an, denn es gibt Kalt- und Warmhauspflanzen. Am verbreitetsten ist Cordyline fruticosa. Ihr eleganter Blattschopf sitzt auf einem dünnen Stamm. Keulenlilien zählen zu den schönsten Zierpflanzen. Ältere, gutgepflegte Exemplare blühen sogar.

Standort

Stellen Sie die Warmhauspflanze hell und warm, aber nicht in die pralle Sonne. Rotblättrige und dunklere Sorten sind unempfindlicher. Sie können im Zimmer das ganze Jahr über bei 18-22°C gehalten werden, während Kalthausarten wie Cordyline australis und C. indivisa mit blaugrüner Blattunterseite und roter oder gelber Blattaderung besser im Wintergarten gedeihen. Während der Sommermonate ist für Kalthausarten ein Platz im Freien wünschenswert. In der Ruhezeit von Oktober bis April muß für einen sehr hellen, kühlen Standort um 18 °C gesorgt werden.

Pflege

Denken Sie an den tropischen Urwald und sorgen Sie durch regelmäßiges Besprühen für hohe Luftfeuchtigkeit. Übrigens: junge Pflanzen mit weichem Laub brauchen noch mehr Luftfeuchte als ältere. Die Erde darf nicht naß, muß aber gleichmäßig feucht sein. Das ganze Jahr über sollten Sie alle 14 Tage die Keulenlilie mit einem Volldünger versorgen. Umgetopft wird nur bei Bedarf, und zwar in den Monaten März bis April in Einheitserde. Kalthauspflanzen weichen von diesen Pflegemethoden etwas ab. Von April bis September wird alle 14 Tage gedüngt, danach nicht mehr.

Vermehrung

Sie erfolgt im Frühjahr durch

Kopf- und Triebstecklinge sowie Stammstücke in einer Sand-Torf-Mischung. Hohe Bodentemperaturen und gespannte Luft sind Voraussetzung für eine Bewurzelung. Auch durch Abmoosen unansehnlich gewordener Exemplare können Sie zu einer Jungpflanze gelangen.

Gärtnertip

Keulenlilien eignen sich gut für die Hydrokultur. Die bekanntesten unter den Cordylinen ist die C. fruticosa. Sie gilt als glücksbringende Pflanze, außerdem ist sie die Stammform vieler Zuchtsorten. Sie wird rot-, grünblättrig und mehrfarbig angeboten. Verkahlte Pflanzen können im Frühjahr bis auf 10 cm zurückgeschnitten werden.

Kirschmyrte

(Eugenie)

Blütezeit:	April – Mai
Familie:	Myrtengewächs
Heimat:	Tropen und Subtropen

Die Kirschmyrte schmückt sich im Frühjahr mit zahlreichen, weichen, abstehenden Staubblättern. Aus den Blüten bilden sich später rote Beeren.

Standort

Zum Gedeihen braucht die Kirschmyrte einen hellen bis sonnigen Platz. Im Sommer dürften die Temperaturen bei 20 °C und höher liegen, im Winter nur bei 8 °C. Wichtig ist vor allen Dingen, daß die Pflanze an ihrem Standort viel frische Luft bekommt.

Pflege

Die Pflanze darf nur mit kalkfreiem bzw. gefiltertem Wasser versorgt werden. In der Wachstumszeit muß sie reichlich gegossen werden, in der Ruhezeit fast nicht mehr. Gedüngt wird alle 14 Tage. Durch das Zurückschneiden nach der Blüte bekommen Sie eine kräftige, buschige Pflanze. Topfen Sie nur bei Bedarf mit humoser Einheitserde um.

Vermehrung
Die Vermehrung ist im Frühjahr durch Stecklinge besonders einfach. Die Kopfstecklinge werden bei einer Zimmertemperatur von 18-10°C in ein sandiges Erdsubstrat gesteckt.

Gärtnertip
Am besten eignet sich für die Zimmerkultur die E. uniflora. Um den Staub auf den Blättern zu entfernen, sollten Sie die Kirschmyrte abbrausen.

Klauenfarn

(Onychium)

Blütezeit:	Grünpflanze
Familie:	Rollfarngewächs
Heimat:	Amerik, Asien

Der Klauenfarn ist eine immergrüne Farnstaude, die wegen der großen, gelappten Wedel so genannt wird. Sie zählt zu den dankbaren, immergrünen Zimmerpflanzen, geeignet zur Bepflanzung von Schalen und Ampeln. Im Handel erhältlich ist Onychium japonicum. Die Sporenhäufchen der Klauenfarne sitzen versteckt an den Blatträndern. Sie verbergen sich, bevor sie reif sind, unter einem trockenhäutigen Schleier.

Standort
Der bevorzugte Standort dieser Pflanze sollte halbschattig und 20 °C warm sein bei möglichst hoher Luftfeuchtigkeit. Reichlich frische Luft während der Sommermonate ist ideal. In der warmen Jahreszeit ist die Pflanze für einen Aufenthalt auf dem sonnengeschützten Balkon oder der Terrasse dankbar. Vorsicht! Zugluft verträgt der Klauenfarn nicht. Im Winter möchte die Pflanze kühl und hell, aber keinesfalls sonnig, bei 10 °C gehalten werden.

Pflege
Der Farn will gleichmäßig feucht stehen, verträgt aber weder Ballentrockenheit noch Fußbäder. Sie sollten möglichst mit gefiltertem Wasser gießen. Beim Gießen ist darauf zu achten, daß die Wedel nicht benetzt werden. Vom zeitigen Frühjahr bis zum späten Herbst sollte der Klauenfarn monatlich gedüngt werden.

Vermehrung
Die Vermehrung erfolgt im Frühjahr am besten durch Teilung. Die Möglichkeit der Sporenvermehrung ist langwierig und schwierig.

Gärtnertip
Besonders interessant wirkt der Klauenfarn in flachen Schalen, in die Sie zusätzlich kleinere Steine legen. Die kriechenden Rhizome der Pflanze wachsen dann über die Steine.

Klebsame

(Pittosporum)

Blütezeit:	April – Sept.
Familie:	Akanthusgewächs
Heimat:	Süd-, Mittelamerika

Die Klebsame ist eine Zimmerpflanze mit ledrigen Blättern und stark durftendem Blütenflor. Ihren Namen verdankt sie den verholzten Fruchtkapseln, die von klebrigem Harz umgeben sind. Die nostalgische Pflanze stand schon vor 200 Jahren in Großmutters guter Stube.

Standort
Viel Licht und einen sonnigen Standort braucht die Klebsame zum Gedeihen. Natürlich können Sie die Pflanze auch auf Balkon oder Terrasse stellen. Wichtig ist, daß sie einen vor Zugluft geschützten Standort erhält. Die robuste Exotin muß sehr kühl bei 5-8°C überwintert werden.

Pflege
Während der Sommermonate sollten Sie die Pflanze kräftig gießen und wöchentlich düngen. Während der Überwinterung wird das Gießen fast eingestellt. Jüngere Pflanzen müssen jährlich, ältere nur noch in größeren Abständen im Frühjahr umgetopft werden. Die Pflanze braucht eine nährstoffreiche Einheitserde.

Vermehrung
Die Vermehrung wird im Herbst mit Samen oder Stecklingen durchgeführt.

Gärtnertip
Wenn Sie der duftenden Klebsa-

me in südlichen Gefilden begegnen, lohnt es sich, Samen mitzunehmen.

Kletterfarn

(Lygodium)

Blütezeit:	Grünpflanze
Familie:	Schizaeagewächs
Heimat:	Tropen und Subtropen

Der Kletterfarn ist mehrjährig und hat kleine, gefiederte Blätter. Für das Zimmer ist die Sorte L. japonicum geeignet. Das tägliche Besprühen der subtropischen Pflanze ist Voraussetzung für eine längere Haltbarkeit im Zimmer.

Standort
Der Standort sollte sehr hell, aber vor direktem Sonnenlicht geschützt sein. Die Pflanze kann am gleichen Standort stehenbleiben. Sie liebt Zimmertemperatur um 20 °C.

Pflege
Der Kletterfarn muß mäßig, aber regelmäßig mit kalkfreiem bzw. gefiltertem Wasser gegossen und öfter indirekt besprüht werden. Seine Blätter sollten niemals naß werden. Achten Sie auf Staunässe, und düngen Sie die Pflanze während der Wachstumsphase alle 14 Tage. Um die Wuchsform zu unterstützen, empfiehlt sich die Anbringung eines Wandspaliers. Umgepflanzt wird im Frühjahr in eine sandige Einheitserde.

Gärtnertip
Der Kletterfarn ist eigentlich nur für eine Haltung im Wintergarten zu empfehlen.

Kletterfeige

(Ficus pumila)

Blütezeit:	Grünpflanze
Familie:	Maulbeerbaumgewächs
Heimat:	Asien, Australien

Die Kletterfeige mit ihren herzigen, kleinen Blättern ist eine Verwandte des bekannten Gummibaumes. Neben der grünen gibt es auch weißgeränderte Sorten. Die selbstklimmende Pflanze mit ihren kurzgestielten Blättern rankt mit Hilfe der Haftwurzeln an Wänden und korkbeschichteten Stäben empor. Als Unterbepflanzung von Schalenarrangements ist die Pflanze beliebt.

Standort
Grünblättrige Sorten sollten halbschattig stehen, weißgeränderte hell und sonnig, jedoch ohne direkte Sonneneinstrahlung. Die Raumtemperatur kann zwischen 10–25 °C schwanken. Im Winter ist ein Standort um 5 °C geeignet.

Pflege
Die Kletterfeige braucht viel und möglichst gefiltertes Wasser. Bei Trockenheit im Wurzelbereich stirbt die Pflanze rasch ab. Vergessen Sie vor allem im Winter nicht, wenn die Luft trocken ist, die Pflanze zu besprühen, denn sie braucht eine etwas feuchtere Luft. Während der Wachstumsperioder ist die Pflanze alle 14 Tage mit einem Grünpflanzen-

Klimme

dünger zu versorgen. Im Winter, je nach der Raumtemperatur und den Lichtverhältnissen, sollten sie die Kletterfreige nur alle 4 bis 6 Wochen düngen.

Vermehrung
Sie erfolgt durch Stecklinge, der Wurzelansatz in Form von den für Rankgewächse üblichen Saugwurzeln ist an der Pflanze bereits sichtbar.

Gärtnertip
Die Kletterfreige ist eine schöne Ampelpflanze, beliebt auch zur Begrünung von Epiphytenstämmen, besonders geeignet für die Hydrokultur.

Klimme

(Cissus)

Blütezeit:	Grünpflanze
Familie:	Rebengewächs
Heimat:	Australien

Die Klimme, auch Russischer Wein genannt, ist anspruchslos und wächst auch bei nicht ganz optimalen Bedingungen. Neben der Cissus antarctica mit ihren herzförmigen Blättern wird noch Cissus rhombifolia angeboten. Ihre immergrünen Blätter sind bis zur Mittelrippe eingeschnitten. Daraus ergeben sich drei rhombenförmige Plättchen. Beide Arten sind ganzjährig im Handel. Begehrte Ampelpflanzen sind die aus Südafrika stammende Kapklimme C. capensis und die kleine Vertreterin aus Südamerika C. striata.

Standort
Während die Pflanze einen halbschattigen bis schattigen Standort bevorzugt, ist sie hinsichtlich der Temperatur sehr genügsam. Zwischen 3-30°C verkraftet die Pflanze, allerdings stellt sie unter 10 °C das Wachstum ein.

Pflege
Je nach Raumtemperatur und Licht benötigt der Russische Wein mehr oder weniger Wasser. Für gelegentliches Besprühen der Blätter mit weichem Wasser, vor allem im Winter bei warmem Standort, ist die Pflanze dankbar.

Auch die Düngemenge sollten Sie dem Standort anpassen. Während der Wachstumsperiode alle 8 bis 14 Tage düngen, im Winter kann die Düngung eingestellt werden. Im Frühjahr, falls erforderlich, sollten Sie die Pflanze in lehmig-humose, kalkhaltige Erde umtopfen.

Vermehrung
Im Mai oder September Kopfstecklinge schneiden und bei 25°C unter Folie in humoser Erde bewurzeln.

Gärtnertip
Beim Umpflanzen oder -stellen müssen die Ranken sehr vorsichtig behandelt werden. Vorsicht vor Staunässe, sie bewirkt Blattfall und braune Blätter. Bei Wassermangel stellen sich Spinnmilben und Blattläuse ein.

Knollenbegonie

(Begonia tuberhybrida)

Blütezeit:	April – Sept.
Familie:	Schiefblattgewächs
Heimat:	Südamerika

Ob gefüllt oder einfach blühend, entdecken Sie den Charme und die Vielfalt der Knollenbegonien. Es gibt aufrechtwachsende und herabhängende Sorten in herrlichen Blütenfarben von Weiß und Rosa, Gelb und Orange bis hin zu vielen Rottönen.

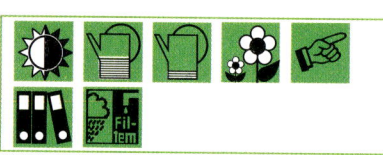

Standort
Die prachtvolle Knollenbegonie sollte auch im Zimmer absonnig stehen und nach Möglichkeit während der Sommermonate einen windgeschützten Platz an der Ostseite von Balkon oder Terrasse erhalten, denn Begonien verkraften die heiße Mittags- und Nachmittagssonne schlecht. Im Halbschatten fühlt sich die Pflanze besonders wohl.

Pflege
Wenn die Knollenbegonie regelmäßig mit möglichst weichem Wasser gegossen und wöchentlich mit Nährstoffen versorgt wird, währt die enorme Farb-

pracht den ganzen Sommer hindurch. Ab September wird das Gießen immer mehr eingeschränkt, bis zum Einziehen der Blätter. Die von der Erde gesäuberte Knolle muß dann kühl und trocken im Keller in einem Torfbett überwintern.

Vermehrung
Die Vermehrung erfolgt durch Teilen der Knollen beim Umpflanzen, wobei jedes Teilstück mindestens zwei Augen aufweisen sollte.

Gärtnertip
Knollenbegonien sind bei regelmäßiger Pflege unkompliziert.

Königswein

Köcherblümchen

(Cuphea)

Blütezeit:	Mai – Okt.
Familie:	Weiderichgewächs
Heimat:	Amerika

Die bekannteste Art der Gattung ist die C. ignea. Das Köcherblümchen ist ein langsam wachsender, kleiner Halbstrauch mit länglichen, spitzzulaufenden Blättern. Von Mai bis zum ersten Frost zeigt die Pflanze ihre Blütenpracht. Wie der Name schon andeutet, schmückt sie sich mit leuchtendroten Blütenröhren, die bis zu 4 cm lang sind.

Standort
Das Köcherblümchen liebt einen hellen bis halbschattigen Standort. Vor allen Dingen braucht es sehr viel frische Luft. Deshalb fühlt die Pflanze sich auf Balkon und Terrasse besonders wohl. Während der Sommerzeit muß sie warm, in den Wintermonaten kühl bei 12 °C stehen.

Pflege
Zum guten Gedeihen gehört eine reichliche Wasserversorgung. Vorsicht ist geboten vor Staunässe. Auch sollten Sie das wöchentliche Düngen nicht vergessen, sonst läßt die Blütenpracht zu wünschen übrig. In den kälteren Monaten wird nur minimal gegossen. Umgetopft wird die Pflanze nur bei Bedarf in eine nährstoffreiche Einheitserde.

Vermehrung
Die Vermehrung ist ganzjährig durch Stecklinge möglich; am sinnvollsten aber nach der Blüte im Oktober. Die Jungpflanzen müssen dann ebenfalls kühl überwintert werden.

Gärtnertip
Es gibt über 200 Arten. Fürs Zimmer am besten geeignet ist C. ignea und C. platycentra.

Königin der Nacht

(Selenicereus)

Blütezeit:	Juni – Juli
Familie:	Kakteengewächs
Heimat:	Mittel-, Südamerika

Ihre Blüten, die sich mit Beginn der Dunkelheit öffnen, und vor dem Morgengrauen wieder schließen, gaben ihr den Namen »Königin der Nacht«. Es ist ein Erlebnis, das Aufblühen der riesigen, bis zu 30 cm großen Blüte mitzuerleben. Die Blütezeit fällt in die Monate Juni/Juli. Die roten Früchte werden als Delikatesse geschätzt.

Standort
In den Sommermonaten müssen Sie für einen hellen und warmen Standort sorgen, der durch Schattieren vor prallem Sonnenlicht geschützt wird. Auch im Winter braucht die Pflanze sehr viel Licht, allerdings sollte dann die Raumtemperatur nur etwa 12 °C betragen.

Pflege
In den Sommermonaten müssen Sie reichlich gießen und die Pflanze einmal im Monat mit einem Kakteendünger ernähren. Im Winter wird das Gießen auf ein Minimum beschränkt. Vor der Blüte im März/April ist der Kaktus für gelegentliches Besprühen dankbar. Umtopfen in mit Sand vermischte Einheitserde.

Vermehrung
Am einfachsten vermehrt sich die Pflanze über Stecklinge. Wie bei anderen Kakteen auch, muß die Schnittfläche etwa 3 Wochen antrocknen, danach wird sie in ein stark torfhaltiges Substrat zum Bewurzeln gesteckt.

Gärtnertip
Die dünnen, langen Triebe bedürfen eines festen Haltes. Kakteenrankhilfen zum Aufbinden sind im Handel erhältlich. Die Überwinterung bei niedrigen Temperaturen ist Voraussetzung für die spätere Blüte.

Königswein

(Rhoicissus)

Blütezeit:	Grünpflanze
Familie:	Weinrebengewächs
Heimat:	Südafrika

Eine schnellwachsende Kletterpflanze, die bis zu 3 m hoch wird. Ihre dunkelgrünen geteilten, meist auch gezähnten Blätter beranken schnell ganze Wände und sind auch als grüner Raumteiler beliebt. Die anspruchslose Pflanze kann ein hohes Alter erreichen. Allerdings verholzt sie dabei allmählich.

Standort
Die Pflanze liebt es halbschattig bis schattig, paßt sich jedoch fast allen Gegebenheiten an. Wie alle Weinarten liebt die Pflanze Wärme, im Winter kann es kühler werden, aber nicht unter 8 °C, denn schon bei 10 °C stellt die Pflanze das Wachstum ein.

Pflege
Der Königswein braucht reichlich Wasser, darf aber nicht im

Wasser stehen, Vernässung führt zu braunen, abfallenden Blättern. Düngen Sie die Pflanze regelmäßig alle 1 bis 2 Wochen, in den Wintermonaten in größeren Abständen oder gar nicht. Zum Umpflanzen brauchen Sie eine lehmig humose Erde. Zu groß gewordene Pflanzen können beliebig zurückgeschnitten werden.

Vermehrung

Im Frühjahr erfolgt die Vermehrung durch Stecklinge oder durch Absenken der Triebe. Hierbei werden mehrere Blattknoten auf der Erde liegend mit Krampen befestigt und kommen so zur Bewurzelung.

Gärtnertip

Königswein ist gut für die Hydrokultur geeignet. Zu groß gewordene Exemplare können Sie beliebig zurückschneiden.

Kohlerie

(Kohleria)

Blütezeit:	März – Okt.
Familie:	Gesneriengewächs
Heimat:	Kordilleren

Die Kohlerie ist eine relativ unbekannte Zimmerpflanze mit dunkelgrünen, festen, leicht behaarten Blättern und sehr markanten großen fingerhutartigen Blütenglocken. Ihre gepunkteten Racheblüten sind von exotischer Schönheit und blühen lange. Auch nach der Blütezeit wirkt die Pflanze apart durch das Farbenspiel ihrer Blätter.

Standort

Der Standort sollte im Sommer 24°C haben und im halbschattigen oder schattigen Bereich liegen. Im Winter reichen der Pflanze zwischen 15-18°C.

Pflege

Während der Blüte sollte die Kohlerie häufig mit lauwarmem Wasser gegossen und wöchentlich gedüngt werden. Im Winter, wenn die Pflanze kühler steht, wird das Gießen entsprechend reduziert und das Düngen ganz eingestellt. Umgepflanzt wird im

März oder April in flache Gefäße oder Ampeln mit Einheitserde.

Vermehrung

Von Februar bis April können kleine Rhizomabschnitte 1-2 cm tief in eine humose Erdmischung gelegt werden. Bei einer Bodentemperatur von 20°C und einer Folienhaube als Verdunstungsschutz werden die schuppigen Sproßstückchen bald treiben.

Gärtnertip

Die Kohlerie ist eine schöne Ampelpflanze.

Kokospälmchen

(Microcoelum weddelianum)

Blütezeit:	Grünpflanze
Familie:	Palmengewächs
Heimat:	trop. Regenwald

Das Kokospälmchen ist eine zierliche Fiederpalme mit geringem Platzbedarf. Ihre Lebensdauer im Zimmerbereich ist leider sehr kurz, weil ihre Lichtansprüche auch in der dunklen Jahreszeit sehr hoch sind.

Standort

Die Pflanze bevorzugt einen hellen Standort ohne direkte Sonneneinstrahlung. Das Kokospälmchen ist sehr kälteempfindlich. Daher darf die Temperatur das ganze Jahr über nie unter 18°C sinken.

Pflege

Gießen Sie die Pflanze regelmäßig, denn sie braucht viel, und zwar möglichst gefiltertes Wasser. Am besten, Sie geben in den Übertopf eine kräftige Kiesschicht, die bis knapp unter die Oberfläche mit Wasser gefüllt ist. Das verdunstete Wasser erhöht die Luftfeuchtigkeit. Zusätzlich sollte die Luftfeuchtigkeit durch Übersprühen erhöht werden. Gedüngt wird alle 14 Tage von April bis September.

Vermehrung

Die Vermehrung erfolgt durch Samen, die Keimzeit beträgt 2 bis 3 Monate.

Gärtnertip

Wenn die Blattspitzen oder Wedel vertrocknen, sollten Sie entfernt werden.

Kokospalme und Kokospälmchen

Kokospalme

(Cocos nucifera)

Blütezeit:	Grünpflanze
Familie:	Palmengewächs
Heimat:	Meeresküsten

In freier Natur können Kokospalmen bis zu 30 m hoch werden. Die echte Kokospalme kann aus der Nuß, in deren Mitte der Same eingebettet ist, gezogen werden. Im Handel sind angetriebene Kokosnüsse ebenso wie meterhohe Pflanzen erhältlich. Beim Eintopfen ist darauf zu achten, daß die Kokosnuß zur Hälfte aus der Erde herausschaut. Allerdings ist im Wohnbereich das Leben der Kokospalme kurz, meist geht sie nach 3 bis 4 Jahren plötzlich ein.

Standort

Die Kokospalme braucht das ganze Jahr über einen sehr warmen und hellen, möglichst sonnigen Standort. Die Luftfeuchtigkeit sollte bei 70-80 % liegen, normalerweise beträgt sie in den Wohnräumen nur 45 %.

Pflege

Kokospalmen sollten täglich mit kalkfreiem bzw. gefiltertem Wasser besprüht werden, sonst bekommen ihre Blätter braune

Blattspitzen und Ränder. Kokospalmen sind sehr wasserbedürftige Pflanzen. Sie müssen in den Sommermonaten reichlich gegossen werden, jedoch darf keine Staunässe entstehen. Während der Wachstumszeit ist alle 14 Tage ein Düngeguß erforderlich. Beim Einpflanzen angetriebener Kokosnüsse sollte eine humusreiche Erde verwendet werden.

Vermehrung
Die Vermehrung ist dem Gärtner vorbehalten.

Gärtnertip
Beim Gießen ist darauf zu achten, daß der Stammansatz trocken bleibt. Im Sommer sollte die Kokospalme im Freien stehen.

Kolbenfaden
(Aglaonema)

Blütezeit:	Grünpflanze
Familie:	Aronstabgewächs
Heimat:	Indonesien, Malaysia

Die robuste, lichtgenügsame Pflanze ist für dunkle Standorte unentbehrlich. Bei minimalen Lichtansprüchen von 300 bis 500 Lux bleibt die Zeichnung der dekorativen Blätter noch erhalten. Angeboten wird die Blattpflanze je nach Art in silbergrauen, weißgelb gefleckten oder gescheckten Farbnuancen. Bei optimaler Pflege bildet sich im Frühjahr ein Kolben mit einem weißen Hüllblatt, ähnlich der Callablüte. Wenn Sie Glück haben, bilden sich später rote oder orangefarbene Beeren. Die Pflanze liebt die Gesellschaft anderer Gewächse. Der Kolbenfaden zählt zu den zur Luftverbesserung

Kolbenfarn

getesteten Pflanzen, die nachweislich das Raumklima verbessern. Besonders häufig ist A. commutatum mit vielen Varianten.

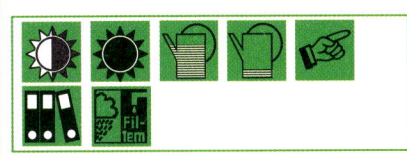

Standort
Die Pflanze liebt einen Standort im warmen Zimmer, ganzjährig bei 18-24°C, halbschattig oder schattig. Für grünblättrige Formen kann der Standort dunkler als für buntblättrige sein. Der Kolbenfaden verträgt weder Sonne noch Standortwechsel. Schützen Sie ihn vor allem vor Zugluft und Kälte.

Pflege
Während der Wachstumsperiode sollten Sie die Pflanze reichlich mit temperiertem, möglichst weichem Wasser gießen; im Winter sollte sie sparsamer gewässert werden. Wichtig für die Pflanze ist außerdem eine hohe Luftfeuchtigkeit. Neben dem indirekten Besprühen der Blätter sollten Sie diese auch hin und wieder vom Staub befreien. Gedüngt wird von März bis August alle 14 Tage. Umtopfen nur, wenn erforderlich, in sehr lockere, humose und durchlässige Erde, denn Staunässe schädigt die fleischigen Wurzeln der Pflanze.

Gärtnertip
Der Kolbenfaden ist in allen Teilen giftig.

Koprosma
(Coprosma)

Blütezeit:	Grünpflanze
Familie:	Krappgewächs
Heimat:	Neuseeland

Ein immergrüner, mehrjähriger Zierstrauch, mit hellgrünen Blättern und einer dunkelgrünen Färbung in der Blattmitte. Neuerdings werden auch buntblättrige Arten angeboten, die vorzugsweise für den Wintergarten und Balkonkasten geeignet sind. In den Sommermonaten erscheinen unscheinbare, lilafarbene Blüten.

Standort
Vor allem die buntblättrigen Arten wollen sehr hell, aber vor praller Sonne geschützt stehen, während die grünblättrigen Sorten einen halbschattigen Standort bevorzugen. Wichtig ist, daß die Koprosma in den Sommermonaten reichlich frische Luft bekommt. Vor allem darf die Pflanze nicht der Zugluft ausgesetzt werden. Im Winter genügt eine Temperatur von 8 °C.

Pflege
Die Koprosma wird nur sehr mäßig gegossen und in Abständen von 4 Wochen gedüngt. Während der kühleren Winterzeit müssen Sie lediglich dafür sorgen, daß der Ballen nicht austrocknet. Wenn die Pflanze ganzjährig im Zimmer steht, sollten Sie hin und wieder zur Sprühflasche greifen. Ältere Pflanzen werden jedes zweite Jahr, nach der Ruheperiode im Frühjahr, umgetopft. Dazu brauchen Sie Einheitserde und eine gute Drainage im Pflanzgefäß.

Vermehrung
Im März können vorjährige Triebspitzen bei einer Bodentemperatur von 22-25°C in die Erde gesteckt werden. Ein Verdunstungsschutz während der Bewurzlungszeit ist zweckmäßig.

Gärtnertip
Die Jungpflanzen müssen mehrmals entspitzt werden, damit sie sich kräftig verzweigen.

Korallenbäumchen
(Solanum)

Blütezeit:	Mai – Juni
Familie:	Nachtschattengewächs
Heimat:	Südamerika, Madeira

Die Pflanze ist mit der Tomate verwandt. Sie liebt ebenso die Sonne und die gleichmäßige Feuchtigkeit. Zwar sind die Blüten unscheinbar, dafür um so leuchtender und verlockender die roten, gelben oder weißen Früchte. Dieser Beerenschmuck hält wochenlang an. Das Korallenbäumchen wird von Juli bis Februar angeboten.

Standort
Das Korallenbäumchen bevorzugt

es hell und vollsonnig, wobei die Temperatur möglichst nicht über 20 °C steigen sollte, sonst vergeilen die Triebe. Stellen Sie die Pflanze im Sommer an das offene Fenster oder gönnen Sie ihr einen Platz auf dem Balkon oder der Terrasse. Sie will von frischer, kühler Luft umgeben sein. Sofern Sie über einen hellen, kühlen Standort verfügen, können Sie die Pflanze bei 10-15°C mit Erfolg überwintern. Während der Vegetationspause wird nicht mehr gedüngt und nur minimal gegossen.

Pflege
Damit die Blätter nicht gelb werden und abfallen, muß die Pflanze regelmäßig, und zwar möglichst mit gefiltertem Wasser, gegossen werden, darf aber dabei keinesfalls nasse Füße bekommen. Eine wöchentliche Düngung ist wichtig.

Vermehrung
Die Vermehrung erfolgt im Januar bis April.

Gärtnertip
Die Pflanze ist in allen Teilen giftig. Vorsicht ist vor allem bei Kleinkindern geboten, sie dürfen die Beeren nicht essen.

Korallenbäumchen

Korallenmoos

(Nertera granadensis)

Blütezeit:	April – Mai
Familie:	Krappgewächs
Heimat:	Südamerika

Die aparte, kurzlebige Schmuckpflanze besticht durch die zahlreichen orangen Beerenfrüchte, die sich im August bilden. Ihre kleinen Blätter ähneln dem Bu-

Korallenmoos

bikopf, obwohl das Korallenmoos nicht zu der Familie der Nesselgewächse gehört, sondern mit dem Kaffeebaum verwandt ist.

Standort
Die Pflanze liebt es hell bis halbschattig, luftig und kühl. Während der Blütezeit im Juni darf der Standort hell bis sonnig sein. In den Sommermonaten kann das Korallenmoos gut auf dem Balkon oder an einem geöffneten Fenster stehen. Sobald sich die Beeren zeigen, sollte die Pflanze möglichst kühl und hell stehen, damit sie sich lange an dem schönen Beerenschmuck erfreuen können. Wenn Sie sich die Mühe der Überwinterung machen wollen, dann müssen Sie während der Ruhezeit für einen hellen Platz bei 10 °C sorgen.

Pflege
Nur entkalktes Wasser vorsichtig in den Untersatz gießen, nie von oben auf die Blätter oder Blüten, sonst bilden sich keine Früchte. Sobald sich die Korallenbeeren entwickelt haben, können Sie die Pflanze unbesorgt besprühen. Von Mai bis September ist das Korallenmoos alle 2 Wochen zu düngen.

Vermehrung
Die Vermehrung erfolgt im September durch Teilen der Polsterstaude.

Gärtnertip
Vorsicht bei Kindern, die Pflanze ist giftig.

Korbmarante

(Calathea crocata)

Blütezeit:	April – Juni
Familie:	Marantengewächs
Heimat:	Südamerika

Als einzige unter den Maranten schmückt sich die Calathea crocata neben den lebhaft gezeichneten großen Blättern auch mit hübschen, gelben Blüten. Die Pflanze hat das ganze Jahr über Saison. Es gibt über 100 Arten, z.B. C. argyea mit einer besonders kleinen Blattunterseite, die purpur- oder silbergerändert ist, C. ornata mit silberweißen Streifen zwischen den Blattnerven, C. undulata mit violetter Blattunterseite oder C. zebrina mit samtigem Oberblatt.

Standort
Die empfindliche Schöne hält sich nur im geschlossenen Blumenfenster, Wintergarten, Gewächshaus oder in einem hellen Bad. Die Pflanze ist auf eine sehr hohe Luftfeuchtigkeit angewiesen, schließlich kommt sie aus den tropischen Regenwäldern Südamerikas. Die Korbmarante möchte halbschattig bis schattig stehen, sie verträgt jedoch keine direkte Sonne. Die Zimmertemperatur darf im Sommer bis 22 °C und im Winter nicht unter 15 °C liegen.

Pflege
Gleichmäßig, aber mäßig mit temperiertem, kalkfreiem Wasser feucht halten, auf keinen Fall zu naß! In den Sommermonaten von April bis August sparsam düngen. Zugluft und Staunässe verträgt die Pflanze überhaupt nicht. Beim Umtopfen ist für eine gute Drainage zu sorgen und eine humose durchlässige Erde (pH-Wert 5–6) zu sorgen. Das Erdsubstrat sollte von Zeit zu Zeit mit Styromull gelockert werden.

Vermehrung
Die Pflanze vermehrt sich durch Teilung.

Gärtnertip
Ein gutes Zeichen für die Pflanze ist das abendliche Aufrichten der Blätter in Schlafstellung.

Kranzschlinge

(Stephanotis floribunda)

Blütezeit:	Juni – Sept.
Familie:	Seidenpflanzengewächs
Heimat:	Madagaskar

Die eleganten, strahlenweißen, nach Jasmin duftenden Blüten, die sich über dem dunkelgrünen, glänzenden Laub entfalten, begeistern viele Pflanzenfreunde. Die Kranzschlinge ist eine starkwüchsige Kletterpflanze, die Sie, um Wände zu begrünen, an einem Rankgerüst entlangführen oder an einem rundgebogenen Draht aufbinden können.

Standort
Ihre Kranzschlinge ist ein Solitärgewächs, das unbeengt, frei und luftig stehen möchte. Gönnen Sie ihr einen sehr hellen, vor praller Sonne geschützten Standort. Wenn Sie eine blühende Pflanze kaufen, müssen Sie diese zunächst vor dem Sonnenlicht schützen. Sobald die Pflanze sich eingewöhnt hat, sollte sie eine Lichtmarke am Topf bekommen, denn sobald Sie den Standort bzw. Lichteinfall verändern, kommt es zum Knospenfall. Während die Temperatur im Sommer recht warm sein sollte, muß sie im Winter bei 10-15°C liegen.

Pflege
Gegossen wird während der Blütezeit reichlich, aber nur mit entkalktem, temperiertem Wasser. Eine zweite Blüte erfolgt an den Seitentrieben, die um den Bogen geführt werden. Nach der Blüte wird weniger gegossen, und während der kühleren Winterzeit nur soviel, daß der Ballen nicht austrocknet. Düngen Sie die Pflanze von April bis September regelmäßig alle 14 Tage. Sprühen ist günstig, damit wird die Luftfeuchtigkeit erhöht. Verwenden Sie nur gefiltertes Wasser, damit keine Blattflecken entstehen. Die

wüchsige Pflanze muß jährlich umgetopft werden. Je stärker die Kranzschlinge wächst, desto üppiger blüht sie.

Vermehrung
Im März/April können Sie Stecklinge schneiden mit zwei Blattpaaren. Die Schnittflächen sollten in Bewurzelungspulver getaucht werden und bei 20 – 25°C in Aussaaterde, dem Sie etwas Sand hinzufügen, bewurzeln.

Gärtnertip
Gelb werdende Blätter sind ein Zeichen von Chlorose, die auf zu kalkhaltiges Wasser zurückzuführen ist. Achten Sie auf eine gute Drainage, damit die schöne, aber empfindliche Pflanze keine Wurzelfäule bekommt.

Kranzschlinge

Kreisfahne

(Chorizema)

Blütezeit:	März – Mai
Familie:	Hülsenfruchtgewächs
Heimat:	Australien

Eine Rarität ist die liebenswerte Kreisfahne. Im Handel erhältlich ist die Sorte C. ilicifolium. Die Pflanze blüht von März bis Mai mit gelborangen Blütentrauben. Die langsam wachsende Topfpflanze hat längliche, leicht gezähnte Blätter.

Standort
Im halbschattigen Bereich, geschützt vor direkter Sonnenbestrahlung, fühlt sich die Kreisfahne wohl. Im Sommer liebt sie

reichlich frische Luft, sie möchte warm stehen. Im Winter reicht eine kühlere Temperatur um 8 °C.

Pflege
Während der Sommermonate sollte die Pflanze gleichmäßig feucht gehalten werden. Im Winter wird nur noch mäßig gegossen, so daß der Ballen nicht austrocknet. Gedüngt wird in der Wachstumsperiode wöchentlich. Das Umtopfen kann in größeren Intervallen erfolgen. Die beste Jahreszeit dafür ist der März. Das folgende Pflanzgefäß darf nur etwas größer sein. In herkömmlicher Einheitserde fühlt sich die Pflanze wohl.

Vermehrung
Die Vermehrung ist am einfachsten im Frühjahr mit Stecklingen durchzuführen.

Kreuzblume

(Polygala)

Blütezeit:	April – Juli
Familie:	Kreuzblumengewächs
Heimat:	Südafrika

Der kleine Halbstrauch mit zahlreichen Verästelungen trägt winzige, längliche Blättchen. Vom Frühling bis zum Sommer erscheinen viele lilafarbene, schmetterlingsähnliche Blüten. Die Blütenanordnung ist unregelmäßig.

Standort
Die Kreuzblume sollte einen halbschattigen Standort bekommen, denn sie verträgt die direkte Sonne nicht. Angenehm warm sollte die Luft in den Sommermonaten sein. Im Zimmer müssen Sie öfter lüften, um dem Bedarf nach frischer Luft gerecht zu werden. Überwintert wird die Pflanze bei 6 °C.

Pflege
Je nach Standort und Raumtemperatur wird das Wasser dosiert. Im Sommer braucht die Pflanze viel Wasser, im Winter sollte die Kreuzblume verhalten gegossen werden. Eine Düngung ist nicht erforderlich. Im Frühjahr wird die Kreuzblume in das nächstgrößere Pflanzgefäß mit Einheitserde umgepflanzt.

Vermehrung
Die Vermehrung ist mit Stecklingen besonders einfach. Diese werden im Mai geschnitten und im Wasser stehend oder in einem sandigen Substrat bewurzelt. Auch eine Aussaat ist möglich, die Keimdauer beträgt einen Monat.

Gärtnertip
Kenner schätzen die außergewöhnliche Blütenform der Pflanze.

Kreuzkraut

(Senecio)

Blütezeit:	April – Mai
Familie:	Korbblütler
Heimat:	weltweit

Das verschieden gestaltete Gewächs gibt es als Blatt-, Stammsukkulente oder auch als Kletterpflanze. Die Pflanze kann kugelförmige oder spitz zulaufende Blätter haben. Ihre Blütezeit liegt im Frühjahr; die Korbblüte gleicht dem Huflattich.

Standort
Die Pflanze ist Trockenheit und Sonne gewöhnt und steht demzufolge gern das ganze Jahr über an einem hellen, sonnigen Platz. Trockene Zimmerluft verträgt die Pflanze gut. Zum Problem wird allerdings der Standort im Winter, denn dann fehlen meist Licht und Sonne.

Pflege
Die Pflanze braucht nur sehr wenig Wasser. Gedüngt wird während der Wachstumsperiode einmal im Monat. In der kühlen Jahreszeit, wenn sie bei Temperaturen von etwa 10 °C gehalten wird, kann sie sogar trocken stehen. Zum Umpflanzen im Februar/März sollten Sie flache Schalen verwenden und diese mit Einheitserde, der etwas Sand zugefügt wurde, füllen.

Vermehrung
Die Vermehrung ist einfach und wird mit Stecklingen durchgeführt. Wie bei allen Kakteen oder Sukkulenten, muß die Schnittfläche vor dem Einstecken der Stecklinge angetrocknet sein.

Gärtnertip
Das Kreuzkraut ist eine beliebte Ampelpflanze.

Krokus

(Crocus)

Blütezeit:	Frühjahr
Familie:	Schwertliliengewächs
Heimat:	Mittelmeerraum

Der Frühlingsblüher ist als Safranlieferant bekannt. Durch seine wunderschönen Blüten in den Farben Weiß, Gelb, Hellviolett bis hin zum Lila ist er sehr beliebt. Blattmusterungen und -formen.

Standort
Der Frühlingsblüher braucht einen sonnigen bis halbschattigen Standort. Wenn die Krokusse aufgeblüht sind, dann sollten sie nicht mehr vollsonnig stehen, damit die Blütezeit verlängert wird.

Pflege
Die Pflanze wird mäßig feucht gehalten. Alle Zwiebelgewächse, so auch der Krokus, vertragen stehende Nässe nicht. Im September werden die Knollen in flache Gefäße mit Einheits-erde gelegt und dabei etwas angegossen. Während der winterlichen Ruhezeit ist ein dunkler und kühler Raum notwendig. Ab Januar wird der Krokus wieder angetrieben und an einen halbschattigen bis hellen Platz gestellt. Nach der Blüte sollten Sie die kleinen Zwiebelchen in den Garten pflanzen oder verschenken.

Vermehrung
Die Pflanze vermehrt sich durch Aussaat bzw. Brutknollen.

Gärtnertip
Zum vorzeitigen Austreiben eignet sich die C. neapolitanicus.

Kronwicke

(Coronilla)

Blütezeit:	April – Sept.
Familie:	Schmetterlingsblütler
Heimat:	Mittel-, Südeuropa

Der langsam wachsende Halbstrauch schmückt sich im Frühjahr mit gelben Kügelchen in Doldenform. Die Pflanze

Kroton

blüht oft ein zweites Mal im Herbst und ähnelt dem Ginster.

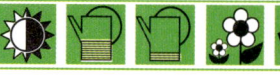

Standort
Der Standort darf hell bis halbschattig sein, er braucht vor allem eine gute Frischluftversorgung. Im Sommer liebt die Pflanze warme Temperaturen, im Winter möchte sie bei 8 °C stehen.

Pflege
Von Frühjahr bis zum Herbst wird die Kronwicke gleichmäßig gegossen und alle 14 Tage gedüngt. Stehende Nässe verkraftet die Pflanze nicht, ebenso schädlich ist für sie ein zu trockener Ballen. In den Wintermonaten kann das Gießen stark eingeschränkt werden. Falls erforderlich, wird im März das Gewächs in ein etwas größeres Pflanzgefäß mit Einheitserde gesetzt.

Vermehrung
Besonders einfach ist die Vermehrung im Frühjahr mit Stecklingen.

Gärtnertip
Wild wachsend kommt in unseren Breitengraden die leicht giftige Art C. varia vor.

Kroton

(Codiaeum variegatum)

Blütezeit:	Grünpflanze
Familie:	Wolfsmilchgewächs
Heimat:	Südostasien, Südsee

Unübertroffen in seiner Farbenpracht ist der Wunderstrauch. Kein Künstler könnte auf seiner Palette die leuchtend ineinander überlaufenden gelben, roten, grünen, weißen oder braunen Fabrtöne schöner mischen. Diese Blattschönheit hat spezielle Pflegeansprüche. Sie sollten diese berücksichtigen, damit die lebhaften Farben nicht verblassen. Es gibt viele Sorten in unterschiedlichen Blattfärbungen, Blattmusterungen und -formen.

Standort
Hell möchte der Kroton stehen, vor allem braucht die Pflanze viel Licht zur Erhaltung und Bildung der farbenprächtigen Blätter. Während der Mittagsstunden muß schattiert werden, pralle Sonne verträgt die Pflanze nicht. Wichtig ist auch eine gleichmäßige Zimmertemperatur, die nie unter 18 °C sinken darf.

Pflege
Entscheidend für das gute Gedeihen ist eine gleichmäßige Wasserversorgung bei hoher Luftfeuchtigkeit und Wärme. Zur Bewässerung sollten Sie nur gefiltertes, temperiertes Wasser verwenden, ebenso zum Besprühen der Pflanze. Blattfall ist auf Ballentrockenheit zurückzuführen. Tauchen der Pflanze oder das Bewässern über ein Dochtsystem beugen diesem Problem vor.

Vermehrung
Die Vermehrung erfolgt am besten durch Abmoosen, die Stecklingsvermehrung ist problematisch.

Gärtnertip
Bei Lufttrockenheit kommt es zu Schädlingsbefall, vor allem treten rote Spinne, Thrips und Schildläuse auf.

Kußmäulchen

(Hypocyrta glabra)

Blütezeit:	Juni – Sept.
Familie:	Gesneriengewächs
Heimat:	Süd-, Mittelamerika

Das Kußmäulchen ist eine kriechende Pflanze mit fleischigen, glänzenden Blättern. Das Gewächs ist mehrjährig und

Kußmäulchen

blüht über 4 Monate. Die Blüten sitzen einzeln und haben eine Kußmundform, daher kommt wohl auch der Name. Sie könnten auch mit kleinen roten oder orangefarbenen Lampions, die gelb gesäumt sind, verglichen werden.

Standort
Die reichblühende Zimmerpflanze wünscht einen warmen, hellen Standort, der vor direktem Sonnenlicht geschützt liegt. Für feuchte Luft ist das Kußmäulchen dankbar. Ideal sind Temperaturen um 18 °C. Falls möglich, ist eine Temperaturabsenkung in den Wintermonaten auf 10-14°C wünschenswert.

Pflege
Das Kußmäulchen ist in den Sommermonaten regelmäßig zu gießen und zu düngen. Im Winter, wenn die Pflanze kühl gehalten wird, darf kaum gegossen werden. Im Frühjahr ist Umtopfzeit. Das Gewächs liebt eine leicht saure, humose Erde.

Vermehrung
Die Vermehrung ist kinderleicht. Sie brauchen nur lange Triebe abzuknipsen und in ein Glas mit Wasser zu stellen. Sobald sich erste Würzelchen zeigen, werden die jungen Pflanzen in Einheitserde getopft.

Gärtnertip
Vergessen Sie nicht, die Pflanze immer wieder zu entspitzen. Das Abknipsen der zu lang geworde-

nen Triebe trägt dazu bei, daß die Pflanze buschig wächst und zahlreiche Blüten trägt.

Laelie

(Laelie)

Blütezeit:	ganzjährig
Familie:	Orchideengewächs
Heimat:	Brasilien, Mexiko

Die epiphytisch wachsende Orchidee ist mit der Cattleya verwandt und ihr sehr ähnlich. Die Laelie verdankt den Namen dem römischen Feldherrn Garius Lhelius. Die in Brasilien heimische Orchidee ist in ihrem Lande eine Nationalblume. Alle Laelien sind auf Bäumen oder Steinen zu finden. Sie können L. anceps und L. autumnalis im gut geheizten Zimmer halten, obgleich die Pflanze eigentlich ins Warmhaus gehört. Die meisten der anderen Laelien gedeihen in normal geheizten Räumen. Bisher sind etwa 75 Laelia-Arten bekannt. Sie bezaubern durch ihre farbintensiven Blüten, deren Farbpalette von Rot, Orange, Gelb, Weiß bis hin zu Violett reicht.

Standort
Je nach Art lieben die Laelien einen hellen bis halbschattigen Standort. Gleichmäßige Temperaturen sind für das Gedeihen dieser Orchideen sehr wichtig. In den Sommermonaten wünscht die Pflanze je nach Art 18-25°C, im Winter etwa 15 °C. Nachts sollte die Temperatur bei etwa 12 °C liegen.

Pflege
In der Blütezeit gießen Sie möglichst mit gefiltertem Wasser und nach Bedarf, in der Ruhepause steht die Pflanze hell und trocken, bis sie neu austreibt. Während der Wachstumszeit sollte die Laelia wöchentlich mit einem speziellen Orchideendünger ernährt werden. Umgetopft wird nur bei Bedarf. Als Pflanzenerde sollten Sie Orchideensubstrat verwenden.

Vermehrung
Die Vermehrung erfolgt durch Abtrennen älterer Bulben und Rückbulben.

Gärtnertip
Allgemein sind Laelien weit unempfindlicher als Cattleyen.

Lampranthus

(Lampranthus)

Blütezeit:	Juli – Sept.
Familie:	Mittagsblumengewächs
Heimat:	Südafrika

Die Sukkulente aus Südafrika überrascht mit ihrem Blütenreichtum von Juli bis September. Das Farbspektrum reicht von Weiß bis Gelb, Orange, Rosa bis hin zu dunkleren Rottönen.

 Standort
Sonne und ein heller Standort sind ein Lebenselexier für diese Pflanze. Auf frische Luftzufuhr am Standort sollten Sie achten. Überwintert wird Lampranthus hell, sehr kühl, aber frostfrei.

 Pflege
Von Sommer bis Herbst sollten Sie die Pflanze mäßig gießen und monatlich düngen. Im Winter wird so gut wie nicht mehr gegossen. Das Umtopfen ist nur in Ausnahmefällen nötig. Dazu wird eine sandige Lehmerde verwendet.

 Vermehrung
Die Vermehrung erfolgt durch Kopfstecklinge, deren Schnittflächen vor dem Einstecken in ein sandiges Substrat angetrocknet sein müssen.

 Gärtnertip
Lampranthus wird gerne als Balkon- oder Gartenpflanze verwendet.

Lanzenrosette

(Aechmea)

Blütezeit:	Mai – Okt.
Familie:	Ananasgewächs
Heimat:	Brasilien

Die Lanzenrosette zählt zu den robustesten Ananasgewächsen. Selbst trockene Zimmerluft verkraftet sie gut. Ihre Blüte ist exotisch-extravagant, mit rosavioletten Blütenständen. Sie erfreut über Monate. Leider geht die Pflanze – wie alle

Bromelien – nach der Blüte ein. Glücklicherweise sorgt die Natur zuvor noch für guten Nachwuchs.

 Standort
Die Pflanze steht gern hell und warm, das ganze Jahr über zwischen 18 – 20°C, keinesfalls kühler. Starke Temperaturschwankungen sind zu vermeiden. Intensiver Mittagssonne ist schädlich.

 Pflege
Gießen Sie möglichst nur mit gefiltertem Wasser, da sonst die Blätter weiße Flecken bekommen. Im Sommer sollten Sie der Pflanze öfter einen warmen Regenguß gönnen, im Winter muß für höhere Luftfeuchtigkeit durch Besprühen mit weichem Wasser gesorgt werden. In der Blattrosette (Zisterne) sollte stets etwas Wasser stehen. Während der Blütezeit von Mai bis Oktober wöchentlich mit Flüssigdünger ernähren. Bewurzelte Kindel werden in spezielle Bromelienerde umgetoft. Bis zur ersten Blüte dauert es 2 bis 3 Jahre.

 Gärtnertip
Wenn Bromelien nicht blühen wollen, gibt es ein einfaches Hausmittel, um sie zum Blühen zu bewegen. Es klingt sonderbar, aber es wirkt. Ein reifender Apfel mit dem entweichenden Äthylengas regt die Blütenbildung an. Der Apfel wird einfach auf die Erde der Pflanze gelegt. Diese wird für zwei Tage mit einer durchsichtigen Plastiktüte bedeckt.

Lanzenrosette

Lapagerie

(Lapageria)

Blütezeit:	Juli – Aug.
Familie:	Liliengewächs
Heimat:	Chile

Die aparte Kletterpflanze schmückt sich im Sommer mit wunderschönen hängenden, roten Lilienblüten, die bis zu 5 cm lang werden. Die Pflanze hat ovale, ledrige Blätter und ist empfindlich.

 Standort
Während der Sommermonate sollten Sie der Lapagerie einen halbschattigen bis schattigen Platz geben. Im Winter möchte die Pflanze bei 6-10°C an einem sehr hellen Standort stehen, aber ohne direkte Sonne.

 Pflege
In der warmen Jahreszeit muß die Lapagerie reichlich mit Wasser versorgt werden. In den kühlen Wintermonaten hingegen nur so viel, daß sie nicht ganz austrocknet. Das Umtopfen ist in den seltensten Fällen erforderlich. Falls umgepflanzt werden muß, sollten Sie eine humose Einheitserde mit Holzkohlestückchen verwenden.

 Vermehrung
Die Vermehrung kann mit frischen Samen erfolgen, allerdings müssen Sie sich mindestens 4 Wochen gedulden, bevor die Saat aufgeht. Die Jungpflanzen müssen mehrmals pikiert werden.

 Gärtnertip
Die Pflanze darf nicht beschnitten werden, da sonst die Blüte im nächsten Jahr ausbleibt.

Lapeirousia

(Lapeirousia)

Blütezeit:	Juli – Aug.
Familie:	Schwertliliengewächs
Heimat:	Südafrika

Das Zwiebelgewächs aus der Kapgegend blüht im Sommer blau bis rot. Die Blätter sind grasartig, schmal und leicht überhängend. Die einseitigen Blütenähren sitzen an einem über das Laub hinausragenden Stengel. Die Blüten sind trichterförmig und weiten sich zu einem kurzen Schlund.

Standort
Während der warmen Jahreszeit sollte die Lapeirousia an einem hellen, aber halbschattigen Ort ihren Platz finden. Direkte Sonne liebt die Pflanze nicht, frische Luft hingegen sehr. Im Sommer möchte das Zwiebelgewächs in normal warmer Zimmertemperatur stehen, in den Wintermonaten hingegen sehr kühl, etwa um die Frostgrenze.

Pflege

Gegossen wird in der warmen Jahreszeit reichlich. Nach der Blüte kann das Gießen entfallen, die Pflanze zieht ein. Sobald die Blätter abgestorben sind, werden mehrere Zwiebeln zusammen in eine Schale gesetzt und trocken und luftig untergebracht. Erst nach dem erneuten Stecken der Zwiebeln im Herbst wird die Lapeirousia wieder allmählich mit Wasser versorgt.

Vermehrung

Die Vermehrung erfolgt im Herbst durch Brutzwiebeln. Diese werden von der Pflanze abgenommen und in ein sandiges Substrat gesteckt.

Gärtnertip

Das Umtopfen ist nur alle 2 Jahre erforderlich. Dazu sollten Sie kleine Gefäße mit sandiger Einheitserde füllen.

Laubkaktus

(Pereskia aculeata)

Blütezeit:	meist ganzjährig
Familie:	Kakteengewächs
Heimat:	Amerika

Der Laubkaktus gleicht in keiner Weise den übrigen Kakteen. Er ist nicht nur in seiner Erscheinung untypisch für Kakteen, sonden auch hinsichtlich seine Pflege. Es handelt sich um einen kletternden Strauch. Ältere Exemplare können bis zu 10 m lange Triebe bilden. Die Pflanze verzweigt sich stark und trägt an den kletternden Trieben leicht fleischige, hellgrüne Blätter. Pereskia aculeata hat weiße, rötliche oder gelbliche, stark durftende Blüten von 4 cm Durchmesser. In der Regel blüht diese Art im Sommer, gelegentlich auch zu anderen Jahreszeiten.

Standort
Die ziemlich anspruchslose Pflanze liebt einen halbschattigen Standort und keine direkte Sonnenbestrahlung. Zu schützen ist der Laubkaktus vor Zugluft. Überwintert werden sollte die Pflanze bei 10 °C.

Pflege

Während des Wachstums sollten Sie den Kaktus reichlich mit Nährstoffen und Wasser versorgen. In den Wintermonaten ist es ratsam, die Wassergaben stark einzuschränken. Achten Sie darauf, daß die Pflanze dabei nicht völlig austrocknet. Die Pereskia ist wärmebedürftig. Zum Umtopfen brauchen Sie eine Mischung aus Torf, Sand und Einheitserde zu gleichen Teilen.

Vermehrung

Die Vermehrung ist sehr schwierig, sie ist daher von Gärtnereien durchzuführen.

Gärtnertip

Die bemerkenswerte Pereskia ist ein Solitärgewächs und sollte entsprechend gestellt werden.

Lebende Steine

(Lithops)

Blütezeit:	Juli – Aug.
Familie:	Mittagsblumengewächs
Heimat:	Südafrika

Die über 80 Arten umfassende Sukkulentengattung ist in der Sandwüste Süd- und Südwestafrikas beheimatet. Die hochinteressanten Pflanzen haben eine kunstvolle Oberflächenmusterung. Diese Zeichnung ist ein Unterscheidungsmerkmal für die verschiedenen Arten. Die an Trockenheit gewöhnten Pflanzen schützen sich vor dem Vertrocknen durch Schrumpfen. Der umgekehrt kegelförmige Körper ähnelt zwar Kieselsteinen, weist aber bei genauerer Betrachtung zwei – bis auf einen kleinen Spalt – in der Länge verwachsene, dickfleischige Blätter auf. An der Oberseite sind diese durchscheinend, so daß Licht zur Assimilation vordringen kann. In den Sommermonaten erscheinen weiße bzw. gelbe strahlenförmige Blüten.

Standort
Von April bis September ist ein helles, sonniges Südfenster genau das richtige. Während der Wintermonate brauchen die Lebenden Steine eine Ruhezeit und müssen in ein helles, kühles Quartier mit etwa 15 °C umziehen.

Pflege

Es geht hierbei um eine äußerst genügsame Pflanze, die selbst während der Sommerzeit mit sehr wenig Wasser auskommt und in den Wintermonaten gar nicht gewässert wird. Das Erdsubstrat muß durchlässig und nicht zu nährstoffreich sein.

Vermehrung

Die Vermehrung aus Samen ist einfach.

Gärtnertip

Die Lebenden Steine können ohne Düngung auskommen.

Lebende Steine

Lederfarn

(Arachniodes)

Blütezeit:	Grünpflanze
Familie:	Farngewächs
Heimat:	Südafrika

Der umkomplizierte Farn wächst sehr buschig und trägt bis zu 80 cm lange Wedel, die sich aus 2 bis 3 gefiederten Blättern zusammensetzen. Der kriechende, dicke Wurzelstock zeigt rotbraune Schuppen.

 Standort
Die pflegeleichte Pflanze möchte halbschattig bis schattig bei einer Zimmertemperatur von 15 °C stehen. Immer ist ein Standort auf Balkon und Terrasse ideal, sofern er vor direkter Sonne geschützt liegt.

 Pflege
Während der warmen Jahreszeit möchte der Lederfarn mäßig, aber regelmäßig gegossen werden, und zwar möglichst mit entkalktem Wasser. Der Wurzelballen sollte stets feucht sein. Während der winterlichen Ruhepause wird verhalten gegossen. Besonders gut gedeiht die Pflanze, wenn Sie hin und wieder etwas Kuhdung in das Pflanzgefäß geben. Sie sollten auch nicht vergessen, die Wedel des Lederfarns mit gefiltertem Wasser zu besprühen.

 Vermehrung
Sie ist schwierig und sollte von Gärtnereien durchgeführt werden.

 Gärtnertip
Die kräftigen Farnwedel sind äußerst haltbar und werden gern in frische Blumensträuße eingebunden.

Leea

(Leea)

Blütezeit:	Juli – Aug.
Familie:	Leeagewächs
Heimat:	Indonesien

Ein apartes tropisches Gewächs mit anmutigem Namen. Zunächst wächst die Pflanze als Busch, später bildet sie einen Stamm und kann als Bäumchen gezogen werden. Die Pflanze trägt schmale, spitz zulaufende, gefiederte Blätter in rötlich bis bronze schimmernden Farben. Sie schmückt sich in ihrer Heimat mit rosa-

roten Blüten, aus denen dann rote Beerenfrüchte entstehen.

 Standort
Die Pflanze steht gern hell, sie ist aber auch für halbschattige Standorte geeignet. Die Morgen- und Abendsonne ist erwünscht, vor praller Mittagssonne muß sie geschützt werden. Das ganze Jahr über sind Zimmertemperaturen, die in den Wintermonaten nicht unter 18 °C liegen sollten, günstig.

 Pflege
Die Pflanze muß regelmäßig, aber nicht übermäßig gegossen werden. Stauende Nässe ist genauso schädlich wie Ballentrockenheit. Vergessen Sie nicht, sie während der Sommermonate wöchentlich zu düngen. Beim Umtopfen ist auf eine gute Drainageschicht, die der Staunässe vorbeugt, zu achten. Außerdem braucht die Pflanze ein torfhaltiges Erdsubstrat, dem Sie etwas Sand und Styromull hinzufügen sollten. Letzteres wird gern praktiziert, damit die Wurzeln gut durchlüften können.

 Vermehrung
Durch Samen bei Zimmertemperaturen über 20 °C erzielen Sie gute Ergebnisse. Sofern Sie über eine geschlossene Keimbox verfügen, können Sie Ihr Glück auch über Kopf- und Blattstecklinge versuchen. Diese benötigen ein anhaftendes Stengelstück. Auch das Abmoosen ist wie beim Gummibaum möglich.

 Gärtnertip
Die Pflanze wächst langsam und verzweigt sich kaum. Ein Rückschnitt macht sie buschiger, da die Leea dann neben dem Leittrieb auch an der Stammbasis Nebentriebe bildet.

Leuchterblume

(Ceropegia woodii)

Blütezeit:	Mai – Okt.
Familie:	Seidenpflanzengewächs
Heimat:	Afrika, Australien

Man sieht es ihr nicht an, aber sie zählt zu den sukkulenten Pflanzen. Sie ist daher anspruchslos hinsichtlich Bewässerung und Pflege. An den winzigen, marmorierten Blättern bilden sich über 6 Monate lampionähnliche Blüten. Die pflegeleichte Ampelpflanze ist ideal für unerfahrene Pflanzenfreunde. Ihre fleischfarbenen, leuchterartigen Blüten geben der Pflanze ein fernöstliches Flair. Nur wenn Sie der Pflanze die Möglichkeit geben, als Ampelpflanze frei zu hängen, wird sie sich in voller Schönheit und Pracht entfalten.

 Standort
Ein heller Sonnenplatz ist ideal, sie kann aber auch noch im Halbschatten gedeihen. Die Raumtemperatur spielt keine entscheidende Rolle. Wenn Sie allerdings die Möglichkeit haben, der Pflanze im Winter ein helles, kühleres Plätzchen zu geben, bekommen Sie ein besonders prachtvolles Exemplar. Bezüglich der Luftfeuchtigkeit brauchen Sie sich keine Gedanken zu machen, trockene Zimmerluft verkraftet sie gut.

 Pflege
In der Wachstumsphase von April bis Oktober wird sie ein- bis zweimal in der Woche möglichst mit entkalktem Wasser gegossen und im gleichen Abstand mäßig gedüngt. Ab November können Sie das Düngen ganz einstellen und die Bewässerung auf ein Minimum reduzieren. Im März sollten Sie die Form Ihrer Leuchterblume durch Rückschnitt neu aktivieren. Das Frühjahr ist auch die richtige Zeit zum Umtopfen. Flache Kulturtöpfe eignen sich für die sukkulente Pflanze besonders, denken Sie aber an eine Drainageschicht aus Tonscherben.

 Vermehrung
Sie erfolgt durch Triebstecklinge mit gut abgetrockneten Schnittflächen im sandigen Erdsubstrat. Beim Rückschnitt im Frühjahr fallen genügend Stecklinge an.

 Gärtnertip
Die Leuchterblume ist auch eine gute Hydrokulturpflanze.

Liebesröschen

(Anacampseros)

Blütezeit:	Juni – Sept.
Familie:	Portulakgewächs
Heimat:	Südafrika

Das Liebesröschen fehlt bei Liebhabern von Sukkulenten selten. Die kleine Staude wird unterteilt in zwei Arten (Avonia und Telephiastrum), die sich im Aussehen, in der Pflege und der Vermehrung unterscheiden.

 Standort
Sektion Avonia:
Die etwas empfindlichen Pflanzen können im Sommer bei voller Sonne stehen. Im Winter brauchen sie Temperaturen von mindestens 14 °C.

 Pflege
Diese Art will leicht feucht gehalten werden und wächst in sandig-lehmiger Erde.

 Vermehrung
Die Vermehrung der Sektion Avonia erfolgt ausschließlich durch Samen. Dieser bildet sich in den Blüten, selbst wenn die Blüte sich nicht öffnet.

 Standort
Sektion Anacampseros (Telephiastrum):
Die zu dieser Sektion gehörenden Arten haben borstenförmige Nebenblätter, die zwischen den dicklichen Stengelblättern sitzen. Pflanzen dieser Sektion sind nicht so empfindlich. Sie lieben einen vollsonnigen Standort und viel frische Luft sowie angenehme warme Sommertemperaturen. Im Winter werden sie bei 10 °C gehalten, können aber auch wärmer stehen.

 Pflege
Sie brauchen in der Regel mehr Wasser als die Sektion Avonia. Ballentrockenheit muß unbedingt vermieden werden. Zum Umtopfen wird eine mit Sand vermischte Einheitserde verwendet.

 Vermehrung
Die Vermehrung ist am einfachsten über Blattstecklinge. Nachdem die Schnittflächen angetrocknet sind, können die Stecklinge in ein leicht feuchtes Sandsubstrat gesteckt werden. Zum Bewurzeln ist eine Bodentemperatur um 18 °C erforderlich.

 Gärtnertip
Das Liebesröschen gedeiht in einer durchlässigen, sandigen Erde besonders gut.

Liriope

Liriope

(Liriope)

Blütezeit:	April – Mai
Familie:	Kakteengewächs
Heimat:	Südamerika

Die Pflanze erinnert nicht nur an die Traubenhyazinthe, sondern ihre Blüten gleichen ihr auch. Die Blütezeit der Liriope liegt zwischen Juli und September, das kleine Gewächs trägt grasähnliche Blätter wie der Schlangenbart.

 Standort
Der Standort sollte hell sein, kann aber auch im Halbschatten liegen. Direkte Sonne verträgt die Pflanze nicht. Die Liriope benötigt reichlich frische Luft, ist aber vor Zugluft zu schützen. Im Sommer sollte die Pflanze bei normalen Raumtemperaturen stehen. Im Winter müssen Sie darauf achten, daß die Temperatur nicht über 18 °C liegt. Trockene Zimmerluft verträgt sie gut.

 Pflege
Im Sommer wird die Liriope mäßig gegossen und bekommt alle 14 Tage etwas Zimmerpflan-zendünger. Im Winter wird das Gießen nochmals reduziert. Wenn sich im Frühjahr der neue Austrieb zeigt, sollten Sie die Pflanze ab und zu besprühen. Umgetopft wird im März/April in eine lehmige, lockere Erdmischung.

 Vermehrung
Die Vermehrung erfolgt im Frühjahr durch Teilung der Wurzelstücke.

 Gärtnertip
Bei der Liriope handelt es sich um eine unkomplizierte Pflanze, die auch von Anfängern gut gepflegt werden kann.

Lobivie

(Lobivie)

Blütezeit:	April – Mai
Familie:	Kakteengewächs
Heimat:	Südamerika

Innerhalb der Gruppe gibt es runde bis länglich geformte, mit sehr dichten, feinen oder starken Stacheln überzogene Kakteenkörper. Ihre Blüten können weiß, gelb oder rot sein.

 Standort
Die Lobivie ist eine anspruchslose, blühende Kaktee. Sie bevorzugt einen hellen, vollsonnigen luftigen Standort. Trockene Luft bekommt der Pflanze gut. Von Mai bis September ist die Lobivie Ihnen für ein sonniges Plätzchen auf dem Balkon oder der Terrasse dankbar. Intensives Licht und hohe Temperaturunterschiede entsprechen dem heimatlichen Standort. Auch im Winter ist sie auf ein lufttrockenes Quartier angewiesen, wobei dieses dann hell und kühl um 7 °C sein sollte.

 Pflege
Die Lobivien vertragen etwas mehr Wasser als andere Kakteen, jedoch keine stauende Nässe. Gedüngt wird wöchentlich mit einem Kakteendünger. Die meisten Pflanzen wachsen auf eigenen Wurzeln, nur wenige sind gepfropft. Solche mit ausgeprägten Rübenwurzeln brauchen tiefere Pflanzgefäße. In den Wintermo-

naten steht die Pflanze bei niedriger Raumtemperatur völlig trocken.

Vermehrung
Sie geschieht aus Samen oder durch Vermehrung von Seitensprossen in Kakteenerde mit 50 % lehmig-sandigen Zusätzen.

Gärtnertip
Bei der Pflege ist die niedrige Wintertemperatur zur Blüteninduktion zu berücksichtigen.

Löwenohr

(Leonotis Leonurus)

Blütezeit:	Okt. – Dez.
Familie:	Lippenblütler
Heimat:	Südafrika

Die einjährige Pflanze schmückt sich mit löwenkopfähnlichen Blüten, die sich von Oktober bis Dezember zeigen. Das Gewächs wird etwa 30 cm hoch, hat behaarte, am Grunde verholzte Stengel und lanzettartige Blätter. Seine rötlich-gelben Blüten sind 3 bis 5 cm lang. Sie setzen sich aus einer großen und einer kleinen Unterlippe zusammen; auch sie sind behaart.

Standort
An einem hellen, sonnigen, nicht zu warmen Standort mit 18 bis 20°C fühlt sich die Pflanze wohl. Während der Sommermonate ist ein Aufenthalt im Freien wünschenswert.

Pflege
Besondere Pflegehinweise entfallen bei dieser sehr dankbaren Pflanze. Sie müssen das Gewächs lediglich regelmäßig mit Wasser versorgen und darauf achten, daß keine Staunässe entsteht.

Vermehrung
Die Vermehrung ist nicht ganz einfach. Im April werden die Stecklinge geschnitten und in ein Sand-Torf-Mull-Gemisch gepflanzt. Zur Bewurzelung gehört viel Sonne und eine kühle Zimmertemperatur.

Gärtnertip
Aufgrund seiner leuchtenden Blütenfarbe ist das Löwenohr ein schöner Kontrast zu Grünpflanzen, außerdem ein schöner Zimmerschmuck

Losbaum

(Clerodendrum thomsoniae)

Blütezeit:	April – Aug.
Familie:	Verbenengewächs
Heimat:	Afrika, Asien

Derzeit erlebt der früher wohlbekannte Los- oder Schicksalsbaum sein Comeback. Die attraktive Blütenpflanze windet und schlingt sich an Rankhilfen empor und erreicht dabei eine Höhe von bis zu 4 m. Neuerdings werden mit Stauchmitteln behandelte Pflanzen auch buschig gezogen. Während der Blütezeit erfreut sie mit scharlachrot gefärbten Blütenkronen, die von einem aufgeblasenen, weißen Kelch umgeben sind.

Standort
Hell, viel Licht, aber keine pralle

Sonne. Im Winter sollte die Temperatur etwas niedriger sein, ideal sind 10-15°C. Während dieser Zeit verliert die Pflanze möglicherweise die Blätter. Das ist aber kein Grund zur Besorgnis, denn im Februar wird sie zurückgeschnitten, wieder warm und hell gestellt, dann treibt sie erneut kräftig aus.

Pflege
In den Sommermonaten reichlich wässern und alle 14 Tage düngen. Im Winter wird nur noch minimal gegossen und nicht mehr gedüngt. Entscheidend für den Erfolg mit dem Losbaum ist der deutliche Temperaturunterschied in den Wintermonaten. Umgetopft wird nur, wenn es unbedingt notwendig ist.

Vermehrung
In gleichmäßig warmen Räumen kann im März die Vermehrung über Stecklinge oder Samen erfolgen.

Gärtnertip
Blühende Pflanzen werden von April bis August angeboten.

Losbaum

Madagaskarpalme

Madagaskarpalme

(Pachypodium lameri)

Blütezeit:	Grünpflanze
Familie:	Hundsgiftgewächs
Heimat:	Madagaskar

Die Madagaskarpalme ist mit vielen Stacheln besetzt; sie gleicht eher einem Kaktus als einer Palme. Die Pflanze wächst aufrecht mit einem Schopf von lanzettförmigen Blättern. Unter günstigen Bedingungen bildet sie auch Seitentriebe.

Standort

Die Madagaskarpalme liebt einen hellen, sonnigen Standort. Das Gewächs braucht viel Wärme. Es fühlt sich daher auch über einem Heizungskörper wohl, denn hier erhält sie eine optimale Bodenwärme. Die Raumtemperatur darf das ganze Jahr über nicht unter 16 °C liegen, kann aber durchaus auf 30 °C ansteigen.

Pflege

Die Pflanze wird gleichmäßig gegossen und in der Wachstumszeit alle 14 Tage gedüngt. Zum Umtopfen sollten Sie möglichst tiefe Gefäße, die mit steiniger Einheitserde gefüllt werden, verwenden. Wenn die Madagaskarpalme alle Blätter abwirft, ist das nicht schlimm; denn die Pflanze ist dann in der Ruhezeit und zeigt damit an, daß sie weniger gegossen werden will und kühler stehen muß.

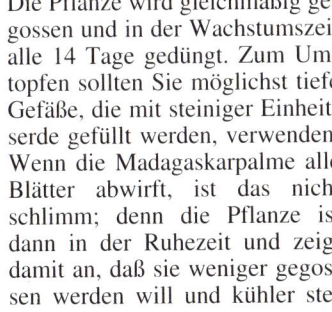

Vermehrung

Die Vermehrung im Frühjahr durch Aussaat ist einfach.

Gärtnertip

Die Madagaskarpalme enthält einen sehr giftigen Saft. Tragen Sie Handschuhe, tragen, wenn Sie die Pflanze berühren.

Mädchenauge

(Coreopsis)

Blütezeit:	Mai – Sept.
Familie:	Korbblütler
Heimat:	Südamerika

Die üppig blühende einjährige Pflanze wird nun auch mehr und mehr für den Zimmergärtner angeboten. Sie ist preiswert und stellt mit ihren gefüllten, kräftig orangen Blüten einen schönen Farbtupfer dar. Die Pflanze ist relativ niedrig und buschig, an zierlichen, langen Stengeln sitzen die leuchtenden Blüten. Das Mädchenauge hat schmale, längliche Blätter, die sich spitz verjüngen, die sich von Mai bis September zeigen.

Standort

Das Mädchenauge ist eine Sonnenpflanze. So muß der Standort hell und sonnig sein. Während der Sommermonate ist ein Aufenthalt auf Balkon oder Terrasse wünschenswert.

Pflege
Je nach Raumtemperatur muß gegossen werden. Die Pflanze verträgt kein kalkhaltiges Wasser. Staunässe müssen Sie unbedingt vermeiden, da sonst die Gefahr der Schimmelbildung besteht. Hin und wieder sollten Sie die Pflanze mit weichem Wasser besprühen. Die Blütenfülle hängt von der Ernährung ab, deshalb müssen Sie wöchentlich düngen. Als Erdsubstrat kommt Einheitserde in Betracht.

Vermehrung

Die Vermehrung dieser liebenswerten Blume erfolgt durch Samen.

Gärtnertip

Nach dem ersten Blütenflor sollten Sie die Pflanze zurückschneiden, damit Sie möglichst eine zweite Blüte erleben.

Maiglöckchen

(Convallaria)

Blütezeit:	Dez. – Juni
Familie:	Liliengewächs
Heimat:	Eurasien, Nordamerika

Das Maiglöckchen ist ein stark duftender Frühjahrsblüher mit zahlreichen, kleinen, weißen, glockenförmigen Blüten. Die Blütenstiele sind umgeben von länglichen, saftigen Blättern. Die Pflanze erfreut sich großer Beliebtheit sowohl als Topf- als auch als Schnittblume.

Standort

Da das Maiglöckchen nur einmal für kurze Zeit blüht, sollte der Standort halbschattig bis schattig und luftig sein. Je kühler die Zimmertemperatur, desto länger halten die Blüten. 12 °C sind ideal.

Pflege

Das Maiglöckchen dürfen Sie nur mäßig gießen. Es empfiehlt sich, die Erdoberfläche mit feuchtem Polstermoos zu bedecken.

Vermehrung

Die Vermehrung ist recht kompliziert, Sie sollte dem Fachmann überlassen werden.

Gärtnertip

Das Maiglöckchen zählt zu den giftigen Pflanzen. Es muß außer Reichweite von Kindern aufgestellt werden. Auch sollten Sie sich nach jeder Berührung mit der Pflanze unbedingt die Hände waschen.

Malaienblume

(Phalaenopsis)

Blütezeit:	ganzjährig
Familie:	Orchideengewächs
Heimat:	Ostasien

Durch Züchtungen ist die Farb- und Formenpracht dieser schönen Orchidee erheblich verbessert worden. Neuzüchtungen sind sehr anpassungsfähig und können daher auch in beheizten, trockenen Zimmern gehalten werden. Kein Wunder also, daß die Phalaenopsis nicht nur als Schnittblume, sondern vor allem als Topfpflanze immer mehr Liebhaber gewinnt. Die Malaienblume hat einen kur-

Malaienblume

Manettie

(Manettia)

Blütezeit:	Febr. – Sept.
Familie:	Krappgewächs
Heimat:	Amerika

Eine zierliche, lang blühende Kletterpflanze, die sich zum Beranken von Spalieren bestens eignet. Die Blütezeit der Manettie reicht je nach Art von Februar bis September. Die Pflanze trägt an ihren dünnen Trieben zahlreiche dunkelgrüne Blätter und zweifarbige, rotgelbe Blüten.

Standort
Während der Sommermonate darf der Standort halbschattig bis sonnig sein. Auf alle Fälle braucht die Pflanze einen hellen Platz. In den Wintermonaten muß sie kühl bei 15 °C und keinesfalls wärmer stehen.

Pflege
Während der Sommermonate wird die Manettie reichlich mit gefilterten Wasser gegossen und wöchentlich gedüngt. Im Winter kann das Gießen stark reduziert werden. Im Frühjahr sollte die Manettie in eine nährstoffreiche Blumenerde umgetopft werden.

Vermehrung
Zu jeder Jahreszeit kann Manettie durch krautige Stecklinge vermehrt werden.

Gärtnertip
Die Manettie ist ein außergewöhnliches Gewächs, das nur selten angeboten wird. Leider ist die Pflanze recht anfällig für Ungeziefer. Daher gehört auch das Abbrausen zum Pflegeprogramm.

Marante

(Marant Calathea)

Blütezeit:	Grünpflanze
Familie:	Pfeilwurzgewächs
Heimat:	trop. Amerika

Die Pflanze ist schön, aber die Pflege schwierig. Die größte Gefahr für diese

zen Stiel mit 4 bis 5 breiten, glänzenden Blättern. Die verschiedenen Arten blühen nacheinander mit langen Blütenrispen aus zarten, weißen und rosa Blüten mit fadenförmigen Lippenfortsätzen. Die Pflanze kann zweimal jährlich ohne Ruhezeit blühen.

Standort
Hell bis halbschattig bei normaler Zimmertemperatur, vor direktem Sonnenlicht schützen. Nur bei Winterbeginn sollten Sie ihr zur Blütenbildung einen kühleren Standort (z.B. Schlafzimmer), aber nicht unter 16°C zukommen lassen.

Pflege
Gleichmäßig feucht halten, so daß die fleischigen Blätter nicht austrocknen. Gießen Sie Orchideen möglichst mit Regen- oder gefiltertem Wasser und vermeiden Sie stauende Nässe. Im Som-

mer sollten Sie die Pflanze mit kalkarmem, temperiertem Wasser indirekt besprühen und wöchentlich düngen. Verblühte Blütentriebe bilden nach dem Abschneiden oberhalb des letzten, schlafenden Auges nicht nur einen neuen Blütenstand, sondern bei optimalem Standort auch Adventivpflänzchen. Pflanzen Sie möglichst selten um, falls es erforderlich wird, verwenden Sie ein grobes Orchideensubstrat, damit die Wurzeln ausreichend mit Luft versorgt werden.

Vermehrung
Die Vermehrung dieser Pflanze ist sehr schwierig, sie sollte deshalb vom Fachmann durchgeführt werden.

Gärtnertip
Die Malaienblume eignet sich hervorragend für die Hydrokultur. Zur Bewässerung verwenden Sie am besten immer weiches Wasser aus der Filtergießkanne AquaFlor.

tropische Pflanze sind kalte Füße. Auch auf trockene Luft reagiert die Empfindsame allergisch.Mit ihren wunderschön gezeichneten Blättern gehören Maranten zu den schönsten Zierblattgewächsen. Beliebt sind sie auch als Bodendecker oder Ampelgewächs.

 ### Standort
Gleichmäßige Wärme und ein heller, aber vor direkter Sonne geschützter Standort entscheiden über den Erfolg. Ebenso wichtig sind gleichbleibende Temperaturen zwischen 18–20°C und leichter Schatten. Ungeeignet ist ein Platz nahe der Heizung. Im Wintergarten fühlen sich Maranten besonders wohl.

 ### Pflege
Während der Sommermonate reichlich gießen, in den Wintermonaten mäßig. Die aus dem tropischen Regenwald stammende Pflanze braucht hohe Luftfeuchtigkeit, die durch Sprühen mit abgestandenem Wasser oder durch das Aufstellen von Wasserschalen erreicht wird. Düngen sollten Sie wöchentlich von März bis September. Während der Ruhezeit von Oktober bis März gießen Sie kaum noch und düngen nicht mehr. Im Frühjahr treibt die Pflanze erneut aus. Umpflanzen nur in humose, durchlässige Erde (pH 5–6) unter Zugabe von Styromull.

 ### Vermehrung
Die Vermehrung erzielen Sie durch Teilen und Ableger.

 ### Gärtnertip
Ein gutes Zeichen für die Gesundheit der Pflanze ist, wenn sich die Blätter während der Abendstunden schließen. Auf diese Weise hält die Pflanze den 12-Stunden-Rhythmus ein.

Marattie
(*Marattia*)

Blütezeit:	Grünpflanze
Familie:	Farngewächs
Heimat:	Tropengebiet

Das Farngewächs hat mehrfach gefiederte Wedel, die sehr lang werden. Die Pflanze bekommt im Alter einen kugeligen Stamm.

 ### Standort
Das immergrüne Farngewächs bevorzugt einen halbschattigen Standort und möchte an diesem auch stehenbleiben, denn die Pflanze kennt keine ausgesprochene Winterruhe. Für eine ausreichende Luftfeuchtigkeit und reichlich Frischluft ist stets zu sorgen. Die ideale Temperatur liegt das ganze Jahr über bei 12–14 °C. Im Winter könnte sie auch geringfügig niedriger bei 10 °C liegen. Die Marattie ist als Solitärpflanze zu behandeln.

 ### Pflege
Die Pflanze muß in den Sommermonaten ausreichend gegossen werden im Winter können Sie das Gießen stark einschränken. Gedüngt wird einmal im Monat.

 ### Vermehrung
Die Reste der Blattstiele, die den Stamm mit Schuppen bedecken, können abgetrennt und bei einer Temperatur über 25 °C bei hoher Luftfeuchtigkeit im Torfsubstrat bewurzelt werden.

 ### Gärtnertip
Das Farngewächs verträgt keine Ballentrockenheit. Ein Fußbad im Untersetzer ist während der Sommermonate empfehlenswert.

Maurandie
(*Asarina*)

Blütezeit:	Juni – Okt.
Familie:	Rachenblütler
Heimat:	Mexiko

In unseren Breitengraden wächst die Maurandie einjährig und wird als Strauch oder Kletterpflanze gezogen. Auch als Ampelgewächs ist die Maurandie sehr dekorativ. Die Pflanze hat dunkelgrüne, gezackte Blätter.

 ### Standort
Die Maurandie steht gern an ei-

 nem hellen, halbschattigen bis sonnigen Platz. Sie darf der direkten Sonnenbestrahlung nicht ausgesetzt werden. Wenn Sie einen geschützten, luftigen Platz auf dem Balkon oder der Terrasse haben, sollten Sie die Pflanze in den Sommermonaten nach draußen stellen.

 ### Pflege
Sparsam gießen lautet die Devise. Wichtig ist, daß der Erdballen nie austrocknet. Für einen Düngeguß alle 14 Tage ist das Gewächs dankbar. Die Sorte A. purpusii, deren Wurzelstock bei 8 °C im Torfbett überwintert werden kann, ist im Frühjahr neu zu topfen.

 ### Vermehrung
Die Vermehrung erfolgt im März bis April mit Samen. Die Jungpflanzen müssen mehrmals gestutzt werden, um eine buschige Form zu erhalten.

 ### Gärtnertip
Die Maurandie ist eine schöne Ampelpflanze.

Medinille

Medinille
(*Medinilla magnifica*)

Blütezeit:	Mai – Juli
Familie:	Schwarzmundgewächs
Heimat:	Philippinen

Eine der dekorativsten Blütenpflanzen. Ihre bis 50 cm langen reichblühenden, rosafarbenen Blütenstände tragen bis zu 100 Einzelblüten. Die blütenüberdeckenden, hellrosa Tragblätter halten sich wochenlang. Im Kontrast dazu stehen die großen, lederartigen, dreirippigen Blätter.

 Standort
Hell und luftig, im Sommer halbschattig. Da die Pflanze recht ausladend wird, paßt sie selten auf eine Fensterbank. Vom Frühjahr bis Herbst normale Zimmertemperatur, von November bis Februar sollten Sie der Pflanze ein kühles, helles Quartier bei 16 °C geben.

 Pflege
Während der Sommermonate braucht die Pflanze viel Wasser. Verwenden Sie zum Gießen nur weiches temperiertes Wasser. Geben Sie der Pflanze außerdem ein wöchentliches Tauchbad, damit die Durstige gut naß wird. Achten Sie nach jedem Gießvorgang darauf, daß das überschüssige Wasser abfließt und keine Staunässe entsteht. Stehende Wasserpfützen im Untersatz sind der Tod der Pflanze. Wichtig ist auch das tägliche Besprühen mit nicht zu hartem Wasser und die wöchentliche Düngegabe. Verwelkte Blütenrispen müssen Sie am Ansatz abschneiden. Höchstens alle 2 Jahre wird in Einheitserde, der Sie etwas Fasertorf beimengen, umgetopft.

 Vermehrung
Bei hoher Luftfeuchtigkeit ist das Abmoosen im März/April möglich.

 Gärtnertip
Sobald sich Blütenknospen zeigen, darf die Pflanze nicht mehr umgestellt werden. Zu groß gewordene Pflanzen können Sie im Frühjahr bis ins alte Holz zurückschneiden. Bei dieser Gelegenheit muß auch der Wurzelballen verkleinert werden. Die Medinille gedeiht prächtig in Hydrokultur.

Meerzwiebel

(Urginea)

Blütezeit:	Juli – Aug.
Familie:	Liliengewächs
Heimat:	Afrika, Mittelmeerraum

Das stark giftige Zwiebelgewächs hat lange, riemenförmige Blätter, die zur Blütezeit absterben. Die Pflanze blüht im Sommer mit zahlreichen, oft bis zu 100 weißen Blüten, wobei ein grüner oder purpurner Mittelstreifen das Blütenhüllblatt kennzeichnet. Die Blätter wachsen erst nach der Blütezeit im Herbst und überdauern bis zum folgenden Sommer.

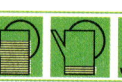

 Standort
Meerzwiebeln wollen einen hellen, luftigen, kühlen, halbschattigen Standort. Es ist darauf zu achten, daß die Pflanze keine Zugluft bekommt. Die optimale Durchschnittstemperatur am Standort liegt bei 14 °C.

 Pflege
Solange die Pflanze begrünt ist, braucht sie viel Wasser. Nach dem Absterben der Blätter kann sie fast trocken gehalten werden. Mit Erscheinen der Blütenknospe wird zunehmend wieder mehr gegossen.

 Vermehrung
Die Vermehrung erfolgt durch Samen im Frühjahr.

Gärtnertip
Die Meerzwiebel ist giftig. Tragen Sie beim Eintopfen und bei allen Pflegemaßnahmen Handschuhe. Es gibt über 40 Arten.

Melonenkaktus

(Melocactus)

Blütezeit:	ganzjährig
Familie:	Kakteengewächs
Heimat:	Südamerika

Der Melonenkaktus gehört zu den schwieriger zu kultivierenden Kakteen. Charakteristisch ist das mützenförmige Cephalium auf den runden Körpern ausgewachsener Pflanzen. Es wirkt wie eine unproportionierte Pfropfung. Blühfähig wird die Pflanze erst nach 6 bis 8 Jahren.

 Standort
Das anspruchsvolle Gewächs

braucht einen hellen, warmen Standort, möchte jedoch nicht der direkten Sonnenbestrahlung ausgesetzt werden. Anfang September beginnt für die Pflanze die Ruhephase. Jetzt muß der Melonenkaktus an einen hellen, kühlen Platz bei Temperaturen um 9 °C untergebracht werden.

 Pflege
Im Winter wird der Melonenkaktus völlig trocken gehalten, auch im Sommer kommt er mit wenig Wasser aus. Die wenige Feuchtigkeit, die er braucht, wird ihm am besten durch Besprühen zugeführt. Wichtig ist, daß Sie weiches Wasser verwenden. Zum Umpflanzen wird eine spezielle Kakteenerde, die stark sandhaltig sein muß, gebraucht.

 Vermehrung
Die Vermehrung ist schwierig, sie sollte dem Fachmann überlassen werden.

Gärtnertip
Der Melonenkaktus hat ein großflächig verzweigtes Wurzelnetz. Daher ist das Umtopfen nicht ganz einfach. Um die zahlreichen Wurzeln nicht zu verletzen, muß in flache Gefäße umgetopft werden.

Microlepie

(Microlepia speluncae)

Blütezeit:	Grünpflanze
Familie:	Tüpfelfarngewächs
Heimat:	Tropengebiet

Das schnellwachsende Farngewächs mit seinen gefiederten, stark gezackten weichen Blättern hat einen hohen Wasserbedarf. Trockene Luft bekommt der Pflanze nicht. Im Sommer können Sie den Ansprüchen nach hoher Luftfeuchtigkeit eher gerecht werden als im Winter.

 Standort
Feuchtwarm und absonnig, außerdem sollten Sie stets für Frischluft sorgen. Ein halbschattiger bis schattiger Standort sollte – wie bei Farnen üblich – vorhanden sein. Die Temperatur

müssen Sie im Winter reduzieren, sie darf aber nicht unter 15 °C liegen.

Pflege

Dieser Farn muß das ganze Jahr über mit weichem Wasser gleichmäßig feucht gehalten werden. Vor jedem Gießvorgang sollten Sie die Erde befühlen. Ballentrockenheit ist genauso schädlich wie eine Ballenvernässung. In den Wintermonaten leidet die Pflanze unter zu trockener Luft, deshalb muß sie häufig mit temperiertem, gefiltertem Wasser besprüht werden. Wichtig ist auch regelmäßiges Düngen, in der Wachstumszeit alle 2 Wochen. Zum Umtopfen nehmen Sie Einheitserde mit Torf- und Sandzusatz.

Vermehrung

Durch Aussaat der Sporen oder Teilung bei einer Raumtemperatur von 20 °C.

Gärtnertip

Im Handel ist nur die Sorte M. speluncae erhältlich.

Mimose

(Mimosa pudica)

Blütezeit:	Juli – Aug.
Familie:	Hülsenfrüchtler
Heimat:	Brasilien

Bei Berühren der Blätter falten sich diese blitzschnell zusammen und das ganze Fiederblatt senkt sich nach unten. Nach wenigen Minuten richten sich die feinen, grünen Blättchen jedoch wieder auf. Das gab der Pflanze den Namen »Rührmichnichtan«. Auf dem zierlichen Gewächs erscheinen violette bis rote Blütenköpfchen.

Standort

Vor allem braucht die Pflanze eine hohe Luftfeuchtigkeit und einen hellen, warmen Standort. Die empfindliche Mimose reagiert auch auf Rauch und Zugluft allergisch. Nach kürzester Zeit fällt sie in sich zusammen und geht ein. Während im Sommer eine warmfeuchte Atmosphäre gewünscht wird, sollte sie im Winter kühlfeucht um die 18 °C sein.

Pflege

Die Mimose sollten Sie mit viel Fingerspitzengefühl mäßig feucht

---

halten. Das Pflanzgefäß sollte nicht zu groß sein, sonst versauert die Erde.

Vermehrung

Mimosen lassen sich leicht ab März aus Samen in gespannter Luft unter Folie heranziehen. Dazu wird eine lockere, leichte Erdmischung gebraucht und eine gleichmäßige Raumtemperatur zwischen 20–25 °C. Auch nach dem Pikieren ist die feuchtwarme Atmosphäre für die Pflanzen wichtig. Jungpflanzen dürfen Sie nicht stutzen, wie es oft empfohlen wird. Freiwachsend entwickelt sich die Pflanze am schönsten.

Gärtnertip

Mimosen brauchen eine gefühlvolle Behandlung.

Mistelfeige

(Ficus deltoidea)

Blütezeit:	Grünpflanze
Familie:	Maulbeerbaumgewächs
Heimat:	Ostasien

Zu den zierlicheren, strauchartigen Ficusarten gehört die Mistelfeige. Aber täuschen Sie sich nicht, die Pflanze wächst schnell zu einem Bäumchen mit grazilen Zweigen heran. Aus den geschlossenen, unscheinbaren Blüten entwickeln sich im Laufe der Zeit erbsengroße, gelb-orangefarbige ungenießbare Früchte.

Standort

Hell, keine pralle Sonne und zugfrei! Trockene Zimmerluft ist für die Mistelfeige kein Problem, wenn es nur das ganze Jahr über schön warm bleibt. Die Temperaturen dürfen auch im Winter nicht unter 18 °C absinken.

Pflege

Wenn Sie für eine gleichmäßige Bodenfeuchte ohne Staunässe und Ballentrockenheit sorgen, werden Sie an dem ausgefallenen Ficus viel Freude haben. Vor jedem Gießvorgang sollten Sie durch Fingerprobe feststellen, ob und wieviel gegossen werden muß. Beim allgemeinen Frühjahrsputz

---

dürfen Sie Ihre Mistelfeige nicht vergessen, denn auf ihren Blättern sammelt sich immer eine Staubschicht an. Mit einem weichen, feuchten Tuch oder durch ein Duschbad läßt sich der Staub schnell entfernen. Vor dem Duschbad sollten Sie nicht vergessen, die Erde mit einer Folie zu bedecken. Zum Umtopfen im Frühjahr eignet sich Lauberde, die mit Sand und Torf gemischt wird.

Vermehrung

Das Frühjahr ist die beste Zeit, um Kopf- oder Triebstecklinge in Erde zu bewurzeln.

Gärtnertip

Die Eigenart der Pflanzen kommt am besten zum Ausdruck, wenn Sie für eine Solitärstellung sorgen.

Mistelfeige

Mooskraut

(Selaginella)

Blütezeit:	Grünpflanze
Familie:	Mooskrautgewächs
Heimat:	trop. Regenwald

Frische, feuchte Luft und ein halbschattiges Quartier sind Lebenselixier für das kleine Mooskraut. Bei Lufttrockenheit rollt sich die Pflanze zu einem Knäuel zusammen, sie entfaltet sich erst wieder nach der Befeuchtung.

Standort

Eine der wenigen Pflanzen, die

einen schattigen bis halbschattigen, aber hellen Standort braucht und gleichzeitig viel frische und feuchte Luft. Das Mooskraut liebt Temperaturen um 18 °C. Wichtig ist, daß auch in den Wintermonaten die Pflanze nicht kühler als 15 °C steht.

Pflege
Der Name Moos deutet schon an, daß die Pflanze feucht stehen möchte. Feucht heißt aber noch lange nicht naß, denn auf Staunässe und Ballentrockenheit müssen Sie achten, sonst besteht die Gefahr, daß sich die Blattspitzen braun verfärben bzw. die Pflanze verfault. In der Wachstumszeit reicht es, wenn Sie die Pflanze alle 14 Tage etwas düngen. Im Frühjahr wird das Mooskraut in flache Gefäße mit sandig-humoser Erde umgesetzt und nach einer 14tägigen Eingewöhnungszeit mit Flüssigdünger sparsam versorgt.

Vermehrung
Durch Teilung im Frühjahr oder durch Abtrennen von Trieben, die bereits bewurzelt sind.

Gärtnertip
Das Mooskraut fühlt sich auch im Flaschengarten sehr wohl.

Mooskraut

Mottenkönig
(Plectranthus)

Blütezeit:	Febr. – April
Familie:	Lippenblütler
Heimat:	Südafrika

Zu Großmutters Zeiten stand er vor und hinter dem Küchenfenster. Auf Bauern-

Mottenkönig

höfen hat er selten gefehlt, denn die pflegeleichte Pflanze mit ihren weißen oder blauvioletten Rispen hält Ungeziefer fern. Beim Zerreiben der Blätter entwickelt sich der Mottenduft.

Standort
Die Pflanze liebt einen sehr hellen, voll sonnigen Standort. Sie kann auch auf Balkon und Terrasse gestellt werden. Im Winter sollte sie bei 10-15°C stehen.

Pflege
Die Pflanze darf nicht zu naß stehen. Im Winter wird kaum gegossen, im Sommer mäßig, aber regelmäßig. Von April bis Anfang September wird in 14-tägigem Rhythmus gedüngt.

Vermehrung
Triebspitzen können von Frühjahr bis Herbst als Stecklinge vermehrt werden. Dazu werden sie einfach in Erde gesteckt.

Gärtnertip
Alle Harfenstraucharten eignen sich für die Hydrokultur.

Myrte
(Myrtus)

Blütezeit:	Mai – Juli
Familie:	Myrtengewächs
Heimat:	Mittelmeerraum

Die Brautmyrte versinnbildlicht Frucht-

barkeit, Keuschheit, Reinheit. Daher wird sie bis zum heutigen Tage für den Brautschmuck verwendet. Die immergrüne Pflanze mit den eleganten weißen, duftenden Blüten ist nicht ganz einfach zu pflegen.

Standort
Myrten müssen sonnig, wollen aber nicht zu warm stehen. Sie brauchen vor allem viel Frischluft. Aus diesem Grunde fühlen sie sich in den Sommermonaten im Freien besonders wohl. Im Winter müssen sie allerdings vor den ersten Frösten wieder ins Haus geholt werden. Myrten sind bei 5 °C hell und luftig zu überwintern.

Pflege
Während der winterlichen Ruhezeit darf nur soviel gegossen werden, daß der Ballen nicht austrocknet. Sobald der Frühling naht, wird wieder vermehrt gegossen und regelmäßig gedüngt. Myrten gedeihen nur, wenn sie mit kalkfreiem Wasser versorgt werden. Sie können Regenwasser bzw. gefiltertes Wasser verwenden. Die Myrte liebt es, öfter mal mit Wasser besprüht zu werden. Wenn Sie die Pflanze mit jedem Gießvorgang etwas düngen, dann werden Sie staunen, was innerhalb eines Jahres aus Ihrer Myrte geworden ist. Ab Mitte Mai sollten Sie, sofern vorhanden, der Pflanze ein luftiges Plätzchen auf dem Balkon oder im Garten gönnen. Falls die Myrte während der Wintermonate Geiltriebe gebildet hat, muß sie jetzt stark zurückgeschnitten werden. Allerdings müssen Sie damit rechnen, daß die Pflanze in den kommenden Monaten spärlich blüht.

Vermehrung
Ab Ende Juli können Sie Stecklinge schneiden und diese in Sand unter Glas wurzeln lassen. Das häufige Stutzen der Triebspitzen fördert die starke Verzweigung und damit buschiges Wachstum.

Gärtnertip
Samenkapseln sollten Sie nicht zur Reife kommen lassen, denn dadurch wird die Pflanze stark geschwächt. Myrten können Sie

durch gezielte Schnittmaßnahmen auch zu Hochstämmchen oder Kronenbäumchen ziehen.

Myrte

Myrtenheide

(Melaleuca)

Blütezeit:	Juli – Aug.
Familie:	Myrtengewächs
Heimat:	Australien

Der langsam wachsende, mehrjährige Strauch schmückt sich in den Sommermonaten mit bürstenähnlichen Blüten in Weiß, Gelb, Rot und Lila. Die Pflanze verbreitet einen angenehmen Eukalyptusduft und hat kurze, dünne, spitzzulaufende Blätter. Die Myrtenheide zeigt eine heidekrautartige, feine Belaubung.

Standort
Das aromatisch duftende Gewächs eignet sich für kühlere Zimmer. In den Räumen schwebt dann stets ein aromatischer Hauch von Menthol. Im Winter bevorzugt die Myrtenheide einen hellen und kühlen Platz bei 10 °C. Wichtig ist für die Pflanze, daß am Standort das ganze Jahr über für reichlich frische Luft gesorgt wird.
Pflege
Während der Wachstumszeit muß regelmäßig und reichlich mit möglichst nicht zu hartem Wasser gegossen und gedüngt

werden. In der kühleren Überwinterungszeit kann das Gießen stark reduziert werden. Es ist aber darauf zu achten, daß der Topfballen nicht austrocknet. Ältere Pflanzen dürfen nicht mehr zurückgeschnitten werden. Jüngere können Sie ein- bis dreimal stutzen. Vor allem Jungpflanzen müssen im Frühjahr umgetopft werden, und zwar in eine grobe Heide- und Lauberde mit Lehmzusatz. Die Myrtenheide zählt zu den kalkfeindlichen Pflanzen.
Vermehrung
Die Vermehrung ist im August durch halbreife Stecklinge durchzuführen. Die Stecklinge werden in eine sandige Erde bei einer Bodentemperatur von 18 °C eingesteckt. Über das Aussaatgefäß wird als Verdunstungsschutz eine Folie gespannt.
Gärtnertip
Es gibt über 100 Arten mit gelben, weißen, roten oder violetten Blüten. Angeboten wird im Handel die M. hypericifolia.

Narzisse

(Narcissus)

Blütezeit:	März – Mai
Familie:	Amaryllisgewächs
Heimat:	Mittelmeerraum

Für Wohnräume werden speziell behandelte Zwiebeln im September/Oktober in sandige Erde knapp bedeckt eingepflanzt. Die Zwiebelschale wird kräftig angegossen und an einem kühlen Ort feucht gehalten. Ab Ende Januar kommt die Narzissenschale ins Haus, sie sollte zunächst noch im Dunklen, etwa bei 12 °C stehen. Sobald die Triebe fingerlang sind, muß die Narzisse wärmer und heller gestellt und mit temperiertem Wasser gegossen werden.

Standort
Während der Blüte sollte die Narzisse hell und halbschattig

Narzisse

stehen. Für genügend Frischluftzufuhr ist zu sorgen.

Pflege
In der Blütezeit heißt es mäßig, aber regelmäßig gießen. Nach der Blüte kann die Zwiebel in den Garten ausgepflanzt werden. Ein wiederholtes Treiben ist nicht möglich.

Gärtnertip
Wenn die Narzisse von Oktober bis Januar zu warm steht, so bildet sie überlange Stengel.

Neomarica

(Neomarica)

Blütezeit:	April – Aug.
Familie:	Schwertliliengewächs
Heimat:	Brasilien

Die Neomarica ist bis heute noch eine seltene Blütenpflanze in den Wohnräumen, denn bisher konnte die Pflanze nur wenige Freunde gewinnen. Sie wächst zwar problemlos, doch halten ihre Blüten nicht lange. Die Staude hat schwertförmige, zweizeilig gestellte Blätter. Ihre Blüten erscheinen von April bis August in Gelb, Weiß oder Blau.

Standort
Die Neomarica liebt einen hellen, vollsonnigen Standort, sie fühlt sich auch bei direkter Sonnenbestrahlung wohl. Für die Überwinterung ist ein kühles Quartier bei 10 °C erforderlich.

Pflege
Während der warmen Jahreszeit wird das Gewächs gleichmäßig feucht gehalten, im Winter kann das Gießen stark reduziert werden. Gedüngt wird einmal im Monat, vorzugsweise mit einem biologischen Dünger. Im Frühjahr sollten Sie die Pflanze in lehmig-sandige Lauberde umgetopft werden.

Vermehrung
Es gibt zwei Möglichkeiten, dieses Gewächs zu vermerken: Zum einen durch die Aussaat im Frühjahr zum anderen durch eine Teilung.

Gärtnertip
Es gibt etwa 15 Arten dieser Pflanze.

Neoportie

(Neoporteria)

Blütezeit:	meist ganzjährig
Familie:	Kakteengewächs
Heimat:	Südamerika

Der Kaktus hat einen länglichen bis kugelförmigen Körper, der sich im Frühjahr oder Frühsommer, je nach Standort, mit großen, weit geöffneten Blüten schmückt. Die Farben der Blüte reichen vom Rosa- bis zu einem Weißton. Der Kaktus trägt weiße, gelbe, braune oder sogar schwarze Samen.

Standort
Diese reich blühende Kaktee braucht einen vollsonnigen Standort während der Sommermonate. Im Winter hingegen muß sie kühl bei 5 °C stehen. Sie können die Pflanze im Sommer nach draußen stellen. Unabhängig davon, ob sie im Freien oder im Haus steht: die Neoporteria braucht immer genügend frische Luft.

Pflege
Die Pflanze wird mäßig mit nicht zu hartem Wasser gegossen und alle 14 Tage mit einem Kakteendünger ernährt. In den Wintermonaten kann sie völlig trocken stehen. Zum Umtopfen im Frühjahr empfiehlt es sich, eine spezielle Kakteenerde zu verwenden.

Gärtnertip
Eine Sammelpflanze für Kakteenliebhaber mit vielen schönen blühwilligen Arten.

Neoregelie

(Neoregelia)

Blütezeit:	Juli – Aug.
Familie:	Ananasgewächs
Heimat:	Brasilien

Die mehrjährige Neoregelia wächst langsam und zeigt ihre kleinen lila Blüten, die in der Blattrosette eingesenkt sind, nur im Sommer. Neoregelia ist eine stammlose Pflanze mit 12 bis 15 Blättern. Die Herzblätter der Rosette sind lebhaft rot, mit einem bläulichen Schein gefärbt. Diese Pflanze besitzt lange,

längs weißgestreifte Blätter und Hochblätter mit blutroten Spitzen. Bemerkenswert ist die enorme Haltbarkeit der attraktiven Deckblätter.

Standort
Zwar kann die Pflanze halbschattig stehen, aber ein heller und nicht zu sonniger Standort fördert die schöne Blattfärbung. In den Sommermonaten sind die üblichen Zimmertemperaturen ideal, im Winter sollten sie 15 °C nicht übersteigen.

Pflege
Es ist dafür zu sorgen, daß der Trichter der Pflanze regelmäßig mit weichem Wasser gegossen wird. Wenn der Sommer kühl und regnerisch ist, muß die Zisterne hin und wieder entleert werden, damit das Wasser nicht fault. Aber nicht nur in den Trichter wird die Pflanze gegossen, sondern auch die Erde muß feucht gehalten werden. In den Wintermonaten wird die Pflanze nur über den Trichter mäßig bewässert.

Vermehrung
Die Vermehrung läßt sich über Kindel durchführen.

Gärtnertip
Die flache Rosettenpflanze eignet sich zur Unterbepflanzung in einem hellen Blumenfenster, ist aber auch für eine gemischte Schalenbepflanzung empfehlenswert.

Neoregelie

Nestfarn

(Asplenium nidus)

Blütezeit:	Grünpflanze
Familie:	Streifenfarn
Heimat:	Asien, Afrika

Der Name Nestfarn kommt nicht von ungefähr: in den Tropen nisten tatsächlich Vögel in seinem Trichter. Er besitzt im Gegensatz zu den meisten Farnen ungeteilte Blätter, die am Wurzelstock nestartig zusammengeführt werden. Der Nestfarn kann epiphytisch wachsen, also auf anderen Pflanzen. Er ist aber kein Schmarotzer, sondern ernährt sich selbst. Daher auch der trichterförmige Wuchs seiner Blätter (Zisternen). Epiphyten haben in der Regel wenig entwickelte Wurzeln und sind daher besonders empfindlich gegen Staunässe.

Standort
Der Nestfarn möchte im lichten Schatten geschützt vor praller Sonne stehen. Wenn Sie dann noch für eine hohe Luftfeuchtigkeit sorgen, werden Sie Freude an der dankbaren Zimmerpflanze haben. Mit normalen Raumtemperaturen kommt der Nestfarn zurecht, solange es nicht kühler als 15 °C wird.

Pflege
Die Pflanze sollte nur mit abgestandenem Regen- oder kalkfreiem Wasser gegossen und regelmäßig indirekt besprüht werden. Wenn Sie keine Risiken eingehen möchten, empfiehlt es sich, den Nestfarn auf eine mit Kies und Wasser gefüllte Unterschale zu stellen. Alle zwei Wochen wird die Pflanze mit einer Nährlösung gedüngt. Eine gute Drainage aus Tonscherben oder Blähton im Blumentopf ist lebensnotwendig. Die Pflanze braucht ein luftiges Erdgemisch mit kleinen Torfbrocken und etwas getrocknetem Kuhdung.

Vermehrung
Die Vermehrung erfolgt durch Sporen. Diese sitzen anfangs als hellgrüne, später als braune, seltsame Tüpfel unter den Blättern in der sogenannten Sporenkapsel.

Gärtnertip
Für den experimentierfreudigen Hobbygärtner hier ein Tip zur Vermehrung. Schneiden Sie ein Blatt mit vielen Sporen ab und stecken Sie es in eine Plastiktüte. Die reifen Sporen fallen dann saatfertig ab. Zur Bewässerung verwenden Sie am besten weiches Wasser aus der Filtergießkanne AquaFlor.

Nestfarn

Nestrosette

(Nidularium)

Blütezeit:	Juli – Sept.
Familie:	Ananasgewächs
Heimat:	Brasilien

Verhältnismäßig selten sind in unseren Wohnräumen die schönen, dankbaren Ananasgewächse zu sehen. Die Nestrosette z.B. hat dunkelgrüne, gezähnte Blätter, die rosettenförmig um die Zisterne angeordnet sind. Von Juli bis September erscheinen aus dem Trichter blauviolette Blüten. Zuvor färben sich die Herzblätter leuchtend rot. Jungpflanzen entwickeln ihre erste Blüte erst nach 2 bis 3 Jahren.

Standort
Die Nestrosette fühlt sich an einem luftigen, hellen, sonnigen bis halbschattigen Standort wohl. Trockene Zimmerluft ist für die Pflanze schädlich, ebenso wie eine starke Sonneneinstrahlung. Der Standort sollte während des ganzen Jahres nicht gewechselt werden. Ideal ist eine Raumtemperatur von 20 °C.

Pflege
Wichtig ist, daß die Pflanze nur mit kalkfreiem, also gefiltertem, zimmerwarmem Wasser gegossen und besprüht wird. In der Blattrosette muß vor allem in den Sommermonaten eine kleine Wasserpfütze stehen. Während der Wachstumszeit wird die Nestrosette wöchentlich gedüngt. Die 1%ige Nährlösung darf sowohl in den Blattrichter gegeben werden als auch auf die Erdoberfläche. Vor den Wintermonaten sollte der Trichter geleert werden, damit unverarbeitete Nährstoffe nicht in der Zisterne faulen.

Vermehrung
Die Vermehrung sollten Sie dem Fachmann überlassen.

Gärtnertip
Das Umtopfen entfällt bei der Nestrosette, denn die Pflanze wird nicht älter als 3 Jahre.

Neuseeländer Flachs

(Phormium)

Blütezeit:	Grünpflanze
Familie:	Liliengewächs
Heimat:	Neuseeland

Der langsam wachsende Neuseeländer Flachs hat einen Stamm mit immergrünen schilfartigen Blättern. Er wächst bis zu 2 m hoch. In den Sommermonaten erscheinen gelbe lange Rispen als Blüten.

Standort
Dieses Gewächs bevorzugt einen sonnigen bis halbschattigen Platz, der mit viel frischer Luft versorgt sein sollte. Zugluft fügt der Pflanze großen Schaden zu, deshalb muß sie davor geschützt werden. In der kalten Jahreszeit wird der Neuseeländer Flachs bei ungefähr 6 °C gehalten.

Pflege
Im Sommer wird dieses Gewächs regelmäßig und sehr ausgiebig

gegossen und kann auch gelegentlich mit einem organischen Dünger für ein gutes Wachstum unterstützt werden. In den Wintermonaten wird der Neuseeländer Flachs nur sehr sparsam mit Wasser versorgt. Nach der Ruhezeit im Frühjahr können Sie die Pflanze in größere Gefäße mit schwerer Lehmerde umsetzen.

Vermehrung
Die Vermehrung sollte im Frühjahr entweder durch Teilung oder mit Samen durchgeführt werden. Die Samenvermehrung ist jedoch sehr langwierig.

Gärtnertip
Für die Zimmerhaltung eignet sich am besten die Sorte P. colensoi, denn sie wird nur etwa 1 m hoch.

Nikanpalme

(Rhopalostylis)

Blütezeit:	Grünpflanze
Familie:	Palmengewächs
Heimat:	Norfolk-Inseln

Die Nikanpalme ist eine rubuste, pflegeleichte Zimmer- und Kübelpflanze mit breitgefiederten Blättern und attraktiven, rostbraunen Blattstielen. Der Blüten- und Fruchtstand von der Nikanpalme entspringt unterhalb des hellgrünen Kronenschafts. Erst nach 30 Jahren blüht diese Art zum ersten Mal. Die Blattstiele haben einen schilfartigen Überzug, die Früchte sind rot.

Standort
Die Nikanpalme verlangt nach einem hellen, mäßig warmen Standort. Sie kann bei Zimmertemperatur zwischen 18-20 °C das ganze Jahr über am gleichen Platz stehen bleiben.

Pflege
Von Frühjahr bis Herbst wird die Pflanze mäßig mit Wasser versorgt. Das Besprühen der Pflanze entfällt, denn sie braucht keine höhere Luftfeuchtigkeit. Die geringen Pflegeansprüche machen die Nikanpalme zu einer unkomplizierten Zimmerpflanze.

Vermehrung
Die Vermehrung erfolgt durch Samen. Die Keimzeit beträgt 4 bis 9 Monate.

Gärtnertip
R. sapida aus Neuseeland blüht auch am heimatlichen Standort erst nach 30 Jahren zum ersten Mal.

Ochna

(Ochna)

Blütezeit:	Febr. – April
Familie:	Ochnagewächs
Heimat:	Südafrika, Malaysia

Der Strauch aus dem tropischen Südafrika trägt von Februar bis April schnell vergängliche gelbe Blüten und einen lange haftenden, sich rot verfärbenden Kelch. Nach der Bestäubung erscheinen zunächst grüne und später im Reifezustand schwarze Beeren.

Standort
Die Ochna braucht einen sonnigen Standort, auch direkte Sonne schadet der Pflanze nicht. In den Sommermonaten kann sie durchaus auf den Balkon oder der Terrasse stehen. Kurz vor der Blüte ist für eine höhere Luftfeuchtigkeit zu sorgen. In den Wintermonaten muß sie an einen hellen, kühlen Platz gestellt werden, der nicht mehr als 10 °C aufweist.

Pflege
Die Pflanze wird gleichmäßig feucht gehalten, während der Ruhezeit ist das Gießen stark einzuschränken. Gedüngt wird einmal im Monat. Jüngere Pflanzen müssen im Februar in neue Einheitserde umgetopft werden, ältere Exemplare sollten nur alle 3 bis 5 Jahre umgepflanzt werden.

Vermehrung
Die Vermehrung erfolgt im August aus Samen oder Kopfstecklingen. Entscheidend für den Erfolg ist eine Raumtemperatur von 25 °C.

Ölbaum

(Olea europaea)

Blütezeit:	Juli – Sept.
Familie:	Ölbaumgewächs
Heimat:	Afrika, Mittelmeerraum

Der Ölbaum ist eine uralte Kulturpflanze, die bereits in der Bibel erwähnt wird. Das mehrjährige Gewächs ist reich verzweigt. Es hat kleine Blätter, die blattoberseits graugrün und an der Unterseite silbern glänzend sind. Während der Sommermonate blüht die Pflanze gelb. Aus der Blüte bilden sich später die Ölfrüchte, die begehrten Oliven.

Standort
Der Ölbaum liebt und braucht einen hellen, sonnigen Standort. Während der Sommermonate ist die Pflanze für einen Platz auf dem Balkon oder der Terrasse dankbar. Frische Luft ist für den Olivenbaum ein Lebenselixier. Wenn Sie häufig das Fenster öffnen, dann verträgt die Olive selbst Zimmerluft überraschend gut. Entscheidend für den Erfolg mit der Pflanze ist die kühle Überwinterung bei 5-10 °C.

Pflege
Ölbäume können von Natur aus – selbst in heißen Sommermonaten – Durstperioden überstehen. Dennoch ist es ratsam, die Pflanze das ganze Jahr über mäßig feucht zuhalten. Zum Gießen sollten Sie nur temperiertes Wasser verwenden. Wenn der Ölbaum im Winter zu trocken ist, verliert er leicht seine Blätter. Während der Wachstumsperiode muß alle 14 Tage gedüngt werden.

Vermehrung
Die Vermehrung mit halbreifen Kopfstecklingen sollte im Sommer erfolgen. Da diese Methode nicht ganz einfach ist, können Sie den Ölbaum auch generativ, also durch Samen, vermehren. Die beste Jahreszeit dafür ist das Frühjahr.

Gärtnertip
Das Wachstum des Ölbaumes können Sie durch Beschneiden zügeln. Die Pflanze läßt sich auch als Zimmerbonsai ziehen.

Oleander

(Nerium oleander)

Blütezeit:	Juni – Aug.
Familie:	Hundsgiftgewächse
Heimat:	Mittelmeerraum

Eine bekannte Liebhaberpflanze, die in

den Sommermonaten vielfach auf Terrasse und Balkon als Kübelgewächs zu bewundern ist. Der giftige Strauch aus dem Mittelmeerraum trägt ledrige, weidenartige Blätter. Im Zimmer kann er eine Höhe bis zu etwa 1,50 m erreichen. Bei guter Pflege und richtigem Standort erscheinen von Juni bis September wunderschöne zahlreich gefüllte oder ungefüllte Blüten in Weiß-, Rosa- oder Rottönen.

Standort

Der Oleander braucht einen hellen, vollsonnigen Standort, sonst kommt er nicht zur Blüte. Während der Sommermonate kann das Thermometer ruhig bis auf 30 °C klettern. Überwintert werden muß die Pflanze allerdings kühl und hell bei 5-10°C. Ab Ende Mai ist ein Standort auf Balkon oder Terrasse wünschenswert, zumal die Pflanze sehr viel Frischluft benötigt.

Pflege

Die Wassermenge richtet sich nach der Temperatur. Im allgemeinen braucht die Pflanze viel Wasser. Achten Sie darauf, daß Sie stets mit nicht zu hartem und immer mit leicht temperiertem Wasser gießen. Während der kühlen Überwinterungszeit ist die Pflanze lediglich leicht feucht zuhalten. Zum Umtopfen, das nur alle paar Jahre erforderlich ist, brauchen Sie sehr große Pflanzgefäße. Zuvor müssen diese mit einer Tonscherbenschicht gut drainiert und mit Einheitserde, der 50 g Hornmehl hinzugefügt wird, gefüllt werden.

Vermehrung

Im Juni/Juli sind Kopfstecklinge, sogar im Wasser stehend, leicht zu bewurzeln. Übrigens: Nur durch Stecklinge lassen sich gefülltblütige, Sorten erhalten. Bei der Aussaat fällt die Pflanze oft in die ursprüngliche Art zurück.

Gärtnertip

Der Oleander braucht reichlich Platz. Er muß als Solitärpflanze gehalten werden. Vorsicht! Das Gewächs ist in allen Teilen stark giftig. Beim umtopfen sollten Sie also Handschuhe tragen.

Orangenblume

Orangenblume

(Choisya)

Blütezeit:	Mai – Juni
Familie:	Rutacege
Heimat:	Mexiko

Dieses mehrjährige Gewächs ist ein kleiner Strauch mit ledrigen Blättern. erscheinen weiße Dolden, die stark nach Orangen duften.

Standort

Die Orangenblume steht gern an einem sonnigen und mit viel Frischluft versorgten Platz. Während der Sommermonate sollte die Temperatur bei etwa 20 °C, im Winter etwa um 5 °C liegen.

Pflege

Dieses Gewächs wird in der warmen Jahreszeit regelmäßig und sehr ausgiebig gegossen. Es bevorzugt kalkhaltiges Leitungswas-

ser. In den Wintermonaten wird die Orangenblume nur sehr sparsam mit Wasser versorgt. Nach der Ruhezeit kann man die Pflanze im Februar in mittelgroße Gefäße mit Einheitserde umsetzen. Ab diesem Zeitpunkt wird einmal pro Monat ein Dünger in das Gießwasser gegeben.

Vermehrung

Die Vermehrung der Orangenblume wird im Frühjahr durchgeführt. Nehmen Sie etwas härtere Stecklinge, die leicht angetrocknet sind, und setzen Sie diese bei einer warmen Zimmertemperatur ein.

Oroye

(Oroya)

Blütezeit:	meist ganzjährig
Familie:	Kakteengewächs
Heimat:	Peru

An dem dunkelgrünen, bis zu 25 cm Durchmesser großen Kugelkaktus befinden sich hellbraune, rötliche bis schwarze Dornen. Das Gewächs schmückt sich durch zahlreiche, verhältnismäßig kleine rosarote oder maisgelb Blüten.

Standort

Von Mai bis September braucht diese Kaktusart einen warmen, hellen, sonnigen und luftigen Standort. Selbst bei direkter Sonnenbestrahlung fühlt sich die Pflanze wohl. Daher sollte sie nach Möglichkeit im Sommer auf Balkon oder Terrasse stehen. Die Oroye braucht von Oktober bis März ein kühles, helles Winterquartier (5–10 °C).

Pflege

Der Kaktus darf auch in den Sommermonaten nur minimal gegossen werden. Im Winter wird er völlig trockengehalten. Zum Umtopfen müssen Sie Kakteenerde verwenden. Die Vermehrung dieser Pflanze ist nicht einfach; sie sollte dem Fachmann überlassen werden.

Gärtnertip

Mit dem Gießen wird nach den Wintermonaten die Blütezeit eingeleitet.

Osterkaktus

(Rhipsalidopsis x graeseri)

Blütezeit:	April – Mai
Familie:	Kakteengewächs
Heimat:	Brasilien

Da die Pflanze um die Osterzeit blüht, trägt sie den Namen Osterkaktus. Dieses Kaktusgewächs hat flache, kurze, mehrkantige Glieder. Der Osterkaktus ist in den küstennahen Bergwäldern Brasiliens beheimatet und daher eine feuchtwarme, tropische Temperatur gewohnt. Er wird mit leuchtend roten bis violetten Blüten angeboten.

Standort

Am hellen Fenster, halbschattig, keine direkte Sonne. Eine gute Luftzirkulation ist wichtig, damit sich keine stauende Wärme bildet. In den Sommermonaten sind Temperaturen zwischen 15-20 °C ideal. Denken Sie daran, von November bis Januar muß der Osterkaktus kühler, etwa bei Temperaturen zwischen 10-15 °C stehen, sonst setzt er keine Knospen für das nächste Jahr an. Allerdings darf das Thermometer auch nicht unter 10 °C sinken, weil sonst der Knospenansatz ebenfalls ausbleibt.

Pflege

Regelmäßig mit Regen- oder gefiltertem Wasser gießen, Staunässe ist unbedingt zu vermeiden. Gedüngt wird mit Kakteendünger, mäßig von März bis Juni. Gönnen Sie der reichblühenden Pflanze nach der Blütezeit eine Verschnaufpause! Ab Mai sollte die Pflanze an einen halbschattigen Standort kommen, nach Möglichkeit in den Garten. Während der Ruheperiode wird nur minimal gegossen, die Glieder werden dann etwas einschrumpfen. Ab August sollten Sie wieder kräftiger gießen und die Pflanze an einen wärmeren Platz stellen. Während der folgenden kühleren Winterperiode ist nur hin und wieder zu gießen, damit der Osterkaktus nicht völlig austrocknet. Ab März bekommt er wieder einen warmen Zimmerplatz. Umtopfen nach der Blüte bei Bedarf in sehr lockere, durchlässige Fertigerde.

Vermehrung

Dazu trennen Sie einfach Pflanzenglieder ab, an denen sich bereits kleine Würzelchen gebildet haben, und topfen diese in spezielle Kakteenerde.

Osterkaktus

Gärtnertip

Während der Blütezeit dürfen die Pflanzen weder gedreht noch größeren Temperaturschwankungen ausgesetzt werden, sonst kommt es zum Abwerfen der Knospen. Der Osterkaktus ist aufgrund der gefälligen Blütenanordnung auch ein schönes Ampelgewächs.

Osterluzei

(Aristolochia)

Blütezeit:	Juli – Aug.
Familie:	Osterluzeigewächs
Heimat:	Brasilien

Die Exotin ist Kennern vorbehalten. Der ausgefallene Schlingstrauch hat einen krautigen Stamm und herzförmige Blätter. Diese sind oberseits dunkelgrün, unterseits blaugrün. Die Pflanze bildet auffallend große, lebhaft gezeichnete Blüten. Diese eigenartig geformten Trichterblüten erscheinen in den Sommermonaten in dunkellila Schattierungen; sie verströmen einen starken Aasgeruch.

Standort

Eigentlich brauchen Sie für diese Pflanze einen Wintergarten mit reichlichem Platzangebot, um der Pflanze gerecht zu werden. Die langen Ranken müssen an einer Kletterhilfe hochgezogen werden.

Pflege

Die Osterluzei kennt keine Ruhepause. Daher wird sie das ganze Jahr über reichlich mit gefiltertem Wasser versorgt. Während des Wachstums sollte wöchentlich gedüngt werden. Die eigenartige Pflanze blüht erst nach mehreren Jahren; meist stirbt sie unvermutet ab. Sie darf nicht verpflanzt werden. Dem Wunsch nach erhöhter Luftfeuchtigkeit sollten Sie durch Besprühen nachkommen. Sie müssen allerdings darauf achten, daß die Blüte nicht benetzt wird. In den Wintermonaten wird die Pflanze zurückgeschnitten, um ihr Wachstum zu fördern.

Vermehrung

Die Pflanze kann im späten Frühjahr bei hoher Luftfeuchtigkeit durch Aussaat oder Stecklinge vermehrt werden.

Gärtnertip

Die Osterluzei kann auch in großräumigen Ampelgefäßen hängend kultiviert werden.

Othonna

(Othonna)

Blütezeit:	ganzjährig
Familie:	Korbblütler
Heimat:	Südafrika

Eine Rarität für das Sukkulentenfenster ist die schöne Othonna. Diese kriechende oder hängende Staude blüht in der Regel lange. Ihre gelben Strahlenblüten erscheinen meist in den Sommermonaten, blühen aber auch bei verschiedenen Arten ganzjährig. Bezeichnend für einige Arten dieser Pflanze sind die knollenartig verdickten Wurzelstöcke.

Standort

Die Othonna braucht einen luftigen, hellen und sonnigen Standort. Auch direkte Sonnenbestrahlung schadet ihr nicht. In den Sommermonaten fühlt sie sich daher auch auf Balkon oder Terrasse wohl. Trockene Zimmerluft schadet nicht, im Gegenteil, sie bekommt der Pflanze gut. In den Wintermonaten macht die Othonna eine Ruhepause und möchte bei 10 °C gehalten werden.

Pflege

Die sukkulente Pflanze braucht in den Sommermonaten nicht viel, jedoch regelmäßig Wasser. Während der Überwinterung darf sie nur minimal gegossen werden. Zum Umpflanzen, das aber nur in größeren Abständen erfolgen darf, sollten Sie sandige Erde und flache Gefäße verwenden.

Vermehrung

Die Vermehrung ist einfach durchzuführen: mit Stecklingen oder Samen.

Gärtnertip

Die problemlose Zimmerpflanze ist ein attraktives Ampelgewächs. Besonders geeignet ist dazu O.

---

capensis (crassifolia). Diese Art hat kleine, im Querschnitt runde und spitze Blätter.

Palisanderbaum

(Jacaranda)

Blütezeit:	keine bei uns
Familie:	Begoniengewächs
Heimat:	trop. Amerika

Die stark gefiederten Blätter des aus dem Urwald stammenden Baumes erinnern an Farnwedel. Leider bleibt die Jacaranda als Zimmerbäumchen eine reine Grünpflanze. Ihre attraktiven violettblauen Fingerhutblüten können Sie gelegentlich in botanischen Gärten oder am Naturstandort bewundern. Für die Zimmerhaltung ist die langsam wachsende Sorte J. mimosifolia geeignet. Die strauchartig wachsende Pflanze hat zweifach gefiederte Blätter.

Standort

Der Palisanderbaum braucht einen sehr hellen und sonnigen Platz. Lediglich Jungpflanzen sind vor direkter Sonne zu schützen. Wichtig ist außerdem, daß Sie für reichlich frische Luft und erhöhte Luftfeuchtigkeit sorgen. Die Pflanze darf im Winter nicht kühler als 15 °C stehen.

Pflege

Die Pflanze muß das ganze Jahr über gleichmäßig mit Feuchtigkeit versorgt und hin und wieder besprüht werden. Das tropische Gewächs verträgt nur weiches

Palisanderbaum

Wasser. Die wüchsige Pflanze muß alle zwei Wochen gedüngt werden. Zum Umtopfen im Frühjahr brauchen Sie eine lockere, humose, leicht saure Erdmischung, bestehend aus Torf, Kompost oder Gartenerde.

Vermehrung

Für die Vermehrung ist es wichtig, daß Sie frischen Samen bei einer Bodentemperatur von 25 °C verwenden.

Gärtnertip

Sie brauchen sich keine Gedanken zu machen, wenn Ihr Palisanderbäumchen im Frühjahr seine Blätter verliert. Dies ist ein ganz natürlicher Vorgang.

Palmfarn

(Cycas revuluta)

Blütezeit:	Grünpflanze
Familie:	Palmengewächs
Heimat:	Südostasien

Der Palmfarn wird häufig der Familie der Palmen zugeordnet, was im Hinblick auf sein Äußeres verständlich ist. Tatsächlich gehört er zu den Palmfarnen. Übrigens, die kleinen harten und ledrigen Blättchen dieser Pflanze sind ein untrügliches Zeichen dafür, daß die Pflanze trockene Luft – selbst Heizungsluft – verträgt, vorausgesetzt, Sie lassen sie hin und wieder frische Luft spüren. Der Palmfarn wächst außerordentlich langsam in großen Rosetten. Oft dauert es 2 Jahre, bis sich ein neuer Blattkranz bildet, und der ersehnte beschuppte Stamm entwickelt sich manchmal erst nach Jahrzehnten.

 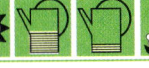 

Standort

Hell und sonnig, aber geschützt vor praller Sonne, und daneben luftig möchte die Cycas stehen. Sie wird mitunter auch Sago-Palme genannt. Im Winter kann sie etwas kühler stehen, aber nicht unter 15 °C stehen.

Pflege

Mäßig feucht halten, besonders im Winter ist beim Gießen Vorsicht geboten, denn die Pflanze reagiert äußerst empfindlich auf Nässe oder Staunässe. Sommer wie Winter sollten Sie die Blätter gelegentlich mit einem feuchten

Tuch abwischen. Gedüngt wird wöchentlich in sehr schwacher Konzentration. In den lichtarmen Wintermonaten können Sie auf den Düngeguß verzichten. Das nur langsam wachsende Gewächs muß höchstens alle 2 bis 3 Jahre umgetopft werden. Die Erde muß kräftig humos und durchlässig sein, Fertigsubstrate sollten Sie mit Lehm und Sand verbessern.

Vermehrung

Wer sein Glück über Samenvermehrung versuchen will, muß den Samen einen Tag lang in weichem Wasser einweichen. Zur Keimung brauchen sie 30-35°C Bodenwärme, die Sie mit Pflanzmatten erreichen. Die Vermehrung setzt allerdings viel Geduld voraus. Oft dauert es Monate, bis sich endlich eine Keimspitze zeigt.

Gärtnertip

Welke Wedel werden am Ansatz abgeschnitten und die Schnittstelle mit Holzkohle bepudert, um Infektionskrankheiten zu vermeiden.

Pantoffelblume

(Calceolaria-Hybriden)

Blütezeit:	Jan. – Mai
Familie:	Braunwurzelgewächs
Heimat:	Peru, Chile

Eine bekannte und beliebte Frühlingsbotin, die von Januar bis April im Handel angeboten wird. Hybriden gibt es in vielen Schattierungen wie Rot, Gelb oder Braun. Die aus dem nebligfeuchten Klima des Berglandes von Peru und Chile stammende Pantoffelblume ist eine Saison-Pflanze.

Standort

Je kühler und feuchter der Standort ist, desto mehr Feude haben Sie an der Pflanzenblüte. Die Pantoffelblume liebt einen hellen, halbschattigen Platz.

Pflege

Es ist verständlich, daß die Pflanze wegen der zahlreichen Blüten und Blätter große Wassermengen braucht. Wie fast alle Pflanzen, verträgt auch die Pantoffelblume keine Staunässe. Das Besprühen

Pantoffelblume

ihrer Blätter und Blüten mag sie auch nicht. Mit dem Düngen sollten Sie sehr sparsam sein. Die Pflanze bedarf nur soviel Nährstoffe, daß sich alle Knospen öffnen und deren Leuchtkraft erhalten bleibt. Alle abgeblühten Stiele werden entfernt, denn die Pflanze braucht viel Kraft, um Verblühtes abzuwerfen.

Gärtnertip

Pantoffelblumen vertragen keine Staunässe. Zum Gießen sollten Sie nach Möglichkeit gefiltertes Wasser verwenden.

Paradiesvogelblume

(Strelitzia reginae)

Blütezeit:	März – Sept.
Familie:	Bananengewächs
Heimat:	Südafrika

Diese Pflanze hat ihre eigentliche Heimat in Südarfrika, ist aber auch von den Kanarischen Inseln bekannt. Sie hat einen langen, starken Stiel mit sehr schmalen und langen Blättern. Von März bis September zeigen sich orange Blütenkelche mit spitzigen Blättern.

Standort

Die Paradiesvogelblume braucht

Paradiesvogelblume

für Ihr Wachstum sehr helles und sonniges Licht. Ebenso benötigt sie eine etwas höhere Luftfeuchtigkeit. Die optimale Temperatur liegt im Sommer bei cirka 23 °C, in den Wintermonaten bei 10 °C.

Pflege

Diese Pflanze wird in der Sommerzeit gleichmäßig und ausgiebig mit weichem Wasser gegossen. Von September bis Januar hat sie ihre Ruhephase und wird trocken gehalten. Gelegentlich sollte man das Gewächs in der Wachstumszeit besprühen, aber ohne die Blütenblätter zu benetzen. Die Pardiesvogelblume wird entweder vor der Blütezeit oder anschließend in einem Zeitraum von 2 bis 3 Jahren umgesetzt. Dafür benötigen Sie sehr große Gefäße mit Drainagel. Anschließend wird die Pflanze gedüngt.

Vermehrung

Die Vermehrung kann mit Samen oder durch Teilung vorgenommen werden.

Parodie

(Parodia)

Blütezeit:	ganzjährig
Familie:	Kakteengewächs
Heimat:	Südamerika

Die zahlreichen Arten (etwa 100) der Parodia zählen wie die Rebutien und der Warzenkaktus zu den platzsparenden beliebten Anfängerpflanzen. Diese interessant bedornten Kakteen setzen relativ leicht leuchtendfarbige Blüten in den unterschiedlichsten Rottönen oder auch in goldgelber Farbe an.

Standort

Wie alle Kakteen, liebt auch die Parodia einen warmen, hellen, vollsonnigen und luftigen Standort. Sofern Sie über einen geeigneten Platz auf dem Balkon oder der Terrasse verfügen, kann das Gewächs den Sommer im Freien verbringen. Überwintert werden muß die Pflanze bei 5-10°C.

Pflege

Kakteen zählen ja bekanntlich zu den wasserspeichernden Pflanzen; sie werden also nur mäßig gegossen und in der Ruhezeit völlig

trockengehalten. Zum Umtopfen, das allerdings nur alle 2 bis 3 Jahre erforderlich ist, benötigen Sie eine spezielle Kakteenerde, die Sie mit etwa 40-50% lehmigen, mineralischen Zusätzen aufbessern können.

Vermehrung

Sie ist dem Fachmann zu überlassen.

Gärtnertip

Beim Gießen ist Vorsicht geboten. Wird die Kaktee zu viel gegossen, fault der Wurzelhals.

Passionsblume

(Passiflora caerulea)

Blütezeit:	April – Okt.
Familie:	Passionsblumengewächs
Heimat:	Peru, Brasilien

Auch Pflanzen sind dem Modetrend unterworfen. Passiflora beispielsweise war lange Zeit nicht sehr gefragt, jetzt findet sie wieder Liebhaber. Es gibt etwa 400 verschiedene Arten. Alle Pflanzen dieser Familie haben dekorative Blüten, aber nur wenige tragen eßbare Früchte. Die Passionsblume ist wegen ihres rankenden Blattschmucks und der faszinierend schönen Blüten außerordentlich beliebt.

Standort

Voraussetzung für Erfolg und Freude mit der Pflanze ist ein heller, sonniger Standort. Da die Passionsblume zur gesunden Entwicklung reichlich Luft braucht, sollten Sie ihr von Mai bis September einen hellen, während der Mittagssonne leicht schattierten Standort auf Balkon oder Terrasse geben. Während der Wintermonate benötigt die Passionsblume, wie alle Kübelpflanzen, einen hellen Standort im Haus bei 4-6°C. Während dieser Zeit wird sparsam gegossen und der Raum häufig gelüftet, denn Luft ist für die Passionsblume das Lebenselixier. In einem Wintergarten oder auf der kühlen Veranda kann die attraktive Pflanze mit entsprechender Rankhilfe die ganze Wand mit ihren Blüten und Blättern schmücken. In Weinanbaugebieten können Sie die Pflanze be-

denkenlos in geschützter Lage auspflanzen. Mit einer Laubdecke von 10 cm kann sie gut überwintern.

Pflege

Während der Wachstumszeit wird mit weichem Wasser reichlich gegossen und wöchentlich gedüngt. Auch für ein gelegentliches Übersprühen mit gefiltertem Wasser ist die Pflanze sehr dankbar. Passionsblumen sind Klettergewächse, sie brauchen eine Halterung, z. B. aus Bambusstäben oder rundgebogenem Draht. Die wüchsige Pflanze sollte in den ersten Jahren regelmäßig im Frühjahr in kräftige, humose Erde mit einem Zusatz von Sand umgetopft werden.

Vermehrung

Von Februar bis April kann die Pflanze über Kopfstecklinge mit 2 bis 3 Blattpaaren bei einer Boden- und Lufttemperatur von 22-24°C vermehrt werden. Im warmen Sand werden sie unter einem Glas bewurzelt. Passionsblumen können relativ einfach aus Samen, der im Fachhandel erhältlich ist, gezogen werden. Selbst aus dem kernreichen Fruchtfleisch der Passionsfrucht, auch Granadilla genannt, können neue Pflanzen entstehen. Die Samen sind von Frühjahr bis Juli auszusäen.

Gärtnertip

Eine Schönheit unter diesen Pflanzen ist mit ihren violett gefärbten Blüten die Kaiserin Eugenie. Die eiförmigen Passionsfrüchte zählen zu den wohlschmeckenden, aromatischen Früchten.

Passionsblume

Pavonie

(Pavonia multiflora)

Blütezeit:	Sept. – März
Familie:	Malvengewächs
Heimat:	Brasilien

Der kleine Strauch hat eiförmige lanzettliche Blätter mit auffälligen achselständigen Blüten in Form von dunkelroten Kelchen, die sich in Wohnräumen leider nicht öffnen.

 Standort
Die empfindliche Pavonia braucht sehr viel Licht und eine hohe Luftfeuchtigkeit, verträgt aber keine direkte Sonne. Nur mit viel Einfühlungsvermögen kann diese Pflanze auch im Zimmer gehalten werden. Besser ist ein temperiertes Gewächshaus oder der Wintergarten. Zwar kann die Pavonia das ganze Jahr über bei einer Durchschnittstemperatur von 20 °C stehen; besser jedoch ist die Überwinterung bei 15 °C.

 Pflege
Die Pflanze möchte stets feucht gehalten und alle 14 Tage gedüngt werden. Umgetopft wird nur bei Bedarf, und zwar in ein saures Erdsubstrat, z.B. in Nadelerde, die mit Garten- oder Komposterde anzureichern ist. Im Frühjahr sollte die Pflanze gestutzt werden. Nur der Haupttrieb darf nicht beschnitten werden, sonst kommt es nicht zur Blüte.

 Vermehrung
Das Malvengewächs kann durch Kopfstecklinge im Februar bei einer Bodenwärme von 30 °C und hoher Luftfeuchtigkeit vermehrt werden.

 Gärtnertip
Durch regelmäßiges Besprühen erreichen Sie die erforderliche Luftfeuchtigkeit.

Peitschenkaktus

(Aporocactus)

Blütezeit:	April – Mai
Familie:	Kakteengewächs
Heimat:	Mexiko

Der schlanktriebige, an seiner Basis stark verzweigte Epiphyt wächst in seiner Heimat kriechend oder hängend über Felsen und auf Bäumen. Als Zimmerpflanze ist diese Kaktee daher als Ampelgewächs bestens geeignet. Seine langen, rundlichen Triebe sind stark bedornt.

 Standort
Der Peitschenkaktus braucht viel Licht, verträgt aber nicht die direkte Sonne. Im Sommer möchte er warm und zugluftfrei stehen. Während der winterlichen Ruhepause darf die Temperatur nicht mehr als 10 °C betragen.

 Pflege
Ab Ende Mai kann die Pflanze im Freien stehen oder hängen. Sobald sie Knospen angesetzt hat, darf sie nicht mehr verstellt werden, sonst kommt es zum Blütenfall. Während der sommerlichen Wachstumsperiode muß die Pflanze mäßig gegossen und alle 14 Tage mit Kakteendünger versorgt werden. Stauende Nässe müssen Sie unbedingt vermeiden. Während der kühleren Ruhepause wird kaum mehr gegossen und das Düngen völlig eingestellt. Zum Umtopfen wird Kakteenerde mit hohem Torfanteil verwendet.

 Vermehrung
Die Vermehrung aus Stecklingen, deren Schnittstelle angetrocknet sein muß, ist einfach.

Pellefarn

(Pellaea atropurpurea)

Blütezeit:	Grünpflanze
Familie:	Sinopterisgewächs
Heimat:	Amerika, Afrika

Der widerstandsfähige Zimmerfarn stammt aus den trockenen Gebieten Südamerikas und Südafrikas. Er ist daher sehr unempfindlich gegen trockene Zimmerluft. Seine Wedel sind dunkelgrün und meist gefiedert, z. B. bei der P. falcata, während sie bei der P. rotundifolia rundlich und hart sind.

 Standort
Ein heller, halbschattiger, vor praller Sonne geschützter Standort ist für den unempfindlichen Farn ideal. Wichtig ist, daß der Farn am Standort reichlich frische Luft bekommt. Im Sommer möchte der Pellefarn luftig und warm stehen, im Winter hell und bei 12-15°C.

 Pflege
Die Pflanze wird gleichmäßig feucht gehalten und alle vier Wochen gedüngt. Im Winter darf nur noch sehr sparsam gegossen werden. Wichtig ist, daß der Ballen weder austrocknet noch in stauender Nässe steht. Im Frühjahr muß die Pflanze umgetopft werden. Dazu verwenden Sie Einheitserde mit Sandzusatz.

 Vermehrung
Sie ist dem Fachmann zu überlassen.

 Gärtnertip
Der Pellefarn eignet sich gut für kühle Wohnräume.

Pellionie

(Pellionia)

Blütezeit:	Grünpflanze
Familie:	Nesselgewächs
Heimat:	Asien

Es handelt sich bei P. repens um ein niedriges Kraut mit glänzenden Blättern. Interessant sind vor allem die besonders schön gezeichneten Blätter mit hellgrüner Blattmitte und dunkelgrün eingefaßtem Rand. Pellionia pulchera hat dunklere, etwas stumpfe Blätter, mit hellgrünen Flächen an den Adern entlang.

 Standort
Im Zimmer ist ihre Kultur während der Wintermonate schwierig. Die Pflanze hat einen außergewöhnlich hohen Bedarf an Frischluft und Luftfeuchtigkeit. Die Pellionie braucht von Frühjahr bis Herbst einen warmen, halbschattigen, keinesfalls sonnigen Standort. Zugluft verträgt sie nicht. Im Winter muß die Pflanze sehr hell stehen bei etwa 15°C.

 Pflege
Die Pellionie verlangt nach einer gleichmäßigen Feuchtigkeit und in der Wachstumszeit nach einer

wöchentlichen Düngung. Das Gießwasser sollte möglichst gefiltert sein. Mehrjährige Pflanzen sollten im Frühjahr gestutzt werden. Umgetopft wird in Einheitserde von März bis Mai in flache Gefäße.

Vermehrung
Das Nesselgewächs läßt sich durch Kopfstecklinge vermehren, die im Frühjahr geschnitten und bei 20 °C Raumtemperatur und viel frischer Luft bewurzelt werden können.

Pentas

(Pentas lanceolata)

Blütezeit:	Sept. – Jan.
Familie:	Krappgewächs
Heimat:	Afrika, Madagaskar

Die Pflanze trägt ziemlich große, länglich-oval behaarte Blätter. Die Pflanze schmückt sich mit hellrosa bis kaminroten Sternblüten, die in 6-8 cm großen Trugdolden stehen.

Standort
Pentas braucht einen gleichmäßig warmen, hellen Standort, mit hohem Lichtangebot und guter Luftzirkulation.

Pflege
Vor der Blüte sollten Sie die Pflanze mäßig gießen und darauf achten, daß die Erdoberfläche vor jedem Gießvorgang angetrocknet ist, denn das Trockenhalten fördert Blütenbildung und -entwicklung. Während der Blüte sollte reichlich, nach der Blüte etwas sparsamer mit temperiertem Wasser gegossen werden. Achten Sie auf Staunässe, denn naße Füße verkraftet die Pentas nicht, es kommt dann zum Vergilben der Blätter und zum Blütenfall. Ein wöchentlicher Volldünger sorgt für Blütenfülle und -dauer. Zum Umtopfen wird ein humusreiches, durchlässiges Erdsubstrat benötigt.

Vermehrung
Durch Stecklinge, die bei einer Bodenwärme von 20-25°C ab April bewurzeln. Jungpflanzen sind, um buschig zu werden, zu entspitzen. Am hellen Fenster kann bei 20 °C auch Aussaat vermehrt werden.

Gärtnertip
Neu ist die reichblühende Sorte Pentas Lanceolate New Look. Sie läßt sich über Saatgut anziehen.

Peristrophe

(Peristrophe)

Blütezeit:	Dez. – März
Familie:	Akanthusgewächs
Heimat:	Südasien, Afrika, Java

Das niedrige Halbstrauchgewächs wird kaum angeboten, da hierfür ein geeigneter Standort selten vorhanden ist. In den Monaten Dezember bis März bildet die Pflanze hellrote bis violette Blüten.

Standort
Viel Licht, sehr feucht, sonnig bis halbschattig. Da die Peristrophe viel Frischluft braucht, ist von Mai bis September ein Standort auf Balkon oder Terrasse empfehlenswert. Allerdings darf die Pflanze nicht der Zugluft ausgesetzt werden. Ganzjährige Temperaturen zwischen 20-23°C sind ideal; unter 18 °C verträgt die Pflanze nicht.

Pflege
Mit weichem, zimmerwarmem Wasser mäßig gießen. Im Sommer sollten Sie die Pflanze alle 14 Tage mit einem Flüssigdünger versorgen. Um die Peristrophe zu verjüngen, ist im Juli ein Rückschnitt empfehlenswert, denn nur junge Pflanzen sind attraktiv und buschig. Zum Umtopfen benötigen Sie eine lehmig-humose Erdmischung; eventuell auch Einheitserde.

Vermehrung
Die Vermehrung erfolgt durch Kopfstecklinge. Diese bewurzeln in einem Vermehrungskasten bei 25-30°C Bodenwärme.

Gärtnertip
Gelegentliches Besprühen mit nicht zu hartem Wasser sorgt für die erforderliche hohe Luftfeuchtigkeit.

Pfaffenhütchen

(Euonymus)

Blütezeit:	Mai – Juli
Familie:	Baumwürgergewächs
Heimat:	Japan

Der Spindelstrauch wird in seiner Heimat mehrere Meter hoch. Er ist stark verzweigt und trägt länglich runde, glänzende Blätter. Das Besondere an den Blättern ist ihre wunderschöne Zeichnung in Hell- bis Dunkelgrüntönen. Die Blütezeit des Pfaffenhütchens ist von Mai bis Juli. Seine Blüten sind klein und weißgrün.

Standort
Naturgemäß braucht das Pfaffenhütchen im Sommer einen sehr feuchten Standort, der sonnig bis halbschattig sein kann. Vor allem benötigt die Pflanze viel frische Luft.

Pflege
In den Sommermonaten braucht das Pfaffenhütchen sehr viel Wasser; ab August kann das Gießen stark eingeschränkt werden. Sie müssen aber darauf achten, daß der Ballen nicht austrocknet. Über eine Fingerprobe läßt sich leicht feststellen, ob die Pflanze wieder gewässert werden muß. Überwintert wird die Pflanze bei 4-6°C. Jungpflanzen müssen jährlich im März in Einheitserde umgetopft und kräftig zurückgeschnitten.

Vermehrung
Ausgereifte Triebstecklinge können im März oder August in Anzuchterde bewurzelt werden.

Gärtnertip
Für Wohnräume ist vor allem Euonymus japonicus geeignet.

Pfeffer

(Piper)

Blütezeit:	Grünpflanze
Familie:	Pfeffergewächs
Heimat:	Ostasien

In den Tropen gibt es rund 700 Pfefferarten. Der schwarze Pfeffer Piper nigrum ist eine Kletterpflanze mit ledrigen, dunkelgrünen Blättern. Interessanter noch ist die kletternde Art P. crocatum. Pfeffergewächse mit grünen Blättern sind recht bescheiden bezüglich Licht und Standort, während buntblättrige Arten pflegebedürftiger sind.

 Standort
P. crocatum braucht viel Licht, damit die schöne Blattzeichnung der Pflanze erhalten bleibt. Grünblättrige Arten hingegen können halbschattig stehen. Die Raumtemperatur sollte im Sommer um 20 °C, im Winter bei grünblättrigen Arten um 12 °C und bei buntblättrigen bei 16 °C liegen.

 Pflege
Während der Sommermonate muß der Pfeffer gleichmäßig feucht gehalten und alle 14 Tage gedüngt werden. Gegossen werden darf nur mit gefiltertem und temperiertem Wasser. Im Wintergarten können Sie die Triebe der Pflanze an einem Stamm hochkranken lassen.

 Vermehrung
Die beste Zeit zur Vermehrung liegt zwischen März und Juni. Zu diesem Zeitpunkt sollten Sie Kopf- oder Triebstecklinge mit zwei Augen schneiden und in einem kleinen Gewächshaus bei einer Bodentemperatur von 20-25°C bewurzeln.

 Gärtnertip
Der Pfeffer ist auch eine empfehlenswerte Ampelpflanze.

Pfeffer

Pfeilwurz

(Maranta leuconeura)

Blütezeit:	Grünpflanze
Familie:	Marantengewächs
Heimat:	Brasilien

Die tropische Pflanze schmückt sich mit einer außergewöhnlich interessanten Blattzeichnung. Die Blätter sind zum Teil breit-elliptisch, dabei smaragdgrün und dunkelgrün gefleckt (z.B. bei M. leuconeura Kerchoviana) oder sie besitzen kleine braungefleckte Blätter oder rote Seitenadern (M. leuconeura Fascinator). Junge Blätter sind tütenartig zusammengerollt und stehen meist kerzengerade in die Höhe.

 Standort
Im Sommer möchte die Pfeilwurz halbschattig stehen; direkte Sonne verkraftet sie nicht. In den Wintermonaten braucht sie sehr viel mehr Licht. Zugluft wird von dem empfindlichen Gewächs nicht vertragen. Alle Maranten sind wärmebedürftig und verlangen nach einer hohen Luftfeuchtigkeit.

 Pflege
Mit Fingerspitzengefühl werden Maranten gegossen. Die tropische Schönheit darf nur mit temperiertem, gefiltertem Wasser feuchtgehalten werden. Im Wachstum wird alle 14 Tage gedüngt. Auf eine Bodenwärme um 20 °C ist zu achten. Neben ausreichender Wärme ist eine hohe Luftfeuchtigkeit wichtig. Die Pflanzen müssen öfters mit entkalktem Wasser indirekt besprüht werden. Während der Ruhephase von September bis Februar werden die Wassergaben stark eingeschränkt. Die Marante sollte während der Wintermonate bei 15 °C gehalten werden. Im Frühjahr wird in eine lockere, humose, luftführende schwach-saure Erde umgetopft. Besonders geeignet ist Nadel- oder Heideerde, mit humosem Kompost versetzt.

 Vermehrung
Die Vermehrung erfolgt durch Pflanzenteilung sowie durch Kopfstecklinge bei einer Bodentemperatur von 20-25°C.

 Gärtnertip
Maranten sind empfindlich; sie eignen sich besonders für Wintergärten oder Gewächshäuser.

Pisonie

(Pisonia)

Blütezeit:	Grünpflanze
Familie:	Wunderblumengewächs
Heimat:	Hawaii, Australien

Die Pisonie fällt durch ihre großen, glänzenden, weißbunten Blätter auf. Wegen ihres überaus schönen, marmorierten, buntblättrigen Laubes hat sie die Herzen vieler Blumenliebhaber gewonnen. Die dauerhafte Pflanze ist dem Ficus so ähnlich, daß sie kaum voneinander zu unterscheiden sind.

 Standort
Die Pisonie liebt einen hellen, warmen und luftigen Standort, der vor praller Sonne geschützt wird. Im Winter, wenn die Luft warm und feucht ist und zwischen 17-20°C aufweist, entwickelt sich die Exotin besonders gut.

 Pflege
Gegossen wird mit Fingerspitzengefühl. Verwenden Sie nur weiches, temperiertes Wasser. Damit die großblättrige Pflanze ihre schöne Blattfärbung behält, müssen Sie ihr hin und wieder ein Duschbad zukommen lassen. Wichtig ist, daß niemals Wasser im Übertopf steht, da sonst die Wurzeln schnell faulen. Gedüngt wird einmal im Monat mit einem Blattpflanzendünger, und zwar das ganze Jahr über. Zum Umtopfen Einheitserde oder eine lehmig-humose Mischung verwenden.

 Vermehrung
Im Frühjahr durch Stecklinge, die bei Temperaturen von 25 °C schnell bewurzeln.

Gärtnertip
Pisonien eignen sich gut für Hydrokulturen.

Primel

Primel

(Primula)

Blütezeit:	fast ganzjährig
Familie:	Primelgewächs
Heimat:	China, Japan

Die Flieder- oder Brautprimel P. malacoides sowie die Becherprimel P. obconica zählen zu den altbekannten, begehrten Topfprimeln. Sie werden von Januar bis Ostern angeboten. Es geht hierbei um eine einjährige Pflanze, die nicht wieder zum Blühen gebracht werden kann. Ihre duftenden Blütenstände sehen im knospigen Zustand leicht bemehlt aus. Hierbei handelt es sich aber um keine Krankheit, es ist die Eigenart der Pflanze. Die in verschiedenen Rottönen etagenartig angeordneten Blütenquirle sind das typische Merkmal der Flieder- oder Etagenprimel. Die großblütigere P. obconica ist hingegen eine ausdauernde Staude. Ihre Blüten zeigen sich in den Farben Lachs, Dunkelrot und Lavendelblau.

 Standort
Primeln mögen keine volle Sonne, sie wollen hell bis halbschattig und dabei möglichst kühl und luftig stehen. Ideal sind Temperaturen zwischen 15-20°C. Die Fliederprimel kann etwas kühler bei 10-15°C stehen.

Pflege
Ganzjährig mäßig feucht halten. Verwenden Sie zum Gießen nur gefiltertes, temperiertes Wasser. Vermeiden Sie Nässe sowie Ballentrockenheit. Gedüngt wird ein-

mal im Monat und ganzjährig. Während die Becherprimel im Herbst in eine kräftige, lehmhaltige Erde gesetzt wird, entfällt bei der Fliederprimel das Umtopfen.

 Gärtnertip
Primula obconica hat in den Kurzhaaren ein priminhaltiges Sekret, auf das empfindliche Menschen mit Allergien reagieren. Das regelmäßige Entfernen der abgeblühten Stiele fördert den Blütenreichtum.

Punktblume

(Hypoestes)

Blütezeit:	Juli – Aug.
Familie:	Akanthusgewächs
Heimat:	Madagaskar, Südafrika

Das Besondere an Hypoestes sind die bunten Blätter. Es gibt Pflanzen mit grünen Blättern, die rosa getupft sind, oder mit rosa Blättern, die grün getupft sind. In den Sommermonaten zeigen sich kleine rosa Blüten.

 Standort
Wichtig ist ein heller Standort mit erhöhter Luftfeuchtigkeit und viel frischer Luft. Ein Südfenster scheidet aus, denn direkte Sonne verträgt sie nicht. Ein Platzwechsel ist nicht erforderlich, die Pflanze verträgt das ganze Jahr über eine gleichbleibende Raumtemperatur.

 Pflege
Zum Gießen verwenden Sie immer zimmerwarmes, gefiltertes Wasser. Die Pflanze möchte das ganze Jahr über gleichmäßig feucht gehalten werden. Um die Luftfeuchtigkeit zu erhöhen, können Sie die Pflanze besprühen oder auf feuchten Kies setzen. Im Abstand von 14 Tagen bis 3 Wochen sollte gedüngt werden. Falls nötig, sollten Sie die Punktblume im Frühjahr in Einheitserde unter Zugabe von etwas Torf umtopfen.

 Vermehrung
Aus Triebspitzen, die beim Stutzen der Pflanze anfallen. Am besten stülpen Sie zur Bewurzelung

eine mit Luftlöchern versehene Folie über den Topf. Die Jungpflanzen müssen immer wieder gestutzt werden, damit sie buschig werden.

 Gärtnertip
Die Pflanze eignet sich sehr gut zur Unterpflanzung von Blumenschalen und im Blumenfenster.

Puya

(Puya)

Blütezeit:	Grünpflanze
Familie:	Ananasgewächs
Heimat:	Mittel-, Südamerika

Die mehrjährige Puya ist rosettenförmig angeordnet und besitzt schmale, lange, stark bestachelte, graugrüne Blätter ohne ausgeprägten Wassertrichter. Es ist eine Pflanze, die Trockenheit verträgt.

 Standort
Sonnig und sehr trocken. Die Raumtemperatur darf warm sein, wenn nur genügend Frischluft vorhanden ist. Zugluft verträgt die subtropische Pflanze nicht. Während der Wintermonate muß die Puya kühl und hell stehen, 10 °C sind ideal.

 Pflege
Im Sommer feucht halten, gelegentlich besprühen. Mit Flüssigdünger ist die Puya einmal im Monat sparsam zu düngen. Im Winter wird sie nur noch minimal – wie Kakteen – gegossen. Im März kann umgetopft werden. Dazu verwenden Sie ein sandiges Erdgemisch bzw. Einheitserde, die mit Sand vermischt wird. Achten Sie beim Umtopfen unbedingt auf eine Drainageschicht aus Tonscherben oder Tongranulat.

 Vermehrung
Ende März durch Kindel, auch die Teilung ist möglich. Die jungen Pflänzchen müssen, bis sie angewachsen sind, warm und luftfeucht gehalten werden.

 Gärtnertip
Eine Pflanze für Liebhaber, die vor allem als Bodendecker in der Gruppe besonders hübsch wirkt, jedoch einzeln nicht sonderlich attraktiv ist.

Rhoeo

(Rhoeo)

Blütezeit:	Grünpflanze
Familie:	Commelinengewächs
Heimat:	Mittelamerika

Rhoeo spathaceae ist eine dankbare Topfpflanze, die vornehmlich wegen ihrer hübschen Blätter gehalten wird. Die Blätter sind schmal-lanzettlich und erreichen eine Länge von über 30 cm. Sie sind oberseits kräftig grün und unterseits tief dunkelviolett gefärbt. Die Sorte Variegata zeichnet sich zusätzlich durch gelbe Längsstreifen aus. Die Blätter entspringen aus einem kurzen Sproß; das erinnert an die zisternenbildenden Ananasgewächse.

 Standort
Die Blattschönheit möchte an einem hellen, nicht vollsonnigen Platz im Zimmer stehen. Buntgestreifte Arten benötigen mehr Licht als die einfarbig grünen. Das anspruchslose Gewächs fühlt sich bei mäßig warmen Zimmertemperaturen wohl. Im Winter sollte die Pflanze bei 15 °C stehen.

 Pflege
Die Pflanze darf nur mit temperiertem, weichem Wasser leicht feucht gehalten werden; ein gelegentliches Besprühen ist empfehlenswert, wobei Staunässe unbedingt zu vermeiden ist. Im Winter wird kaum gegossen. Gedüngt wird während der Wachstumsperiode wöchentlich und im Winter nur alle drei Wochen. Umgetopft werden kann im Frühjahr in Einheitserde in mittelgroße, flache Gefäße.

 Vermehrung
Die Vermehrung erfolgt durch Kopfstecklinge, Seitentriebe oder Aussaat bei einer Bodentemperatur von mindestens 25 °C.

 Gärtnertip
Die attraktive Blattpflanze wird auch in Hydrokultur angeboten.

Rippenfarn

(Blechnum gibbum)

Blütezeit:	Grünpflanze
Familie:	Rippenfarngewächs
Heimat:	Neukaledonien

Ein wärmeliebender Farn. Rein äußerlich sehen Sie dem Rippenfarn die Verwandtschaft mit dem Palmfarn Cycas an. Auch dieser Farn wächst rosettenartig. Ältere Exemplare bilden ähnlich wie Palmen einen meterhohen Stamm, wobei die einzelnen Wedel gleichfalls meterlang werden können.

 Standort
Halbschattig bis schattig, fernab vom Sonnenlicht und geschützt vor Zugluft. Neben gleichbleibender Raumtemperatur das ganze Jahr über, die nie unter 18 °C liegen darf, wünscht sich der Rippenfarn einen luftigen Standort mit hoher Luftfeuchtigkeit.

 Pflege
Von März bis Juli darf die Pflanze nie trocken sein. Zum Gießen darf nur gefiltertes, temperiertes Wasser verwendet werden. Die Pflanze liebt eine feuchtwarme Luft. Das Problem dabei ist, daß die erforderliche Luftfeuchtigkeit nicht durch direktes Besprühen erfolgen darf, wohl aber indirekt, z. B. auch über einen elektrischen Luftbefeuchter. Von März bis September wird einmal monatlich gedüngt. Falls erforderlich, kann im März in Einheitserde mit Torfzusatz umgetopft werden.

 Vermehrung
Üppige, ältere Pflanzen können Sie teilen. Die Vermehrung

Rippenfarn

durch Sprossenaussaat ist schwierig, aber möglich.

 Gärtnertip
Der Rippenfarn ist ein sehr ausladendes Solitärgewächs.

Rochee

(Rochea)

Blütezeit:	Mai – Aug.
Familie:	Dickblattgewächs
Heimat:	Südafrika

Die sukkulente Pflanze wächst langsam krautartig und trägt scharlachrote, duftige Blüten.

 Standort
Die Rochee mag einen hellen, sonnigen Standort. Sie gehört zu den wenigen Pflanzen, die trockene Zimmerluft lieben. Hohe Luftfeuchtigkeit hingegen bekommt ihr gar nicht. Die Raumtemperatur sollte bei 20 °C liegen, im Winter darf sie 8 °C nicht überschreiten (Kalthauspflanze).

 Pflege
In den Sommermonaten mäßig feucht halten, von Oktober bis Januar ganz sparsam gießen, so daß die Blätter nicht einschrumpfen. Umgetopft wird im Februar. Dabei sollten Sie die Rochee auf 10 cm zurückschneiden, um Platz für neue Triebe zu schaffen. Zum Umpflanzen verwenden Sie Einheitserde, die mit Sand vermischt wird.

 Vermehrung
Im Mai werden die Stecklinge in Töpfe oder Schalen, die mit einem Torfmull-Sand-Gemisch gefüllt sind, gesteckt.

 Gärtnertip
Verblühte Triebe sollten Sie stets entfernen, damit neue kräftig nachkommen können.

Rosmarin

(Rosmarinus)

Blütezeit:	April – Juni
Familie:	Lippenblütler
Heimat:	Mittelmeerraum

Der langsam wachsende Strauch trägt

schmale Blättchen, die bei Berührung einen sehr angenehmen Duft verbreiten. Rosmarin ist ein bekanntes Gewürz. Hähnchen mit Rosmarin war Goethes Leibgericht. Rosmarin blüht von April bis Juni mit hellblauen Lippenblüten, ähnlich einer Taubnessel.

Standort

Rosmarin gedeiht und entwickelt den Duft nur bei vollsonnigem, hellem Standort. Die Pflanze braucht während der Sommermonate reichlich Frischluft und sollte nach Möglichkeit an einem geschützten Platz auf Balkon oder Terrasse stehen. Trockene Luft ist für die Pflanze kein Problem, im Gegenteil. Wichtig ist ein kühles Winterquartier um 10 °C. Bei einer warmen Überwinterung bilden sich im kommenden Jahr keine Blüten.

Pflege

Rosmarin ist eine robuste Staude, allerdings darf sie nur mäßig gegossen werden, denn auf Staunässe reagiert sie äußerst allergisch. Im Winter wird die Pflanze nur noch minimal gegossen, so daß der Ballen nicht austrocknet. Rosmarin braucht weder im Sommer noch im Winter gedüngt zu werden. Alle zwei Jahre sollten Sie die Gewürzpflanze umtopfen. Dabei müssen Sie darauf achten, daß das Gefäß nur eine Nummer größer ist und mit sandiger Einheitserde gefüllt wird.

Vermehrung

Am einfachsten ist die Vermehrung über verholzte Triebstecklinge im August.

Rotblatt

(Setcreasea)

Blütezeit:	ganzjährig
Familie:	Commelinengewächs
Heimat:	Mexiko

Das pflegeleichte, mexikanische Rotblatt hat purpurrote, samtweiche Blätter, die mit feinen Härchen besetzt sind. Ihre rosaroten Blütchen erscheinen das ganze Jahr über und haben drei freie Kelchblätter. In der Jugend wächst die Pflanze aufrecht, verzweigt sich später stark und

hängt über den Topfrand hinweg, ist also eine schöne Ampelpflanze.

Standort

Je heller das Licht, desto schöner die Blattfarbe. In der prallen Mittagssonne muß das Südfenster allerdings schattiert werden, denn direkte Sonnenbestrahlung mag das Rotblatt nicht. Für frische Luft ist die Pflanze dankbar. Zugluft hingegen muß vermieden werden. Sie kann im warmen Zimmer das ganze Jahr über bei 20 °C stehen, im Winter kühler bei ungefähr 15 °C.

Pflege

Die Pflanze will gleichmäßig feucht gehalten werden. In der Wachstumsperiode von März bis August sollten Sie dem Gießwasser alle 2 Wochen Flüssigdünger hinzufügen. Umtopfen entfällt, verjüngen Sie die Pflanze immer wieder durch Stecklinge.

Vermehrung

Die Vermehrung erfolgt besonders einfach: das Rotblatt bewurzelt sowohl im Wasser als auch in der Erde in kürzester Zeit.

Gärtnertip

Das Rotblatt ist eine schöne Ampelpflanze, auch bestens für die Hydrokultur geeignet.

Ruellie

(Dipteracanthus)

Blütezeit:	Nov. – März
Familie:	Akanthusgewächs
Heimat:	Brasilien

Die Ruellie ist eine weithin noch unbekannte schöne Zimmerpflanze. Selten wird sie in Blumengeschäften angeboten. Das mag an ihren hohen Pflegeansprüchen liegen. Aber rein äußerlich gesehen, haben wir es mit einer dekorativen Blattpflanze zu tun, die sich im Winter mit schönen Blüten schmückt. Die Blütenfülle läßt auf der Fensterbank zu wünschen übrig, im Wintergarten dagegen blüht sie üppig.

Standort

Die Ruellie mag im Halbschat-

ten, ohne direkte Sonneneinstrahlung stehen. Sie liebt keine trockene und keine Zugluft. Wenn Sie diese Pflanzenansprüche beherzigen, können Sie viel Freude an der Ruellie haben. Neben der hohen Luftfeuchtigkeit wünscht die Pflanze gleichmäßige Temperaturen um 20 °C. Im Winter darf es etwas kühler sein.

Pflege

Wichtig ist das gleichmäßige Gießen mit temperiertem, weichem Wasser. Eine zu nasse Erde verkraftet die Pflanze nicht. Für regelmäßiges Besprühen hingegen ist sie dankbar. Gedüngt wird in der Wachstumszeit alle 14 Tage. Während der Ruhezeit ab Oktober wird das Gießen auf ein Minimum beschränkt. Umtopfen sollten Sie nur nach der Blüte in Einheitserde. Ältere Pflanzen werden nur alle 3 bis 4 Jahre umgepflanzt.

Vermehrung

Die Vermehrung mit Stecklingen ist kinderleicht. Die jungen, bewurzelten Triebe werden gestutzt, damit sie sich besser verzweigen.

Gärtnertip

Ältere Pflanzen sollten Sie nach der Blüte zurückschneiden, dann verkahlen die Pflanzen nicht. Bei zu trockener Luft rollen sich die Blätter der Pflanze ein. Die Ruellie eignet sich zur Unterbepflanzung in großen Gefäßen und für den Wintergarten.

Ruhmesblume

(Clianthus)

Blütezeit:	April – Sept.
Familie:	Schmetterlingsblütler
Heimat:	Australien

Die einjährige Ruhmesblume ist ein langsam wachsender Strauch mit im Frühjahr hängenden, blühend weißen, roten oder rosa Blütentrauben. Die bizarre Blüte mit den schnabelförmig gebogenen Schiffchen wirkt wie ein Papageienschnabel.

Standort

Hell und sonnig. Das Westfenster

ist besonders geeignet, ein schattierbares Südfenster ist möglich. Wichtig ist in den Sommermonaten die Frischluftversorgung. Trockene Zimmerluft schadet der Pflanze nicht, sie möchte im Sommer warm und im Winter kühl um die 5 °C stehen (Kalthauspflanze).

Pflege
Mit Fingerspitzengefühl sehr sparsam gießen. Staunässe muß unbedingt vermieden werden. In den Sommermonaten sollten Sie das Wachstum durch wöchentliches Düngen unterstützen. Die Kletterpflanze kann sich an einem Spalier hochranken oder als Ampelpflanze ihre grazilen Zweige entfalten.

Vermehrung
Die Vermehrung ist sehr einfach. Sie kann aus Samen oder mit Stecklingen durchgeführt werden.

Gärtnertip
Die Ruhmesblume ist eine attraktive Ampelpflanze.

Russelia

(Russelia equisetiformis)

Blütezeit:	Juli – Aug.
Familie:	Rachenblütler
Heimat:	Mittelamerika

Die Russelia ist ein langsam wachsender Kleinstrauch mit ganz dünnen, langen Verästelungen. In den Sommermonaten zeigt sie winzige kräftig rote Rachenblüten.

Standort
Die Russelia steht im Sommer gern an einem sonnigen Standort, der direkter Sonnenbestrahlung ausgesetzt sein darf. Deshalb kann sie auch auf dem Balkon oder der Terrasse einen Platz finden. Auch in den Wintermonaten benötigt sie sehr viel Helligkeit. Die Temperatur sollte von Frühjahr bis Herbst etwa 20 °C, im Winter ungefähr 15 °C betragen.

Pflege
Das Gewächs wird in den Sommermonaten kräftig gegossen. Dann sollten Sie warten, bis es fast trocken geworden ist, um wieder eine starke Gießung vorzunehmen. In der kalten Jahreszeit wird die Wasserzufuhr der Temperatur angepaßt, deshalb wird die Russelia sparsamer gegossen. Jeweils im Frühjahr setzt man sie in mittelgroße Gefäße mit lehmiger Einheitserde um.

Vermehrung
Die Vermehrung wird im Sommer mit Ausläufern oder mit Stecklingen durchgeführt.

Gärtnertip
Die Russelia eignet sich durch ihre langen Triebe hervorragend als Ampelpflanze.

Säulenkaktus

(Cereus)

Blütezeit:	Juli – Sept.
Familie:	Kakteengewächs
Heimat:	Südamerika

Säulenkakteen werden auch als Cereen bezeichnet. Darunter sind Kakteen mit 3 bis 4 bzw. 8 bis 10 Rippen, die eintriebig oder kandelaberartig wachsen und dabei eine Höhe von 15–22 m erreichen können. Von Juni bis September erscheinen an großen Pflanzen 8–30 cm lange trichterförmige, meist weiße Blüten. Gelegentlich sind die Blüten auch zartrosa angehaucht. Die bis zu 15 cm breite Blüte hat in ihrer Mitte zahlreiche Staubgefäße und den langen Griffel. Die schönen Blüten öffnen sich immer gegen Abend und blühen nur eine Nacht. Dabei verströmen sie in der Regel einen intensiven Duft. Wenn die Blütenblätter abfallen, bleibt meist der Griffel auf dem Fruchtknoten stehen. Die fleischigen Früchte können die Größe einer Apfelsine erreichen. Sie sind bei vielen Arten eßbar. Empfehlenswerte Cereen für den Hobbygärtner sind C. azureus, eine kleinbleibende Art mit bizarren blaugrünen Trieben und kräftigen Stacheln. Weit verbreitet ist auch C. peruvianus, dessen monströse Form viele Kakteenliebhaber begeistert.

Standort
Die Säulenkakteen lieben während der Sommermonate Sonne und Wärme. Wenn Sie einen Balkon oder eine Terrasse haben, können Sie die Pflanze nach draußen stellen. Im Winter sollte die Luft leicht feucht sein, bei einer Temperatur von 6–10 °C.

Pflege
Da Cereen schnell wachsen, brauchen sie ein leicht saures, nährstoffreiches Substrat. Sie verlangen nach reichen Wassergaben und einer wöchentlichen Düngung mit einem speziellen Kakteendünger. Bei einem warmen Standort sind sie für gelegentliches Einnebeln dankbar. Bei niedrigeren Temperaturen braucht der Säulenkaktus kaum gegossen werden.

Vermehrung
Die Vermehrung ist mit abgetrennten Seitentrieben oder Stecklingen ganz leicht und auch für Unerfahrene zu empfehlen. Einfach und erfolgversprechend ist auch die Aussaat.

Gärtnertip
Die leicht verwinkelten Triebe ziehen den Staub an, sie sollten hin und wieder durch Abbrausen gesäubert werden.

Sauerklee

(Oxalis regnellii)

Blütezeit:	Juli – Aug.
Familie:	Sauerkleegewächs
Heimat:	Mittelamerika

In der Weihnachtszeit und zu Neujahr wird Oxalis deppei als Glücksklee angeboten. Die kleine Staude aus Mittelamerika hat kräftige grüne Kleeblätter, die sich aus 4zähligen Blättchen zusammensetzen. Die Pflanze blüht im Sommer purpur-rosarot. Der Waldsauerklee gehört mit seinen weißen Glockenblüten zu den reizvollsten Frühlingsblühern im Walde. Bei schlechtem Wetter und nachts nehmen die Blüten eine Schlafstellung ein.

Standort
Der Glücksklee sollte halbschattig, feucht und kühl, am besten in einem ungeheizten Zimmer oder einem Hausflur stehen. Zugluft verkraftet die widerstandsfähige Pflanze allerdings nicht.

Pflege
Während der Wachstums- und Blütezeit muß regelmäßig gegossen werden. Im Herbst kommen die ausgepflanzten Zwiebelknollen wieder aus der Erde heraus und

werden kühl im trockenen Keller überwintert, um dann im Frühjahr erneut angetrieben zu werden.

Vermehrung
Während der Sommermonate kann die Pflanze in Kübelgefäßen oder im Garten ausgepflanzt werden. Sie wird während dieser Zeit reichlich Brutknöllchen entwickeln.

Gärtnertip
Der glücksbringende Sauerklee ist ein beliebtes Mitbringsel zum Jahresende. Wenn im Winter seine Blätter fallen, dann ist das ein Zeichen, daß die Pflanze mit ihrer Ruhepause beginnt.

Säulenkaktus (S. 110)

Saumfarn
(Pteris)

Blütezeit:	Grünpflanze
Familie:	Saumfarngewächs
Heimat:	Tropen

Eine elegante Zimmerpflanze ist Pteris argyraea; sie hat breite und lange Blätter, die bis auf einen hellen Mittelstreifen dunkelgrün gezeichnet sind. Die Art braucht viel Wärme. Unzählig sind die Sorten von Pteris cretica. Ein sehr robuster, rasch wachsender Zimmerfarn, der kaum Arbeit bereitet. Die schnell wachsende Pflanze ist buschig und hat viele Verästelungen. Ihre hellgrünen Wedeln tragen ledrige Fiedern.

Standort
Saumfarne wollen im Zimmer Wärme, einen halbschattigen

Platz, hohe Luftfeuchtigkeit und keine Zugluft. Überwintert werden grünblättrige Sorten bei 10 °C, panaschierte bei mindestens 16 °C.

Pflege
Während der Sommermonate muß die Pflanze reichlich und sehr regelmäßig mit temperiertem, enthärtetem, also gefiltertem Wasser gegossen werden. In den Wintermonaten muß das Gießen stark eingeschränkt werden. Während der Wachstumszeit wird wöchentlich gedüngt; auch braucht der Saumfarn eine hohe Luftfeuchtigkeit, die durch ständiges Besprühen erreicht wird. Bei Bedarf sollte der Saumfarn im Frühjahr in Einheitserde, die mit Torf vermischt wird, umgepflanzt werden.

Vermehrung
Die Vermehrung erfolgt durch Teilung oder Sporen.

Schamblume
(Aeschynanthus)

Blütezeit:	April – Aug.
Familie:	Gesneriengewächs
Heimat:	trop. Asien

Die immergrüne, blühende Hängepflanze besticht durch ihren attraktiven Blütenschmuck, der sich von April bis August in leuchtendroten, manchmal gelblich-orangen Farben zeigt. Apart dazu die dunkelgrünen, fleischigen, lederartigen Blätter. Leider ist die Pflanze sehr anspruchsvoll.

Standort
Sehr warm, hell bis halbschattig, bei hoher Luftfeuchtigkeit und Raumtemperaturen von 18–20 °C. Ab Februar sollte die Temperatur auf 12–14 °C abgesenkt werden, sonst entwickelt die Pflanze keine Blüten. Auf Temperaturschwankungen reagiert die Pflanze mit Blütenfall.

Pflege
Verwenden Sie zum Gießen nur temperiertes, kalkfreies Wasser. Auch zum Besprühen sollten Sie

nur gefiltertes Wasser verwenden, da sonst häßliche Flecken auf den Blättern entstehen. Das Frühjahr ist die beste Zeit, um die Schamblume umzutopfen.

Vermehrung
Im Mai bis Juni über 5 cm lange Stecklinge, die im Torfmull mit Sand innerhalb von 3 Wochen bewurzeln.

Gärtnertip
Die Schamblume eignet sich als Ampelpflanze.

Schamblume

Schattenröhre
(Episcia)

Blütezeit:	April – Aug.
Familie:	Gesneriengewächs
Heimat:	tMittel-, Südamerika

Eine begehrte Ampelpflanze für Blumenliebhaber, die das Exotische anzieht. Interessant wirken ihre behaarten, bräunlich-dunkelgrünen bis kupfrig-getönten Blätter. Auch die von April bis August erscheinenden Blüten zeigen sich in unterschiedlichen Farben vorwiegend in Rot, Weiß oder auch Blau.

Standort
Im Sommer liebt die Schattenröhre es, wie der Name andeutet, halbschattig. Im Winter sollten Sie dem Tropengewächs einen hellen Platz zuweisen und es vor Zugluft bewahren. Das ganze Jahr über benötigt die Pflanze eine hohe Luftfeuchtigkeit, die durch zusätzliches Besprühen erreicht wird. Im

Winter darf die Raumtemperatur nicht unter 16 °C fallen.

Pflege

Die Schattenröhre sollte das ganze Jahr über gleichmäßig feucht gehalten werden. Sie wird mit temperiertem, möglichst gefiltertem Wasser gegossen. Gedüngt wird alle 14 Tage, in der Ruhezeit von Oktober bis Februar darf das Tropengewächs nicht mehr gedüngt und kaum noch gegossen werden. Umtopfen, falls erforderlich, sollten Sie im März in flache Gefäße mit humoser Erde.

Vermehrung

Sehr einfach durch abgetrennte, bewurzelte Ausläufer oder Stecklinge, die zum Bewurzeln eine Bodentemperatur zwischen 20–25 °C brauchen.

Gärtnertip

Die Schattenröhre eignet sich gut als Ampelpflanze.

Schaueria

(Schaueria)

Blütezeit:	Juli – Aug.
Familie:	Akanthusgewächs
Heimat:	Brasilien

Die Schaueria ist ein niedriger Halbstrauch mit länglichen, am Rande leicht gewellten hellgrünen Blättern. Im Sommer schmückt sich die Pflanze mit gelben Blütenähren.

Standort

Der Standort sollte halbschattig sein. In den Sommermonaten kann die wärmeliebende Pflanze auch auf den Balkon oder die Terrasse gestellt werden. Für eine erhöhte Luftfeuchtigkeit ist Sorge zu tragen, ob die Pflanze nun im Zimmer oder auf dem Balkon steht. Die Schaueria macht keine direkte Ruhezeit durch; sie muß auch im Winter warm bei mindestens 18 °C stehen.

Pflege

Gegossen wird sehr regelmäßig, ohne daß Staunässe oder Ballentrockenheit entsteht. Eine 14tägige Düngung während der Sommerzeit fördert das Wachstum. Um dem Anspruch nach erhöhter Luftfeuchtigkeit nachzukommen,

sollten Sie nicht vergessen, die Pflanze häufig zu besprühen.

Vermehrung

Die Vermehrung ist einfach: sie erfolgt im Frühjahr mit Samen oder Stecklingen. Die Jungpflanzen müssen, um buschig heranzuwachsen, mehrmals zurückgeschnitten werden.

Gärtnertip

Es gibt etwa 8 Arten, besonders groß blühtig ist S. Celycohicha.

Schefflere

(Schefflera)

Blütezeit:	Grünpflanze
Familie:	Araliengewächs
Heimat:	Australien

Die Schefflere ist eine dankbare, unempfindliche Pflanze. Ihrer unverwechselbaren Blattsilhouette verdankt sie den bezeichnenden Namen Strahlenaralie. Dieser baumartige, verholzte Strauch fällt durch seine langen Blattstiele, die handgeformte Blätter mit 3 bis 9 Fiedern tragen, auf. Besonders reizvoll ist die panaschierte Sorte Henriette. Weißgrüne Arten brauchen erheblich mehr Licht als grünblättrige.

Standort

Scheffleren brauchen viel Frischluft und je nach Sorte einen hellen bis halbschattigen Standort. In kühleren Räumen gedeihen sie besser als in warmen. Die günstigsten Temperaturen liegen um 18 °C bei nächtlicher Abkühlung. Sie vertragen in Maßen auch Sonne.

Pflege

Mäßig aber regelmäßig und nicht zuviel gießen. Die oberste Erdschicht muß immer etwas abgetrocknet sein, bevor Sie mit zimmerwarmem, gefiltertem Wasser nachgießen. Alle 2 Wochen flüssig düngen, im Winter wird das Gießen und Düngen den Licht- und Temperaturverhältnissen angepaßt. Bei Bedarf kann im Frühjahr umgetopft werden. Die handelsübliche Einheitserde ist gut geeignet.

Vermehrung

Nicht verholzte Triebspitzen bewurzeln bei 22–25 °C Bodentemperatur in einem Torf-Sand-Gemisch. Als Verdunstungsschutz sollten Sie bis zur Bewurzelung eine Folie über die Stecklinge spannen.

Gärtnertip

Zu groß gewordene Exemplare können Sie durch Abmoosen oder Rückschnitt regenerieren. Da die Scheffleren meist eintriebig wachsen, erzielen Sie durch Rückschnitt eine mehrtriebige Pflanze.

Schefflere

Scheinveilchen

(Ionopsidium)

Blütezeit:	März – Aug.
Familie:	Kreuzblütler
Heimat:	Portugal

Die einjährige Pflanze ist ein niedriges Kraut. Ihre Blätter sind klein und herzförmig. Das Scheinveilchen wird auch gern als Bodendecker in den Wintergarten gepflanzt. Vom Frühjahr bis Sommer blüht es mit veilchenähnlichen, bläulichen oder weißen Blüten.

Standort

Bei reichlich frischer Luft kann das zierliche Gewächs sogar an einem schattigen bis halbschattigen Standort stehen. Direkte Sonne verträgt das bescheidene Veilchen nicht. Bei zu hellem Stand wird die Blühfreudigkeit stark eingeschränkt. An einem geschützten, kühlen Standort, der von frischer Luft umgeben ist, kann das Scheinveilchen in den Sommermonaten auch im Freien stehen.

Pflege

Wenn Sie die pflegeleichte Pflanze gleichmäßig feuchthalten, dann wird sie Ihnen während ihrer kurzen Lebensdauer sehr viel Freude bereiten.

Vermehrung

Die Vermehrung ist sehr einfach; sie erfolgt im März durch Samen. Das Aussaatgefäß sollte in einem kühlen Raum stehen, damit sich die ersten Blüten schon nach 2 bis 3 Wochen zeigen.

Gärtnertip

Neu auf dem Markt ist das Duft-Veilchen Violette de Toulouse mit bis zu 49 Blüten pro Pflanze.

Schiefteller

(Achimenes grandiflora)

Blütezeit:	Juni – Okt.
Familie:	Gesneriengewächs
Heimat:	Mittel-, Südamerika

Der mehrjährige Schiefteller ist eine kleine, blühende Topfpflanze, die ihren Namen den schiefen Blütenkelchen verdankt. Während der Sommermonate wird sie im Handel in unterschiedlichsten Sorten angeboten. Sie können die Pflanze aber auch im Frühjahr aus kleinen Wurzelrhizomen vermehren.

Standort

Der Schiefteller liebt einen leicht schattigen Platz bei normaler Zimmertemperatur um die 18 °C.

Pflege

Wie bei allen Knollengewächsen darf auch der Schiefteller nur mäßig gegossen werden. Beim Gießen müssen Sie darauf achten, daß kein Wasser auf die Blätter kommt. Gegossen wird grundsätzlich nur mit temperiertem, entkalktem Wasser. Nach der Blüte welken die Blätter, zum gleichen Zeitpunkt stellen Sie das Gießen ein. Sobald das Laub abgestorben ist, werden die Schuppenrhizome den Winter über bei 10–15 °C trocken aufbewahrt. Ab Februar können Sie die Knollen

wieder in Einheitserde legen und mit etwa 1 cm Erde abdecken.

Vermehrung

Ab März kann man etwa 5 cm lange Rhizomstücke abtrennen, die in sandiger Erde angetrieben werden. Vermehren können Sie die Staude auch mit Stecklingen, die Sie im Sommer schneiden und bei 22 °C Erdtemperatur in sandigem Torf bewurzeln.

Gärtnertip
Der Schiefteller ist eine schöne Ampelpflanze.

Schiefteller

Schildblume

(Aspidistra)

Blütezeit:	Grünpflanze
Familie:	Liliengewächs
Heimat:	Japan

Sie zählt zu den wenigen anspruchslosen Zimmerpflanzen, die sich an jeden Standort bezüglich Temperatur und Licht gewöhnen. Sie gedeiht in einer dunklen Zimmerecke genauso wie auf dem Balkon, nimmt Temperaturschwankungen ebenso hin wie Zugluft und Staub. Ihre lederartigen Blätter können bis zu 70 cm erreichen, gelegentlich erscheinen auch noch kleine braun-lila Blüten. Dekorativer, aber auch empfindlicher als die grünblättrige ist die Sorte Variegata mit weiß oder gelblich gestreiften Blättern. Die Schusterpalme ist eine empfehlenswerte Pflanze für Anfänger.

Standort

Halbschattig bis schattig, nur direkte Sonnenbestrahlung ist unbedingt zu vermeiden. Ideal sind Zimmertemperaturen um die 20 °C tagsüber und nachts 12 °C; aber problemlos werden auch höhere oder niedrigere Temperaturen vertragen.

Pflege

Sommer wie Winter regelmäßig, mit nicht zu hartem Wasser gießen, jedoch nicht zu feucht halten. Die Pflanze ist für eine mit Kalk angereicherte Erde dankbar.

Vermehrung

Durch Teilung. Dazu trennen Sie behutsam die Mutterpflanze und setzen die Pflanzglieder in normale Blumenerde.

Gärtnertip
Die Blätter der Aspidistra sollten gelegentlich feucht abgewischt werden.

Schildfarn

(Polystichum)

Blütezeit:	Grünpflanze
Familie:	Schildfarngewächs
Heimat:	Ostasien, Südafrika

Dieser Farn wird auch häufig als Filigranfarn bezeichnet. Es geht hierbei um eine immergrüne Zimmer- und Freilandstaude mit üppigen, meterlangen Trieben. Die oft rötlich-braunen Stiele sind sehr dicht mit zierlich gefiederten Blättchen besetzt. Diese Fiederblättchen sind in der Regel hart und lederartig.
Wichtig: Im Gegensatz zu anderen Farngewächsen verträgt der Schildfarn ausnahmsweise trockene Zimmerluft und dunklere Standorte, ist also genügsam und pflegeleicht.

Standort

Halbschattig, auch am Nordfenster fühlt er sich wohl. Trockene Heizungsluft schadet ihm nicht, mit normalen Zimmertemperaturen kommt er zurecht. Naturgemäß ist dem Schildfarn ein kühleres Winterquartier bei 10–12 °C angenehm.

Pflege

Gegossen wird er reichlich mit abgestandenem bzw. gefiltertem

Wasser. Monatlich sollten Sie ihn düngen. Für gelegentliches Besprühen ist der Schildfarn dankbar. Falls erforderlich, können Sie den Schildfarn im März umpflanzen. Das neue Gefäß darf nicht wesentlich größer sein, Einheitserde genügt.

Vermehrung
Dafür gibt es zwei Möglichkeiten. Die Teilung im Herbst ist die einfachste und schnellste Art, die Vermehrung über Sporen langwieriger und komplizierter. Dazu müssen Sie im Sommer ein Mutterblatt mit Brutknöllchen abschneiden und dieses auf feuchten Torf zur Bewurzelung legen. Das Blatt ist mit kleinen Kieselsteinen zu beschweren, damit ein guter Erdkontakt besteht.

Gärtnertip
Der Farn bekommt bei guter Pflege riesige Ausmaße.

Schlangenbart

(Ophiopogon)

Blütezeit:	Juli – Aug.
Familie:	Liliengewächs
Heimat:	Japan

Die fernöstliche Schönheit wächst langsam mit schmalen, grasähnlichen Blättern, die kleine Büschel bilden. Ihre weißen Blüten erscheinen im Juli und August, sie sitzen in Traubenform auf kurzem Schaft.

Standort
Halbschattig bis schattig, wobei der Schlangenbart sich in kühlen und warmen Räumen gleichermaßen wohlfühlt. Trockene Luft verkraftet er gut. Während der Wintermonate möchte er heller stehen, aber geschützt vor praller Sonne.

Pflege
Das Liliengewächs ist bezüglich Wasser genügsam. Es wird nur äußerst sparsam gegossen, im Winter kaum mehr. Gedüngt wird während der Wachstumsperiode alle 2 Wochen. Umgetopft wird ab Februar in Einheitserde.

Vermehrung
Die Vermehrung ist problemlos durch Teilung möglich, die zeitgleich mit dem Umtopfen erfolgt.

Gärtnertip
Mit etwas Glück reifen an der Pflanze kleine, blaugrüne Beeren heran.

Schmucklilie

(Agapanthus)

Blütezeit:	Juli – Aug.
Familie:	Liliengewächs
Heimat:	Südafrika

Diese Pflanze ist sehr schnellwachsend und deshalb sind nur junge Pflanzen für die Zimmerhaltung geeignet. Ihre Blüte besteht aus einer Dold die auf einem hohen Schaft sitzt.

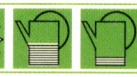

Standort
Dieses Gewächs bevorzugt im Sommer einen hellen, warmen und sonnigen Standort. Im Winter sollte diese schöne Zimmerpflanze ebenfalls hell stehen, aber einen relativ kühlen Platz bei 1–3 °C finden, damit die Blütenbildung gefördert wird.

Pflege
Die Schmucklilie hat es gern, wenn sie auf einmal viel Wasser bekommt, dann jedoch fast wieder austrocknen kann. Wie bei vielen Zimmerpflanzen ist es empfehlenswert, im Winter sehr sparsam zu gießen. Die richtige Zeit zum Umtopfen ist von Februar bis

Schmucklilie

April. Als Erde verwendet Sie Einheitserde, die mit viel Lehm gemischt sein sollte.

Vermehrung
Die Vermehrung wird durch Teilung erreicht, ist aber nicht ganz einfach.

Gärtnertip
Zu wenig Helligkeit kann zu Schädlingsbefall führen.

Schnapskopf

(Lophophora williamsii)

Blütezeit:	ganzjährig
Familie:	Kakteengewächs
Heimat:	Mexiko

In seiner Heimat Mexiko heißt dieses Gewächs Peyotl. Es enthält das Rauschgift Meskalin. Das Äußere des Schnapskopfs ist gekennzeichnet durch einen kugelförmigen grünen Pflanzenkörper, auf dessen Oberseite sich eine feinblättrige weiße, zum Teil auch rosarote Blüte bildet. L. williamsii hat weiße Blüten und fällt durch eigenartige Filzfetzen auf dem graublau-grünen Körper auf.

Standort
Wichtig ist im Sommer ein vollsonniger, warmer Standort, im Winter jedoch ein kühler Ort bei 5 °C. Der Schnapskopf ist für einen Sommeraufenthalt auf Balkon oder Terrasse dankbar.

Pflege
Der Kaktus will stets feuchtgehalten werden. Es darf nur mit kalkfreiem Wasser gegossen werden. Im Winter steht das exotische Gewächs trocken. Zum Umtopfen empfiehlt sich eine gute Drainageschicht im Pflanzgefäß und eine mineralhaltige Kakteenerde.

Vermehrung
Die Vermehrung der ausgefallenen Pflanze ist einfach; sie kann im Frühjahr durch Aussaat leicht selbst durchgeführt werden.

Gärtnertip
Eine Liebhaberpflanze, die auch für den Anfänger zu empfehlen ist.

Schneebusch

(Breynia)

Blütezeit:	Juli – Aug.
Familie:	Wolfsmilchgewächs
Heimat:	Südsee, Afrika

Das buntblättrige, locker verzweigte mehrjährige Gewächs aus den Tropen verdankt seinen Namen den weißen Zeichnungen auf seinem Laub. Der Schneebusch ist ein langsam wachsender Strauch mit runden, unterschiedlich angeordneten Blättern. Das Wolfsmilchgewächs ist in allen Pflanzenteilen giftig. Im Sommer zeigt es kleine grüne Blüten.

Standort
Der Schneebusch liebt einen sonnigen bis halbschattigen Platz bei hoher Luftfeuchtigkeit und einer Temperatur von 20–25 °C. Die erforderliche Luftfeuchtigkeit können Sie durch regelmäßiges Besprühen der Pflanze erreichen. Überwintert werden sollte die Pflanze kühl und sehr hell bei mindestens 15 °C.

Pflege
Während der Wachstumsperiode muß der Schneebusch reichlich gegossen und alle 14 Tage stickstoffarm gedüngt werden. Im Winter wird kaum mehr gegossen, dafür aber häufiger gesprüht. Falls erforderlich, kann im März in Einheitserde mit Zusatz von Lehm und Sand umgetopft werden.

Vermehrung
Im Frühjahr können Sie halbreife Trieb- und Kopfstecklinge schneiden. Diese werden bei einer Bodentemperatur von 22 °C in Anzuchterde gesteckt und unter einer Folie, die als Verdunstungsschutz wirkt, bewurzelt.

Gärtnertip
Vorsicht! Der Schneebusch zählt zu den Giftpflanzen. Er ist vor allem für das Kinderzimmer und die Küche völlig ungeeignet. Wenn Sie die Pflanze umtopfen, sollten Sie Arbeitshandschuhe tragen.

Schönmalve

(Abutilon)

Blütezeit:	April – Sept.
Familie:	Malvengewächs
Heimat:	Tropen, Subtropen

Die Schönmalven haben ihren besonderen Reiz in den vielfältig schillernden Farbtönen ihrer Blüten in Weiß, Gelb, Rosa oder Rot. So besticht zum Beispiel A. megapotamicum mit wundervoll geformten Glockenblüten, die sich aus gelben und purpurnen Kelchen zusammensetzen. Die Blütezeit der Pflanze beginnt im Frühjahr und endet im Spätsommer. Der im Zimmer verholzende kleine Strauch hat samtartig behaarte Blätter.

Standort
Das tropische Gewächs braucht einen vollsonnigen Platz. Vorteilhaft ist ein Quartier auf Balkon oder Terrasse. Auch in einem warmen Zimmer gedeihen sie gut, müssen allerdings bei 12–15 °C überwintert werden, sonst kommt es im folgenden Jahr nicht zur Blüte. Auch neigen zu warm überwinterte Pflanzen zum Befall von Spinnmilben und Läusen.

Pflege
Von März bis August muß die Schönmalve reichlich gegossen und wöchentlich gedüngt werden. In den übrigen Monaten wird die Wasserversorgung stark und das Düngen völlig eingeschränkt. Pflanzen, die im Freien besonders kräftig gewachsen sind, sollten im Herbst, bevor sie ins Winter-quartier kommen, entsprechend zurückgeschnitten werden. Im Frühjahr wird die Schönmalve in frische Einheitserde umgepflanzt. Es ist anzuraten, diese mit Lehm zu verbessern.

Vermehrung
Die Vermehrung durch Stecklinge

Schönmalve

kann im Spätherbst oder Frühjahr vorgenommen werden. Allerdings brauchen sie eine Bodentemperatur von 20–25 °C bei feuchter, gespannter Luft.

 Gärtnertip
Sofern die Schönmalve ständig im Zimmer steht, muß sie gelegentlich indirekt besprüht werden.

Schönorche

(Calanthe)

Blütezeit:	April – Mai
Familie:	Orchideengewächs
Heimat:	trop. Asien

Die immergrüne terrestrische Orchidee hat ein kurzes Rhizom, aus dem sich bis zu sechs langgestielte breite Blätter entwickeln können. Sie blüht im April/Mai meist weiß und je nach Art auch zartrot, gelb, orange oder rosa.

 Standort
Die elegante Orchidee liebt einen hellen, luftigen Standort. Vor direkter Sonne muß sie geschützt werden. Die Temperatur sollte von März bis September zwischen 18–22 °C liegen; in der Nacht darf es kühler sein, etwa um 14 °C. Überwintert wird die Pflanze kühl und hell, aber nicht unter 15 °C. Das tropische Gewächs braucht eine hohe Luftfeuchtigkeit.

 Pflege
Die Calanthe sollte mit gefiltertem Wasser gegossen werden. Sie darf nie austrocknen. Es muß stets für hohe Luftfeuchtigkeit gesorgt werden. In der Wachstumszeit muß die Pflanze wöchentlich mit einem Orchideendünger versorgt werden. Umgetopft wird nur bei Bedarf in ein spezielles Orchideensubstrat. Sie können es auch selbst aus Lauberde, Mistbeeterde und feingemahlenem Ton mischen. Wichtig ist, daß durch Drainage mit Blähton für einen guten Wasserabzug gesorgt wird.

 Vermehrung
Die Vermehrung erfolgt durch Teilung der Bulben.

 Gärtnertip
Die Schönorche darf erst besprüht werden, wenn sich die Blätter voll entfaltet haben.

Schopfcereus

(Cephalocereus senilis)

Blütezeit:	ganzjährig
Familie:	Kakteengewächs
Heimat:	Mexiko

Bezeichnenderweise trägt diese Kaktee auch den Namen Greisenhaupt, zumal der attraktive Säulenkaktus bis zu 10 cm lange weiße Haare hat. In Wohnräumen kann er allenfalls 1,50 m erreichen, in seiner mexikanischen Heimat über 12 m. Die anspruchsvolle Pflanze zeigt erstmals nach einigen Jahren Blüten.

 Standort
Der eigentümliche Greis ist licht- und wärmebedürftig, muß also sonnig und warm bei hoher Luftfeuchtigkeit stehen. Durchzug verkraftet er nicht. Im Winter muß die Raumtemperatur mindestens 18 °C betragen.

 Pflege
Der Schopfcereus liebt die Gleichmäßigkeit. Er wird regelmäßig gegossen und muß in den Sommermonaten alle 14 Tage mit einem speziellen Kakteendünger ernährt werden. Außerdem gedeiht der Kaktus nur wirklich gut, wenn Sie für die nötige Luftfeutigkeit sorgen. Besprühen Sie die Pflanze gelegentlich indirekt. Während der Wintermonate muß die Kaktee fast trocken stehen. Ein Umtopfen ist nur in größeren Abständen erforderlich; dazu wird ausschließlich Kakteenerde verwendet.

 Vermehrung
Die Vermehrung kann im Frühjahr mit Samen durchgeführt werden.

 Gärtnertip
Das Greisenhaupt möchte gelegentlich eingenebelt werden. Die erhöhte Luftfeuchtigkeit schützt die Pflanzelauch vor Schädlingsbefall.

Schopflilie

(Eucomis)

Blütezeit:	Juli – Aug.
Familie:	Liliengewächs
Heimat:	Südafrika

Ihre langen, gewellten Blätter sind rosettenförmig auf einer Zwiebel angeordnet. Die kleinen Blüten erscheinen in hellgrüner Farbe.

 Standort
Die Schopflilie steht gern an einem halbschattigen Standort, der mit genügend Frischluft versorgt wird. Die Temperatur sollte im Sommer angenehm warm sein, im Winter bei ungefähr 10 °C liegen.

 Pflege
Das Gewächs wird in der warmen Jahreszeit sehr ausgiebig mit Wasser versorgt. In der Ruhepause wird nur ganz wenig gegossen. Umgepflanzt wird die Schopflilie im Herbst. Man setzt die Zwiebel nur zur Hälfte in die Erde ein, und so wird sie überwintert. Im Frühjahr wird Sie dann richtig eingepflanzt.

 Vermehrung
Die Vermehrung erfolgt im Frühjahr durch Brutzwiebeln.

 Gärtnertip
Für die Zimmerhaltung eignen sich am besten die Sorten E. undulata und E. punctata.

Schraubenbaum

(Pandanus)

Blütezeit:	Grünpflanze
Familie:	Schraubenbaumgewächs
Heimat:	Tropen

Die tropische Pflanze ist mit ihren langen, glänzend schraubenartig gewachsenen Blättern äußerst dekorativ. Da sie sehr ausladend wird und fein bestachelte Blattränder besitzt, ist sie nur für wenige Standorte geeignet.

Standort

Die Pflanze braucht einen hellen, vor praller Sonne geschützten Platz. Mit den üblichen Zimmertemperaturen von 20–22 °C kommt sie das ganze Jahr über gut zurecht, aber nicht mit Temperaturen unter 18 °C.

Pflege

 Sie sollten die Pflanze mäßig das ganze jahr über gießen. Am besten machen Sie vor jedem erneuten Gießvorgang die Fingerprobe. Wichtig ist noch, daß kein Wasser in den Blattwinkeln stehenbleibt. Beim Entstauben ist wegen der bestachelten Blattränder Vorsicht geboten. Gedüngt wird wöchentlich. Da die Pflanze sehr groß und schwer wird, sollten Sie zum Umtopfen besser Ton- statt Kunststofftöpfe verwenden.

Vermehrung

Durch Kindel mit Wurzelansatz. Nebentriebe, die noch keine Wurzeln zeigen, sind an den Schnittstellen mit Holzkohlepulver zu behandeln.

Gärtnertip

Die Erdoberfläche sollte hin und wieder gelockert und dabei Kindel entfernt werden, damit sich die Pflanze gut entwickeln kann.

Schuhblüte

(Pedilanthus)

Blütezeit:	keine bei uns
Familie:	Wolfsmilchgewächs
Heimat:	trop. Amerika

Kultiviert wird für Wohnräume vorwiegend die Sorte Variegata. Ihre grünen Blätter sind länglich-oval und weiß gerändert. Bei älteren Pflanzen erscheinen gelegentlich Trugdolden, die von roten Hochblättern umgeben sind.

Standort

Die Schuhblüte möchte hell bis halbschattig stehen. Nachdem sie sich einmal an den Standort gewöhnt hat, sollte sie auch nicht mehr verstellt werden. Vom Frühjahr bis Herbst muß die Raumtemperatur bei 20 °C liegen, während der Wintermonate nicht über 10 °C. Die Pflanze braucht außerdem eine hohe Luftfeuchtigkeit und möglichst viel frische Luft.

Pflege

 Gegossen wird während der Sommermonate mäßig und in den Wintermonaten kaum mehr. Während des Wachstums wird monatlich einmal gedüngt. Bei Bedarf wird im Frühjahr umgetopft in eine lehmige Einheitserde mit Sandzusatz.

Vermehrung

 Im Frühjahr kann die Pflanze durch Kopfstecklinge vermehrt werden. Wichtig ist, daß Sie die Stecklinge kurz in warmes Wasser stellen, damit sie ausbluten. Die Schnittfläche muß dann antrocknen, bevor sie bei einer Bodenwärme von 25 °C bewurzelt wird.

Gärtnertip

Vorsicht! Die Schuhblüte enthält in allen Pflanzenteilen einen sehr giftigen, wolfsmilchhaltigen Saft.

Schwertfarn

Schwertfarn

(Nephrolepsis)

Blütezeit:	Grünpflanze
Familie:	Farnpflanze
Heimat:	Tropen

Der Schwertfarn zählt zu den widerstandsfähigsten seiner Art. Er wächst als Rosettenpflanze mit gefiederten Blättern, die parallel angeordnet sind. Ältere Exemplare können Wedel von 1 m Länge erreichen. Damit der Schwertfarn sich in seiner ganzen Schönheit entfalten kann, sollten Sie ihm einen erhöhten Platz auf einem Hocker oder einer Säule zukommen lassen.

Standort

Ein heller, leicht schattiger Platz an Ost- oder Westfenster ist ideal. Flur und Treppenhaus nur dann, wenn sie zugluftfrei sind. Vor allem vertragen Farne keine direkte Sonnenbestrahlung. Ein Lebenselexier hingegen ist eine feuchtwarme Atmosphäre. Mit den Temperaturwünschen gibt es eigentlich selten Probleme. Im Sommer verträgt die Pflanze Temperaturen von etwa 20 °C, im Winter etwa 14 °C. Sollten Sie keine Möglichkeit für einen Standortwechsel haben, dann schadet eine gemäßigte Zimmertemperatur nicht, Sie müssen die Pflanze nur häufiger besprühen.

Pflege

 Für ein Tauchbad anstelle des üblichen Gießens ist der Farn genauso dankbar wie für eine automatische Wasserzufuhr, wobei sich die Pflanze selbständig bei Bedarf die nötige Wassermenge holt. Wichtig ist, daß der Schwertfarn mit kalkfreiem Wasser, dabei nicht zu wenig, aber auch nicht zuviel gegossen wird. Die Luftfeuchtigkeit muß bei Farnen durch häufiges Sprühen oder einen elektrischen Luftbefeuchter gewährleistet sein. Gedüngt wird von März bis Oktober wöchentlich. Das Umtopfen ist bei Jungpflanzen jährlich, bei älteren Exemplaren nur alle 3 Jahre erforderlich.

Vermehrung

 Kräftige Ausläufer werden abgetrennt und in lockere, humose Erdmischung getopft.

Gärtnertip

 Die behaarten Ausläufer können Sie auch, solange sie noch nicht abgetrennt sind, auf eine weitere Schale mit Erde legen und mittels Krampe befestigen. Sie bewurzeln dann schnell. Kaufen Sie Ihren Schwertfarn am besten im Sommer, dann fällt der Pflanze die Umgewöhnung an den neuen Standort leichter. Zur Bewässerung verwenden Sie am besten weiches Wasser aus der Filtergießkanne AquaFlor.

Topfrose (S. 130)

Seeigelkaktus

(Echinopsis)

Blütezeit:	Mai – Juli
Familie:	Kakteen
Heimat:	Südamerika

Es gibt kaum eine Pflanzenfamilie mit so unterschiedlichen Wuchs- und Blütenformen wie die Kakteen. Ungefähr 3000 Kakteenarten, die in 200 Gattungen unterteilt werden, sind bekannt. Kakteen haben keine Stacheln, sondern Dornen. Sie zählen zu den Stammsukkulenten. Ihre vielfach dickfleischigen Stämme bestehen aus schleimartigen Zellen. In diesen können sie Wasser speichern und so sind sie für lange Zeit überlebensfähig. In ihrer Heimat, der Wüste und Halbwüste, reicht ihnen der Nachttau in Verbindung mit der Regenzeit, um längere Dürrezeiten zu überstehen. Die geringen Pflegeansprüche des Seeigelkaktus, die überaus große Blühwilligkeit und die wunderschönen trichterartig geformten, gleichzeitig duftenden Blüten in Weiß, Zartrosa, Gelb oder Rot haben ihn sehr populär gemacht.

Standort
Kakteen sind Sonnenanbeter und bevorzugen ein luftiges, sonniges Plätzchen, das während der Sommermonate auch die Terrasse oder der Balkon sein kann. Im Winter benötigt die Pflanze eine Ruhezeit, ab Oktober braucht sie einen kühlen, hellen, vor allem trockenen Standort bei 6-11°C. Trockene Zimmerluft schadet der Pflanze

nicht. Sie können die Pflanze daher auch in einem trockenen, kühlen Keller überwintern.

Pflege
Nur in der Wachstumsperiode von März bis Oktober werden sie gedüngt und sparsam gegossen. Während der Ruheperiode wird der Seeigelkaktus vollkommen trocken gehalten. Erst bei Erscheinen der ersten Knospen setzt das Gießen erneut ein. Umgetopft wird bei Bedarf alle 2 bis 3 Jahre in nährstoffreiche Kakteenerde.

Vermehrung
Die Vermehrung erfolgt durch Stecklinge und Aussaat.

Gärtnertip
Es gibt einige Arten, die ihre Blütenpracht nur in der Nacht zeigen.

Segge

(Carex)

Blütezeit:	Grünpflanze
Familie:	Sauer- oder Riedgrasgewächs
Heimat:	Südasien, Australien

Grasartige Staude mit langen, schmalen Blättern und einzelnen gelbbraunen Blütenähren, die die Blattspitzen überragen. Sowohl die grüne als auch die bunte Sorte wirken sehr grazil und eignen sich zur Bepflanzung von Blumenschalen.

Standort
Anspruchslose Pflanze, die sowohl an einem schattigen als auch an einem sonnigen Platz gedeiht. In den Sommermonaten liebt die Segge einen luftigen Platz um die 20 °C, im Winter Temperaturen um etwa 12 °C.

Pflege
Wichtig ist, daß die Pflanze stets gleichmäßig mit nicht zu hartem Wasser feucht gehalten wird, denn beim Trockenwerden der Erde schrumpfen die Blätter zusammen, die Pflanze geht dann meist ein. Das Düngen entfällt. Die Pflanze wird nur bei Bedarf in Einheitserde umgetopft.

Vermehrung
Vermehrt wird durch Teilung.

Dazu wird der Ballen in mehrere Teile getrennt und in entsprechend kleinere Töpfe wieder eingepflanzt. Die Staude kann auch ausgesät werden.

Gärtnertip
Eignet sich sehr gut als Ampelpflanze und zur Beipflanzung in Schalen und Körben.

Seidenpflanze

(Asclepias curassavica)

Blütezeit:	Juni – Aug.
Familie:	Seidenpflanzengewächs
Heimat:	trop. Amerika

Die tropische Seidenpflanze ist eine Pflanze für Kenner. Besonders interessant sind ihre scharlachroten bis dunkelorangeroten Blüten. Die Blätter sind länglich spitz zulaufend, oberseitig dunkelgrün und von unten leicht bräunlich gefärbt. Die Pflanze kann bis zu 90 cm hoch werden.

Standort
Viel Licht und Sonne sowie reichlich Frischluft, das sind die Grundvoraussetzungen für ein gesundes Wachstum der Seidenpflanze. Daher fühlt sie sich auch während der Sommermonate auf Balkon und Terrasse äußerst wohl. Während der Wintermonate sollte sie kühler, aber weiterhin hell, bei 12 °C untergebracht werden. Ideal hingegen ist ein Wintergarten oder das helle Treppenhaus.

Pflege
Während der Sommermonate braucht sie reichlich Wasser, jedoch ohne Staunässe. Während dieser Zeit wird sie auch alle 14 Tage gedüngt. Sobald die Pflanze kühler steht, wird gleichzeitig weniger gegossen und nicht mehr gedüngt. Im Frühjahr sollten Sie zur Schere greifen und die Seidenpflanze bis auf 20 cm zurückschneiden. Dadurch erreichen Sie einen gefälligen, buschigen Wuchs. Umtopfen nur bei Bedarf in eine lehmig-humose Erdmischung.

Vermehrung
Durch Aussaat ab Januar bei Bodentemperaturen von 20-25°C oder Teilung nach der Blüte.

Gärtnertip
Wenn die Seidenpflanze ihre Blätter hängen läßt, ist das ein Anzeichen für unregelmäßiges Gießen.

Sichelfarn

(Cyrtomium)

Blütezeit:	Grünpflanze
Familie:	Schildfarngewächs
Heimat:	Südafrika, Asien

An dem kurzen, dunkelbraunen Stamm sitzen gefiederte, bis zu 50 cm lange Blätter. Die Seitenfiedern sind etwas sichelförmig, derb ledrig und glänzend grün gefärbt.

Standort
Hell bis halbschattig, auf alle Fälle absonnig, wobei die Zimmertemperatur relativ kühl sein sollte, möglichst 15 °C. Wichtig ist, daß Sie für genügend Frischluft sorgen, daher ist in den Sommermonaten ein Standort auf Terrasse oder Balkon wünschenswert. Während der Ruhezeit im Winter sind Temperaturen von 7–10 °C anzuraten, jetzt kann ein Standortwechsel, z.B. ins Treppenhaus, in den Flur oder Wintergarten angebracht sein.

Pflege
Das ganze Jahr über regelmäßig mit kalkfreiem Wasser gießen, denn der Wurzelballen sollte stets leicht feucht sein. Vorsicht vor Staunässe, die Wurzelfäulnis hervorruft. In den Sommermonaten sollten Sie die Pflanze häufiger mit weichem Wasser besprühen. Gedüngt wird wöchentlich von März bis Oktober, in den Wintermonaten nicht mehr. Umtopfen bei Bedarf in humose Erde, der etwas Torf hinzugefügt wird.

Vermehrung
Aussaat durch Sporen schwierig, lediglich die Teilung älterer Pflanzen ist für den Hobbygärtner möglich.

Gärtnertip
Der Sichelfarn ist anspruchsvoll bezüglich Feuchtigkeit und Temperatur.

Silberfarn

(Pytyrogramma)

Blütezeit:	Grünpflanze
Familie:	Hemionitisgewächs
Heimat:	trop. Amerika

Der langsam wachsende, niedrig bleibende Farn trägt mehrfach gefiederte, kurze Wedel. Es geht hierbei um eine reine Grünpflanze, die sich über Sporen vermehrt.

Standort
Der Silberfarn bevorzugt das ganze Jahr über einen halbschattigen Platz, wobei die Temperatur im Sommer bei 20–22 °C liegen darf. In den Wintermonaten, während der Ruhezeit, sollte nur 15 °C haben. Für diese Farnart ist trockene Zimmerluft ausnahmsweise von Vorteil.

Pflege
Gleichmäßig, aber mäßig mit nicht zu hartem Wasser gießen, wobei der Ballen nie austrocknen darf. Die Wedel des Silberfarns dürfen nie mit Wasser in Berührung kommen. Besprühen Sie diesen Farn nie! Gedüngt wird während der Wachstumsperiode monatlich, in den Wintermonaten überhaupt nicht. Erst wenn nach etwa 3 Jahren die Wurzeln aus dem Blumentopf wachsen, wird in eine durchlässige Bodenmischung umgetopft.

Vermehrung
Die Vermehrung über Sporen ist schwierig, Sie sollten sie dem Fachmann überlassen.

Gärtnertip
Es gibt einen Silberfarn, der, wie der Name schon andeutet, silberweiß bestäubt ist, und einen Goldfarn, dessen Fiederblätter mit Goldfarbe bepudert sind.

Silberhaut

(Argyroderma)

Blütezeit:	Juli – Aug.
Familie:	Mittagsblumengewächs
Heimat:	Südafrika

Die Pflanze hat ihre Heimat in Südafrika und gehört zur Familie der Mittagsblumengewächse. Die Silberhaut hat Blätter, die sich zu zweigeteilten Blattkugeln in einer silbergrünen Farbe entwickelt haben. Am häufigsten sieht man die Sorte A. testiculare, die im Herbst leuchtend rote Blüten bevorzugt.

Standort
Das Gewächs braucht in den Sommermonaten einen vollsonnigen Standort, um seine Blütenpracht im September voll entfalten zu können. Im Winter braucht die Pflanze eine Temperatur von ungefähr 10 °C.

Pflege
Die Silberhaut reagiert sehr empfindlich auf Wasser und darf daher nur sehr sparsam gegossen werden. In den Wintermonaten wird sie vollkommen trocken gehalten. Bei Bedarf kann sie im Frühjahr in Tongefäße mit stark sandiger Erde umgepflanzt werden. Das Gewächs braucht quarzhaltigen Boden. Deshalb ist es empfehlenswert, Quarzsteinchen auf die Erdschicht zu legen.

Vermehrung
Die Vermehrung ist sehr einfach und wird im Sommer mit Samen durchgeführt.

Gärtnertip
Die Silberhaut ist leicht zu pflegen und für Anfänger geeignet.

Silberkerze

(Cleistocactus)

Blütezeit:	keine bei uns
Familie:	Kakteengewächs
Heimat:	Südamerika

Die Silberkerze ist eine langsam wachsende, schlanksäulige Kaktee, die sich an der Basis verzweigt. Der Kakteenkörper ist meist gerippt und sehr dicht behaart. Durch die feinen weißen Stacheln sieht er fast filzig aus. Die Pflanzen blühen meist erst im höheren Alter. Die orange-roten, röhrenartigen Blüten öffnen sich nie ganz und blühen auch nur 4 bis 5 Tage. Die Art C. smaragdiflorus hat meistens rote Früchte, die C. stausii ist übersät mit weißen Stacheln und hat eigenartig rotgefärbte Blüten. Die C.

wendlandiorum erkennen Sie an den umgeknickten gelben Blütenröhren.

 Standort
Im Sommer hell und sonnig, im Winter hell bei 10–12 °C.

Pflege
Vom Frühjahr bis Oktober mäßig gießen. Im Winter muß diese Kaktee ausnahmsweise auch etwas gegossen werden. Gedüngt wird in der Wachstumszeit wöchentlich mit einem stickstoffarmen Kakteenspezialdünger.

 Vermehrung
Durch Aussaat oder Stecklinge. Die Schnittflächen der Stecklinge müssen immer erst angetrocknet sein, bevor sie in das Erdsubstrat gesteckt werden.

 Gärtnertip
Bei Bedarf wird im März in Kakteenerde umgetopft.

Simse

(Scirpus cernuus)

Blütezeit:	Juli – Sept.
Familie:	Riedgrasgewächs
Heimat:	Ostasien

Die graziele Simse wächst in langen, anmutigen Halmen, auf denen sich im Sommer dunkelbraune, doldenförmige Blütenähren bilden. Sie wirkt wie eine Wasserfontäne, wenn sie sich frei in einer Ampel oder auf einem Sims entfalten kann.

 Standort
Hell bis halbschattig mit hoher Luftfeuchtigkeit. Die Zimmertemperatur darf in den Sommermonaten bis zu 20 °C, in den Wintermonaten bis 12 °C betragen. Ein Standortwechsel auf Balkon oder Terrasse bekommt der Pflanze nicht.

Pflege
Das Riedgewächs will im Sommer reichlich und möglichst mit weichem Wasser versorgt werden. Staunässe bzw. ein Fußbad ist in der warmen Jahreszeit will-

kommen, vergleichbar etwa mit dem Zypergras. Im Winter allerdings wird die Simse nur sparsam gegossen, so daß die Erde leicht feucht bleibt. Gießfehler zeigen sich schnell durch braune Blattspitzen. Von März bis August alle 2 Wochen mäßig düngen, im Frühjahr in Einheitserde umtopfen.

 Vermehrung
Im Frühjahr durch Teilung von älteren Pflanzen oder mit frischem Samen.

 Gärtnertip
Die Simse eignet sich gut für Hydrokultur.

Simse

Skimmie

(Skimmia)

Blütezeit:	Mai
Familie:	Rautengewächs
Heimat:	Japan

Die bekannteste Vertreterin ist die japanische Skimmie, deren Heimat die kühleren Gebirgswälder Japans sind. Der nur sehr langsam wachsende, immergrüne Strauch hat schmale, längliche Blätter, die glänzen. Im Mai blüht das Gewächs cremefarben. Aus den Blüten entwickeln sich dann die hell- bis dunkelroten Beerenfrüchte, die sich sehr lange halten.

 Standort
Die Skimmie liebt einen halbschattigen Standort und kühle bis mäßig warme Zimmertempera-

ren. Im Sommer kann man sie auf die Terrasse oder auf den Balkon stellen. Vor Zugluft sollte man die Pflanze allerdings schützen! Falls man sie das ganze Jahr über im Zimmer wachsen läßt, muß für genügend Frischluftzufuhr gesorgt werden.

 Pflege
Das Gewächs gießt man mäßig, wobei der Topfballen nie austrocknen darf. Das Wasser muß leicht angewärmt und nicht zu hart sein. Als Pflanzenerde empfiehlt sich humose, saure Blumenerde.

 Vermehrung
Die Vermehrung dieser Pflanze ist nicht ganz einfach und sollte einer Gärtnerei überlassen werden. Denn man benötigt sowohl eine männliche als auch eine weibliche Pflanze, um eine Pollenübertragung vornehmen zu können.

Smithianthe

(Smithiantha)

Blütezeit:	Juli – Okt.
Familie:	Gesneriengewächs
Heimat:	Mittelamerika

Die seltene Smithianthe ist eine geschätzte Blütenpflanze, die kaum im Handel zu finden ist. Ihre leuchtenden Blütenglocken sind rot, rosa oder gelb gefärbt und haben eine helle, dunkel gepunktete Innenseite. Die Pflanze blüht von Juli bis Oktober. Stengel wie Blätter der bis zu 30 cm hoch werdenden Pflanze sind behaart. Die hübschen Blätter sind samtig weich und in der Regel in mehreren Farben gefleckt.

 Standort
Das ursprüngliche Waldgewächs liebt den lichten Schatten, direktes Sonnenlicht verträgt es nicht. Nach Möglichkeit sollte der einmal gefundene Standort nicht verändert werden, die Empfindsame reagiert sonst mit Knospen- und Blütenfall. In den Sommermonaten bekommen ihr Temperaturen von 20–25 °C bei hoher Luftfeuchtigkeit. Nach der Blüte fühlt sie sich bei niedrigeren Temperaturen bei 16–18 °C wohl. Im Herbst zieht dann auch die Pflanze ein, d.h. die oberirdischen Triebe sterben ab. Die ver-

bleibenden Rhizome werden bei 12 °C trocken überwintert.

Pflege
Gegossen wird mäßig, aber regelmäßig mit zimmerwarmem, abgestandenem Wasser. Achten Sie darauf, daß kein Wasser auf die Blätter kommt, sonst entstehen Flecken. Aus diesem Grund darf die Pflanze nur indirekt mit Wasser besprüht werden. Gedüngt wird in den Sommermonaten alle 2 Wochen mit Flüssigdünger. Im Frühjahr werden die Rhizome gesäubert und in frische Einheitserde getopft.

Vermehrung
Erfahrene Zimmergärtner können die Vermehrung durch Teilung kräftiger Rhizome versuchen. Auch über Blattstecklinge ist die Vermehrung möglich.

Gärtnertip
Häßliche Blattflecken sind ein Zeichen, daß Sie die Pflanze direkt mit kaltem, kalkhaltigem Wasser besprüht haben.

Sommeramaryllis

(Vallota)

Blütezeit:	Juli – Sept.
Familie:	Amaryllisgewächs
Heimat:	Südafrika

Dieses Zwiebelgewächs ist mit der bekannten Amaryllis (Hypeastrum) verwandt. Sie schmückt sich ebenfalls mit trichterförmigen Blüten, die bis zu 8 cm groß werden können. Neben der rotblühenden Sommeramaryllis gibt es auch die weißblühende Sorte Alba.

Standort
Zur Blütenbildung benötigt die Sommeramaryllis direkte Sonne, allerdings ist ein Sonnenschutz während der heißen Mittagssonne empfehlenswert. Normale Zimmertemperaturen bekommen der Sommeramaryllis gut, nur im Winter möchte sie kühler stehen, etwa bei 10–13 °C.

Pflege
Während der Wachstums- und Blütezeit regelmäßig gießen und

alle 2 Wochen düngen. Ab September wird nur noch sehr wenig gegossen und nicht mehr gedüngt. Achten Sie darauf, daß die Pflanze niemals austrocknet. Überwintert wird die Sommeramaryllis an einem hellen, kühlen Standort. Umtopfen ist nur alle 2 bis 3 Jahre erforderlich. Die beste Zeit hierfür ist von März bis Mai. Dazu verwenden Sie frische Lehmerde mit Sand. Außerdem müssen Sie darauf achten, daß 1/3 der Zwiebel über der Erde sichtbar bleibt.

Vermehrung
Durch Abtrennen einzelner Zwiebeln, die neu getopft werden. Bis zur Blüte vergehen allerdings 3 bis 4 Jahre. Es gibt auch die Möglichkeit, die Pflanze über frischen Samen im Frühjahr zu vermehren.

Gärtnertip
Die Sommeramaryllis eignet sich hervorragend als Hydrokulturpflanze.

Sonnentau

(Drosera)

Blütezeit:	Juli – Aug.
Familie:	Sonnentaugewächs
Heimat:	Australien, Südafrika

Der Sonnentau wächst rosettenartig. An seinen rötlichen Ferment absondernden Verdauungshaaren (Tentakeln) haften scheinbar winzige Tautropfen, die in der Sonne wie Kristalle funkeln. Doch der Schein trügt, in Wirklichkeit handelt es sich um einen hartnäckigen Leim, dem viele Insekten zum Opfer fallen. Auch kann die Sonnentaupflanze ihre Blätter über der Beute schließen, so daß es kein Entrinnen mehr gibt. Wenn der Standort stimmt, schmückt sich die Pflanze im Sommer mit kleinen, weißen, rosa oder purpurfarbenen Blüten. Die Pflanze ist ein origineller Schmuck.

Standort
Viel Sonne, frische Luft, aber ohne Zugluft, so sieht der pflanzengerechte Standort aus. Im Sommer fühlt sich der Sonnentau auf Balkon und Terrasse wohl. Im Winter braucht er einen kühlen

Raum, besser noch den Wintergarten. Der Sonnentau ist frostempfindlich.

Pflege
Die fleischfressende Pflanze muß während der warmen Jahreszeit gut feucht gehalten werden. Sie darf niemals trocken werden, sonst geht sie ein. Zum Gießen wird ausschließlich weiches Wasser verwendet. Der Sonnentau wird grundsätzlich weder gedüngt noch umgepflanzt.

Vermehrung
Die Vermehrung erfolgt durch Samen im Frühjahr. Dieser wird nur auf Torf ausgelegt und nicht bedeckt, weil der Sonnentau ein Lichtkeimer ist.

Gärtnertip
Der Sonnentau muß im Sommer konstant mit kalkfreiem Wasser feucht gehalten werden. Am besten verwenden Sie hierfür die Filtergießkanne AquaFlor.

Sonnenwende

(Heliotropium)

Blütezeit:	Juli – Sept.
Familie:	Borretschgewächs
Heimat:	trop. Länder

Sonne ist für die mehrjährige Pflanze ein Lebenselexier. Der schnellwachsende Halbstrauch hat spitze, leicht runzlige Blätter, die auf der Unterseite behaart sind. In den Sommermonaten erscheinen blaue und weiße Blüten; sie duften angenehm nach Vanille. Wie der Name schon andeutet, wendet die Pflanze ihre Blüten der Sonne zu.

Standort
Sonnig und sehr hell, wobei ein vorübergehender schattiger Platz vertragen wird. Der auserwählte Standort kann auch in den Wintermonaten beibehalten werden, wenn Sie für genügend frische Luft sorgen. Im Sommer liebt die Pflanze warme Luft; im Winter kann sie kühler bei 15 °C stehen.

Pflege
Das Gewächs braucht in den Sommermonaten reichlich Was-

ser und ist wöchentlich zu düngen. Im Winter wird das Düngen eingestellt, die Wassergaben werden stark reduziert.

Vermehrung
Die Vermehrung erfolgt im Frühling mit Stecklingen, die von der überwinterten Pflanze geschnitten werden. Sie können die Pflanze auch durch Aussaat im Winter vermehren, müssen dann allerdings die Jungpflanzen mehrmals stutzen und umtopfen.

Gärtnertip
Die runzeligen Blätter sind kein Zeichen für eine Krankheit,

Spaltblume

(Schizanthus)

Blütezeit:	März – Mai
Familie:	Nachtschattengewächs
Heimat:	Chile

Das einjährige Gewächs wird gerne für eine bunte Schalenbepflanzung ausgewählt. Den Namen erhielt die Pflanze wegen der Form ihrer Blüten, die mehrfach aufgespalten sind. Die Pflanze wird auch »Schmetterlingsblume« genannt.

Standort
Sie muß windgeschützt an einem von der Sonne verwöhnten Plätzchen aufgestellt werden, damit sie ihre liebenswerten Blüten, die an Orchideen erinnern, reichlich entfaltet. Ideal ist in den Sommermonaten ein Standort auf Balkon oder Terrasse. Die Pflanze möchte reichlich frische Luft, aber keine Zugluft.

Pflege
Während der kurzen Lebensdauer der üppig blühenden Pflanze sollte sie sparsam gegossen und wöchentlich gedüngt werden. Bei trockener Luft muß die Pflanze auch besprüht werden. Eine Weiterkultur nach der Blüte ist nicht möglich.

Vermehrung
Die Pflanze kann im Frühjahr ausgesät werden. Einfacher ist es, sie im Handel zu kaufen.
Gärtnertip
Die Blütezeit richtet sich nach der Aussaat.

Spaltgriffel

(Schizostylis)

Blütezeit:	Nov. – Jan.
Familie:	Schwertliliengewächs
Heimat:	Südafrika

Eine Rhizome bildende Staude für Zimmer und Garten mit großen Blütenähren, die im Winter erscheinen. Der Spaltgriffel trägt schmale, schwertförmige, grasähnliche Blätter. Die Pflanze blüht in den Wintermonaten mit sternförmigen, feuerroten Blüten, die einen Durchmesser von 5 cm erreichen können. Bis zu 14 solcher Blüten wachsen auf den zweireihigen Ähren; sie blühen von unten nach oben auf, vergleichbar mit der Gladiole.

Standort
Spaltblumen sind sehr witterungsabhängig; sie brauchen einen geschützten sonnigen bis halbsonnigen Standort. Sie wollen hell bei reichlich frischer Luft stehen. Daher fühlen sich die Pflanzen auf Balkon oder Terrasse besonders wohl. In der Winterzeit genügt dem Gewächs eine Temperatur von 10 °C.

Pflege
Während der Blütezeit muß der Spaltgriffel gleichmäßig feuchtgehalten werden. Nach der Blüte wird nur noch so viel gegossen, daß die Erde nicht völlig austrocknet. Die beste Zeit zum Umtopfen ist, wenn die Pflanze ausgeblüht hat. Umgepflanzt wird in eine lehmige, durchlässige Humuserde. Das Rhizom sollte mit der Pflanzschale ins Freie gesetzt werden. Das Schwertliliengewächs führt bei uns ein Leben zwischen Garten und Zimmer, denn bereits im Herbst kommt die Pflanze an einen kühlen, hellen Standort ins Zimmer zurück.

Vermehrung
Sie erfolgt durch Teilung beim Umpflanzen.

Gärtnertip
Es gibt nur 2 Arten, nämlich die S. coccinea mit kräftig roten und die S. panciflora mit hellroten Blüten.

Speerfarn

(Doryopteris palmata)

Blütezeit:	Grünpflanze
Familie:	Sinopteridaceae
Heimat:	trop. Amerika

Dieser hübsche Farn eignet sich gut für eine gemischte Schalenbepflanzung. Der Farn hat ein kurzes Rhizom und aufrechte Blattstiele. Die ledrigen Blätter können sehr verschieden gestaltet sein und sind in der Regel tief eingeschnitten. Schon die erste Silbe des botanischen Namens, der aus dem Griechischen kommt (Dory = Speer), symbolisiert die Blattform.

Standort
Der Speerfarn muß an einem schattigen Platz in mäßig warmen Räumen stehen. Das Farngewächs braucht eine hohe Luftfeuchtigkeit. Daher bekommt es ihm gut, wenn er in größeren Schalen wächst und von dem Kleinklima anderer Pflanzen profitiert. Die Temperatur sollte in den Sommermonaten zwischen 18–22 °C, und im Winter bei 12 °C liegen.

Pflege
Je nach Raumtemperatur wird mehr oder weniger gegossen. Zum Gießen darf nur kalkarmes, also gefiltertes Wasser verwendet werden. Während der Wachstumszeit wird die Pflanze alle 14 Tage gedüngt und regelmäßig besprüht. In den Wintermonaten wird verhalten gegossen. Umzutopfen ist bei Bedarf im Frühjahr in eine leicht saure Einheitserde, der Torf und Waldhumus hinzugefügt wird.

Vermehrung
Die Vermehrung mit Sporen ist schwierig und bleibt dem Fachmann vorbehalten.

Spitzblume

(Ardisia)

Blütezeit:	Grünpflanze
Familie:	Myrsinengewächs
Heimat:	Japan

Seltene, immergrüne, strauchartige

Pflanze mit ledrigen Blättern und kleinen weißen Blüten, die sich später in rote Beeren umwandeln. Wenn Sie eine Spitzblume bekommen können, sollten Sie zugreifen, denn die aparte Topfpflanze mit auffallend schönem Beerenschmuck ist eine Rarität.

Standort
Halbschattig, hell mit hoher Luftfeuchtigkeit und Zimmertemperaturen von mindestens 20°C während der Sommermonate. Überwintert wird die Pflanze bei 12°C, keinesfalls kühler. Während der kalten Jahreszeit verträgt die Spitzblume viel Sonne.

Pflege
In den Sommermonaten muß die Pflanze reichlich mit kalkfreiem Wasser versorgt und wöchentlich zweimal gedüngt werden. Im Winter wird das Gießen auf ein Minimum reduziert. Zum Umtopfen sollten Sie eine durchlässige, humose Blumen- oder Einheitserde verwenden.

Vermehrung
Sie erfolgt im Frühjahr über Stecklinge.

Gärtnertip
Wichtig ist, daß der Blumentopf nicht zu groß gewählt wird. Gegen Schild- und Wollausbefall sollten Sie Blätter und Zweige mit Kernseifenlauge abwaschen.

Spitzblume

Stachelpelz

(Oplismenus)

Blütezeit:	Grünpflanze
Familie:	Gräsergewächs
Heimat:	trop. Länder

Eine hübsche Ampelpflanze für Zimmer, vorausgesetzt, das Zimmer ist im Winter möglichst kühl (12–15 °C). Der Stachelpelz ist ein schnellwachsendes, kriechendes Grasgewächs mit kleinen, oft hängenden lanzettlichen Blättern. In Kultur ist vor allem die Art O. hirtellus. Bevorzugt wird die Sorte Variegatus, die eine ganz besonders schöne Blattfärbung in Grün, Weiß und Rosa aufweist. In Gewächshäusern und Wintergärten wird der Stachelpelz gern als Einfassungspflanze verwendet.

Standort
Das Gras wünscht sich im Sommer einen sonnigen bis halbschattigen, im Winter vor allem einen sehr hellen Standort. Seine Zierhalme möchten von frischer Luft und einer erhöhten Luftfeuchtigkeit umgeben sein. Ein Aufenthalt auf Balkon oder Terrasse während der warmen Jahreszeit ist wünschenswert. Überwintert werden sollte die Pflanze bei 12 °C.

Pflege
Gegossen wird mit temperiertem Wasser. Für gelegentliche Sprühduschen ist das Stachelgras dankbar. Gedüngt wird auch im Sommer nur minimal und einmal monatlich.

Vermehrung
Jungpflanzen können Sie sehr einfach selbst heranziehen: von April bis Juni bildet die Pflanze Triebspitzen, die abgenommen werden und in Anzuchterde mit Sandzusatz bei 20 °C schnell bewurzeln. Auch Ableger treibt die Pflanze fleißig. Wenn Sie davon einen kleinen auf die Erdoberfläche legen, so bekommt der Ableger schnell Wurzeln.

Gärtnertip
Das Stachelgras ist eine grazile Ampelpflanze.

Staubfaden

(Coleonema)

Blütezeit:	April – Mai
Familie:	Rautengewächs
Heimat:	Südafrika

Der heidekrautähnliche kleine Strauch trägt weiche nadelartige Blätter mit stechender Spitze und duftet beim Berühren angenehm aromatisch. Im Frühjahr erscheinen kleine weiße oder rosarote Blütchen.

Standort
Der Staubfaden möchte das ganze Jahr über einen hellen Standort, der auch der direkten Sonne ausgesetzt sein darf. Er liebt die frische Luft und verträgt keine Zugluft. Für ein Sommerquartier auf Balkon oder Terrasse ist die Pflanze dankbar. Im Sommer braucht er Luft und Wärme. Im Winter möchte er kühler stehen, etwa um 8 °C.

Pflege
Die kleine Pflanze wird mit nicht zu hartem Wasser gleichmäßig feuchtgehalten, wobei sie weder Staunässe noch Trockenheit verkraftet. In den Wintermonaten richtet sich die Wassermenge nach der Raumtemperatur. Nur bei Bedarf wird der Staubfaden im Frühjahr in das nächstgrößere Gefäß mit Einheitserde umgepflanzt. Das Düngen erübrigt sich.

Vermehrung
Fast ganzjährig kann die Pflanze durch Stecklinge bei etwa 16 °C und einer hohen Luftfeuchtigkeit, also unter der gespannten Luft einer Folie, vermehrt werden.

Gärtnertip
Die Pflanze kann Anfängern empfohlen werden.

Stechapfel

(Datura)

Blütezeit:	April – Okt.
Familie:	Nachtschattengewächs
Heimat:	Chile

Der Stechapfel ist ein Strauch mit länglich-ovalen Blättern. Die Art D. suaveolens zeigt in ihrer Blütezeit einen wunderschönen gelben Blütenkelch.

Standort

Der Stechapfel bevorzugt in den Sommermonaten einen halbschattigen, im Winter einen sehr hellen Standort. Er benötigt auch sehr viel frische Luft und eine geringe Luftfeuchtigkeit, die bei Beginn des Austriebs durch Besprühen erhöht werden sollte. In der Wachstumszeit ist eine Temperatur von ungefähr 18 °C und in der kalten Jahreszeit von circa 10 °C ideal.

Pflege

Diese Pflanze wird das ganze Jahr gleichmäßig und sehr ausgiebig gegossen. Es gibt bei diesem Gewächs keine ausgesprochene Ruhezeit, trotzdem sollte die wöchentliche Düngung im Winter unterbrochen werden. Im Februar wird der Stechapfel in sehr große Gefäße umgetopft. Bei dieser Gelegenheit kann man ihn zurückschneiden, um einen schönen Busch zu erzielen. Als Erde verwenden Sie normale Einheitserde.

Vermehrung

Die Vermehrung wird im Februar oder März mit Stecklingen oder von Januar bis April mit Samen durchgeführt.

Gärtnertip

Alle bekannten Arten des Stechapfels sind giftig.

Steckenpalme
(Rhapis)

Blütezeit:	Grünpflanze
Familie:	Palmengewächs
Heimat:	China

Eine äußerst widerstandsfähige Pflanze mit bambusähnlichen, schlanken Stengeln, die mit braunen Fasern besetzt sind. Die Blätter, fächerförmig gefiedert, erreichen 15-30 cm in ihrer Breite.

Standort

Hell bis halbschattig, aber keine Sonne. Diese unproblematische, pflegeleichte Palme eignet sich für dunklere Standorte. Auch im Hinblick auf die Raumtemperatur ist sie genügsam. Sie kann im Winter bei 18-20°C gehalten werden, aber keinesfalls unter 5°C.

Pflege

Von Frühjahr bis zum Herbst müssen Sie reichlich gießen, im Winter wesentlich sparsamer. Die Wedel sind hin und wieder zu besprühen. Von Mai bis August sollte wöchentlich schwach dosiert gedüngt werden. Für einen Aufenthalt im Freien ab Ende Mai, an sonnengeschützter Stelle, ist die Pflanze dankbar.

Vermehrung

Durch Samen oder Ableger, die von der Pflanze abgetrennt werden.

Gärtnertip

Es gibt 2 Arten: Rhapsis humilis, die kleine Steckenpalme, sie wird nur 1 m hoch, und Rhapsis excelsa, sie erreicht eine Höhe von bis zu 2 m.

Stenochlaena
(Stenochlaena)

Blütezeit:	Grünpflanze
Familie:	Farngewächs
Heimat:	Asien, Australien

Die dekorative Farnart zeigt hellgrüne, einfach gefiederte Blattwedel. Der Blattrand ist leicht gewölbt und fein gesägt. Jüngere Wedel haben eine kupferartige Tönung.

Standort

Stenochlaena möchte sehr hell stehen, darf aber nicht der direkten Sonne ausgesetzt werden. Diese Farnart eignet sich nur für kühle Räume, denn sie möchte das ganze Jahr über bei etwa 15°C stehen.

Pflege

Das Gewächs wird regelmäßig, aber mäßig mit weichem Wasser feuchtgehalten und monatlich einmal gedüngt. Staunässe ist der Tod der Pflanze, da die Wurzeln sofort zu schimmeln beginnen

und später faulen. Das Erdsubstrat zum Umpflanzen sollte eine Mischung aus Einheits-, Lauberde und nach Möglichkeit etwas Kuhdung sein.

Gärtnertip

In freier Natur wächst diese Farnart in der Regel auf Bäumen. Wenn Sie die Pflanze so natürlich wie möglich präsentieren wollen, so empfiehlt es sich, sie in ausgehöhlte Baumstämme zu topfen oder auf Korkrinde zu pflanzen.

Sterngladiole
(Acidanthera)

Blütezeit:	Juli – Aug.
Familie:	Schwertliliengewächs
Heimat:	trop. Afrika

Die Sterngladiole, auch Abessinische Gladiole genannt, ist ein interessantes Knollengewächs. Bei uns im Handel ist die Sorte A. bicolor, die ihre Blüte in großer, ährenartiger Form zeigt. Sie trägt cremefarbene Blütensterne, die zur Mitte hin tiefrot oder braunrot gefärbt sind.

Standort

Die Sterngladiole braucht einen hellen Sonnenplatz und will reichlich von frischer Luft umgeben sein. Die optimale Temperatur liegt im Sommer bei 20 °C, im Winter bei 10 °C.

Pflege
Das Gewächs sollte wie alle Zwiebelpflanzen verhalten gegossen werden. Nach der Blüte im Herbst, wenn die Pflanze einzieht, wird das Gießen ganz eingestellt. Die Knollen sollten kühl und trocken während der Wintermonate im Keller gelagert werden. Im Frühjahr können Sie die Knollen wieder in lehmhaltige Erde, die mit Sand versetzt ist, antreiben. Von diesem Zeitpunkt an wird das Gewächs wieder zunehmend gegossen.

Vermehrung

Im Frühjahr kann die Sterngladiole durch Brutknöllchen vermehrt werden.

Gärtnertip

Die Sterngladiole sollte vorzugsweise im Wintergarten stehen.

Sternjasmin

(Trachelospermum)

Blütezeit:	April – Aug.
Familie:	Hundsgiftgewächs
Heimat:	Asien

Das kletternde Rankgewächs hat ledrige Blätter, die einen giftigen Milchsaft führen. Vom Frühjahr bis zum Sommer zeigt das Hundsgiftgewächs weiße Blüten in doldenförmigen Ständen.

 Standort
Der Sternjasmin braucht viel frische Luft. Daher freut er sich im Sommer über ein Plätzchen auf Balkon oder Terrasse. Der Standort sollte halbschattig sein. Im Winter möchte der Sternjasmin dann sehr hell bei etwa 15 °C stehen.

 Pflege
Im Sommer braucht die Pflanze reichlich Wasser und eine wöchentliche Düngung. Im Winter wird nur noch äußerst sparsam gegossen. Umgetopft wird die Pflanze im Frühjahr, bevor sie ihre Blüten öffnet. Verwenden Sie ein nicht zu großes Gefäß mit Einheitserde.

 Vermehrung
Bei 20 °C Bodentemperatur können Sie den Sternjasmin im September mit Triebstecklingen oder aus Samen vermehren.

 Gärtnertip
Vorsicht! Der Milchsaft der Pflanze ist giftig.

Stiefmütterchen-Orchidee

(Miltonia-Hybriden)

Blütezeit:	meist ganzjährig
Familie:	Orchideengewächs
Heimat:	Brasilien

Die Gattung Miltonia umfaßt etwa 20 epiphytische Arten, sie verbreiten fast alle einen süßlichen Duft. Die Miltonie ist eine aparte, großblütige Orchidee. Sie blüht ununterbrochen 4 bis 6 Wochen, wobei sich die einzelne Blüte bis zu 6 Wochen hält. Meist kommt die Pflanze ein zweites Mal zum Blühen. Beim Kauf ist auf das Herkunftsland zu achten. Kolumbianische Arten wünschen mehr

Kühle, brasilianische, erkennbar an den gelblich grünen Blättern und abgeflachten Pseudobulben, lieben Wärme und Licht. Die Züchter haben die interessant gezeichnete Lippe der Miltonia-Hybride immer größer werden lassen, so daß die Blüte dem Stiefmütterchen sehr ähnlich geworden ist. Blühende Pflanzen sind das ganze Jahr über erhältlich.

 Standort
Die Miltonie liebt das ganze Jahr über einen hellen Standort ohne direkte Sonnenbestrahlung. Auch im Halbschatten gedeiht sie noch recht gut. Im Sommr sollten die Temperaturen nicht über 25°C liegen, im Winter nicht unter 16°C.

 Pflege
In den Sommermonaten ist eine gleichmäßige Ballenfeuchtigkeit erforderlich. Gegossen wird mit weichem, zimmerwarmem Wasser. Im Winter wird nur noch wenig gegossen. Wichtig das ganze Jahr über ist eine hohe Luftfeuchtigkeit, die Sie durch regelmäßiges Besprühen mit kalkfreiem Wasser erreichen. Während der Blüte darf die Pflanze nicht direkt mit Wasser besprüht werden. Vom Frühjahr bis Spätsommer wird die Miltonie mit einem Spezial-Orchideendünger versorgt. Zum Umtopfen im Frühjahr verwenden Sie ein Orchideensubstrat.

 Vermehrung
Geteilt werden die Scheinbulben nach beendeter Blüte.

Stiefmütterchen-Orchidee

 Gärtnertip
In der Ruhepause der Pflanze gelbe Blätter nicht entfernen.

Storchschnabel

(Geranium)

Blütezeit:	Juni – Sept.
Familie:	Storchschnabelgewächs
Heimat:	Südafrika

Das mehrjährige Gewächs wird immer häufiger auch als Zimmerpflanze gehalten. Der Storchschnabel ist ein niedriges Kraut mit dreizähligen, sehr stark geschlitzten Blättern.

 Standort
Pralle Sonne und reichlich frische Luft sind für das Gedeihen der Pflanze entscheidend. Sie können die Pflanze bis Mai im Zimmer halten, aber während der warmen Jahreszeit sollte sie unbedingt auf Balkon oder Terrasse gestellt werden. Überwintert werden muß der Storchschnabel bei etwa 8 °C.

 Pflege
In den Sommermonaten müssen Sie viel gießen und wöchentlich düngen. Während der Überwinterung ist das Gießen auf ein Minimum zu reduzieren. Es wird nur so viel gegossen, daß die Pflanze nicht vollkommen austrocknet. Im März ist dann die beste Umtopfzeit. Dazu brauchen Sie eine schwere, lehmhaltige Einheitserde und ein etwas größeres Pflanzgefäß.

 Vermehrung
Die Vermehrung wird im August durch Stecklinge durchgeführt. Wichtig ist, daß die Schnittflächen zuvor etwas trocknen, bevor sie in Anzuchterde gesteckt werden. Sie können den Storchschnabel auch im Januar/Februar durch Aussaat vermehren.

Strauchveronika

(Hebe)

Blütezeit:	Juli – Okt.
Familie:	Braunwurzgewächs
Heimat:	Neuseeland

Der Name stammt aus der griechischen Mythologie. Hebe war die Tochter von Zeus und Hera. Es gibt über 100 Arten dieser immergrünen, bei uns leider nicht winterharten Sträucher. Die Blätter der Strauchveronika sind ledrig glänzend. Ihre Blüten weiß, violett oder rot. Sie zeigen sich in achselständigen Trauben oder Ähren.

Standort

Die Strauchveronika ist keine typische Zimmerpflanze. Sie sollte möglichst in ungeheizten Räumen stehen. Vergessen Sie dabei nicht, die Pflanze zu besprühen. In kühlen Räumen kann die Pflanze durchaus in voller Sonne stehen. Nach der Blüte macht die Strauchveronika eine Winterpause. Dann muß sie noch kühler, aber dennoch hell, nämlich bei 10 °C stehen.

Pflege

Während der Wachstumszeit von Frühjahr bis Herbst muß die Pflanze regelmäßig und sehr ausgiebig gegossen und alle 14 Tage gedüngt werden. Stauende Nässe verträgt sie allerdings nicht. Während der Ruhezeit kann sie trockener stehen. Bei Bedarf ist die Pflanze im Frühjahr in etwas größere Gefäße mit Einheitserde umzutopfen.

Vermehrung

Es ist einen Versuch wert, die Strauchveronika im Frühjahr durch Stecklinge in sandiger Erde heranzuziehen, und zwar unter Folie bei einer Bodentemperatur von 20 °C.

Gärtnertip

Überwinterte Pflanzen können zurückgeschnitten und ab Mai in den Garten gebracht werden.

Stromanthe

(*Stromanthe*)

Blütezeit:	Dez. – Febr.
Familie:	Marantengewächs
Heimat:	trop. Regenwälder

Die buntgefärbte Tropenpflanze besitzt außergewöhnlich hübsch gemusterte Blätter, aber sie ist empfindlich. Am besten ist sie in einem warmen Wintergarten oder Gewächshaus aufgehoben. Bei optimalem Standort zeigen sich dann rote Kelche, die innen weiße Blüten haben.

Standort

Tropische Wärme, die Temperaturen dürfen auch im Winter nicht unter 18°C sein. Hohe Luftfeuchtigkeit und ein halbschattiger Standort ohne Zugluft sind Voraussetzung für gutes Gedeihen. Bei greller Sonne macht die Pflanze sofort schlapp.

Pflege

Während der Sommermonate braucht die Stromanthe viel Wasser. Achten Sie darauf, daß es nie zu Staunässe kommt. In den Wintermonaten begnügt sich das Gewächs mit weniger Wasser, aber es darf nie trocken werden. Von Zeit zu Zeit sollten Sie die Blätter feucht abwischen, also die Pflanze entstauben. Düngen müssen Sie im Abstand von 14 Tagen das ganze Jahr über. Im Frühjahr wird die Stromanthe in einen etwas größeren Topf mit Einheitserde, der Sie etwas Styromull beigemengt haben, umgetopft.

Vermehrung

Am einfachsten ist die Vermehrung im Frühjahr durch Teilung des Wurzelstocks.

Gärtnertip

Stromanthen werden das ganze Jahr über gleichmäßig gepflegt, sie haben keine Ruheperiode.

Stromanthe

Südseemyrte

(*Leptospermum scoparium*)

Blütezeit:	Juni – Sept.
Familie:	Myrtengewächs
Heimat:	Australien, Neuseeland

Durch die hübschen Kontraste der weißen, rosa oder roten kleinen Blüten zu den immergrünen Blättern, die auch bräunlichgrün oder bronzerot getönt sein können, hat die Südseemyrte schon viele Liebhaber gefunden. Das darf aber nicht darüber hinwegtäuschen, daß die Pflanze pflegeaufwendig und anspruchsvoll ist.

Standort

Das ganze Jahr über braucht die Südseemyrte einen sehr hellen Standort, im Winter ist meist eine Zusatzbeleuchtung erforderlich. Von reichlich frischer Luft möchte die Pflanze stets umgeben sein. Daher ist ein Plätzchen auf Balkon oder Terrasse während der Sommermonate empfehlenswert. Im Winter wird es schwieriger, denn nur glückliche Wintergartenbesitzer verfügen über ein kühles, helles, luftiges Quartier mit 8 °C (Kalthaus).

Pflege

Gegossen werden darf nur mit weichem, zimmerwarmem Wasser. Sorgen Sie dafür, daß der Ballen nie trocken wird. Neben dem regelmäßigen Gießen ist auch das Düngen im wöchentlichen Abstand wichtig. Während der winterlichen Ruhephase darf nicht mehr gedüngt und nur mäßig gegossen werden. Umgepflanzt wird nur bei Bedarf in eine humose, durchlässige Fertigerde (pH-Wert 5–6).

Vermehrung

Die Vermehrung ist relativ einfach. Sie erfolgt über Stecklinge, die im Sommer geschnitten und getopft werden.

Gärtnertip

Damit die Südseemyrte buschig bleibt, ist ein Rückschnitt nach der Blüte angebracht. Zum Gießen verwenden Sie am besten weiches Wasser aus der Filtergießkanne AquaFlor.

Swainsona

(Swainsona)

Blütezeit:	Juli – Sept.
Familie:	Schmetterlingsblütler
Heimat:	Australien

Der Schmetterlingsblütler schmückt sich mit roten Blütentrauben. Im Spätherbst entwickeln sich daraus kleine, rote und weiße Hülsenfrüchte.

 Standort
Der Standort sollte sonnig, hell und zugluftgeschützt sein. Sofern vorhanden, kann die Pflanze auch an einem windgeschützten Platz auf Balkon oder Terrasse während der Sommermonate stehen. In den Wintermonaten darf die Temperatur nicht höher als 10 °C sein. Für ausreichend frische Luft ist das ganze Jahr über zu sorgen.

 Pflege
In der warmen Jahreszeit wird die Pflanze regelmäßig und nicht übermäßig gegossen, in den kühleren Wintermonaten entsprechend sparsamer. Düngen und Umpflanzen entfällt bei dem einjährigen Gewächs.

 Vermehrung
Im Herbst können Sie die Pflanze mit Stecklingen oder auch durch Samen vermehren. Wichtig ist dabei eine Raumtemperatur von 20 °C. Die Stecklinge können von Anbeginn in Einheitserde gesetzt werden. Zur Bewässerung verwenden Sie an besten weiches Wasser aus der Filtergießkanne Aquaflor.

 Gärtnertip
Bei uns ist die Sorte S. galegifolia am bekanntesten.

Tabernaemontana

(Tabernaemontana)

Blütezeit:	Juli – Okt.
Familie:	Hundsgiftgewächs
Heimat:	Indien

Der langsam wachsende mehrjährige Strauch hat länglich-ovale, dunkelgrüne, fast ledrige Blätter und schmückt sich mit weißen duftenden Blüten vom Sommer bis zum Herbst.

 Standort
Die tropische Pflanze möchte sonnig, warm und bei reichlich frischer Luft gehalten werden. Für einen windgeschützten Standort auf Balkon oder Terrasse während der Sommermonate ist sie dankbar. Im Winter darf die Pflanze nicht kühler als bei 15 °C stehen.

 Pflege
In der Wachstumszeit sollte sie gleichmäßig feucht gehalten werden; Staunässe oder Trockenheit sind unbedingt zu vermeiden. Mit Beginn des Frühjahrs wird die Pflanze stark zurückgeschnitten und anschließend in ein größeres Gefäß mit Einheitserde umgetopft.

 Vermehrung
Sie erfolgt im Sommer mit ausgereiften Triebstecklingen.

 Gärtnertip
Im Handel ist nur die Sorte T. coronaria erhältlich.

Tacitus

(Tacitus bellus)

Blütezeit:	Juli – Sept.
Familie:	Dickblattgewächs
Heimat:	Mexiko

Eine stille Schönheit ist diese sukkulente Rosettenpflanze. Sie stellt keine großen Pflegeansprüche. In den Sommermonaten erscheinen rosa Sternblüten. Diese sitzen an langen, dünnen Stengeln; sie wachsen seitlich aus der schönen Rosette.

 Standort
Ein luftiger Standort bei Zimmertemperatur oder wärmer ist in den Sommermonaten angebracht. Die Pflanze kann durchaus direkter Sonnenbestrahlung ausgesetzt sein. Falls die Möglichkeit besteht, kann sie auch ins Freie gestellt werden, wobei darauf zu achten ist, daß sie so geschützt steht, daß sie mit Regenwasser

nicht in Berührung kommt. Im Winter muß die Temperatur deutlich kühler, etwa bei 10 °C sein. Die kühle Überwinterung garantiert das Blühen im nächsten Jahr.

 Pflege
Zwar benötigt die Sukkulente wenig Wasser, muß jedoch regelmäßig gegossen werden. Achten Sie darauf, daß Blätter und Blüten mit Wasser nicht in Berührung kommen, sonst entstehen unschöne Flecken. In den Wintermonaten wird nur so viel gegossen, daß die Blätter nicht schrumpfen. Gedüngt wird im Abstand von 14 Tagen vom Frühjahr bis zum Herbst. Zum Umtopfen im März sollten Sie mit Sand vermischte Einheitserde und flache Gefäße verwenden.

 Vermehrung
Die Pflanzen bilden Kindel, die abgetrennt werden können und leichter zu bewurzeln sind als Blattstecklinge.

 Gärtnertip
Tacitus ist eine gute Pflanze für Anfänger.

Tamaya

(Begonia 'Corallina'– Hybriden x Begonia albopicta)

Blütezeit:	Jan. – Dez.
Familie:	Begoniengewächs
Heimat:	Südamerika

Auffallend schön sind die zahlreichen korallenroten Blüten dieser neuen Kreuzung. Zu den aparten Blüten sind die länglichen, weißgepunkteten Blätter eine interessante Ergänzung. Tamaya wird in verschiedenen Größen angeboten: von 30 cm bis zu 1 m Höhe. Die vorgegebene Stammhöhe verändert sich im Laufe der Jahre nicht. Aber das Stämmchen gewinnt an Umfang, die Krone verdichtet sich, Blüten und Blätter werden üppiger. In aufeinanderfolgenden Blühperioden blüht die Pflanze fast das ganze Jahr über.

 Standort
Hell, Begonien brauchen viel Licht. Vor direkter Sonne ist die

Pflanze allerdings zu schützen. Die Raumtemperatur sollte das ganze Jahr über 15-20°C betragen. Große Temperaturschwankungen sowie Wind oder Zugluft sollten Sie vermeiden. Sobald Sie den richtigen Standort für die Pflanze gefunden haben, sollte diese nicht mehr verstellt werden, denn ein Platzwechsel führt leicht zum Blütenfall.

Pflege
Die Pflanze wird mit Gefühl nur mäßig mit Wasser versorgt. Während der Wintermonate genügt wöchentliches Gießen. Ist der Standort allerdings sehr hell und liegen die Raumtemperaturen liegen zwischen 18-20°C, dann sollten Sie zweimal pro Woche zur Gießkanne greifen. Licht und Wärme bestimmen den Wasserbedarf. Vor jedem erneuten Gießvorgang ist zu prüfen, ob die Erde an der Oberfläche trocken ist.

Vermehrung
Durch 5 cm lange Kopfstecklinge, die Sie in Erde oder Wasser bewurzeln lassen.

Gärtnertip
Vorsicht! Das Besprühen mit Wasser führt zu Flecken auf Blatt und Blüte.

Weihnachtskaktus (S. 135)

Taublatt

(Drosophyllum lusitanicum)

Blütezeit:	April – Mai
Familie:	Sonnentaugewächs
Heimat:	Nordafrika

Die mehrjährige Pflanze ist ein krautiges

Gewächs mit aufrechtstehenden spitzen, grasähnlichen Blättern in Rosettenform. Im Frühjahr erscheinen kleine, gelbe Blütenkelche.

Standort
Das Taublatt braucht einen vollsonnigen, luftigen Standort. Es verträgt trockene Zimmerluft nur dann, wenn für genügend Frischluft gesorgt wird. Im Sommer dürfen die Temperaturen warm sein; im Winter sollten sie bei 12 °C liegen.

Pflege
Das ganze Jahr über wird die Pflanze gleichmäßig mit weichem Wasser gegossen und monatlich gedüngt. Auf Staunässe ist unbedingt zu achten, denn die schadet dem Taublatt.

Vermehrung
Die Vermehrung ist an und für sich einfach, vor allem, wenn Sie frischen Samen zur Hand haben. Dieser muß sofort in die Töpfe ausgesät werden. Ein Umsetzen ist nicht möglich, da das Taublatt ein hochempfindliches Wurzelnetz hat.

Gärtnertip
Das Taublatt zählt zu den fleischfressenden Pflanzen. Seine Drüsen scheiden einen klebrigen Saft aus.

Taupflanze

(Roridula)

Blütezeit:	Febr. – April
Familie:	Roridulgewächs
Heimat:	Südafrika

Auch die Taupflanze zählt zu den fleischfressenden Gewächsen. Sie hat bis zu 10 cm lange Blätter, die leicht behaart sind. Die Pflanze kann je nach Art bis zu 1 m hoch werden. Dazu gehören allerdings optimale Wachstumsbedingungen. Ältere Pflanzen blühen mit rosafarbenen Blüten.

Standort
Volle Sonne, viel frische Luft und eine hohe Luftfeuchtigkeit

sind zum Gedeihen erforderlich. Die Taupflanze wird hell bei einer Temperatur von 8 °C überwintert.

Pflege
Die Pflanze sollten Sie regelmäßig, aber sehr verhalten und in den Wintermonaten so gut wie gar nicht gießen. Gegossen wird ausschließlich mit weichem Wasser. Achten Sie darauf, daß Sie immer nur in den Topfuntersatz gießen und niemals direkt auf die Pflanze. Staunässe und Ballentrockenheit sind für die Pflanze tödlich. Zum Umtopfen wird Einheitserde mit kalkfreiem Sand vermischt.

Vermehrung
Die Vermehrung sollte dem Fachmann überlassen werden.

Gärtnertip
Nur die Art Roridula Gorgonias darf feucht gehalten werden.

Teestrauch

(Camellia sinensis)

Blütezeit:	Nov. – April
Familie:	Teegewächs
Heimat:	Asien

Rein äußerlich gesehen ist der Teestrauch buschig, zeigt kleine, glänzende, dunkelgrüne Blätter, die getrocknet für die Teezubereitung verwendet werden. Die Pflanze trägt cremeweiße Blüten, mit einer gelben Staubgefäßmitte. Die Blüte mißt etwa 2,5 cm.

Standort
Der Teestrauch liebt einen hellen, sonnigen Platz, möchte schön warm stehen und ist während der Sommermonate bestens auf Balkon oder Terrasse aufgehoben. Überwintert wird die Pflanze hell, am besten bei 3-5°C, keinesfalls über 12 °C.

Pflege
Die Pflanze ist als Topfpflanze schwer auf Dauer zu halten. Schon beim Gießen ist Vorsicht geboten, denn die Erde darf nie zu naß oder zu trocken sein. Staunässe ist unbedingt zu vermeiden, da sonst die Gefahr von Schimmelbildung besteht. Gegossen wird ausschließlich mit weichem Wasser. Auch muß die

Pflanze regelmäßig mit kalkfreiem Wasser besprüht werden. Gedüngt wird wöchentlich. Das Frühjahr ist die beste Umtopfzeit. Dazu müssen Sie eine leicht saure Erde, z.B. Azaleenerde, verwenden.

Vermehrung
Sie sollte dem Fachmann überlassen werden.

Gärtnertip
Wenn Sie daran denken, eigenen Tee von der Fensterbank zu ernten, müssen Sie 4 bis 5 Jahre warten.

Testudinarie
(Testudinaria)

Blütezeit:	Grünpflanze
Familie:	Yamswurzelgewächs
Heimat:	Südafrika

Die Knolle des mehrjährigen Gewächses sieht wie ein großer Stein aus. Sie ist eine auffällige Dekoration für die Fensterbank. Aus der dicken Knolle wachsen dünne, lange Triebe mit herzförmigen Blättern, die tiefe Adern zeigen.

Standort
Zum Gedeihen der Pflanze gehören viel Licht, Sonne und Wärme. Die Temperatur darf das ganze Jahr über nicht unter 20 °C fallen.

Pflege
In den Sommermonaten macht die Pflanze eine Ruhezeit durch; dann darf nur so wenig gegossen werden, daß die Erde nicht austrocknet. Im Winter wird die Wassermenge erhöht und die Pflanze regelmäßig mit weichem Wasser gegossen und besprüht. Denn auf eine hohe Luftfeuchtigkeit ist sie angewiesen.

Vermehrung
Vom Fachmann auszuführen.

Gärtnertip
Die Knolle ist anfällig gegen Blattläuse, die meist in den Rillen der Knolle nisten. Das Bepinseln mit einer Seifen-Spiritusmischung hilft meistens, die lästigen Schädlinge zu beseitigen.

Tetranema
(Tetranema)

Blütezeit:	Febr. – Okt
Familie:	Rachenblütler
Heimat:	Mexiko

Das niedrige Kraut ist mehrjährig und hat relativ lange, dunkelgrüne Blätter. Die lilafarbenen Blüten sitzen in an einem hochstehenden Schaft.

Standort
Die Tetranema liebt das ganze Jahr über einen halbschattigen Standort bei Raumtemperaturen von 18 °C. Wichtig ist zum Gedeihen eine hohe Luftfeuchtigkeit.

Pflege
Die Pflanze muß gleichmäßig feuchtgehalten und häufig besprüht werden, um dem Bedarf nach erhöhter Luftfeuchtigkeit nachzukommen. Das Düngen entfällt. Umgetopft wird bei Bedarf im Frühjahr, in kleine Gefäße, die mit Einheitserde gefüllt sind.

Vermehrung
Die Vermehrung kann gleichzeitig beim Umpflanzen durch Teilung erfolgen.

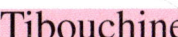
Gärtnertip
Um die Blütezeit zu verlängern, sollten Sie Verblühtes stets entfernen.

Tibouchine
(Tibouchina)

Blütezeit:	Sept. – Juni
Familie:	Schwarzmundgewächs
Heimat:	trop. Amerika

Die Tribouchina schmückt sich mit violetten bis zu 12 cm großen Blüten. Ihre Blätter sind von tiefgrüner Farbe und dabei leicht gerunzelt und behaart. Leider ist die schöne Pflanze noch viel zu wenig bekannt, vermutlich weil sie sehr pflegebedürftig ist.

Standort
Sie sollte einen warmen, aber absonnigen Standort bekommen. Da sie keine pralle Sonne verträgt, muß für eine leichte Beschattung gesorgt werden. Auch Zugluft bekommt ihr nicht. Reichlich frische Luft hingegen gehört zu ihrem Lebenselexier. Ebenso die kühle und helle Überwinterung bei 10-15°C.

Pflege
Die Tibouchine muß mit Regen- bzw. gefiltertem Wasser gegossen werden, und zwar reichlich, denn sie darf nie trocken werden. Gedüngt hingegen wird sie sparsamer als andere vergleichbare Gewächse. Um eine kompakte Pflanze zu bekommen, müssen Sie die weichen Triebe häufig entspitzen. Jeweils im Frühjahr sollte die Tibouchine in das nächst größere Gefäß umgetopft werden. Die Pflanze braucht eine kalkfreie humossandige Erde.

Vermehrung
Im Frühjahr sollten Sie mittelharte Stecklinge schneiden und diese unter einer Folie bei hoher Luftfeuchtigkeit bewurzeln. Auch durch Aussaat können Sie im März/April die Pflanze vermehren. Da die Tibouchine ein Lichtkeimer ist, darf der Samen nicht bedeckt werden.

Gärtnertip
Es gibt über 200 Arten, am beliebtesten ist T. semidecandra, weil sie auch im Winter blüht.

Tigerrachen
(Faucaria tigrina)

Blütezeit:	Aug. – Sept.
Familie:	Mittagsblumengewächs
Heimat:	Südafrika

Die Blattsukkulente erfreut mit schönen, gelben Strahlenblüten. Ihre fleischigen, am Rand gezähnten Blätter erinnern tatsächlich an den aufgerissenen Rachen eines Raubtiers.

Standort
Vollsonnig und sehr hell. Die trockene Raumluft verträgt sie gut. Während der nun folgenden

winterlichen Ruhezeit sollte die Pflanze fast trocken, bei Temperaturen von 5-10°C gehalten werden. Das Einhalten der Ruhephase ist die Voraussetzung für die Blüte im nächsten Jahr.

Pflege
Regelmäßig, aber sehr mäßig gießen, im Winter fast trocken halten. Sie erkennen an dem Runzligwerden der Blätter, daß die Pflanze von nun an kaum mehr gegossen und nicht mehr gedüngt werden darf. Von Mai bis August wird der Tigerrachen sparsam mit Kakteendünger ernährt. Bei Bedarf kann die Pflanze im Spätsommer in Kakteenerde, die zu 50% mit lehmigen oder mineralischen Zusätzen verbessert wird, umgetopft werden.

Vermehrung
Nach der Blüte im Herbst bilden sich neue Pflänzchen, die getopft werden können. Außerdem ist die Vermehrung durch Aussaat möglich. Blüten können Sie jedoch erst nach 2 bis 3 Jahren erwarten.

Gärtnertip
Sehr wichtig ist die trockenere Haltung in der Ruhezeit, sonst kann es zu Fäulnis kommen.

Tillandsie
(Tillandsia cyanea)

Blütezeit:	Jan. – Dez.
Familie:	Ananasgewächs
Heimat:	Amerika

Eine der apartesten Arten, die auch im Zimmer gedeiht, ist die Tillandsia cyanea. Der pastellfarbene, schuppenartige Blütenstand wächst schräg aus der Pflanzenmitte heraus. Er ist sehr dekorativ. Wenn sich an den rosaroten Hochblättern dann noch die leuchtendblauen Blüten öffnen, ist die Farbsymphonie perfekt. Lufttrockenheit verhindert das Aufgehen der blauen Blüten. Oft genügt eine kleine Drehung, so daß der Blütenstand nicht über der Heizung steht.

Standort
Tillandsien brauchen im Sommer

Temperaturen zwischen 21–24°C, im Winter sollten sie niedriger sein, aber mindestens 15 °C betragen. Wichtig ist eine hohe Luftfeuchtigkeit das ganze Jahr über, egal ob der Standort nun hell oder halbschattig ist. Tillandsien können im herkömmlichen Blumentopf wachsen oder mit Sphagnummoos auf einem Epiphytenstamm aufgebunden werden.

Pflege
Es ist ratsam, die Pflanzen häufig mit Regen- bzw. weichem Wasser zu besprühen. Die Wurzeln der Pflanzen müssen das ganze Jahr über leicht feucht gehalten werden.

Vermehrung
Die Vermehrung erfolgt durch Teilung der Rhizome.

Gärtnertip
Zum Gießen verwenden Sie am besten weiches Wasser aus der Filtergießkanne AquaFlor.

Tillandsie

Topfrose
(Rosa)

Blütezeit:	März – Sept.
Familie:	Rosengewächs
Heimat:	China

Die überaus beliebte Rose wird in Miniaturform auch als Topfpflanze verschenkt. Es gibt diese Rosen in den verschiedensten Rot-, Gelb- und Weißtönen.

Standort
Der Stauort muß hell und luftig und vor praller Sonne geschützt sein. Die liebenswerte Rose gedeiht am besten bei Temperaturen um 20 °C. An einem sonnigen Fenster, besser noch auf einem Balkon, sind sie entsprechend geschützt.

Pflege
Rosen brauchen während der Sommermonate regelmäßig und reichlich Wasser. Im Winter, wenn sie kühler stehen, werden die Wassergaben reduziert. Gedüngt wird alle 14 Tage vom Frühjahr bis zum August. Nach Möglichkeit wird die Pflanze im Herbst nicht im Haus, sondern im Wintergarten oder Garten an einem geschützten Platz überwintert. Damit sie nicht erfriert, muß die Erde angehäufelt und die Pflanze mit Fichtenreisig abgedeckt werden.

Vermehrung
Diese sollten Sie der Gärtnerei überlassen.

Gärtnertip
Topfrosen sind anfällig für Blattläuse.

Tradeskantie
(Tradescantia)

Blütezeit:	Jan. – Dez.
Familie:	Commelinengewächs
Heimat:	trop. Afrika

Drei Arten sind besonders verbreitet, die grünblättrige T. albiflora mit ihren kleinen weißen Blüten am Ende der hängenden, durch knotige Gelenke gegliederten Triebe, die Rio-Tradeskantie t. fluminensis, die bläulich bis violettgrüne Blätter trägt und die T. blossfeldiana mit behaarten Blättern, die oben meist dunkelgrün und von unten violett sind.

Standort
Hell oder dunkel, warm oder kühl, das spielt für grünblättrige Tradeskantien keine Rolle. Buntblättrige Zuchtformen wünschen mehr Licht und Wärme. Nur vor direkter Sonne ist die Pflanze zu

schützen, trockene Heizungsluft hingegen macht ihr nichts aus. Besonders schön entfalten Tradeskantien sich, wenn ihre Triebe lang herunterhängen können. Das ideale Ampelgewächs.

Pflege
In Maßen gießen und düngen, denn die Tradeskantie ist genügsam. Wenn die Triebe zu lang werden, können sie jederzeit gekürzt und als Steckling benutzt werden. Zum Umtopfen können Sie Einheitserde verwenden. Bei buntblättrigen Zuchtformen sollten Sie das Substrat mit Sand verbessern.

Vermehrung
Die Vermehrung können Sie durch 10 cm lange Stecklinge das ganze Jahr über durchführen. Die Bewurzelung kann im Wasser oder in der Erde erfolgen.

Gärtnertip
Vor Zugluft muß die Pflanze geschützt werden.

Tropenwurz
(Alocasia)

Blütezeit:	Juli – Aug.
Familie:	Aronstabgewächs
Heimat:	Ostasien

Auffallend schon sind bei A. sanderiana die weißen Blattadern der großen, pfeilförmig gebuchteten Blätter. Typisch für das Aronstabgewächs ist die Blüte aus Hochblatt und Kolben.

Standort
Schattig sollte der Standort sein, aber nicht dunkel. Die tropische Schönheit möchte öfter gedreht werden, denn sie wächst deutlich dem Licht zu. Ein Standortwechsel ist nicht erforderlich, die üblichen Zimmertemperaturen sind pflanzengerecht, sollten allerdings nicht unter 18 °C sinken.

Pflege
In den Sommermonaten reichlich gießen und vor allem für hohe Luftfeuchtigkeit sorgen, sei es durch Sprühen oder Luftbefeuchter. Verwenden Sie stets weiches, zimmerwarmes Wasser. Von April

bis Oktober ist die Pflanze regelmäßig alle 14 Tage zu düngen, bunte Formen nur alle 4 Wochen. Die großen Blätter sind bei Bedarf feucht abzuwischen. Staunässe ist unbedingt zu vermeiden. Umtopfen nur bei Bedarf, vorzugsweise in eine Mischung aus Lauberde, Torf und etwas Shpagnummoos. Vergessen Sie nicht, in den neuen Topf eine Drainageschicht aus Blähton einzubringen.

Vermehrung
Erfahrene können im Frühjahr füllige Pflanzen beim Umtopfen teilen, d.h. Teile der Wurzelstöcke werden abgeschnitten, wobei Sie darauf achten müssen, daß das abgeschnittene Wurzelstück bereits winzige Triebansätze zeigt. Diese legen Sie waagrecht auf feuchten Torf bei hoher Luftfeuchtigkeit und 20 °C.

Gärtnertip
Im Frühjahr gekaufte Pflanzen gewöhnen sich leichter an das etwas trockenere Zimmerleben.

Tüpfelfarn
(Polypodium)

Blütezeit:	Grünpflanze
Familie:	Tüpfelfarngewächs
Heimat:	trop. Südamerika

Der Tüpfelfarn gehört zu den Sporenpflanzen. Er bekommt keine Blüten, kann aber bei guter Pflege sehr üppig werden. Diese Farne haben sehr unterschiedlich gestaltete Blätter im Hinblick auf Farbe und Größe.

Standort
Halbschattig bei normaler Raumtemperatur während des ganzen Jahres. Sorgen Sie für viel frische Luft. Im Winter kann der Farn auch kühler stehen, aber nicht unter 16 °C. Sonne verträgt die Pflanze nicht.

Pflege
Einer der wenigen Farne, die mit der trockenen Zimmerluft zurechtkommen. Gleichwohl ist es ratsam, die Wedel hin und wieder indirekt zu besprühen. Wichtig ist das gleichmäßige Feuchthalten mit abgestandenem bzw. weichem Wasser. Vorsicht! Ge-

gen Ballentrockenheit ist dieses Farngewächs äußerst empfindlich, ebenso gegen Staunässe und das direkte Ansprühen der Blätter. Gedüngt wird alle 2 Wochen während der Wachstumsperiode. Umgetopft wird bei Bedarf im Frühjahr, nach Möglichkeit in Lauberde mit scharfem Sand.

Vermehrung
Die Vermehrung erfolgt durch Teilung im Frühjahr.

Gärtnertip
Der Tüpfelfarn ist eine schöne Ampelpflanze und bestens für die Hydrokultur geeignet.

Tutenmalve
(Malvaviscus)

Blütezeit:	Jan. – Dez.
Familie:	Malvengewächs
Heimat:	Südamerika

Das Malvengewächs blüht ganzjährig, wobei die Blüten sich nie vollständig öffnen. Es handelt sich um einen stark wachsenden Strauch mit hell- bis dunkelgrünen ovalen Blättern.

Standort
Den idealen Standort für die Tutenmalve zu finden, ist nicht einfach. Die Pflanze braucht viel frische Luft, steht gern sehr hell und sonnig. Auch ein direkt von der Sonne bestrahltes Südfenster eignet sich bei ganzjährigen Durchschnittstemperaturen von 24 °C.

Pflege
Den Dauerblüher dürfen Sie kräftig gießen, denn eine Ruhephase kennt die Pflanze nicht. Düngen sollten Sie in den Sommermonaten alle 8 Tage, in den Wintermonaten alle 14 Tage. Bei Austriebsbeginn im Frühjahr kann in Einheitserde umgetopft werden. Dabei wird die Pflanze, damit sie nicht zu üppig wird und von unten wieder gut durchtreiben kann, gleichzeitig auf 25 cm zurückgeschnitten.

Vermehrung
Durch Triebstecklinge das ganze Jahr über bei hoher Luftfeuchtigkeit und Temperaturen von 25 °C.

Gärtnertip
Im Handel sind M. arboreus mit weichen Blättern und scharlachroten Blüten und M. pendulifloris mit orangerot hängenden Blüten erhältlich.

Usambaraveilchen
(Saintpaulia)

Blütezeit:	Jan. – Dez.
Familie:	Gesneriengewächs
Heimat:	Ostafrika

Am bekanntesten sind die blaublühenden Sorten mit leuchtendgelben Pollen. Es gibt aber auch weißblütige mit rosafarbener Mitte oder rosafarbene Usambaraveilchen mit glatten und gekrausten, einfachen und gefüllten Blüten.

Standort
Halbschattig, sonnenabgewandt, im Winter hell bei normalen Zimmertemperaturen um 20 °C das ganze Jahr über.

Pflege
Mäßig feucht halten, mit zimmerwarmem, weichem Wasser gießen. Achten Sie darauf, daß die Blätter beim Gießen nicht feucht werden, dadurch entstehen unschöne, braune Flecken. Die Pflanze darf auf keinen Fall und zu keiner Jahreszeit mit Wasser besprüht werden. Von März bis September wird wöchentlich und von Oktober bis Februar monatlich gedüngt. Bei nachlassender Blüte sollte die Pflanze in frische, lockere, humusreiche Erde umgetopft werden.

Vermehrung
Völlig unproblematisch. Aus einer Pflanze können Sie innerhalb eines Jahres 30 liebenswerte Geschenke machen. Am einfachsten ist es, Blätter im Wasser zu bewurzeln. In das mit Wasser gefüllte Glas kommt ein Stückchen Holzkohle, das Glas wird mit Cellophanpapier bespannt. In die Löcher des Cellophanpapiers stellen Sie die Blattstecklinge so ein, daß sie sich nicht gegenseitig berühren und ihre Stielenden ins Wasser ragen. Inner-

halb 4 bis 8 Wochen zeigen sich erste Würzelchen.

Gärtnertip
Unermüdlich blühen Usambaraveilchen weiter, wenn Sie alle Vierteljahre eine Anti-Baby-Pille in die Erde stecken.

Vanda
(Vanda coerulea)

Blütezeit:	meist ganzjährig
Familie:	Orchideengewächs
Heimat:	Assam, Burma

Alle 60 Arten wachsen epiphytisch. Es sind monopodiale Orchideen, d. h., die Pflanzen wachsen nur an der Blattspitze. Die Blätter sind ledrig, fast fleischig und meist flach. Die auffallend schönen, hellblauen Blüten erinnern an Schmetterlinge. Sie duften intensiv und zeigen eine kleine, dunkelviolette Lippe.

Standort
Wärme, viel Licht und eine hohe Luftfeuchtigkeit brauchen alle Vandaarten. Deswegen fühlen sie sich auch im warmen Wintergarten ebenso wohl wie im geschlossenen Blumen- oder Tropenfenstern. Wichtig ist, daß sie keine direkte Sonne bekommen, und die Temperaturen das ganze Jahr mindestens 20 °C betragen. Temperaturschwankungen oder Unregelmäßigkeiten hinsichtlich Luftfeuchtigkeit, die bei 60 % liegen sollte, sind zu vermeiden.

Pflege
Wichtig ist, daß das Gießwasser immer Zimmertemperatur hat und nicht zu hart ist. Hin und wieder müssen die Blätter mit Wasser besprüht werden. Nur voll durchwurzelte Orchideen werden gedüngt, und zwar mit speziellem Orchideendünger. Die Vanda hat keine Pseudobulben und daher auch keine ausgesprochene Ruhezeit. Dennoch wird sie im Winter etwas weniger gegossen und kaum gedüngt. Beim Umtopfen ist Vorsicht geboten, denn die Wurzeln dieser Orchideen brechen leicht und

faulen dann. Wenn umgetopft werden muß, bekommt das Pflanzgefäß zunächst eine Drainageschicht. Als Substrat ist Orchideenerde zu verwenden.

Vermehrung
Durch Abtrennen und Eintopfen bewurzelter Seitentriebe.

Gärtnertip
Besonders gut entwickelt sich die Vanda in einem Orchideenkorb.

Venusfliegenfalle
(Dionaea)

Blütezeit:	Mai – Juni
Familie:	Sonnentaugewächs
Heimat:	Amerika

Die Venusfliegenfalle ist ein biologischer Fliegenfänger. Ihre Opfer erhascht sie mit der rot-rosa Lockfarbe ihrer Klappfallen. Sobald ein Insekt sich der Pflanze nähert, gerät es in den Bann dieser Pflanze. Beim Berühren ihrer nierenförmigen Blätter klappen die Fallen reflexartig innerhalb von Bruchteilen einer Sekunde zusammen. In der gefalteten Blattmitte wird das gefangene Insekt durch pflanzliche Sekrete aufgelöst.

Standort
Die Pflanze will hell und so feucht wie möglich stehen und braucht dabei viel Frischluft. Am besten stellen Sie das Pflanzgefäß in einen Übertopf mit feuchtem Moos. Im Sommer darf der Standort halbsonnig und warm sein, im Winter hingegen kühl, 3-10°C sind ideal.

Pflege
Es empfiehlt sich, die Venus-fliegenfalle einmal in der Woche mit Regenwasser gründlich zu wässern. Solange die Pflanze fleißig Insekten fängt, braucht sie nicht gedüngt zu werden. Ab November hält die Venusfliegenfalle ihren Winterschlaf. Sie erkennen das daran, daß die Grünteile der Pflanze langsam absterben.

Gärtnertip
Sobald die Grünteile eingezogen sind, sollten Sie die Pflanze austopfen, den Wurzelballen in feuchtes Moos hüllen, in eine Plastiktüte stecken und bei 4-5°C im Gemüsefach des Kühl-

schranks überwintern. Im folgenden Frühjahr wird die Pflanze dann frisch getopft. Sie bildet im Sommer einen hohen Blütenstand mit kleinen weißen Blüten. Die Blütenbildung kostet viel Kraft, so daß der Fangeifer nachläßt. Gießen Sie die Pflanze immer mit weichem Wasser aus der Filtergießkanne AquaFlor.

Versteckblüte

(Cryptanthus)

Blütezeit:	März – Aug.
Familie:	Ananasgewächs
Heimat:	Brasilien

Die Versteckblüte hat beinahe sternförmig angeordnete Rosetten, die durch ihre Ausläuferbildung nach allen Seiten größere Bodenflächen bedecken kann. Den eigentlichen Zierwert stellen die leicht gewellten Blätter mit ihren vielfach reizvollen Mustern und Bänderungen dar. Die Blüten sind, wie der Name schon andeutet, klein, weiß und unscheinbar. Eine besonders interessante Blattzeichnung mit gelbgrünen Streifen hat Cryptanthus tricolor.

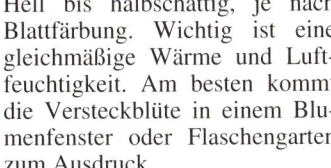

 Standort
Hell bis halbschattig, je nach Blattfärbung. Wichtig ist eine gleichmäßige Wärme und Luftfeuchtigkeit. Am besten kommt die Versteckblüte in einem Blumenfenster oder Flaschengarten zum Ausdruck.

 Pflege
Die Versteckblumen benötigen eine nährstoffreiche, lockere, humose Erde und Temperaturen zwischen 20 und 25 °C, die auch während der Überwinterung nicht unter 18 °C liegen sollten. Die Erde muß gleichmäßig feucht gehalten werden, ideal hierfür ist angewärmtes Regenwasser bzw. kalkarmes Wasser. Gedüngt wird sehr zurückhaltend, im Sommer alle 2 bis 3 Wochen mit halber Konzentration. Wie alle Bromelienooten muß auch die Versteckblume öfter besprüht werden.

 Vermehrung
Durch Seitensprosse (Kindel) bei gleichmäßig hoher Wärme von etwa 25 °C. Ein übergestülptes Weckglas trägt zur raschen Wurzelbildung bei.

 Gärtnertip
Die Versteckblüte erfreut sich einer langen Lebensdauer. Sobald die Mutterpflanze abstirbt, wachsen die Kindel heran.

Vriesea

(Vriesea splendens)

Blütezeit:	Febr. – Juli
Familie:	Ananasgewächs
Heimat:	trop. Regenwälder

Eine typische Vertreterin der Bromelie mit großer, trichterförmig angeordneter Rosette, die sich aus langen, schön gezeichneten Blättern aufbaut. Am bekanntesten ist Vriesea splendens, auch Flammendes Schwert genannt, mit leuchtendroter Blütenähre. Beliebt ist auch die zierlichere Vriesea psittacina mit hellgrüner Rosette und einem breit ovalen, papageifarbigen Blütenstand.

 Standort
Feuchtwarm, möglichst ohne direkte Sonneneinstrahlung, dennoch muß die tropische Schönheit aus dem Regenwald hell stehen. Die Temperatur sollte das ganze Jahr über 18-20°C betragen.

Pflege
Bromelien werden nur mäßig mit weichem, temperiertem Wasser gegossen, wobei auch im Blatttrichter eine Wasserpfütze stehen muß. Bromelien sind immer von oben zu gießen, der Blumentopf darf nie im Wasser stehen. Gedüngt wird mäßig alle 4 Wochen. Bromelien brauchen ein Substrat aus Torf, Lauberde und gehacktem Moos.

 Vermehrung
Vriesea bildet Kindel. Diese sind vorsichtig abzutrennen und bei einer Temperatur von mindestens 25 °C und hoher Luftfeuchtigkeit zu bewurzeln.

 Gärtnertip
Nach ihrer ausgiebigen Blütezeit ist die Vriesea eine reine Blatt-

pflanze. Die aparte Zeichnung ihrer grünen, rotbraun quergebänderten Blätter bleibt erhalten.

Wachsblume

(Hoya bella)

Blütezeit:	April – Sept.
Familie:	Seidenpflanzengewächs
Heimat:	Südostasien

Eine prächtige, dankbare Kletter- und Ampelpflanze. Die zauberhaften, porzellanähnlichen Blüten verbreiten einen intensiven, süßlichen Duft. Die wüchsige Pflanze kann bogenartig oder als Ampel mit meterlangen Trieben gezogen werden.

 Standort
Hell und luftig, im Sommer vor praller Sonne schützen, denn das führt zu gelben Flecken auf den Blättern. Wenn die Pflanze zu dunkel steht, blüht sie kaum oder gar nicht. Auch sollte der Standort nach der Knospenbildung nicht mehr verändert werden, sonst kommt es zum Abwerfen der Blüten. Im Winter sollte die Temperatur etwas niedriger sein; 10-15°C sind ideal, bis 18 °C schadet ihr nicht. Bei wärmeren Temperaturen können Schild- oder Wolläuse auftreten.

 Pflege
Mit Gefühl gießen, gleichmäßige Feuchtigkeit ist wichtig. Wachsblumen reagieren empfindlich auf Staunässe. Eine Drainageschicht im Topf ist unbedingt erforderlich. Bei niedrigeren Temperaturen im Winter ist das Gießen stark einzuschränken. Gedüngt wird zwei- bis dreimal im Monat. Zum Umtopfen sollten Sie Einheitserde verwenden, die Sie mit Styromull auflockern.

 Vermehrung
Durch Blattstecklinge oder Absenker von Frühjahr bis Sommer möglich. Dazu wird unterhalb der Blattknoten ein Seitentrieb geschnitten. Entfernt werden die unteren Blätter. Der Steckling sollte mindestens ein gesundes Blatt haben. Er wird 1 cm in ein

feuchtes Torf-Sand-Gemisch gesteckt. Darüber kommt ein Folienbeutel als Verdunstungsschutz.

 Gärtnertip
Die kurzen Sprossen, die einmal geblüht haben, dürfen auf keinen Fall abgebrochen oder zurückgeschnitten werden. Sie sind die Vorboten der neuen Blüten. Je älter eine Pflanze wird, desto üppiger blüht sie. Übrigens, vom Honigtau, den die Blüten absondern, kann genascht werden.

Warzenkaktus

(Mammillaria)

Blütezeit:	Jan. – Dez.
Familie:	Kakteengewächs
Heimat:	Mexiko

Die über 300 kugelig bis länglichen Arten sind ungeheuer vielseitig in Form und Farbe der Bedornung. Ihre Blüten sind unterschiedlich groß, kurz- oder langröhrig, glockig oder trichterförmig. Das Farbangebot reicht von Weiß über Gelb bis hin zu Rot.

 Standort
Ein sonnig-heller Standort. Das Südfenster ist besonders geeignet und für die Blütenzahl und Ausfärbung entscheidend. Das Quartier sollte im Sommer warm sein, im Winter 10-12°C haben. Der Warzenkaktus verabscheut jegliche Standortveränderung. Es ist angebracht, die Pflanze das ganze Jahr über am gleichen Standort zu belassen.

 Pflege
Während der Sommermonate wenig, im Winter gar nicht gießen. Vor allen Dingen darf niemals von oben gegossen werden, Staunässe ist schädlich. Gedüngt wird in der Wachstumszeit wöchentlich mit einem speziellen Kakteendünger. Umgetopft wird in Kakteenerde.

Vermehrung
Durch Samen. Ältere Pflanzen bilden Seitensprossen, die abgetrennt und nach dem Antrocknen der Schnittfläche in ein sandiges Substrat eingetopft werden können. Die Keimtemperatur muß zwischen 20-25°C liegen.

 Gärtnertip
M. zeilmanniana zählt zu den blühfreudigsten Arten. Sie wird rotblütig und neuerdings mit weißer Blüte angeboten.

Washingtonie

(Washingtonia robusta)

Blütezeit:	Grünpflanze
Familie:	Palmengewächs
Heimat:	Nord-, Mittelamerika

Unter den vielen Palmen – der Botaniker unterscheidet 1200 Arten – gibt es eine Menge, die für die Zimmerkultur geeignet und dabei sogar noch pflegeleicht sind. Eine herrliche, große Palme ist die Washingtonia. Sie wächst rasch mit großen, kreisförmigen Blättern. Ältere Blätter fallen nicht ab, sondern neigen sich nach unten.

 Standort
Hell und luftig möchte die Washingtonie stehen, im Sommer warm und im Winter bei 5–8 °C. Kleine Palmen lassen sich umerziehen. Im Laufe ihrer allmählichen Entwicklung gewöhnen sie sich an einen etwas schattigeren Standort, denn auch in der Natur gibt es nicht nur Sonnenplätze. Entscheidend ist, daß Sie allen wärmeliebenden Arten ganzjährig etwa gleiche Temperaturen in der Wohnung bieten.

 Pflege
Die Gießmenge richtet sich nach der vorhandenen Temperatur. Im Sommer kann der Wasserbedarf hoch, er kann aber auch bei einem kühleren Sommer relativ gering sein. Staunässe ist in jedem Fall zu vermeiden. Unabhängig von dem Wasserbedarf ist die Pflanze für gelegentliches Übersprühen ebenso dankbar wie für das Entstauben der Blattwedel. Von April bis August wird die Washingtonia alle 14 Tage gedüngt. Bei Bedarf kann im Frühjahr in neue Einheitserde umgetopft werden.

 Vermehrung
Die Vermehrung über Samen ist

langwierig. Sie können die Keimung etwas beschleunigen, indem Sie den Samen in warmem Wasser einweichen.

 Gärtnertip
Braune Blattspitzen sollten Sie regelmäßig nachschneiden, aber immer nur soweit, daß noch ein schmaler, brauner Rand stehen bleibt.

Washington-Palme

(Washingtonia)

Blütezeit:	Grünpflanze
Familie:	Palmengewächs
Heimat:	Nordamerika

Ihren einprägsamen Namen erhielt diese Pflanze nach dem ersten Präsidenten der USA, George Washington.

 Standort
Eine Pflanze für kühle Wohnräume und Wintergärten. Sie sollte hell bis halbschattig und möglichst luftig stehen. Sie verträgt keine pralle Sonne. Bei Frischluftmangel kann es zur Blattfleckenkrankheit kommen. Auch im Winterquartier bei 5-12°C ist daher für Frischluft zu sorgen.

 Pflege
Während der Sommermonate muß die Pflanze gut feucht und mit nicht zu hartem Wasser gegossen werden. In der kalten Jahreszeit hingegen kann sie fast trocken bleiben. Die Blätter sind öfters mit lauwarmem, weichem Wasser und einem Schwamm abzuwischen. Ein monatlicher Düngeguß mit speziellem Blattpflanzendünger verstärkt das Wachstum und verhindert das Eintrocknen der Wedel.

Vermehrung
Washingtonien sind aus Samen zu ziehen, allerdings müssen Sie viel Geduld aufwenden.

 Gärtnertip
Beim Umtopfen in Einheitserde müssen die Wurzeln der Jungpflanzen vorsichtig gelöst werden. Keinesfalls darf der mit dem

Keimling verbundene Samen gelöst werden.

Weihnachtskaktus

(Schlumbergera Hybriden)

Blütezeit:	Okt. – Febr.
Familie:	Kakteengewächs
Heimat:	Brasilien

Der Weihnachtskaktus blüht nicht nur zur Weihnachtszeit, er kann bei guter Pflege dreimal jährlich mit reichen Blütenschmuck erfreuen. Neben der beliebten, hängenden Topfpflanze werden neuerdings auch Hochstämm-chen angeboten. Hierbei geht es um eine Veredelung auf stammbildender Unterlage. Der Weihnachtskaktus ge-hört zu den Blatt- und Gliederkakteen.

Standort
Hell bis halbschattig. Während der Sommermonate freut sich die Pflanze über ein Quartier im Freien. Mit normalen Zimmertemperaturen kommt sie gut zurecht, im Herbst und Winter sollte sie allerdings kühler stehen (10-15°C). Bei Temperaturen über 22°C findet keine Blütenbildung mehr statt.

Pflege
In den Sommermonaten gleichmäßig mit weichem, zimmerwarmem Wasser gießen. Während der Blütezeit werden die Wassergaben reduziert. Um das Wachstum des Weihnachtskaktus zu unterstützen, wird hin und wieder anstelle des Kakteendüngers ein normaler Volldünger verwendet. Nach jeder Blüte braucht das Gewächs eine Ruhezeit von etwa 4 Wochen, in der die Pflanze fast trocken gehalten wird. Sobald sich die ersten Knospen zeigen, sollten Sie nach und nach mehr gießen. Im März wird die Pflanze nach dem Umtopfen etwas wärmer gestellt.

Vermehrung
Von mehrjährigen Pflanzen werden Blattstecklinge abgenommen. Die Schnittfläche muß 8 Tage antrocknen, bevor sie in

stark torfhaltiges Substrat getopft werden kann.

Gärtnertip
Vorsicht! Sobald die Pflanze Knospen zeigt, darf sie nicht mehr umgestellt werden.

Weihnachtsstern

(Pointsettie)

Blütezeit:	Okt. – März
Familie:	Wolfsmilchgewächs
Heimat:	Mexiko, Mittelamerika

Der Weihnachtsstern zählt zu den beliebtesten Topfpflanzen, ob eintriebig, mehrtriebig, als Miniatur, Ampelpflanze oder Hochstamm. Das Farbspiel reicht von Rot, Rosa, Weiß bis hin zu zartgemusterten Varianten. Neuzüchtungen tragen auffällig große Hochblätter.

Standort
Möglichst hell, aber keinesfalls sonnig, vor allem fernab von Heizkörpern und nicht im Durchzug. Bei überhitzten Wohnräumen oder auf Fensterbänken über der Heizung ist die schöne Blütenpracht nicht von Dauer. Der Weihnachtsstern liebt gleichmäßige Wärme, volles Licht und feuchte Luft. Geeignet sind schattierte Südfenster.

Pflege
Gegossen wird mit zimmerwarmem, möglichst weichem Wasser, sobald die Erdoberfläche trocken ist. Während der Blütezeit sollten Sie alle 2 Wochen flüssig düngen. Die selbst gezogene zweijährige Pflanze ist wesentlich kompakter als die gekaufte. Während der Blütezeit benötigen diese Gewächse gleichbleibende Feuchtigkeit. Abgeblühte Pflanzen werden bis etwa April oder Mai nur sparsam gegossen. Vor Beginn der Wachstumszeit sollte man den Weihnachtsstern kräftig zurückschneiden. Den Sommer über wird er wöchentlich gedüngt.

Vermehrung
Die Vermehrung wird durch einsetzen der Triebspitzen in neue Erde im Sommer erzielt.

Gärtnertip
Der Weihnachtsstern enthält einen weißen, sehr giftigen Wolfsmilchsaft. Deshalb ist es empfehlenswert, die Pflanze nur mit Handschuhen zu behandeln.

Weißbecher

(Nierembergia)

Blütezeit:	Juli – Sept.
Familie:	Nachtschattengewächs
Heimat:	Amerika, China

Das Nachtschattengewächs ist ein äußerst langsam wachsender zierlicher Halbstrauch mit kleinen, länglichen Blättern. Während der Sommermonate erscheinen weiße bzw. weißblaue Trichterblüten mit gelbem Schlund und einer überaus schönen Krone.

Standort
Hell und leicht sonnig, aber ohne direkte Sonnenbestrahlung. Die Pflanze braucht das ganze Jahr über eine kühle, frische Umgebung. In den Wintermonaten sind Temperaturen um 10°C Voraussetzung für das Gedeihen des Weißbechers. Im Winterquartier muß für Frischluftzufuhr gesorgt werden.

Pflege
Mäßig gießen, im Winter kaum noch. Gedüngt wird nur gelegentlich und äußerst sparsam. Das Umpflanzen erfolgt bei Bedarf in Einheitserde.

Vermehrung
Durch Samen im Frühjahr oder im Herbst mit Stecklingen.

Gärtnertip
Die adrette Blütenpflanze war früher häufiger anzutreffen. Sie ist heute kaum mehr bekannt. Vorsicht bei Kindern! Es handelt sich um eine Giftpflanze.

Whitfieldie

(Whitfieldia lateritia)

Blütezeit:	Sept. – Dez.
Familie:	Akanthusgewächs
Heimat:	Afrika

Die mehrjährige tropische Pflanze wurde

erst vor einigen Jahren entdeckt und ist bei uns noch eine Rarität. Das kleine, buschige Gewächs trägt eiförmige, glänzende Blätter und schmückt sich ab Herbst mit länglichen, leicht behaarten weißen Blüten. Erfreulicherweise halten diese mehrere Monate.

 Standort
Die Whitfieldie liebt einen halbschattigen bis schattigen Standort und braucht eine extrem hohe Luftfeuchtigkeit. Vor Zugluft und starken Temperaturschwankungen muß das Gewächs unbedingt geschützt werden.

 Pflege
Die Pflanze muß regelmäßig mit gefiltertem, lauwarmem Wasser gegossen und besprüht werden. In den Sommermonaten wird alle 2 Wochen und nach der Blütezeit im Spätherbst nur noch alle vier Wochen gedüngt. Sobald die Blüten abgeblüht sind, muß die Pflanze zurückgeschnitten werden, um den buschigen Wuchs beizubehalten. Im Spätherbst wird in Einheitserde umgetopft.

 Vermehrung
Die Vermehrung findet im Frühjahr durch Stecklinge bei einer Bodentemperatur von 20 °C statt.

 Gärtnertip
Bei zu trockener Zimmerluft stellt sich meist die weiße Fliege ein.

Winterrakete

(Veltheimia)

Blütezeit:	Jan. – März
Familie:	Liliengewächs
Heimat:	Südafrika

Anspruchsloses, reichblühendes Zwiebelgewächs, das eine Höhe von 50-60 cm erreichen kann und von Januar bis März hell- bis dunkelrosafarbene Blütenschäfte trägt, die sich aus zahlreichen gelblichgrünen, rotgepunkteten Röhrenblüten aufbauen. Der hohe, kahle Schaft wächst kerzengerade aus der blauroten Zwiebel und ist umgeben von stark gewellten Blättern.

 Standort
Besonders prächtig entfaltet sich die Winterrakete an einem hellen, kühlen Platz bei 12 °C. Auf Zugluft reagiert die Winterrakete allergisch. Während der Ruhezeit im Sommer kann die Pflanze wärmer stehen.

 Pflege
Wenn die Raumtemperatur niedrig ist, sind die Pflegeansprüche bezüglich Gießen und Düngen minimal. In der Ruhezeit nach der Blüte, etwa von Mai bis August, wird kaum mehr gegossen, das Düngen kann ganz entfallen. Ab September wird die Zwiebel erneut angetrieben. Sie wird in neue, lockere humose Erde umgesetzt. Von nun an heißt es, wieder etwas gießen und ab und zu düngen.

 Vermehrung
Beim Umsetzen der Zwiebeln trennt man die kleinen Brutzwiebeln vorsichtig ab und setzt sie in kleine Töpfe.

Gärtnertip
Bei kühlen Raumtemperaturen haben Sie an der Blüte lange Freude.

Wollmispel

(Eriobotrya)

Blütezeit:	September
Familie:	Rosengewächs
Heimat:	Asien

In ihrer Heimat wächst die Pflanze als Baum oder Strauch mit großen immergrünen, ledrigen Blättern. Im Handel ist die Sorte E. japonica, auch als Japanmistel bekannt. Die Pflanze hat längliche, ledrige, grob gezähnte Blätter, deren Unterseiten bräunlich gefärbt sind. Im Herbst erscheinen große, rosarote Trauben, die aber in unseren Breitengraden nicht ausreifen und nicht verzehrt werden sollten.

 Standort
Sonnig, hell und luftig. Das gilt besonders für die Wintermonate. Die Temperatur sollte um die 10 °C liegen. Diese Standortwünsche sind meist schwer realisierbar. Aus diesem Grunde bleibt sie wohl eine Rarität für Kenner.

Pflege
Im Sommer und Herbst reichlich

gießen, im Winter weniger. Vorsicht vor Staunässe. Während des Wachstums sollte die Mispel wöchentlich gedüngt werden. Zum Umpflanzen wird eine lehmige Humuserde benötigt.

 Vermehrung
Empfehlenswert ist die Aussaat im Frühjahr, die Samen keimen problemlos bei 20-22°C. Erfahrene Hobbygärtner können auch im Herbst leicht verholzte Stecklinge in ein sandiges Substrat stecken.

 Gärtnertip
Die Wollmispel ist eine schöne Ampelpflanze, aber nicht unproblematisch.

Wüstenrose

(Adenium obesum)

Blütezeit:	April –Sept.
Familie:	Hundsgiftgewächs
Heimat:	Ostafrika

Die bizarre Schönheit gehört zu den Neuheiten auf der Fensterbank. Es geht um eine Sukkulente mit stark verdicktem Stamm und auffallend schönen Blüten. Ihre großen, fünfzipfligen, rosarot geränderten Blüten mit heller Mitte erscheinen im Frühjahr, und mit etwas Glück ein zweites Mal im Herbst. Die kultivierte Wüstenrose ist zwittrig, der Adeniumstamm mit seinen schmalen Blättern wurde auf einen Oleanderreis gepfropft. Durch diese Pflanzenehe wird das Wachstum erheblich beschleunigt und die Blütenzahl vermehrt. Die einzelnen Blüten können bis zu 2 Wochen halten.

 Standort
Ideal mit seinem Sonnenlicht ist das Südfenster. Nur während der heißen Mittagszeit sollte die Wüstenrose vor der prallen Sonne geschützt werden. Wünschenswert sind Temperaturen zwischen 18-25°C. Ab Mai ist die Exotin für einen sonnigen Platz auf Balkon oder Terrasse sehr dankbar. Damit die Pflanze nicht krumm wächst, sollte sie von Zeit zu Zeit gedreht werden. Wenn die Wüstenrose im Winter warm steht, wächst sie weiter, bei kühlerem Standort legt sie die von Natur aus vorgegebene Ruhepause ein und verliert dabei ihre Blätter.

Pflege

In der Wachstumszeit sollte der Wurzelballen gleichmäßig mit nicht zu hartem Wasser feucht gehalten werden. Staunässe ist aber unbedingt zu vermeiden. Auch vor Zugluft muß die Pflanze bewahrt werden. Mit trockener Zimmerluft kommt die Wüstenbewohnerin durchaus klar, Sie müssen nur immer wieder für Frischluftzufuhr sorgen. Während der Ruhezeit wird das Gießen völlig eingestellt. Gedüngt wird in geringer Konzentration im Frühjahr und Herbst mit einem Kakteendünger. Das Umtopfen in ein sandiges Substrat ist nur alle 2 bis 3 Jahre erforderlich, die günstigste Jahreszeit hierfür sind die Monate Juli bis September. Bei zu üppigem Wachstum können Sie die Triebe nach der Blüte zurückschneiden.

Vermehrung

Durch Kopfstecklinge, deren Schnittstelle 1 bis 2 Tage antrocknen sollte, bevor sie in das Erdsubstrat kommen.

Gärtnertip

Vorsicht! Der Milchsaft der Pflanze ist hochgiftig, daher beim Rückschnitt unbedingt Handschuhe anziehen.

Wüstenrose

Xanthosome

(Xanthosoma)

Blütezeit:	Juli – Aug.
Familie:	Aronstabgewächs
Heimat:	trop. Wälder Amerikas

Die kräftige Blattpflanze kann bis zu 1 m hoch werden. Die Blätter sind schön mit hervortretenden hellen gelbgrünen Adern gezeichnet. Ältere Pflanzen können blühen und tragen ein weißes Hüllblatt, umgeben vom Blütenstand.

Standort

Die Pflanze eignet sich für einen Wintergarten mit hoher Luftfeuchtigkeit. Die Xanthosome kann nur im feuchten Halbschatten, z. B. als Unterbepflanzung von Palmen, existieren. Auch hinsichtlich der Temperatur ist sie heikel, 18 °C rund ums Jahr sind gefragt. Denken Sie daran, daß das Aronstabgewächs viel Platz in Anspruch nimmt und so gestellt werden sollte, daß Sie nicht ständig mit den Blättern in Berührung kommen, weil diese einen giftigen Milchsaft führen.

Pflege

Die Pflanze benötigt reichlich Wasser und eine hohe Luftfeuchtigkeit von 60-80°C. Sie verträgt keine Staunässe und kein kalkhaltiges Wasser, darf also nur mit weichem Wasser gegossen und besprüht werden. Im Winter sollten Sie entsprechend der niedrigen Raumtemperatur weniger gießen. In den Sommermonaten wird wöchentlich gedüngt. Umgepflanzt werden kann ab Ende März in neue, mit Kies vermischte Einheitserde.

Vermehrung

Durch Wurzelteilung. Bis zum Anwachsen der Jungtriebe müssen Sie für einen warmen Fuß sorgen.

Gärtnertip

Wenn die Blätter welken oder sich zusammenrollen, ist das ein Hinweis auf zu geringe Luftfeuchtigkeit.

Yucca

(Yucca elephantipes)

Blütezeit:	Grünpflanze
Familie:	Agavengewächs
Heimat:	Mittelamerika

Der palmähnliche Schopf gab ihr den Namen Palmlilie, obwohl sie botanisch gesehen keine Palme ist. Die außergewöhnlich robuste Yucca erfreut sich großer Beliebtheit. Sie steht fast in jedem Haushalt, dafür gibt es mehrere Gründe. Sie ist preiswert, leicht zu kultivieren und kinderleicht zu vermehren. Außerdem kann sie jederzeit zimmergerecht zurückgeschnitten werden. Die aus dem Stamm treibenden Blattschöpfe werden mit der Zeit dichter, der Stamm wächst dabei nicht mit, er behält die erworbene Größe. Bei Pflanzen, die 10 Jahre und älter sind, kann es zu einer Blüte kommen. Der Blütenstand wirkt wie riesige Maiglöckchen.

Standort

Palmlilien lieben einen hellen, sonnigen Standort. Stauende Wärme hinter den Fensterscheiben können Sie durch Lüften vermeiden. Während der Sommermonate ist ein geschützter Platz im Freien wünschenswert. Normale Zimmerwärme ist rund ums Jahr möglich. Besser ist es jedoch, wenn Sie der Palmlilie im Winter ein kühles, helles Quartier bei 10-15 °C einräumen können.

Pflege

Gegossen wir nach Bedarf und möglichst mit nicht zu hartem Wasser. Vor jedem erneuten Gießvorgang muß die Erdoberfläche angetrocknet sein. Die Yucca ist nicht durstig: im Winter kommt sie bei kühlem Standort sogar ohne Wasser aus. Von April bis August wird wöchentlich gedüngt, im Winter können die Düngegaben eingestellt werden. Vergessen Sie nicht, von Zeit zu Zeit den Staub von den Blättern zu entfernen.

Vermehrung

Voraussetzung sind viel Wärme und eine sehr hohe Luftfeuchtigkeit. Sie können es aber mit Stammstecklingen versuchen. Am einfachsten ist es bei höheren, älteren Pflanzen. Sobald Sie den Seitentrieb abgeschnitten haben, heißt es zu warten, bis die Schnittfläche angetrocknet ist. Dann darf sie zur Bewurzelung in die Erde gepflanzt werden.

Gärtnertip

Ein Tongefäß ist dem Kunststofftopf vorzuziehen. Das Umpflanzen ist bei Palmlilien nur alle 2 bis 3 Jahre erforderlich.

Zahnzunge

(Odontoglossum)

Blütezeit:	meist ganzjährig
Familie:	Orchideengewächs
Heimat:	trop. Südamerika, Mexiko

Ihrer Herkunft nach gehört die Zahnzunge zu den Gebirgsorchideen, die in Höhen von 1500–3500 m wachsen. Es geht hierbei um eine attraktive Orchidee für Liebhaber mit den entsprechenden Räumlichkeiten. Odontoglossum cordatum hat gelbbraun gefleckte Blüten, ihre herzförmige Lippe ist weiß-grün mit braunen Flecken.

Standort
Im Sommer kann die Zahnzunge hell bis halbschattig, geschützt vor direkter Sonne, an einem luftigen Plätzchen auf Balkon oder Terrasse stehen. Im Winter wird ein kühler, heller und luftiger Raum (z. B. Schlafzimmer oder Treppenhaus) mit Tagestemperaturen zwischen 10-16 °C benötigt, die Temperatur darf zu keiner Zeit unter 5 °C sinken.

Pflege
Die schöne Orchidee verträgt nur weiches Wasser und darf nur indirekt besprüht werden. Auf hohe Luftfeuchtigkeit ist das ganze Jahr über zu achten, Staunässe ist zu vermeiden. Mit ihren dicken Wurzeln ist diese Art besonders für die Haltung in Körben geeignet. Ab Oktober/November wird die Pflanze trocken gehalten, bis im März die ersten Knospen erscheinen. Dann heißt es, wieder vermehrt zu gießen. Gedüngt wird äußerst sparsam (etwa die Hälfte der angegebenen Portion) und nur mit einem speziellen Orchideendünger. Umgetopft wird bei Bedarf. Dazu verwenden Sie spezielles für Orchideensubstrat mit mittlerer Körnung.

Vermehrung
Sie geschieht durch Teilung.

Gärtnertip
Achten Sie auf eine gute Drainage, d.h. auf eine Tonscherbeneinlage im Pflanzgefäß.

Zapfenblume

(Perilepta)

Blütezeit:	Mai – Juni
Familie:	Akanthusgewächs
Heimat:	Indochina

Dieser kleine Strauch aus Burma hat interessant strukturierte Schmuckblätter. Sie sind zwischen den hellgrünen Blattadern rosarot angehaucht. Im Mai bis Juni erscheinen zusätzlich kleine, bläuliche Ährenblüten.

Standort
Im Sommer hell bis halbschattig, im Winter sehr hell. Die weichlaubige Pflanze verträgt keine pralle Sonne. Ideal sind Raumtemperaturen von 20 °C im Sommer, in den Wintermonaten kann es kühler werden, aber nicht unter 15 °C. Wenn Sie Freude an der Pflanze haben wollen, müssen Sie stets für hohe Luftfeuchtigkeit und frische Luft sorgen.

Pflege
Mäßig gießen, aber nur mit weichem, temperiertem Wasser. In der Ruhezeit muß die Pflanze trocken gehalten werden. Bei älteren Gewächsen läßt die Blattfärbung nach. Denken Sie rechtzeitig an die Verjüngung durch das Abschneiden von Stecklingen. Gedüngt wird im Sommer im Abstand von 14 Tagen, im Winter nicht.

Vermehrung
Kopfstecklinge werden von März bis Juni geschnitten und bei einer Bodenwärme von 25 °C unter Folie oder Glas bewurzelt. Um eine bessere Verzweigung zu erreichen, müssen Sie den Austrieb mehrfach stutzen. Zum Topfen der Jungpflanzen brauchen Sie eine lehmig-humose Erdmischung, z. B. verrotteten Kompost oder gute Gartenerde mit reichlich Torf und Sand.

Gärtnertip
Wenn die Luft zu trocken ist, bekommt die Zapfenblume braune Blattränder.

Zebrakraut

(Zebrina)

Blütezeit:	Grünpflanze
Familie:	Commelinengewächs
Heimat:	Mexiko

Das Zebrakraut sieht der Tradeskantie sehr ähnlich. Es handelt sich hierbei um eine anspruchslose Schmuckpflanze für Ampeln, die sich auch bestens als Bodendecker im Blumenfenster eignet.

Standort
Hell bis halbschattig, fernab der direkten Sonne. Die Intensität der Blattfärbung hängt von der Lichtstärke ab. Je kräftiger die silbrigweißen Streifen auf den Blättern ausgeprägt sind, desto mehr Licht verlangt die Pflanze. Im Sommer liebt das Zebrakraut die Wärme, im Winter darf es kühler werden. Ideal sind dann 12 °C, bei höheren Temperaturen verblaßt die Blattfärbung.

Pflege
Mäßig gießen, im Winter weniger. Ältere Pflanzen werden leicht unansehnlich. Sie können das verhindern, indem Sie die Triebe zurückschneiden und die Kopfstecklinge gleichzeitig zu neuen Pflanzen heranziehen. Gedüngt wird alle 2 bis 3 Wochen mit einem Blattpflanzendünger.

Vermehrung
Am einfachsten bewurzeln die Stecklinge im Wasser. Sie können die Kopfstecklinge auch in einem Sandgemisch bei 20 °C bewurzeln lassen. Zum Einpflanzen der Jungpflanzen sollten Sie eine lockere, humose Einheitserde verwenden.

Gärtnertip
Je höher die Luftfeuchtigkeit, desto besser gedeiht das Zebrakraut.

Zephirblume

(Zephyranthes)

Blütezeit:	Juli – Okt.
Familie:	Amaryllisgewächs
Heimat:	Amerika

Das wenig bekannte Zwiebelgewächs

schmückt sich mit krokusähnlichen Blüten. Es gibt diese Pflanze auch in verschiedenen Farben. Sie können die Zephirblume in Weiß-, Gelb- oder Rottönen selbst heranziehen. Im Frühjahr sind die Zwiebeln zu topfen.

Standort

Ein Südfenster mit seiner vollen Sonne ist ideal, sofern für viel Frischluft gesorgt werden kann. In der Mittagssonne muß allerdings schattiert werden, die Temperaturen sollten nicht über 20 °C ansteigen. Zugluft verträgt die Pflanze nicht. Überwintert werden die Zwiebeln kühl und trocken bei 5 °C.

Pflege

Zunächst wird die frisch getopfte Zwiebel kaum und mit Beginn des Wachstums mehr gegossen. Sofern vorhanden, können Sie sie auch an einen geschützten Platz auf Balkon und Terrasse stellen. Von Mai bis September wird alle 14 Tage mäßig gedüngt. Nach der Blüte braucht die Pflanze nur noch wenig Wasser. Die Blätter fallen dann allmählich ab, die Zwiebel muß frostfrei überwintert werden. Im Januar wird die Zwiebel neu getopft und dabei nur leicht mit Erde bedeckt. Langsam aber stetig heißt es jetzt die wachsende Pflanze an mehr Wasser und Wärme zu gewöhnen.

Vermehrung

Sie erfolgt durch Brutzwiebeln.

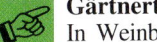 Gärtnertip

In Weinbaugebieten kann die Zephirblume mit entsprechendem Frostschutz im Freien überwintern.

Zephirblume

Zickzackstrauch

(Corokia)

Blütezeit:	Juni – Juli
Familie:	Steinbrechgewächs
Heimat:	Neuseeland

Der Zickzackstrauch hat zickzackartig gebogene zierliche Zweige, mit kleinen rundlichen Blättern, die auf der Oberseite dunkelgrün, auf der Unterseite weiß filzig erscheinen. Das allerliebste Steinbrechgewächs mit seiner filigranen Struktur ist nicht ganz pflegeleicht. Eine Pflanze für Kenner mit kühlem Wintergarten oder Treppenhaus.

Standort

Hell, geschützt vor praller Sonne, luftig und mäßig warm bei 18 °C im Sommer. Im Winter ist eine deutliche Temperaturabsenkung etwa auf 5-10 °C erforderlich. Gegen trockene Zimmerluft hat der Strauch nichts einzuwenden.

Pflege

Nur mäßig feucht halten, Staunässe ist auf alle Fälle zu vermeiden. Während der Ruhepause in den Wintermonaten wird kaum mehr gegossen, im Frühjahr kann der Zickzackstrauch, falls erforderlich, umgetopft werden. Dazu brauchen Sie eine humose, durchlässige Erde (pH-Wert um 6). Wenn Sie Einheitserde verwenden, sollten Sie Sand hinzufügen. Von März bis September wird alle 14 Tage mäßig gedüngt. Nach der Ruhepause sollte die Pflanze etwas zurückgeschnitten werden.

Vermehrung

Die Vermehrung erfolgt durch Kopfstecklinge, die Sie im Sommer bei 20 °C Bodenwärme unter Plastikfolie bewurzeln können.

Zierananas

(Ananas comosus)

Blütezeit:	keine bei uns
Familie:	Ananasgewächs
Heimat:	Südamerika

Die ansprechende Pflanze baut sich aus einer dichten Rosette auf, bestehend aus 30 bis 50 schwertförmigen langen, oberseits dunkelgrünen und unterseits graugrünen Blättern. Die Blüten sind rosa.

Standort

Zierananas brauchen viel Platz, einen sehr sonnigen, aber vor praller Sonne geschützten Standort mit relativ geringer Luftfeuchtigkeit. Je wärmer es in den Sommermonaten wird, desto besser, 25-30°C werden gut vertragen. Während der Vegetationspause im Winter sollten die Temperaturen um die 17°C sein.

Pflege

Gemäß der hohen Raumtemperatur braucht die Zierananas im Sommer reichlich Wasser. Zum Gießen wird ausschließlich weiches, temperiertes Wasser verwendet. Im Winter wird nur noch sparsam gegossen. Gedüngt wird von März bis September wöchentlich.

Vermehrung

Zum Umtopfen und Vermehren wird Gartenerde mit Torf und Sand angereichert bzw. eine Einheitserde verwendet. Vermehrt werden kann durch Kindel, die sich an der Basis der Mutterpflanze bilden. Mitunter glückt auch der Versuch, aus dem grünen Fruchtschopf eine neue Pflanze zu ziehen. Wichtig ist, daß die Ananasfrucht frisch ist und der Schnitt etwa 1 cm unter der Rosette angesetzt wird, denn dort sitzen erste kleine Wurze-

Zierananas

lansätze. Die Schnittfläche muß 24 Stunden antrocknen, bevor die Blattrosette in eine Pflanzschale mit viel Sand und feuchten Torfmull gesteckt wird. Zur besseren Bewurzelung wird sie mit einer Plastiktüte bedeckt und an einen warmen, hellen Platz gestellt.

 Gärtnertip
Die Zierananas ist genügsam und kommt auch mit etwas dunkleren Standorten zurecht.

Zierhopfen

(Beloperone)

Blütezeit:	Jan. – Dez.
Familie:	Akanthusgewächs
Heimat:	trop. Amerika, Mexiko

Seine Blütenstände ähneln dem Hopfen. Gelb-rotbraun sind die Hüllblätter der Ähren, die sehr lange halten und mit Ausnahme der Wintermonate November bis Februar das ganze Jahr über erfreuen. Allerdings sind die eigentlichen Blüten recht unscheinbar und fallen schnell ab.

 Standort
Zum Lebenselexier des Zimmerhopfens gehört reichlich Licht, aber pralle Sonne bekommt ihm weniger, deshalb muß in der Mittagszeit schattiert werden. In jedem Fall muß der Zimmerhopfen vor Zugluft bewahrt werden, sonst verliert die aparte Pflanze ihre Blätter. In den Sommermonaten darf die Temperatur bei 25 °C liegen, im Winter etwa bei 12-15 °C.

 Pflege
Von April bis August braucht die Pflanze viel Wasser, im Winter ist der Wasserbedarf gering. Gedüngt wird während der Vegetationszeit wöchentlich. Ein phosphorbetonter Dünger macht die Blütenähren leuchtender. Umpflanzen nach der Ruhezeit in eine humose, durchlässige Erde, pH-Wert um 6. Das Umtopfen in zeitigen Frühjahr ist verbunden mit einem starken Rückschnitt.

 Vermehrung
Die beim Rückschnitt im Frühjahr anfallenden Stecklinge können zur Vermehrung genutzt werden. Sie bewurzeln gut in ei-

nem Torf-Sand-Gemisch. Beim späteren Topfen der Stecklinge sollten sie gleich 5 bewurzelte Pflänzchen zusammensetzen, damit der Zimmerhopfen von vornherein buschig wirkt. Darüber hinaus sind die Stecklinge mehrfach zu stutzen, bevor sie ihre liebenswerten, traubenförmigen Blütenstände in den Wintermonaten bilden.

 Gärtnertip
Achten Sie darauf, daß keine Staunässe entsteht. Die Pflanze braucht generell reichlich frisch und dabei etwas feuchte Luft, damit es nicht zum Befall von Blattläusen kommt.

Zierpfeffer

(Capsicum annuum)

Blütezeit:	Juni – Aug.
Familie:	Nachtschattengewächs
Heimat:	Mittel-, Südamerika

Zierhopfen

Die einjährige Früchte tragende Zier- und Nutzpflanze wird von Sommer bis Spätherbst im Handel angeboten. Beliebt sind ihre länglichen bis kugelförmigen, eßbaren Früchte in leuchtendem Rot, Gelb, Orange oder Violett.

 Standort
Sehr hell, aber vor praller Sonne geschützt. Während der Sommermonate kann der Zierpfeffer auch auf Balkon oder Terrasse gestellt werden.

 Pflege
Das Nachtschattengewächs muß regelmäßig gegossen und wöchentlich gedüngt werden. Es gehört, ähnlich wie die Tomate, zu den stark zehrenden Pflanzen. Wichtig ist, daß keine Staunässe entsteht, sonst ist die Pracht schnell dahin.

 Vermehrung
Lohnt sich kaum bei der einjährigen Pflanze.

Zierspargel

(Asparagus)

Blütezeit:	Grünpflanze
Familie:	Liliengewächs
Heimat:	Ost-, West-, Südafrika

Zierspargel der Sorte Sprengeri ist besonders robust und in vielen Haushalten vorhanden, es geht hierbei um eine üppige Hängepflanze mit frischen, grünen, meterlangen Trieben

 Standort
Halbschattig bis schattig mit viel Frischluft. Während der Wachstumsperiode 20 °C, in den Wintermonaten 12 °C.

Pflege
Aufgrund der großen Oberfläche verdunsten die kleinen Blätter von Asparagus zwar viel Wasser, dennoch wird mäßig gegossen. Zum Gießen sollten Sie stets temperiertes Wasser verwenden. Die Pflanze kann, wenn sie einmal das Gießen vergessen haben, durchaus überleben, denn sie speichert in ihren dicklichen Wurzeln Wasser. Wenn der Zustand der Trockenheit zu lange währt, besteht die Gefahr, daß der Wurzelballen austrocknet und Gießwasser nicht mehr aufgenommen werden kann. Die letzte Rettung kann dann ein Tauchbad sein, dem Sie ein paar Tropfen Spülmittel hinzufügen. Gedüngt wird von Mai bis September wöchentlich. Pflanzen, die im Winter warm stehen, müssen weiterhin alle 14 Tage gedüngt und gegossen werden. Bei kühler Überwinterung kann das Düngen entfallen, auch die Wassergaben können stark reduziert werden.

 Vermehrung
Ältere Pflanzen können durch Teilung des Wurzelballens vermehrt werden. Zum Umtopfen brauchen Sie eine lockere, etwas lehmhaltige Pflanzerde.

 Gärtnertip
Zugluft ist gefährlich. Sie kann zum Befall von Läusen und Spinnmilben führen.

Ziertabak

(Nicotiana)

Blütezeit:	
Familie:	Nachtschattengewächs
Heimat:	Amerika

Die einjährige Pflanze zeigt eine kleine Staude, auch als Kraut ist sie bekannt. Ihre Blüten sind fünfzählig, gelbgrün und klein.

 Standort
Der Ziertabak bevorzugt einen hellten und vollsonnigen Standort. Die optimale Durchschnittstemperatur ist für diese Pflanze etwa 20 °C.

 Pflege
Die Pflanze muß regelmäßig gegossen werden.

 Vermehrung
Die Vermerhrung wird im Februar oder März mit Samen vorgenommen. Nach dem Austrieb wird die junge Pflanze zurückgeschnitten. Anschließend wird sie wöchentlich mit einem Dünger unterstützt.

 Gärtnertip
Für die Zimmerhaltung ist die Sorte N. alata am geeignetsten.

Zimmeresche

(Radermachera)

Blütezeit:	Grünpflanze
Familie:	Begoniengewächs
Heimat:	China

Schöne, immergrüne, auf dem Markt noch relativ neue Pflanze. Angeboten werden meist kleine buschig verzweigte strauchähnliche Pflanzen, mit dunkelgrün, glänzenden, zweifach gefiederten Blättern.

 Standort
Die Pflanze verträgt im Sommer übliche Zimmertemperaturen, aber keine direkte Sonne, sonst verbrennen ihre Blätter. Im Winter muß die Temperatur deutlich niedriger sein, um die 15 °C sind ideal.

 Pflege
Gießen sollten Sie mit Fingerspit-

zengefühl und nach der Fingerprobe. Erst wenn die Erde leicht angetrocknet ist, darf gegossen werden. Für gelegentliches Tauchen ist die Pflanze dankbar, wobei Sie Staunässe vermeiden sollten, denn die ist schädlich. Gedüngt wird ebenfalls sparsam im Rhythmus von 14 Tagen, von April bis September. Zum Umpflanzen brauchen Sie eine nährstoffreiche Einheitserde. Achten Sie vor allem auf eine Drainageschicht.

 Vermehrung
Am besten durch Triebspitzen-Stecklinge. Diese werden im Frühjahr in einen kleinen Blumentopf mit Anzuchterde gesteckt. Eine Folie sorgt für gespannte Luft.

 Gärtnertip
Die Radermachera liebt Nicht-raucher, bei Rauchern verliert sie sofort ihre Blätter. Damit die Pflanze buschig wird, ist sie im Frühjahr zu beschneiden. Dabei fallen Stecklinge zur Bewurzelung an.

Zimmerhafer

(Billbergia nutans)

Blütezeit:	Sept. – Febr.
Familie:	Ananasgewächs
Heimat:	Mexiko

Die widerstandsfähige Pflanze bildet eine Blattrosette, wird 40-60 cm hoch und trägt grüne, blaugesäumte Blütenblätter. Seine rotrosa gefärbten Hochblätter bilden einen nickenden Blütenstand.

 Standort
Ein schattiertes Südfenster, ohne direkte Sonnenbestrahlung und Zugluft, ist der Pflanze willkommen. Im Sommer muß die Pflanze hell, luftig und warm stehen, im Winter bei 12 °C.

 Pflege
Die Pflanze sollte regelmäßig, aber mäßig mit temperiertem, weichem Wasser gegossen werden, mit Ausnahme von der Wintermonate sollte auch in den Trichtern stets etwas Wasser sein. Neben dem Gießen muß die Pflanze im Sommer auch täglich mit wei-

chem Wasser besprüht werden. Von Mai bis September ist wöchentlich zu düngen.

Vermehrung
Sie kann durch Kindel oder Teilung erfolgen. Die beste Zeit hierfür ist der Frühsommer. Zum Topfen der Jungpflanzen brauchen Sie Einheits- oder Gartenerde, die mit Torf und Sand versetzt wird.

Gärtnertip
Der Zimmerhafer ist auch für Anfänger eine empfehlenswerte Pflanze.

Zimmerlinde

(Sparmannia)

Blütezeit:	Grünpflanze
Familie:	Lindengewächs
Heimat:	Südafrika, Madagaskar

Die nostalgische Pflanze aus Großmutterszeiten mit ihren samtigen, weichbehaarten Blättern ist zur Zeit groß im Kommen. Der baumartige Strauch aus Südafrika hat herzförmige Blätter und bildet im Winter weiße Blüten.

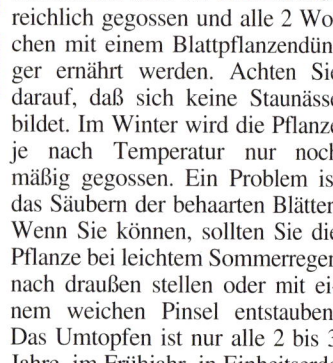

Standort
Sie braucht einen hellen, kühlen und luftigen Standort mit viel Platz. Im Sommer kann die Zimmerlinde auch ins Freie gestellt werden, sofern ein heller, kühler Standort vorhanden ist. Während der Wintermonate liegt die ideale Temperatur zwischen 5-10°C.

Pflege
Im Sommer muß die Zimmerlinde reichlich gegossen und alle 2 Wochen mit einem Blattpflanzendünger ernährt werden. Achten Sie darauf, daß sich keine Staunässe bildet. Im Winter wird die Pflanze je nach Temperatur nur noch mäßig gegossen. Ein Problem ist das Säubern der behaarten Blätter. Wenn Sie können, sollten Sie die Pflanze bei leichtem Sommerregen nach draußen stellen oder mit einem weichen Pinsel entstauben. Das Umtopfen ist nur alle 2 bis 3 Jahre im Frühjahr in Einheitserde nötig.

Vermehrung
Durch Kopfstecklinge ganz einfach. Schneiden Sie die Stecklinge nach Möglichkeit von Trieben, die bereits geblüht haben, ab.

Gärtnertip
Die Zimmerlinde muß stets ausreichend mit Dünger versorgt werden, weil bei mangelnder Ernährung sich die Blätter verfärben und abfallen.

Zimmertanne

(Araucaria)

Blütezeit:	Grünpflanze
Familie:	Araukariengewächs
Heimat:	Norfolk-Insel, Chile

Die dekorative Zimmertanne ist eine Pflanze für Fortgeschrittene, denn sie ist nicht ganz pflegeleicht. Beim Kauf sollten Sie auf einen ebenmäßigen Wuchs achten und auf voll benadelte Zweige.

Standort
Hell bis halbschattig, kühl und luftig, bei erhöhter Luftfeuchtigkeit. Keine Pflanze für moderne zentralbeheizte Wohnräume! Das Solitärgewächs braucht viel Platz. Im Sommer gedeiht die Pflanze gut an einem hellen, absonnigen Platz im Freien.

Pflege
Wichtig ist die gleichbleibende Versorgung mit weichem, temperiertem Wasser. Auch sollten Sie stets für einen guten Wasserabzug sorgen, denn Staunässe führt zu gelben und später rieselnden Nadeln. Vor jedem neuen Gießvorgang muß das Erdreich leicht angetrocknet sein. Gedüngt wird alle 14 Tage von März bis August. Besonders geeignet ist Azaleen- oder Rhododendrondünger. Überwintert werden sollte die Pflanze bei 5 °C. Sie wird dann nur noch sparsam gegossen, damit keine Ballentrockenheit entsteht. Umgetopft wird nur alle 2 bis 3 Jahre. Beim Quartierwechsel ist darauf zu achten, daß der Stamm nur bis zum Wurzelansatz in die Erde kommt.

Vermehrung
Sie wird im Spätherbst mit Samen durchgeführt. Nach etwa 4 Monaten keimen die Samen.

Gärtnertip
Zum Gießen verwenden Sie am besten weiches Wasser aus der Filtergießkanne AquaFlor.

Zimmerzypresse

(Cupressus macrocarpa)

Blütezeit:	Grünpflanze
Familie:	Zypressengewächs
Heimat:	Kalifornien

Eine elegante Konifere fürs Zimmer. Durch das frische, helle, leicht gelbgrüne Nadelkleid paßt sie gut zu unserem Zeitstil.

Standort
Ein luftiger Platz wird dem Pflanzenanspruch gerecht, möglichst hell, geschützt vor direkter Sonne. Im Sommer ist ein Platz auf dem Balkon oder Terrasse wünschenswert. Im Winter muß die Zimmerzypresse deutlich kühler stehen. Eine Raumtemperatur zwischen 10-12 °C sind ideal; Sie muß aber weiterhin hell stehen.

Pflege
Nicht zu viel und nicht zu wenig gießen, die bewährte Fingerprobe hilft Ihnen dabei, das rechte Maß zu finden. Achten Sie darauf, daß der Wurzelballen niemals austrocknet. Gedüngt wird nur in der Wachstumsperiode von April bis Oktober alle 14 Tage. Im Winter nur sparsam gießen. Zum Umtopfen im Frühjahr verwenden Sie Einheitserde, der Sie etwas feinen Kies untermengen.

Vermehrung
Relativ einfach mit Stecklingen, die im Frühjahr geschnitten werden. Die Bodentemperatur sollte um die 22 °C betragen.

Gärtnertip
Wenn die lufthungrige Pflanze schießt und lange Internodien entwickelt, ist der Standort zu dunkel.

Zitrusfrüchte

(Citrus)

Blütezeit:	Jan. – Dez.
Familie:	Rautengewächs
Heimat:	Mittelmeerraum

Die mehrjährigen Zitrusfrüchte sind in den subtropischen und tropischen Klimazonen.

 **Standort**
Zitrusfrüchte benötigen einen geschützten, aber sonnigen Platz. Sie sind jedoch kühl zu überwintern. Im Winter können die Temperaturen im Zimmer auf 15°C ansteigen. Die Calamondin-Orange verträgt höhere Temperaturen.

 Pflege
Diese Gewächse sind sorgfältig und möglichst mit weichem Wasser zu gießen. Zu feuchte Ballen oder ein Bespritzen der Blätter und Zweige vertragen sie schlecht. Lediglich die oberste Erdschicht sollte hin und wieder ausgetauscht werden. Beim Umtopfen wählt man immer nur relativ kleine Töpfe. Hierbei ist es wichtig, die Wurzelballen vor dem Einsetzen vorsichtig zu lockern.

 Vermehrung
Vermehrung ist nur durch Gärtnereien möglich.

 Gärtnertip
Zum Gießen verwenden Sie am besten weiches Wasser aus der Filtergießkanne AquaFlor.

Zungenblatt

(Glottiphyllus)

Blütezeit:	Mai – Juni
Familie:	Mittagsblumengewächs
Heimat:	Südafrika

Die hochsukkulente Pflanze ist ein kriechendes Gewächs mit dickfleischigen, grünen, an den Rändern leicht rötlich erscheinenden Blättern. Im Frühsommer blüht das Zungenblatt in goldgelber Farbe. Sie finden die Pflanze auch an weniger besuchten Stränden auf Korsika.

 Standort
Hell und sonnig, aber vor prallem Sonnenlicht geschützt, sonst vergehen die Blüten zu schnell. In den Sommermonaten spielen die Temperaturen keine Rolle. Über den Winter sollte das Zungenblatt, wie Kakteen, um 7 °C gehalten werden.

 Pflege
Das Zungenblatt sollte nur minimal gegossen und überhaupt nicht gedüngt werden. Die Pflanze macht im Spätwinter und nach der Blüte eine Ruhezeit durch. Während dieser Zeit wird sie trocken gehalten. Zum Umtopfen wird ein Substrat aus Erde, Sand und Lehm gemischt. Wichtig ist das Lockern des Erdsubstrates, damit die kurzen Wurzeln stets gut belüftet werden.

 Vermehrung
Für die Vermehrung trennen Sie von einer größeren Pflanze ein kleines Stück vorsichtig ab und pflanzen den jungen Trieb in eine flache Schale.

 Gärtnertip
Je weniger Sie sich um diese Pflanze kümmern, desto besser gedeiht sie.

Zwergcereus

(Chamaecereus)

Blütezeit:	April – Aug.
Familie:	Kakteengewächs
Heimat:	Argentinien

Der kleine, stark verzweigte Kaktus ist anspruchslos. Typisch für den Zwergcereus sind die fingerdicken Arme, die mit zahlreichen kleinen, weißen Stacheln besetzt sind.

 Standort
Hell und luftig sollte er sein, aber keinesfalls vollsonnig. Vorsicht ist auch bei Zugluft geboten. Die Pflanze muß kühl überwintert werden, bis unter 0 °C ist kein Problem. Im Winterquartier schrumpft der Kakteenkörper meist etwas ein.

 Pflege
Im Sommer mäßig, aber regelmäßig gießen, im Winter trocken halten. Von April bis August sollten Sie Ihren Zimmerkaktus mit Kakteendünger verwöhnen. Er wiederum dankt es Ihnen mit schönen Blüten.

 Vermehrung
Durch Aussaat im Frühjahr.

 **Gärtnertip**
Schlechte Lichtverhältnisse fördern den Spinnmilbenbefall.

Zwergpfeffer

Zwergpfeffer

(Peperomia)

Blütezeit:	März – April
Familie:	Pfeffergewächs
Heimat:	Mittel-, Südamerika

Das prächtige an Peperomien ist ihre Blattfärbung und -zeichnung. Die Blätter können ei- oder herzförmig sein. Dickblättrige Arten sind für zentralbeheizte Räume vorzuziehen, da sie unempfindlicher sind gegen Lufttrockenheit. Weichblättrige Arten hingegen eignen sich für Flaschengärten, Gewächshäuser, Blumenfenster.

 Standort
Hell bis halbschattig, keine direkte Sonne. Buntblättrige müssen heller und wärmer stehen als grüne Arten. Der Zwerg-pfeffer liebt das ganze Jahr über normale Raum-

temperaturen. Sie dürfen auch im Winter nicht unter 18 °C liegen.

Pflege
Mäßig feucht halten, im Sommer alle 3 Wochen düngen. Im Winter verlieren Pfeffergewächse einen Teil ihrer Blätter. Machen Sie sich keine Sorgen, das ist völlig normal, denken Sie nur daran, daß die Pflanzen während dieser Zeit nicht gedüngt werden dürfen. Während der Wachstumszeit ist für eine hohe Luftfeuchtigkeit durch Überbrausen zu sorgen. Zwergpfefferarten haben nur winzige Wurzeln. Daher dürfen sie nur in kleine Töpfe umgetopft werden, am besten im Frühjahr. Verwenden Sie eine humose, lockere Erde, der Sie etwas Sand hinzufügen.

Vermehrung
Die meisten Arten können über Kopf- oder Blattstecklinge das ganze Jahr über vermehrt werden. Sie müssen mit einer hohen Ausfallquote rechnen.

Gärtnertip
Wie bei allen baumaufsitzenden Pflanzen sind die Wurzeln nur schwach entwickelt. Daher ist Staunässe so gefährlich und führt meist zur Wurzelfäulnis. Staunässe läßt sich durch eine Drainageschicht im Blumentopf vermeiden.

Zylinderputzer

(Callistemon)

Blütezeit:	Juli – Okt.
Familie:	Myrtengewächs
Heimat:	Australien

Der Zylinderputzer ist ein eigenartiger, immergrüner Strauch mit Blütenähren bis zu 10 cm, deren dunkelrote, 2,5 cm lange Staubfäden wie Borsten einer Flaschenbürste wirken. Seine Blätter sind auffallend steif, ledrig, ja sogar stechend. Wenn die haltbaren Blüten nach 2 Monaten abfallen, verbleiben harte, verholzte, graue Fruchtknoten.

Standort
Volle Sonne, hell und luftig während des ganzen Jahres. Die

Voraussetzung einer guten Pflanzenentwicklung mit kräftiger Blüte ist Sonne und reichlich frische Luft, wobei im Winter die Temperaturen bis 5 °C sinken dürfen.

Pflege
Während der Wachstumszeit reichlich mit möglichst weichem Wasser gießen, der Topfballen muß stets feucht sein. Sobald sich Knospen bilden, zusätzlich sprühen, damit diese nicht vertrocknen. Damit die Pflanze buschig bleibt, werden die Triebe nach dem Abblühen leicht eingekürzt, aber nicht zuviel, da die nächste Blüte auf den im Kalenderjahr gebildeten Zweigen erscheint. Von April bis August sollten Sie einmal pro Woche zur Düngeflasche greifen. Umgetopft wird höchstens alle 3 bis 5 Jahre. Dazu müssen Sie ein humoses, kalkarmes Substrat verwenden.

Vermehrung
Im Frühjahr können Stecklinge von 5 cm Länge geschnitten und bei 20 °C im Sand unter Folie bewurzelt werden.

Gärtnertip
Gelbwerdende Blätter können ein Hinweis auf zu kalkhaltige Erde sein.

Zypergras

(Cyperus)

Blütezeit:	Grünpflanze
Familie:	Ried- oder Sauergras
Heimat:	Madagaskar, Ostafrika

Zypergras ist eine ausgesprochen pflegeleichte Grünpflanze mit unscheinbaren Blüten in den Blattschöpfen. Die Pflanze braucht viel Platz. Besonders wirkungsvoll ist, wenn Sie den Topf mit dem Zypergras in ein großes mit Kieselsteinen gefülltes Glasgefäß stellen.

Standort
Hell und sonnig, wenn es zu heiß wird, muß in der Mittagszeit schattiert werden. Zypergras verkraftet auch einen schattigen Standort. Ideal sind normale Zimmertemperaturen zwischen

15–18 °C. Heizungsnähe sollten Sie unbedingt meiden, ebenso Temperaturen unter 10 °C.

Pflege
Die Sumpfpflanze braucht viel feuchte Luft, sonst werden die Blattspitzen braun. Deshalb sollten Sie die Wedel so oft wie möglich mit weichem Wasser besprühen und die im Blumentopf wachsenden Zypergräser in einen mit Wasser gefüllten Untersatz stellen. Eine der wenigen Zimmerpflanzen, die Staunässe, sprich Nässe nicht nur verträgt, sondern als Voraussetzung zum guten Gedeihen benötigt. Gedüngt wird in den Sommermonaten etwa alle 14 Tage mit einem Flüssigdünger. Die rasant wachsende Pflanze wird im Frühjahr in Einheitserde, der Sie etwas Lehm und Sand hinzufügen müssen, umgetopft. Das neue Pflanzgefäß sollte erheblich größer sein.

Vermehrung
Durch Teilen, beliebter noch durch Blattschöpfe. Unansehnliche Blätter schneiden Sie rundherum um die Hälfte zurück und stecken an-schließend den verbleibenden Teil kopfüber in ein Glas mit Wasser. Schon nach kurzer Zeit wachsen aus der Rosette kleine Wurzeln und neue Triebe.

Gärtnertip
Kalkhaltiges Wasser hemmt Wuchs und Entwicklung der Pflanze. Gut aufgehoben ist die Pflanze in Aquarien. Zugluft und trockene Zimmerluft vermeiden. Für Katzen ist Zypergras eine Delikatesse, so daß die Freude an dem Gras bei Katzenhaltung nur von kurzer Dauer sein wird.

Zypergras

Allgemeiner Standort

Im Gegensatz zu Mensch und Tier kann die Pflanze dem vom Menschen zugewiesenen Platz nicht verlassen. Eine Pflanze kann ihr Unbehagen lediglich durch gelb und fahl werdende Blätter, durch Geilwuchs oder schlaff herabhängende Blätter bekunden. Die Frage, welche Voraussetzungen der optimale Standort haben sollte, läßt sich nicht generell beantworten.

Jungpflanzen sind wesentlich anpassungsfähiger als ältere Exemplare. Sie lassen sich daher auch sehr viel leichter an einen nicht so optimalen Standort gewöhnen. Berücksichtigt werden müssen dabei im wesentlichen drei Faktoren: Licht, Luft, Wärme.

Licht
Blütenpflanzen brauchen in der Regel mehr Licht als Blattpflanzen, und buntblättrige wieder mehr als reine Grünpflanzen. Panaschierte Gewächse mit weißer oder gelblicher Blattzeichnung haben eine geringere Assimilationsfläche, da die hellen Stellen kein Chlorophyl besitzen.

Licht ist also ein Lebenselexier für Pflanzen. Trennwände für das natürliche Licht sind z.B. Fensterscheiben. Das heißt, daß hinter Glasscheiben die Lichtmenge erheblich geringer ist als im Freien. Die Lichtverhältnisse im Wohnbereich werden aber nicht nur von der Verglasung, sondern auch von der Jahres- und Tageszeit sowie der aktuellen Witterung bestimmt. Lichtmindernd wirken u.a. auch weite Dachüberstände, Hausschatten, Bäume, Balkone, getönte Fensterscheiben.

Die Lichtstärke am Pflanzenstandort läßt sich mit dem Luxmeter ermitteln.

Messen Sie das Licht am Pflanzenstandort in der lichtreichen Jahreszeit, aber nur bei indirektem Sonnenlicht. Die Meßzeit ist dabei von der Himmelsrichtung des Blumenfensters abhängig. Beim Ostfenster wird morgens, beim Südfenster morgens oder abends, beim Westfenster morgens oder mittags, beim Nordfenster mittags und nachmittags gemessen.

Pflanzen, die mit 200-400 Lux auskommen
Baumfreund, Bergpalme, Einblatt, Fensterblatt, Kolbenfaden.

Pflanzen, die mit 400-500 Lux auskommen
Aralie, Aukube, Bogenhanf, Dieffenbachie, Drachenbaum, Efeuaralie, Farne, Gardenie, Grünlilie, Gummibaum, Kastanienwein, Schefflere, Weihnachtsstern, Zimmeraralie, Feuerschwert, Lanzenrosette, Efeu.

Pflanzen, die mit 600-800 Lux auskommen
Birkenfeige, Fingeraralie, Keulenlilie, Klimme, Kranzschlinge, Pfeilwurz, Schamblume, Schraubenbaum, Usambaraveilchen, Wachsblume, Yucca.

Pflanzen, die mit 1000 Lux auskommen
Ananas, Hibiskus, Kakteen, Kroton, Banane, Sukkulenten, Weihnachtsstern, Zwergpfeffer.

Zimmerpflanzen brauchen Sauerstoff und Luftfeuchtigkeit
Frisch und feucht sollte die Luft für die meisten Pflanzen sein. Tatsächlich liegt die relative Luftfeuchtigkeit in den Wintermonaten bei 30%, hinzu kommen schlechte Lichtverhältnisse und zu hohe Raumtemperaturen. Das sind unerträgliche Lebensbedingungen für Pflanzen.

Schädlinge stellen sich unter diesen ungünstigen Bedingungen ein. Spinnmilben, Läuse und Weiße Fliegen fühlen sich von trockener, warmer Luft besonders angezogen. Zu feuchtes Klima aber ist der Nährboden für Pilz- und Schimmelbildung.

Die Blätter der meisten Pflanzen verraten, wie hoch ihr Feuchtigkeitsbedarf ist. Tropische Pflanzen besitzen in der Regel große und weiche Blätter. Sie brauchen eine Luftfeuchtigkeit von 60%. Auch für den Erfolg mit Orchideen ist eine hohe Luftfeuchtigkeit Voraussetzung, ebenso für Farne, Palmen sowie für alle Ananasgewächse.

Um für diese Pflanzen ein feuchtes Mikroklima zu schaffen, haben sich als Untersatz Gitterschalen mit Wasserspeicher bewährt. Bei einigen Pflanzen genügt es schon, wenn Sie diese in Naßräume stellen und den Badedämpfen aussetzen. Ebenso empfehlenswert ist das Aufstellen von Wasserverdunstungsgefäßen oder das Einfüttern der Topfpflanzen in feuchten Torf bzw. das Einbetten der Pflanzen in mit Wasser und Kieselsteinen gefüllte Gefäße. Ferner das Besprühen der Pflanzen mit kalkfreiem, zimmerwarmem Wasser.

Wärme
Die meisten Zimmerpflanzen lieben Raumtemperaturen zwischen 18–22°C. Klar ist, daß für alle tropischen Gewächse wie Gummibäume, Medinillen, Bananen und Orchideen Raumtemperaturen unter 20°C schädlich sind. Darüber hinaus gibt es eine Reihe von Pflanzen, die zur Blütenbildung Temperaturen unter 16°C brauchen. Beim Standort und bei der Pflege werden diese Punkte jeweils genannt.

Pflanzen für den Büro- und Wohnbereich

18 Zimmerpflanzen stehen laut Statistik bei uns zu Lande in jedem Haushalt. So gesehen, sind wir eines der blumenfreundlichsten Länder der Welt.

Büro-Pflanzen
Lebendes Grün kann den tristen Arbeitsalltag freundlicher gestalten, vorausgesetzt, die Pflanzen werden regelmäßig gepflegt. Das Kernproblem in den Büro- und Arbeitsräumen ist die Wasserversorgung.
Für das Büro kommen nur robuste, pflegeleichte Pflanzen in Betracht, die ein Wochenende auch ohne Wasser überstehen können.
Im übrigen schadet eine Klimaanlage den Pflanzen nicht, im Gegenteil, die meisten gedeihen bei der gleichmäßigen Temperatur und der hohen Luftfeuchtigkeit besonders gut.

 Für Büroräume eignen sich die im Buch mit dem nebenstehendem Symbol gekenzeichneten Pflanzen.

Naßraum-Pflanzen
Ob in der Küche oder im Bad, frisches Grün hilft, den grauen Alltag lichter zu gestalten. In einer hellen Wohnküche können ganz nach Geschmack auch Pflanzen stehen, die neben ihrer Zierde einen Nutzwert besitzen.
So gedeihen Kräuter wie Schnittlauch, Petersilie, Majoran, Zitronenmelisse in der Küche recht gut. Kräuter stets frisch vom Küchenfenster zu ernten macht Spaß.
Pflanzen als natürlicher Insektenschutz können ihren Platz in der Küche finden. Mit ihren starken Duftstoffen hält z.B. die Weihrauchpflanze Fliegen und Mücken in der Küche fern.

 Für welche Pflanzen Sie sich auch entscheiden, schlagen Sie im Zimmerpflanzen-Ratgeber von A–Z nach. Dort finden Sie die Pflanzen mit dem nebenstehenden Symbol gekennzeichnet, die für die Küche oder das Bad geeignet sind.

Schlafzimmer-Pflanzen

In der Regel sind Schlafräume kühler als Wohnräume, daher sind sie bestens für Pflanzen geeignet.

Ungeeignet sind für Schlafräume Pflanzen, die intensiv duften. Auch Pflanzen mit großen Blättern sind weniger zu empfehlen, da sie beim täglichen Bettenmachen stark einstauben. Pflanzen, die Allergien hervorrufen können, sind ebenfalls nicht für Schlafräume zu empfehlen.

 Die Zimmerpflanzen für Schlafzimmer sind im Buch mit dem nebenstehenden Symbol ausgezeichnet.

Kinderzimmer-Pflanzen

Flaschengärten sind fürs Kinderzimmer besonders geeignet. Dazu wird ein kleines, klares Glasgefäß gebraucht. Dieses füllen Sie bis zu 1/3 mit sandiger Erde oder Kakteenerde. Mit einem Wäschezerstäuber läßt sich die Erde gut anfeuchten. Dann wird der Kakteensamen ausgestreut. Zum Schluß müssen Sie das Gefäß dicht verschließen, am besten mit einem versiegelten Korken. Dann sollte das Ganze an ein sonniges Fenster gestellt werden. Nach 4 bis 6 Wochen keimen die Kakteen. Für die nächsten 3 Jahre können sie ohne weitere Fürsorge in dem Glas verbleiben. In der eigenen Ökowelt fühlen sich die daumennagelgroßen Pflanzen äußerst wohl und kommen teilweise sogar zum Blühen.

 Spezielle Zimmerpflanzen für das Kinderzimmer sind im Buch mit dem nebenstehenden Symbol gekennzeichnet.

Büro-Pflanze: Christusdorn

Naßraum-Pflanze: Kletterfeige

Schlafzimmer-Pflanze: Echeverie

Kinderzimmer-Pflanze: Wachsblume

»Der grüne Daumen« – die praktische Zimmerpflanzen-Pflege

Wer bei der Pflege seiner Zimmerpflanzen sicher sein möchte, immer das richtige zu tun und nichts falsch zu machen, braucht neben den vielen Praxistips und Informationen aus diesem Buch auch ein **»Rundum-Pflegesystem«**, das es ermöglicht, schöne Pflanzen ganz einfach und sicher zu bekommen und das die häufigsten Probleme, die bei der Pflanzenpflege entstehen, löst.

Eine ideale **Komplettlösung** bietet **SERAMIS** mit seinen verschiedenen Komponenten.

- Mit SERAMIS lassen sich **Gießzeit-** punkt und **Gießmenge** ganz einfach bestimmen.
- Ihre Pflanzen gedeihen prächtig – ganz einfach.
- SERAMIS kümmert sich um Ihre Pflanzen, während Sie in Urlaub sind, denn der Topf mit SERAMIS speichert Wasser lange Zeit.
- Das Umtopfen wird damit zum Kinderspiel.

Das SERAMIS-Programm besteht aus drei Pflegebausteinen:

1. Der poröse **Pflanzboden,** durch den die Wurzeln optimal mit Wasser und Sauerstoff versorgt werden.
2. Der **Gießanzeiger,** an dem man leicht ablesen kann, wann die Pflanze wieder gegossen werden muß.
3. Die erprobte **Pflanzennahrung,** die die Pflanzen mit allen wichtigen Nährstoffen versorgt.

Gießprobleme – leicht gelöst

Es gibt zwei Dinge, die man bei der Wasserversorgung von Pflanzen berücksichtigen muß, den **Gießzeitpunkt** und die **Gießmenge.** Viele Pflanzenliebhaber haben damit große Probleme. SERAMIS kann hier helfen:

- Der **Gießzeitpunkt** wird zuverlässig durch den **Gießanzeiger** angezeigt. Sein Ablesefeld signalisiert, ob die Pflanze noch mit genügend Feuchtigkeit versorgt ist oder ob nachgegossen werden muß. Zeigt das Ablesefeld »blau« an, ist noch genügend Feuchtigkeit im Pflanzboden gespeichert, zeigt es dagegen »rot« an, muß wieder gegossen werden.

Das SERAMIS-Pflegeprogramm.

● Die richtige **Gießmenge** ergibt sich aus der Größe des Topfes, in dem die Pflanze ist – ungefähr 1/4 des Gefäßvolumens an Wasser ist immer richtig.

Tip:
Zur Bestimmung des Gefäßvolumens »litern« Sie den Topf – **vor dem Bepflanzen** – mit einem Meßbecher aus.

Schöne und gesunde Pflanzen – ganz einfach
Nur wenn die richtigen Voraussetzungen – wie Licht, Wasser, Luft und Nährstoffe – gegeben sind, können die Pflanzen kräftig und gesund wachsen. SERAMIS schafft ideale Wachstumsbedingungen für die Pflanzen.

Der SERAMIS Pflanzboden ist aus gebranntem, porösem Ton hergestellt. Die Tonkörnchen können viel Wasser speichern und durch ihre Porosität kann Sauerstoff stets ungehindert an die Wurzeln gelangen. Dadurch ergibt sich für die Pflanzen ein **optimales Wachstumsklima,** in dem sie prächtig blühen und gedeihen können.

Für die optimale Versorgung der Pflanzen mit **Nährstoffen** sorgt die flüssige **Vitalnahrung.** Sie wird einfach bei jedem Gießen (in der Ruhephase im Winter nur bei jedem 2. Gießen) mit ins Wasser gegeben. So werden die Pflanzen nicht nur regelmäßig, sondern auch besonders schonend mit allem versorgt, was sie für ein kräftiges und gesundes Wachstum brauchen.

Wenn Sie im Urlaub sind, versorgen sich Ihre Pflanzen selbst

Für viele ist es ein Problem, die Versorgung der Pflanzen während des Urlaubs sicherzustellen. Deshalb lassen sicher auch Sie sich häufig Gieß-Tricks einfallen. So werden z.B. nasse Wollfäden genutzt oder sogar die Pflanzen in die Badewanne gestellt.

Mit SERAMIS im Topf erspart man sich das und kann entspannt in den Urlaub fahren. Der Topf mit SERAMIS speichert viel Wasser, so daß sich die Pflanzen auch über längere Zeit hinweg selbst versorgen können.

Wenn Sie darüber hinaus zusätzlich zum Wasser die flüssige **Vitalnahrung** verwenden, sind Ihre Pflanzen während des Urlaubs bestens versorgt.

Gießzeitpunkt   1/4   **Gießmenge**

»Englische Eleganz« mit Traditionspflanzen – Hortensien, Efeu und Bux in Kugelform. Auch anspruchsvolle Pflanzen, wie z.B. Hortensien, die viel Feuchtigkeit brauchen, sind mit SERAMIS immer bestens versorgt.

Umtopfen – kinderleicht gemacht

Das Umtopfen von Pflanzen ist oft eine recht aufwendige und nicht ganz saubere Angelegenheit. Umtopfen mit SERAMIS ist kinderleicht, sicher und vor allem sauber. Die Pflanze kann direkt in jedes wasserdichte Gefäß getopft werden. Auch Übertöpfe, Milchkannen, Glasgefäße . . . können verwendet werden.

Und so einfach wird's gemacht:

1. Man nimmt das neue Pflanzgefäß, das unbedingt wasserdicht und deutlich größer sein sollte als das alte Gefäß. Dieses füllt man zu 1/3 mit SERAMIS-Pflanzboden.

2. Dann nimmt man die Pflanze vorsichtig aus dem alten Topf und setzt sie mit dem Erdballen in das neue Gefäß mit SERAMIS-Pflanzboden. Wichtig: Der Erdballen bleibt vollständig erhalten, so werden die Wurzeln geschont. Danach wird der Topf einfach mit SERAMIS ganz aufgefüllt. Damit hat man das Verhältnis von etwa 1/3 Erde und 2/3 Pflanzboden – die besten Voraussetzungen, für ein ideales Gedeihen.

3. Zuletzt steckt man den SERAMIS-Gießanzeiger bis zum unteren Rand des Anzeigefelds in den Wurzelballen der Pflanze. Gießen – fertig.

Kahle Wände werden mit Pflanzideen in SERAMIS zum attraktiven Blickfang jedes Zimmers, jeder Terrasse.

Mit SERAMIS haben Sie die vielfältigsten Pflanzgefäße zur Auswahl. Hier wurden Glockenblumen und Lotus in einem mit Folie ausgeschlagenen Korb kombiniert. Probieren Sie's, Ihrer Kreativität sind keine Grenzen gesetzt!

Diese »Urlaubsschale« sieht aus wie frisch aus Spanien mitgebracht, finden Sie nicht? Die beliebte Bougainvillee fühlt sich neben spitzblättrigem Efeu richtig wohl.

Vermehrung

Ein besonderes Erlebnis ist für viele Hobbygärtner, Pflanzen selbst heranzuziehen. Die mit Liebe und Geduld herangezogenen Pflanzen sind meist unempfindlicher als gekaufte, denn sie wachsen mit den jeweils vorhandenen Licht-, Wärme- und Luftverhältnissen auf.

Vermehrung durch Stecklinge

Der einfachste Weg, den Bestand an Zimmerpflanzen zu erweitern, ist die vegetative Vermehrung. Hierzu werden Stecklinge aus Trieben, Blättern oder Stammstücke von der Mutterpflanze geschnitten. Die beste Jahreszeit dafür ist die Wachstumsperiode der Pflanzen, also die Zeit von März bis September.

Zur Bewurzelung sind alle Stecklingsarten gleichermaßen geeignet, sofern der Stengel den richtigen Reifegrad hat und weder zu weich noch zu verholzt ist. Stecklinge sollten Sie nur von gesunden, kräftigen Pflanzen schneiden. Zum Stecklingsschnitt gehört ein scharfes Messer oder eine Rasierklinge.

Kopf- und Teilstecklinge

Kopfstecklinge werden aus der Sproßspitze geschnitten. Teilstecklinge sind beblätterte Stengelstücke ohne Spitze; als Blattstecklinge werden Einzelblätter mit kurzem Stiel bezeichnet. Ein Kopfsteckling hat etwa 4 bis 6 Blätter. Bei Pflanzen mit weiten Blattabständen wie bei der Efeutute und der Wachsblume braucht es nur 1 Blatt zu sein. Den Schnitt sollten Sie immer 1/2 cm unterhalb einer Blattansatzstelle machen, vor einem sogenannten Knoten. Die Stecktiefe beträgt etwa 3-4 cm, so daß der Steckling Halt findet. Die erfolgreiche Bewurzelung hängt von der Pflanzenart, dem sauber ausgeführten Stecklingsschnitt sowie gleichbleibender Feuchtigkeit und Wärme ab.

Beachten Sie, daß verholzte Stecklinge länger zum Bewurzeln brauchen als solche mit weichen Stengeln. Besonders einfach hingegen ist die Vermehrung mit Kopf- oder Blattstecklingen, die im Wasser selbständig Wurzeln bilden.

Zur Bewurzelung im Wasser eignen sich besonders Efeutute, Usambaraveilchen, Zwergpfeffer, verschiedene Philodendron-Arten, Fleißige Lieschen, Roseneibisch, Känguruhwein.

Damit die Stiele der Blatt- oder Kopfstecklinge nicht faulen, sollten Sie Holzkohlestückchen in ein mit Wasser gefülltes Glas legen. Dann schneiden Sie wie beim Einmachen von Marmelade ein Stück Cellophanpapier zurecht, feuchten es leicht an und spannen es mit Hilfe eines Gummirings über das Gefäß. Danach brauchen Sie nur noch ein paar Löcher mit der Stricknadel in das gespannte Cellophanpapier zu stecken. Nun stecken Sie die einzeln im Wasser zu bewurzelnden Stecklinge durch die Löcher. Durch das Abdecken mit Cellophan verdunstet das Wasser nicht, und die Wurzelbildung läßt sich durch das Glas gut beobachten.

Teilblattstecklinge

Zypergras können Sie durch Samen, Teilung oder Kopfstecklinge vermehren. Die quirlartige Krone, auch Blattschopf genannt, wird bis auf 4 cm eingekürzt und mit den Achselknospen umgekehrt auf einen flachen Teller mit Wasser gelegt.

Übrigens, den zu groß gewordenen Bogenhanf können Sie durch Teilung verkleinern und gleichzeitig vermehren. Je nach Blattgröße des Bogenhanfs können Sie von einem Blatt bis zu fünf 3 cm große, U-förmige Teilblattstecklinge schneiden. Für die Bewurzelung entscheidend ist neben dem U-förmigen Schnitt das schräge Einstecken in das Erdsubstrat.

Ebenfalls durch Teilblattstecklinge werden die Drehfrucht und die Blatt- oder Rex-Begonie vermehrt. Hier darf das Blatt allerdings nicht willkürlich getrennt werden. Bewurzelungsfähig sind nur mindestens 2 cm lange, rautenförmige Stücke. Sie werden so aus dem unteren Blatteil geschnitten, daß die Spitze der Blattader getrennt wird, während das Blatt der Drehfrucht, ähnlich wie bei dem Bogenhanf, einfach nur in 3 cm lange Teilblattstecklinge zerlegt wird. Für die Bewurzelung der Drehfrucht gibt es folgende Möglichkeiten:

● Die Teilblattstecklinge schräg in die feingesiebte Erde einstecken.
● Die Blattunterseite auf die Erde legen und mit kleinen Steinen beschweren oder mit Haftnadeln fest mit der Erde verbinden und die Blattadern an mehreren Stellen anritzen. Schon nach einiger Zeit entwickeln sich an diesen Schnittstellen junge Pflänzchen.

Bogenhanf läßt sich zwar durch Teilblattstecklinge vermehren, allerdings werden bis dahin gelbgestreifte Arten wieder grün. Bei Teilung der Rhizome fällt die Pflanze nicht in die Naturform zurück.

Stammstecklinge

Ein klassisches Beispiel hierfür ist der Gummibaum. Nur wenn jedes Blatt mit einem Stück Stamm gesteckt wird, bilden sich unter dem Blatt Wurzeln. Die Temperatur im Vermehrungskasten sollte 25-30°C betragen.

Wenn Sie im April Ihre Pflanzen durch Kopf-, Blatt-, Stamm- oder Teilblattstecklinge vermehren, können Sie schon 5 Monate später mit Jungpflanzen rechnen.

Abmoosen

Ältere, unansehnliche oder zu groß gewordene Pflanzen, wie z.B. Fensterblatt, Baumfreund, Gummibaum, Kamelie, Myrte, Granatapfelbaum, lassen sich auch durch Abmoosen verjüngen und vermehren. Vor allem fortgeschrittenen Hobbygärtnern sei diese Methode empfohlen. Die beste Jahreszeit dafür ist der Sommer.

Und so wird's gemacht:
An einem besonders schön gewachsenen Ast, der nicht stärker als 3 cm und nicht dünner als 1 cm ist, wird rund um den Ast an der Stelle, an der sich die Wurzeln bilden sollen, ein etwa 1 cm breiter Streifen Rinde abgeschält. Die Schnittstelle wird mit einer Handvoll feuchtem Moos umgeben und mit einer Plastikfolie umwickelt, die oberhalb und unterhalb der Schnittstelle mit Bast zusammengebunden wird. Die Folie sollte durchsichtig sein, um das Wurzelwachstum zu beobachten.

Selbständige Vermehrung

Die Bildung von Kindel

Beim Judenbart und bei der Grünlilie brauchen Sie auf Blattknoten keine Rücksicht zu nehmen. Diese Pflanzen bilden Kindel, das sind bewurzelte Jungpflanzen. Diese Seitensprossen werden von der Mutterpflanze mit einem Messer abgetrennt und in einen Blumentopf mit humoser Erde gepflanzt.

Brutpflanzen

Brutpflanzen wiederum sind lebend gebärende Pflanzen. Dazu zählt die »Henne mit Küken«, eine altbekannte Zimmerpflanze. Die jungen Pflänzchen entwickeln sich in diesem Fall aus Knospen, die in den Ausbuchtungen der Mutterpflanzen-Blätter entstehen. Sobald das Blatt herabgebogen wird und mit der Erde in Berührung kommt, bilden sich Erdwurzeln.

Vermehrung durch Aussaat

Nun gibt es ja nicht nur die Möglichkeit, über Stecklinge neue Pflanzen zu gewinnen, sondern auch durch Aussaat. Diese

generative Vermehrung ist die gebräuch-
liste Methode.

Anzucht

Am einfachsten ist die Bewurzelung in
einem Anzucht-Set. Es enthält alle not-
wendigen Dinge für die Vermehrung.
Bei der Aussaat müssen Sie unbedingt
die angegebenen Kulturhinweise einhalten. Bei der beliebten Königspalme heißt
es, den Samen zur besseren Keimung in
handwarmes Wasser vorquellen zu lassen. Die Zwergpalme gilt als besonders
leicht anzuziehende Zimmerpflanze. Ihr
Samen muß aber ebenfalls für 24 Stunden in handwarmem Wasser vorquellen.
Dieser Trick hat sich auch bei der
Zwergpalme, dem Bananenbaum/Zierba-
nane und der Passionsblume bewährt.
Wenn Sie Ihre Pflanzen künftig selbst
anziehen möchten, ist eine tägliche
Beobachtung und Pflege (Lüften,
Anfeuchten, Pikieren) für den Erfolg
ausschlaggebend.

Überwintern

Wintergarten – Planung und
Bepflanzung

Im Winter, wenn die Natur kahl und öde
erscheint, wächst die Sehnsucht nach
mehr Grün in der Wohnung, nach unge-
trübten Freuden an Pflanzen. Den Traum
vom Garten mitten im Winter voller grüner und blühender Pflanzen erfüllen sich
immer mehr Hobbygärtner. Tatsächlich
ist der Wintergarten ein Paradies für Blu-
men- und Pflanzenliebhaber. Er erweitert
den Wohnbereich um ein grünes Zimmer, verbessert das Wohnklima mit mehr
Sauerstoff und höherer Luftfeuchtigkeit.
Gleichzeitig wird Energie durch die im
Glashaus eingefangene Sonnenwärme
gespart.
Die Veranda- und Balkonverglasung ist
die einfachste Lösung, die Sonnenstrah-
len einzufangen. Sie läßt sich sowohl bei
ein- als auch bei mehrgeschossigen
Wohnhäusern verwirklichen.

Das Wohnhaus mit integrierten
Wintergarten

Der große Nutzen eines verglasten Gar-
tens liegt in der ganzjährigen Einbezie-
hung der Natur in die Wohnatmosphäre.
Südländisches Flair, mit tropischen oder
subtropischen Pflanzen zu genießen
gelingt nur, wenn diese Pflanzen im
Schutz von lichtdurchlässigem Glas vor
Witterungseinflüssen bewahrt, gehegt
und gepflegt werden können. Bevor Sie
also planen, sollten Sie sich eingehend

nach den ortsbedingten Möglichkeiten
erkundigen. Wichtig ist auch abzuklären,
ob der geplante Wintergarten genehmi-
gungspflichtig ist. Am besten fragen Sie
hierzu einen Architekten.

Geeignete Pflanzen für das Kalthaus

Soll der Wintergarten das ganze Jahr
über genutzt werden oder geht es um ein
Kalthaus im Temperaturbereich von
5-10°C? Ein Kalthaus ist für alle Mittel-
meerpflanzen wie Palmen, Agaven,
Akazien, Bleiwurz, Bougainvilleen,
Bubiköpfchen, Engelstrompete, Erd-
beerbaum, Eukalyptus, Feige, Fuchsie,
Indisches Blumenrohr, Kamelie, Clivie,
Korallenstrauch, Oleander, Pelargonien,
Gerbera, Mimose, Passionsblume,
Schmucklilie, Schönmalve, Silbereiche
usw. zum Überwintern ideal.

Geeignete Pflanzen für das Warmhaus

Das Warmhaus kann voll als Wohnraum
mit Temperaturen zwischen 10-18°C
genutzt werden. Folgende Pflanzen fühlen
sich in einem solchen Wintergarten wohl:
Banane, Birkenfeige, Bromelien, Drachenbaum, Drehfrucht, Efeu, Flamingoblume, Fischschwanz-Palme, Geweihfarn,
Goldfruchtpalme, Grünlilie, Glockenrebe,
Gummibaum, Calla, Columnee, Kranzschlinge, Kroton, Losbaum, Orchideen,
Philodendron, Schwertfarn, Steckenpalme, Schefflere, Tibouchina, Wachsblume,
Yucca, Zimmerlinde, Zypergras.

Hydrokultur

»Hydrokultur« ist nichts Künstliches,
sondern etwas ganz Natürliches, denn
das Vorbild für Hydrokultur ist die
Natur. Einst gab es als Existenzgrundla-
ge für Pflanzen Lavagestein und Wasser.
Das Wort »Hydro« kommt aus dem
Griechischen, es bedeutet Wasser. Der
Begriff »Kultur« wiederum ist dem
Lateinischen entnommen und bedeutet
soviel wie Züchtung von Pflanzen. Dem-
nach könnte Hydrokultur sinngemäß mit
Wasserzucht oder Wasserkultur über-
setzt werden. Es wird hier aber keines-
wegs Erde durch Wasser ersetzt, viel-
mehr tritt an die Stelle der Erde Tongranulat. Dieses wird in Form von gebrann-
ten Tonkügelchen in 2-16 mm Durchmesser angeboten. Das natürliche poröse
Material hat den Vorteil, daß es sauber,
biologisch neutral und salzarm ist. Das
sind günstige Voraussetzungen für ein
gesundes Wachstum ohne Bodenschäd-
linge.

Von der Erd- zur Hydrokulturpflanze

Mit der Umstellung sollten Sie möglichst zu Beginn der Wachstumsperiode
der Pflanze, also im März/April beginnen. Bis spätestens Anfang Oktober muß
der Prozeß abgeschlossen sein, weil
dann die Ruhepause der Pflanzen
beginnt. In den lichtarmen Wintermonaten November bis Februar sind die
Erfolgschancen weitaus geringer. Auch
dürfen Sie auf keinen Fall Pflanzen
während der Blütezeit umstellen. Am
besten starten Sie Ihre ersten Versuche
mit jungen gesunden Pflanzen.

Zur Umstellung brauchen Sie Tongranulat, Kulturtopf, Hydrokulturgefäß, Was-
serstandsanzeiger und Nährstoffe.

Besonders einfach umzustellen sind folgende Pflanzen: Dieffenbachie, Pfaffenhütchen, Feige, Schefflere, Drachenbaum, Zwergpfeffer, Bogenhanf, Yucca,
Zypergras, Hibiskus, Philodendron-
Arten. Außerdem Kolbenfaden, Fensterblatt, Efeutute, Efeuaralie, Wachsblume,
Bergpalme, Fingeraralie und Flammendes Käthchen.

Das Tongranulat sollten Sie zunächst
unter fließendem Wasser abspülen.
Anschließend bleibt es 24 Stunden im
Wasser liegen, damit es sich vollsaugen
kann. In der Zwischenzeit wird der Was-
serstandsanzeiger in den zur Pflanzengröße passenden Kulturtopf eingesetzt.
Nun sollten Sie die Erdpflanze austopfen
und mit ihrem Wurzelballen etwa 1/2
Stunde in lauwarmes Wasser stellen.
Danach ist die Erde vorsichtig vom
Wurzelballen zu lösen. Mit einer Dusche
oder unter einem lauwarmen Wasser-
strahl geht es am besten. Sie müssen
solange ausspülen, bis keine Erde mehr
an den Wurzeln haftet. Den Kulturtopf
füllen Sie dann zu 1/4 mit dem gewäs-
serten Tongranulat. Darauf wird die
Pflanze so gesetzt, daß das Wurzelwerk
sich locker nach allen Seiten ausbreitet
und gut in das einzufüllende Tongranulat
eingebettet ist. Sie füllen soweit auf, daß
die Wurzeln völlig bedeckt und der Kulturtopf randvoll ist. Zum Schluß sollten
Sie den Topf kurz aufstoßen, damit das
Tongranulat sich dicht um die Pflanzen-
wurzeln legt. Beim anschließenden
Gießen ist lauwarmes Leitungswasser zu
verwenden. Der Wasserstand sollte die
Optimal-Markierung nicht übersteigen.

Schritt für Schritt, so wird's gemacht

Um der Pflanze die Umstellung zu
erleichtern, sollten Sie ihr einen schüt-

zenden Mantel geben. Durch Überstülpen einer Klarsichtfolie erreichen Sie ein pflanzenfreundliches Ökosystem, das dem Gewächshausklima gleichkommt.

Zum Spannen der Plastikfolie können Sie z.B. vier Schaschlikstäbe am Topfrand einstecken. Zur gesunden Pflanzenentwicklung erhält die Plastikfolie zum Schluß ein paar Luftlöcher. Nach Umstellung der noch empfindlichen und daher besonders pflegebedürftigen Pflanzen ist ein warmer, heller Standort erforderlich. Berücksichtigen Sie, daß die Pflanze in den nächsten Wochen die für Hydrokultur typischen Wasserwurzeln bildet. Ältere Erdwurzeln sterben gleichzeitig ab. Daher ist es wichtig, daß Sie den Wurzelballen nach 3 bis 4 Wochen noch einmal durchdringend wässern. Dazu nehmen Sie den Kulturtopf aus dem Hydrokulturgefäß und halten ihn unter die lauwarme Dusche. In der Regel ist dann die Wurzelentwicklung soweit fortgeschritten, daß die Pflanze ohne zusätzlichen Schutz Wasser und Nährstoffe aufnehmen kann.

Ob die Umstellung von Erfolg gekrönt war, erkennen Sie durch Befühlen der Blätter.

Übrigens, düngen dürfen Sie die neue Hydrokulturpflanze erst nach 2 bis 4 Wochen. Besonders einfach ist das mit Hilfe einer Nährstoffbatterie. Sie wird einfach in die dafür geschaffene Aussparung unter dem Kulturtopf eingesetzt. Selbstverständlich können Sie auch rieselfähigen Spezialnährstoff nach Gebrauchsanweisung verwenden.

Weitaus schwieriger ist es, Pflanzen mit stark verzweigtem Wurzelwerk oder verfilztem Ballen umzustellen. Dazu zählen Farne, Begonien und Flamingoblumen.

Der Hibiskus dagegen läßt sich trotz seiner feinen Wurzeln gut umstellen. Allerdings müssen Sie der Pflanze helfen, die Assimilationsfläche zu verkleinern, wozu alle verholzten Triebe bis auf 1/3 zurückgeschnitten werden müssen.

Gießen

Offensichtlich haben viele Zimmergärtner Probleme mit dem Gießen. So manche Zimmerpflanzen werden zu reichlich gegossen. Die Pflanzen welken, weil ihre Wurzeln durch die stehende Nässe nicht mehr genügend Sauerstoff bekommen. Die Wurzeln faulen und können kein Wasser mehr aufnehmen. Nur ganz wenige Gewächse wie das Zypergras verkraften reichlich bemessene Wassergaben und sogar Staunässe. Generell sollten Sie, um Wurzelfäule zu verhindern, überschüssiges Gießwasser nie länger als ein paar Minuten im Untersatz oder Übertopf stehenlassen.

Für ein gelegentliches Tauchbad sind viele Pflanzen wie Farne, Alpenveilchen, Orchideen und vor allem alle Moorbeetgewächse wie Kamelien, Heidekraut und Azaleen dankbar. Wenn der torfhaltige Ballen einmal zu trocken geworden ist, hilft nur noch, die Pflanze bis über den Topfrand in leicht temperiertes Wasser zu stellen, dem Sie einen Spritzer Spülmittel hinzufügen. Nur entspanntes Wasser kann noch von einem ausgetrockneten Erdballen aufgenommen werden.

Gießrhythmus

Leider gibt es keine allgemein gültige Antwort darauf, wie der Gießrhythmus sein soll. Der Wasserbedarf einer Pflanze hängt nämlich von der Raumtemperatur, der Jahreszeit, der Pflanzengröße und Pflanzenart ab. Auch die Lichtverhältnisse am Standort bestimmen den Wasserbedarf. Nicht nach Gutdünken – mal viel, mal wenig – dürfen Sie das lebensnotwendige Naß der Pflanze zukommen lassen, sondern in wohldosierten Mengen. Gegossen wird grundsätzlich, wenn das Erdreich abgetrocknet ist; abgetrocknet heißt aber nicht ausgetrocknet.

Es emfiehlt sich, Zimmerpflanzen das ganze Jahr über mit temperiertem, gefiltertem Leitungswasser von 20-26°C zu vergießen.

Nicht jedes Wasser ist pflanzenfreundlich

Hartes Wasser behindert das Wachstum. Der Erfolg mit Zimmerpflanzen hängt nicht nur von dem sogenannten grünen Daumen ab. Auch die Qualität des Gießwassers spielt eine große Rolle, denn unser Leitungswasser ist – je nach Härtegrad – mit unterschiedlichen Mengen an Salz belastet. Im Laufe der Zeit reichern sich diese Salze im Erdsubstrat an. Die Folge davon sind Schäden wie gelbe Blätter und eingetrocknete Blattspitzen. Hartes Leitungswasser wird überhaupt nicht vertragen von empfindlichen Zimmerpflanzen wie Orchideen, Tillandsien fleischfressende Pflanzen, Bromelien Farn, Kamelien, Apfelsinenbäumchen, Gardenien und Brunfelsien. Regenweiches Gießwasser hingegen lieben fast alle tropischen und subtropischen Gewächse.

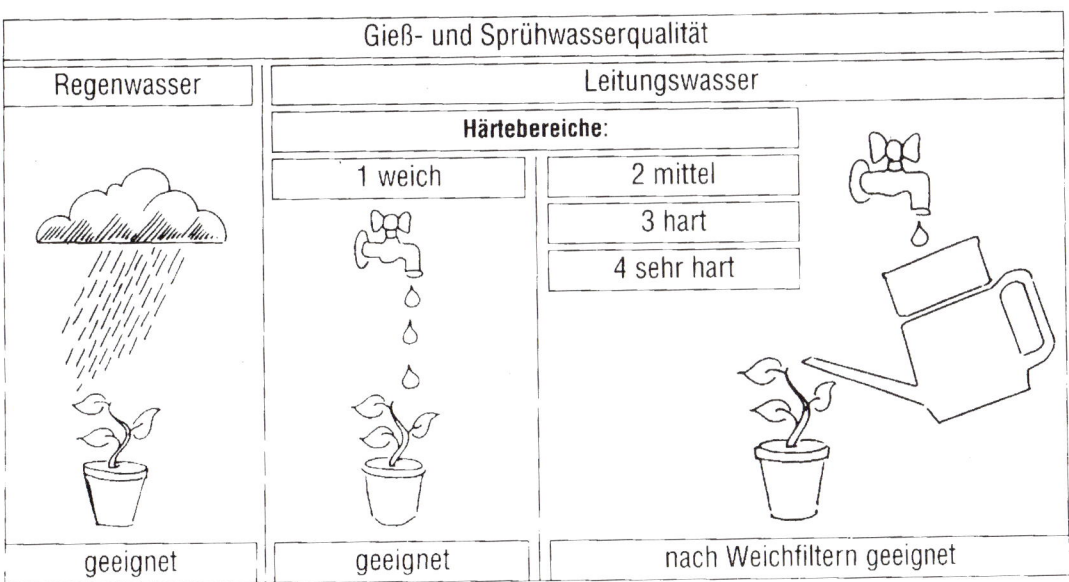

Gieß- und Sprühwasserqualität		
Regenwasser	Leitungswasser	
	Härtebereiche:	
	1 weich	2 mittel
		3 hart
		4 sehr hart
geeignet	geeignet	nach Weichfiltern geeignet

Was ist zu tun?

Bisher haben viele Pflanzenfreunde Regenwasser gesammelt oder nur abgekochtes, abgestandenes Wasser zum Gießen verwendet bzw. einen mit Topf gefüllten Perlonstrumpf in das Wasser gelegt und so das Gießwasser enthärtet. Eine einfache Hilfe, um aus hartem Leitungswasser pflanzenverträgliches, weiches Gießwasser zu machen, ist die Filtergießkanne von AquaFlor. Durch sie wird Gießwasser nicht nur tropenweich, sondern auch von Schwermetallen, wie Blei, Chlor und von anderen pflanzenschädlichen Stoffen befreit.

 Die jeweiligen Zimmerpflanzen, die ein zu hartes Gießwasser nicht vertragen, sind vorne im Hauptteil von A–Z mit dem nebenstehenden Symbol ausgewiesen.

Düngen

Dünger wird in flüssiger, pulverisierter oder in gepresster Form (Düngestäbchen) angeboten.
Gedüngt wird nach Gebrauchsanweisung vor und während der Blütezeit bzw. in der Wachstumsperiode. Die Wachstumsperiode liegt in der Regel in den lichtreichen Monaten von März bis September.
Wenig oder gar nicht gedüngt wird in der Ruhezeit einer Pflanze. In aller Regel sind das die lichtarmen Monate von Oktober bis März. Frisch umgesetzte Pflanzen dürfen ebenfalls nicht gedüngt werden.

Stickstoff (N) baut Eiweiß auf und fördert damit als Motor im Pflanzengewebe die Entwicklung von Trieben und Blattmasse. Stickstoffmangel äußert sich bei allen Pflanzen durch eine gleichmäßig gelblichgrüne Verfärbung und unzureichenden Wuchs. Ein Stickstoffüberschuß bewirkt ein aufgeschwemmtes Gewebe. Die Pflanzen werden anfällig gegen Krankheiten und Schädlinge.

Nitratbestimmung während der Hauptwachstumszeit

Die Messung des Nitratgehalts im Pflanzensaft sollte mit Teststreifen in der Hauptwachstumszeit durchgeführt werden.
Die Stickstoffwerte in den Grünteilen sind ein Maßstab für den Stickstoffhaushalt in der Pflanzenerde.

Weitere Pflanzennährstoffe und ihre Aufgaben

Phosphorsäure (PO) ist ganz entscheidend für alle Blütenpflanzen, denn Phosphorsäure fördert die Blühwilligkeit

sowie Frucht- und Samenbildung. Durch die Phosphorsäure wird auch das Wurzelwachstum unterstützt.

Kali (KO) Kali ist entscheidend für Blätter und Früchte. Kali schafft feste Zellwände und erhöht die Widerstandskraft der Pflanze gegen Krankheiten und tierische Schädlinge.

Kalk (Ca) ist eine Art Schutzpolizei in dem Pflanzengewebe und im Boden. Durch Kalk werden überschüssige Säuren neutralisiert, er beschleunigt Umsetzungsvorgänge und macht verschiedene schwer aufnehmbare Nährstoffe pflanzenverfügbar.

Magnesium (Mg) und Eisen (Fe)
Zählen zu den wichtigen Bausteinen des Blattgrüns. Von ihrem Vorhandensein hängt der Aufbau von Zucker und Stärke in der Pflanze ab.

Mikronährstoffe und Spurenelemente
Etwa 10 Elemente, wie z.B. Bohr, Kupfer, Mangan, Zink usw. werden zum Wachstum dringend benötigt.
Bei einem Molybdänmangel zeigt die Pflanze schwächere, schmale Blätter. Der Mangelerscheinung können Sie mit Natriummolybdat vorbeugen. Dazu wird 1 Gramm in 5 Liter zimmerwarmem Regenwasser aufgelöst.

Bewässerung im Urlaub

Zum Problem können liebgewonnene Pflanzen in der Urlaubszeit werden. Schließlich geht es um Lebewesen, die Sie nicht sich selbst überlassen können. Zimmerpflanzen versorgen sich eben nicht automatisch mit Regen, Sonnenlicht und Nährstoffen. Während des Urlaubs verreist ein Großteil der Bürger, und nicht jede hat Nachbarn, Freunde oder Verwandte, die sich um Haus und Grün kümmern können, zumal die Wohnverhältnisse auch anders als früher sind.
Deshalb erhalten Sie hier einige Tips, die ein Maximum an Sicherheit im Hinblick auf Bewässerung und Düngung bieten. Diese Langzeitbewässerungsmöglichkeiten sind sowohl professionell in Gartenbaubetrieben und Forschungsinstituten als auch selbst erprobt worden. Vielleicht sind Sie aber als passionierter Zimmergärtner mehr an einer dauerhaften Lösung interessiert, die die Pflanzen regelmäßig ohne jede Überbewässerung und -düngung mit Wasser und Nährstoffen versorgt.

Vorbereitung der Pflanzen auf die Selbstversorgung

Etwa 3 bis 4 Wochen vor der Reise müssen Sie die Pflanzen auf die Umstellung vorbereiten. Konkret heißt das, daß Sie das System vorher ausprobieren und dabei auch überlegen sollten, welche sonstigen Veränderungen – außer der Art der Bewässerung und Düngung – noch während der Zeit der Abwesenheit auf die Pflanzen einwirken.

Bewährt haben sich folgende Methoden zur Vorbereitung

- Verblühtes abschneiden, dürre Zweige und Blätter ausputzen, nach Möglichkeit auch die Blätter von oben und unten abduschen, damit sie staubfrei sind und besser atmen können.
- Vor dem Umstellen auf das ausgewählte System Pflanzen satt wässern. Dazu tauchen Sie die Pflanze mit ihrem Gefäß bis über den Topfrand in einen Eimer mit lauwarmem Wasser (ca. 20°C). Wenn nach 10 bis 15 Minuten keine Luftbläschen mehr aufsteigen, ist der Ballen ausreichend getränkt.
- Düngervorrat überprüfen und gegebenenfalls ergänzen.
- Pflanzen nach Möglichkeit in ihrer gewohnten Umgebung belassen.

Tonkegel

Auf der Saugfähigkeit von Ton beruht das folgende Bewässerungsverfahren. Der hohle Kegel besteht im unteren spitzen Teil aus Ton und ist mit einem zylindrischen Teil aus starrem Kunststoff verlängert. Auf diesen Kunststoffteil wird eine Kappe aus Kunststoff aufgesteckt, an der ein dünner Kunststoffschlauch angebracht ist. Den Kegel sollten Sie mit dem Tonteil von oben in den Wurzelballen der Pflanze stecken, den Schlauch in den Wasserbehälter. Die Saugleitung kommt dadurch zustande, daß der untere Tonteil soviel Wasser an die Pflanze abgibt, wie diese verbraucht.

Und so wird's gemacht:

- Die Pflanze im Kulturtopf gut wässern. Den Tonkegel mit Schlauch und Kappe so lange in Wasser tauchen, bis keine Luftblasen mehr aufsteigen; er ist dann vollgesogen.
- Die Kappe unter Wasser auf den Tonkegel aufsetzen.
- Den Wasserspeicher randvoll füllen und neben die Pflanze stellen.
- Den Kegel aus dem Wasser nehmen

und neben die Pflanze in den Wurzelballen stecken, dabei den Schlauch so tief wie möglich in den Wasserspeicher hängen lassen; das Ende beschweren.

● Den Wasserstand kontrollieren, Ansaugvorgang – wenn nötig – wiederholen.

Darüber hinaus bietet der Handel sehr hilfreiche »Rundum-Pflegesysteme« an, die gerade auch das Bewässerungsproblem während der Urlaubszeit für Sie gut und einfach lösen. Schlagen Sie hierzu im Buch auf den Seiten 147 bis 150 nach. Dort erfahren Sie u. a. alles Wissenswerte über die praktische Zimmerpflanzen-Pflege.

Umtopfen

Zimmerpflanzen leben anders als ihre Schwestern in der freien Natur, ihr Lebensraum ist stark begrenzt. Dennoch können diese Pflanzen bei guter Pflege wachsen und gedeihen. Zu ihrem Wohlbefinden gehört zunächst das richtige Pflanzgefäß mit entsprechender Erde.

Richtiger Zeitpunkt zum Umtopfen
Anfang März beginnt die neue Wachstumssaison. Jungpflanzen müssen in einen größeren Topf in frische Pflanzerde umgetopft werden. Jungpflanzen wachsen besonders stark, sie sollten jährlich umgetopft werden. Ältere Pflanzen werden nach Bedarf alle 2 bis 3 Jahre umgepflanzt. Ältere Exemplare, die bereits 3 bis 4 Jahre im gleichen Kulturgefäß wachsen, sollten ebenfalls einen Erdwechsel und durch einen größeren Topf mehr Lebensraum erhalten. Verblühtes, welke Pflanzenteile und Geiltriebe sollten Sie gleichzeitig entfernen. Wenn die Wurzeln bereits aus dem Topf herauswachsen, wird es höchste Zeit zum Quartierwechsel. Das gilt auch für Pflanzen, die dem Gefäß sichtbar entwachsen sind und sich bereits aus dem Topf herausdrücken. Dennoch sollten Sie mit dem Umtopfen nach Möglichkeit bis zum Frühlingsbeginn warten! Die beste Jahreszeit hierfür ist die Wachstumsphase von April bis Juni.

Ton- oder Kunststofftopf
In Tontöpfen brauchen Pflanzen mehr Wasser. Dennoch hat der Tontopf Vorteile, er ist atmungsaktiv und weit weniger klimatischen Schwankungen wie Hitze und Kälte ausgesetzt. Tontöpfe sollten Sie vor der Bepflanzung 2 Stunden lang in kaltes Wasser legen. Wenn Sie Ihre Zimmerpflanze in einen ungewässerten Tontopf pflanzen, entzieht der Ton der Erde die letzte Feuchtigkeit, so daß die Pflanze verdursten kann. Für schwere, große Pflanzen sind auf alle Fälle Tontöpfe zu empfehlen.

Aber nicht nur, wenn die Wurzeln aus dem Topf wachsen oder die Pflanze sich deutlich vom Topf abhebt, wird umgetopft. Es muß auch umgetopft werden, wenn vor lauter Wurzelfilz keine Erde mehr zu erkennen ist oder wenn Moos die Erdoberfläche bedeckt.

Topfgröße
Grundsätzlich gilt, daß der neue Topf nur eine Nummer größer als der vorherige sein sollte. Nach altbewährter Methode kommen zunächst Tonscherben zur Abdeckung des Bodenlochs und als Drainage in den neuen Topf.

Austopfen
Vor dem Austopfen wir der Ballen ringsherum mit dem Messer vorsichtig von dem alten Topf gelöst. Anschließend sollte der Pflanzentopf umgedreht und mit dem Rand leicht auf der Tischkante aufgeklopft werden. Rutscht der Erdballen so nicht aus dem Topf, geht es dem Tontopf mit dem Hammer an den Kragen, seine Scherben sind ja für die Drainageschicht ideal. Übrigens empfiehlt es sich, Pflanzen, die umgetopft werden sollen, vorher nicht mehr zu gießen, weil ein trockener Ballen sich leichter von dem alten Topf löst als ein feuchter. Einen Kunststofftopf müssen Sie, falls der Ballen sich nicht löst, mit der Schwere aufschneiden. Der Erdballen sollte dabei unbeschädigt bleiben.

Um die Wurzeln zu neuem Wachstum anzuregen, wird der Wurzelfilz ringsherum mit einer Wurzelkralle oder Gabel aufgelockert. Auch die oberste Erdschicht wird abgebröselt. Ganz besonders wichtig ist dieses Lockern bei Moorbeetpflanzen, also bei Azaleen, Kamelien und Heidekraut.
Sind die Wurzelspitzen weiß oder hell, so können Sie davon ausgehen, daß Ihre Pflanze gesund ist. Braune oder abgestorbene Wurzeln müssen beim Umtopfen mit der Schere entfernt werden, und zwar soweit, bis helle Wurzeln zum Vorschein kommen.

Zur Qualität der Erde
Am einfachsten ist es, zum Umtopfen Einheitserde zu verwenden. Wenn Sie eine ganze Galerie von Topfpflanzen umzutopfen haben, wird es mit selbstgemischter Erde billiger. Als Mischung eignet sich 1/3 Torf, 1/3 Sand, 1/3 Komposterde.
Vorsicht! Nur wirklich reifer, mindestens 3 Jahre alter Kompost darf verwendet werden. Sicherheitshalber sollte Komposterde im Backofen bei 250°C eine Stunde keimfrei gemacht werden. Die drei Erdkomponenten werden anschließend angefeuchtet und kräftig miteinander vermischt.

Nicht jede Erde ist für jede Pflanze geeignet
So brauchen **Orchideen** z.B. eine besondere Erdmischung, die ihrem natürlichen Standort entspricht. Lebensnotwendig für Orchideen ist ein besonders durchlässiges Substrat, dessen pH-Wert zwischen 5 und 5,5 liegen sollte. Diese Borkensubstrate sind für Orchideen in verschiedenen Körnungen erhältlich.
Für Orchideen, die in größeren Gefäßen wachsen und viel Luft im Wurzelbereich benötigen, z.B. die Malaienblume, sollten Sie die Körnung 1-3 cm kaufen. Für die in Erde wachsenden kleineren Orchideen reicht die feinere Körnung von 0,3-1,5 cm aus.

Kakteen und andere **Sukkulenten** brauchen ein durchlässiges Substrat, das der Staunässe vorbeugt, und zwar mit einem pH-Wert von 4,5-6,5. Das mineralische Substrat für Kakteen besteht aus 1/3 Gartenerde, 1/3 Torf und 1/3 Sand unter Zusatz von Holzkohle und Lehm.
Eine stark saure Erde besteht aus einer Substratmischung mit einem pH-Wert von 4,5 bis 5,5. Sie besteht in der Regel aus saurem Hochmoor-Weißtorf, Nadelerde, saurer Lauberde und kalkarmem Lehm. Moorbeetpflanzen wie Azaleen, Kamelien, Heidekraut und Hortensien sind auf diese spezielle Erdmischung angewiesen.

Eintopfen
Auf die Tonscherben kommt zunächst eine Erdschicht, darauf dann die Pflanze. Halten Sie die Pflanze gerade. Sie darf nicht tiefer als im alten Topf eingepflanzt werden. Mit der einen Hand wird die Pflanze gehalten, mit der anderen wird die Erde aufgefüllt. Sobald das neue Gefäß gefüllt ist, wird die Erde angedrückt. Dabei ist auf einen ausreichenden Gießrand zu achten.
Frisch umgetopfte Zimmerpflanzen müssen zum Schluß gut angegossen werden. In den nächsten Wochen darf weder gedüngt noch die Pflanze der prallen Sonne ausgesetzt werden. Nach dieser Schonzeit pflegen Sie die Pflanze wie üblich.

Pflanzen-Verzeichnis

Deutsch-Latein

Hohlnarbe	Coelogyne	64
Hoodia	Hoodia	64
Hornklee	Lotus	64
Hortensie	Hydrangea macrophylla	64
Hundeschnauze	Carruanthus	65
Hyazinthe	Hyacinthus	66
Hypoxys	Hypoxys	66
Indische Erdbeere	Duchesnea	66
Indischer Spinat	Basella alba	67
Iresine	Iresine herbstii	67
Ixore	Ixora	67
Jakobinie	Jacobinia	67
Jasmin	Jasminum	68
Judenbart	Saxifraga stolonifera	68
Jungfernrebe	Parthenocissus	69
Känguruhblume	Anigozanthus	69
Kaffeestrauch	Coffea arabica	69
Kahnorche	Cymbidium	70
Kalmus	Acorus	70
Kamelie	Camellia	70
Kannenpflanze	Nepenthes	71
Kanonierblume	Pilea	71
Kap-Aster	Felicia	72
Kap-Hyazinthe	Lachenalia	72
Karambola	Averhoa carambola	72
Kassie	Cassia	72
Kastanienwein	Tetrastigma	73
Katzenschwanz	Acalypha	73
Kentia-Palme	Howeia	73
Keulenlilie	Cordyline	74
Kirschmyrte	Eugenia	74
Klauenfarn	Onychium	75
Klebsame	Pittosporum	75
Kletterfarn	Lygodium	75
Kletterfeige	Ficus pumila	75
Klimme	Cissus	76
Knollenbegonie	B. tuberhybrida	76
Köcherblümchen	Cuphea	77
Königin der Nacht	Selenicereus	77
Königswein	Rhoicissus	77
Kohlerie	Kohleria	78
Kokuspälmchen	Microcoelum weddelianum	78
Kokospalme	Cocos nucifera	78
Kolbenfaden	Aglaonema	79
Koprosma	Coprosma	79
Korallenbäumchen	Solanum	79
Korallenmoos	Nertera	80
Korbmarante	Calathea	80
Kranzschlinge	Stephanotis	81
Kreisfahne	Chorizema	81
Kreuzblume	Polygala	81
Kreuzkraut	Senecio	82
Krokus	Crocus	82
Kronwicke	Coronilla	82
Kroton	Codiaeum	82
Kußmäulchen	Hypocyrta glabra	83

Laelia	Laelia	83
Lampranthus	Lampranthus	84
Lanzenrosette	Aechmea	84
Lapagerie	Lapageria	84
Lapeirousia	Lapeirousia	84
Laubkaktus	Pereskia acueata	85
Lebende Steine	Lithops	85
Lederfarn	Arachniodes	85
Leea	Leea	86
Leuchterblume	Ceropegia woodii	86
Liebesröschen	Anacampseros	87
Liriope	Liriope	87
Lobivie	Lobivia	87
Löwenohr	Leonitis leonurus	88
Losbaum	Clerodendrum	88
Madagaskarpalme	Pachypodium	89
Mädchenauge	Coreopsis	89
Maiglöckchen	Convallaria	89
Malaienblume	Phalaenopsis	89
Manettie	Manettia	90
Marante	Marante Calatha	90
Marattie	Marattia	91
Maurandie	Asarina	91
Medinilla	Medinilla magnifica	91
Meerzwiebel	Urginea	92
Melonenkaktus	Melocactus	92
Microlepie	Microlepia	92
Mimose	Mimosa pudica	93
Mistelfeige	Ficus deltoidea	93
Mooskraut	Selaginella	93
Mottenkönig	Plectranthus	94
Myrte	Myrtus	94
Myrtenheide	Melaleuca	95
Narzisse	Narcissus	95
Neomarica	Neomarica	96
Neoporterie	Neoporteria	96
Neoregelie	Neoregelia	96
Nestfarn	Asplenium	97
Nestrosette	Nidularium	97
Neuseeländer Flachs	Phormium	97
Nikanpalme	Rhopalostylis	98
Ochna	Ochna	98
Ölbaum	Olea europaea	98
Oleander	Nerium oleander	98
Orangenblume	Choisya	99
Oroye	Oroya	99
Osterkaktus	Rhipsalidopsis	100
Osterluzei	Aristolochia	100
Othonna	Othonna	101
Palisanderbaum	Jacaranda	101
Palmfarn	Cycas revuluta	101
Pantoffelblume	Calceolaria	102
Paradiesvogelblume	Strelizia reginae	102
Parodie	Parodia	103
Passionsblume	Passiflora caerulea	103
Pavonie	Pavonia	104
Peitschenkaktus	Aporocactus	104

Pellefarn	Pellaea	104
Pellionie	Pellionia	104
Pentas	Pentas	105
Peristrophe	Peristrophe	105
Pfaffenhütchen	Euonymus	105
Pfeffer	Piper	105
Pfeilwurz	Maranta	106
Pisonie	Pisonia	106
Primel	Primula	107
Punktblume	Hypoestes	107
Puya	Puya	107
Rhoeo	Rhoeo	108
Rippenfarn	Blechnum	108
Rochee	Rochea	108
Rosmarin	Rosmarinus	108
Rotblatt	Setcreasea	109
Ruellie	Dipteracanthus	109
Ruhmesblume	Clianthus	109
Russelia	Russelia equisetiformis	110
Säulenkaktus	Cereus	110
Sauerklee	Oxalis regnellii	110
Saumfarn	Pteris	111
Schamblume	Aeschynanthus	111
Schattenröhre	Episcia	111
Schaueria	Schaueria	112
Schefflere	Schefflera	112
Scheinveilchen	Ionopsidium	112
Schiefteller	Achimenes	113
Schildblume	Aspidistra	113
Schildfarn	Polystichum	113
Schlangenbart	Ophiopogon	114
Schmucklilie	Agapanthus	114
Schnapskopf	Lophophora williamsii	114
Schneebusch	Breynia	115
Schönmalve	Abutilon	115
Schönorche	Calanthe	116
Schopfcereus	Cephalocereus	116
Schopflilie	Eucomis	116
Schraubenbaum	Pandanus	116
Schuhblüte	Pedilanthus	117
Schwertfarn	Nephrolepis	117
Seeigelkaktus	Echinopsis	118
Segge	Carex	118
Seidenpflanze	Asclepias curassavica	118
Sichelfarn	Crytomium	119
Silberfarn	Pytyrogramma	119
Silberhaut	Argyroderma	119
Silberkerze	Cleistocactus	119
Simse	Scirpus cernuus	120
Skimmie	Skimmia	120
Smithianthe	Smithiantha	120
Sommeramaryllis	Vallota	121
Sonnentau	Drosera	121
Sonnenwende	Heliotropium	121
Spaltblume	Schizanthus	122
Spaltgriffel	Schizostylis	122
Speerfarn	Doryopteris	122
Spitzblume	Ardisia	122
Stachelpelz	Oplismenus	123

157

Staubfaden	Coleonema	123
Stechapfel	Datura	123
Steckenpalme	Rhapis	124
Stenochlaena	Stenochlaena	124
Sterngladiole	Acidanthera	124
Sternjasmin	Trachelospermum	125
Stiefmütterchen-O.	Miltonia	125
Storchschnabel	Geranium	125
Strauchveronika	Hebe	125
Stromanthe	Stromantha	126
Südseemyrte	Leptospermum	126
Swaisona	Swaisona	127
Tabernaemontana	Tabernaem.	127
Tacitus	Tacitus bellus	127
Tamaya	Begonia	127
Taublatt	Drosophyllum lusitanicum	128
Taupflanze	Roridula	128
Teestrauch	Camellia sinensis	128
Testudinarie	Testudinaria	129
Tetranema	Tetranema	129
Tibouchine	Tibouchina	129
Tigerrachen	Faucaria	129
Tillandsie	Tillandsia	130
Topfrose	Rosa	130
Tradeskantie	Tradescantia	130
Tropenwurz	Alocasia	131
Tüpfelfarn	Polypodium	131
Tutenmalve	Malvaviscus	131
Usambaraveilchen	Saintpaulia	132
Vanda	Vanda	132
Venusfliegenfalle	Dionaea	132
Versteckblüte	Cryptanthus	133
Vriesea	Vriesea splendens	133
Wachsblume	Hoya bella	133
Warzenkaktus	Mammillaria	134
Washingtonie	Washingtonia	134
Washington-Palme	Washingtonia	134
Weihnachtskaktus	Schlumbergera	135
Weihnachtsstern	Pointsettie	135
Weißbecher	Nierembergia	135
Whitfieldie	W. lateritia	135
Winterrakete	Veltheimia	136
Wollmispel	Eriobotrya	136
Wüstenrose	Adenium obesum	136
Xanthosome	Xanthosoma	137
Yucca	Y. elephantipes	137
Zahnzunge	Odontoglossum	138
Zapfenblume	Perilepta	138
Zebrakraut	Zebrina	138
Zephirblume	Zephyranth	138
Zickzackstrauch	Corokia	139
Zierananas	Ananas comosus	139
Zierhopfen	Beloperone guttata	140
Zierpfeffer	Capsicum annuum	140
Zierspargel	Asparagus	141
Ziertabak	Nicotiana	141
Zimmeresche	Rademachera	141
Zimmerhafer	Billbergia	141
Zimmerlinde	Sparmannia	142
Zimmertanne	Araucaria	142
Zimmerzypresse	Cupressus	142
Zitrusfrüchte	Citrus	143
Zungenblatt	Glottiphyllus	143
Zwergcereus	Chamaecereus	143
Zwergpfeffer	Peperomia	143
Zylinderputzer	Callistemon	144
Zypergras	Cyperus	144

Pflanzennamen Latein-Deutsch

Abelia	Abelie
Abutilon	Schönmalve
Acacia	Akazie
Acalypha	Katzenschwanz
Achimenes	Schiefteller
Acidanthera	Sterngladiole
Acorus	Kalmus
Actiniopteris	Actiniopteris
Adenium obesum	Wüstenrose
Adiantum	Frauenhaarfarn
Aechmea	Lanzenrosette
Crassula brevicaule	Dickblattgewächs
Aeschynanthus	Schamblume
Agapanthus	Schmucklilie
Aglaonema	Kolbenfaden
Allamanda	Allamande
Alocasia	Tropenwurz
Alonsoa	Alonsoa
Alpinia	Alpinia
Ampelopsis	Doldenrebe
Anacampseros	Liebesröschen
Ananas	Ananas
Anigozanthos	Känguruhblume
Anredera	Boussingaultie
Anthurie scherzerianum	Flamingoblume
Antigonon	Antigonon
Aphelandra squarrosa	Glanzkölbchen
Aporocactus	Peitschenkaktus
Arachis	Erdnußpflanze
Arachniodes	Lederfarn
Araucaria	Zimmertanne
Ardisia	Spitzblume
Areca	Betelpalme
Argyroderma	Silberhaut
Aristea	Aristea
Aristolochia	Osterluzei
Asarina	Maurandie
Asclepias curassavica	Seidenpflanze
Asparagus	Zierspargel
Aspidistra	Schildblume
Asplenium	Streifenfarn
Astrophytum	Bischofsmütze
Aucuba	Aukube
Averhoa carambola	Karambola
Basella alba	Indischer Spinat
Begonia	Begonie
Begonia tuberhybr.	Knollenbegonien
Beloperone guttata	Zierhopfen
Bertolonia	Bertolonia
Billbergia	Zimmerhafer
Blechnum	Rippenfarn
Bougainvillea	Bougainvillee
Bouvardia	Bouvardie
Brassia	Brassia
Breynia	Schneebusch
Brodiaca	Frühlingssternblume
Browallia	Browallie
Brunfelsia pauciflora	Brunfelsie
Caladium	Buntwurz
Calanthe	Schönorche
Calathea	Korbmarante
Calceolaria	Pantoffelblume
Callisia	Callesie
Callistemon	Zylinderputzer
Camellia	Kamelie
Camellia sinensis	Teestrauch
Campanula	Glockenblume
Canarina	Canarina
Canna	Blumenrohr
Capsium annunm	Zierpfeffer
Carex	Segge
Carludovica	Carludovica
Carruanthus	Hundeschnauze
Caryota	Fischschwanz-Palme
Cassia	Kassie
Catharanthus	Catharanthus
Cattleya	Cattleye
Celosia	Federbusch
Centradenia	Centradenia
Cephalocereus	Schopfcereus
Cereus	Säulenkaktus
Ceropegia woodii	Leuchterblume
Cestrum	Hammerstrauch
Chamaecereus	Zwergcereus
Chamaedorea	Bergpalme
Chirita	Chirita
Choisya	Orangenblume
Chlorophytum comosum	Grünlilie
Chorizema	Kreisfahne
Chrysalidocarpus	Goldfruchtpalme
Chrysanthemum	Wucherblume
Cissus	Klimme
Citrus	Zitrusfrüchte
Cleistocactus	Silberkerze
Clerodendrum	Losbaum
Cleyera	Sperrstrauch

Latein	Deutsch
Clianthus	Ruhmesblume
Clidemia	Clidemie
Clitoria	Clitoria
Clivia	Clivie
Cobaea	Glockenrebe
Codiaceum	Kroton
Coelogyne	Hohlnarbe
Coffea arabica	Kaffeestrauch
Colchicum	Herbstzeitlose
Coleonema	Staubfaden
Coleus	Buntnessel
Columnea	Columnea
Conophytum	Conophytum
Convallaria	Maiglöckchen
Coprosma	Koprosma
Cordyline	Keulenlilie
Coreopsis	Mädchenauge
Corokia	Zickzackstrauch
Coronilla	Kronwicke
Cotyledon	Cotyledon
Crassula arboresceana	Deutsche Eiche
Crocus	Krokus
Crossandra	Crossandre
Cryptanthus	Versteckblüte
Crytomium	Sichelfarn
Ctenanthe	Ctenanthe
Cuphea	Köcherblümchen
Cupressus	Zimmerzypresse
Cycas revuhuta	Palmfarn
Cyclamen	Alpenveilchen
Cymbidium	Kahnorche
Cyperus	Zypergras
Cytisus	Geißklee
Datura	Stechapfel
Davallia	Davallie
Dendrobium	Baumwucherer
Dichorisandra	Dichorisandre
Didymochlaena truncatula	Halbmonddoppelfarn
Dieffenbachia	Dieffenbachie
Dionaea	Venusfliegenfalle
Dipladenia	Dipladenie
Dipteracanthus	Ruellie
Dissotis	Dissotis
Dizygotheca	Fingeraralie
Dracaena	Drachenbaum
Drosera	Sonnentau
Drosophyllum l.	Taublatt
Duchesnea	Indische Erdbeere
Dyckia	Dyckia
Echeveria	Echeverie
Echinopsis	Seeigelkaktus
Epidendrum	Epidendrum
Epiphyllum	Blattkaktus
Epipremnum	Efeutute
Episcia	Schattenröhre
Erica	Heidekraut
Eriobotrya	Wollmispel
Eucalyptus	Eukalyptus
Eucharis	Herzenskelch
Eucomis	Schopflilie
Eugenia	Kirschmyrte
Eunoymus	Pfaffenhütchen
Euphorbia milii	Christusdorn
Pointsettie	Weihnachtsstern
Euphoriba trigona	Dreirippige Wolfsmilch
Exacum affine	Blaues Lieschen
Fatshedera Lizei	Efeuaralie
Fatsia japonica	Aralie
Faucaria	Tigerrachen
Felicia	Kap-Aster
Ficus benjamina	Birkenfeige
Ficus deltoidea	Mistelfeige
Ficus elastica	Gummibaum
Ficus pumila	Kletterfeige
Fittonia	Fittonie
Frangipani	Frangipani
Fuchsia-Hybriden	Fuchsie
Gardenia jasminoides	Gardenie
Gasteria	Gasterie
Gelsemium	Dufttrichter
Geranium	Storchschnabel
Gerbera	Gerbera
Glottiphyllum	Zungenblatt
Gossypium	Baumwolle
Graptopetalum	Grapropetalum
Grevillea robusta	Australische Silbereiche
Griselinia	Griselinia
Guzmania	Guzmanie
Gynura	Gynure
Haemanthus	Blutblume
Haworthia	Haworthie
Hebe	Strauchveronika
Hedera helix	Efeu
Heliotropium	Sonnenwende
Hemigraphis	Halbgriffel
Hemionitis	Hemionitis
Hibiscus	Hibiskus
Hippeastrum	Amaryllis
Hoodia	Hoodia
Howeia	Kentia-Palme
Hoya bella	Wachsblume
Hyacinthus	Hyazinthe
Hydrangea macrophylla	Hortensie
Hypocyrta glabra	Kußmäulchen
Hypoestes	Punktblume
Hypoxys	Hypoxys
Ionopsidium	Scheinveilchen
Iresine herbstii	Iresine
Ixora	Ixore
Jacaranda	Palisanderbaum
Jacobinia	Jakobinie
Jasminum	Jasmin
Kalanchoe	Flammendes Kächen
Kohleria	Kohlerie
Laelia	Laelia
Lampranthus	Lampranthus
Lapageria	Lapagerie
Lapeirousia	Lapeirousia
Leea	Leea
Leonitis leonurus	Löwenohr
Leptospermum	Südseemyrte
Ligularia	Bandblume
Aloe vera	Aloe
Liriope	Liriope
Lithops	Lebende Steine
Lobivia	Lobivie
Lophophora williamsii	Schnapskopf
Lotus	Hornklee
Lygodium	Kletterfarn
Malpighia galbra/punicifolia	Barbadoskirsche
Malvavius	Tutenmalve
Mammillaria	Warzenkaktus
Manettia	Manettie
Maranta	Pfeilwurz
Marattia	Marattie
Medinilla magnifica	Medinilla
Melaleuca	Myrtenheide
Melocactus	Melonenkaktus
Microcoelum wuddelianum	Kokuspälmchen
Microlepie	Microlepie
Miltonia	Stiefmütterchen-Orchidee
Mimosa pudica	Mimose
Monstera deliciosa	Fensterblatt
Musa	Bananenbaum
Myrtus	Myrte
Narcissus	Narzisse
Nemesia	Elfenspiegel
Neomarica	Neomarica
Neoporteria	Neoporterie
Neoregelia	Neoregelie
Nepenthes	Kannenpflanze
Nephrolepsis	Schwertfarn
Nerine	Guernseylilie
Nerium	Oleander Oleander
Nertera	Korallenmoos
Nicotiana	Ziertabak
Nidularium	Nestrosette
Nierembergia	Weißbecher
Notocactus	Buckelkaktus
Ochna	Ochna
Odontoglossum	Zahnzunge
Olea europaea	Ölbaum
Ophiopogon	Schlangenbart
Oplismenus	Stachelpelz

159

Opuntia	Feigenkaktus	**S**aintpaulia	Usambaraveilchen	**Z**antedeschia	Calla
Oroya	Oroye	Sansevieria	Bogenhanf	Zebrina	Zebrakraut
Osteospermum	Bornholmer Margarite	Sauromatum	Eidechsenwurz	Zephyrauthes	Zephirblume
Othonna	Othonna	Saxifraga	Judenbart		
Oxalis deppei	Glücksklee	stolonifera			
Oxalis regnellii	Sauerklee	Schaueria	Schaueria		
		Schefflera	Schefflere		
Pachypodium	Madagaskarpalme	Schizanthus	Spaltblume		
Pachystachys lutea	Goldähre	Schizostylis	Spaltgriffel		
Pandanus	Schraubenbaum	Schlumbergera	Weihnachtskaktus		
Parodia	Parodie	Scilla	Blausternchen		
Parthenocissus	Jungfernrebe	Scirpus cernus	Simse		
Passiflora caerulea	Passionsblume	Scutellaria	Helmkraut		
Pavonia	Pavonie	Sedum	Fetthenne		
Pedilanthus	Schuhblüte	Selaginella	Mooskraut		
Pelargonium	Zimmergeranie	Selenicerus	Königin der Nacht		
Pellaea	Pellefarn	Sempervivum	Hauswurz		
Pellionia	Pellionie	Senecio	Kreuzkraut		
Pentas	Pentas	Setcreasea	Rotblatt		
Peperomia	Zwergpfeffer	Sinningia	Gloxinie		
Pereskia acueata	Laubkaktus	Skimmia	Skimmie		
Perilepta	Zapfenblume	Smithiantha	Smithianthe		
Peristrophe	Peristrophe	Soleirolia	Bubiköpfchen		
Persea americana	Avocado	Sparmannia	Zimmerlinde		
Phalaenopsis	Malaienblume	Spathiphyllum	Einblatt		
Philodendron	Philodendron	Stapelia	Aasblume		
Phlebodium	Tüpfelfarn	Stenochlaena	Stenochlaena		
Phoenix	Dattelpalme	Stephanotis	Kranzschlinge		
dactylifera		Strelizia reginae	Paradiesvogelblume		
Phormium	Neuseeländer Flachs	Streptocarpus	Drehfrucht		
Phyllitis	Hirschzunge	Stromantha	Stromanthe		
Pilea	Kanonierblume	Swaisona	Swaisona		
Pimelea	Glanzstrauch	Syngonium	Eselskopf		
Pinguicula	Fettkraut				
Piper	Pfeffer	**T**abernaemontana	Tabernaemontana		
Pisonia	Pisonie	Tacitus bellus	Tacitus		
Pittosporum	Klebsamen	Testudinaria	Testudinarie		
Platycerium	Geweihfarn	Tetranema	Tetranema		
Plectranthus	Mottenkönig	Tetrastigma	Kastanienwein		
Plumbago	Bleiwurz	Tibouchina	Tibouchine		
Polygala	Kreuzblume	Tillandsia	Tillandsie		
Polyscias	Fiederaralie	Tolmiea menziesii	Henne mit Küken		
Polystichum	Schildfarn	Trachelospermum	Sternjasmin		
Primula	Primel	Trachycarpus	Hanfpalme		
Pteris	Saumfarn	Tradescantia	Tradeskantie		
Punica	Granatapfelbaum	Trichocereus	Haarcereus		
Puya	Puya				
Pytyrogramma	Silberfarn	**U**rginea maritima	Meerzwiebel		
Rhapis	Steckenpalme	**V**allota	Sommeramaryllis		
Rhipsalidopsis	Osterkaktus	Vanda	Vanda		
Rhododendron	Azalee	Veltheimia	Winterrakete		
Rhoeo	Rhoeo	Verbena	Eisenkraut		
Rhoicissus	Königswein	Vriesea splendens	Vriesea		
Rhopalostylis	Nikanpalme				
Rochea	Rochee	**W**ashingtonia	Washingtonie		
Roridula	Taupflanze	Whitfieldia lateritia	Whitfieldie		
Rosa	Topfrose				
Rosmarinus	Rosmarin	**X**anthosoma	Xanthosome		
Russelia equisetiformis					
	Russelia	**Y**ucca elephantipes	Yucca		